“十三五”国家重点出版物出版规划项目
铁路科技图书出版基金资助出版

高速铁路运输能力计算理论与方法

张琦 李得伟 李晓娟 著 韩宝明 主审

中国铁道出版社有限公司

2019年·北 京

内容简介

本书为“十三五”国家重点出版物出版规划项目，铁路科技图书出版基金资助出版图书。本书主要内容包括高速铁路运输能力概述、高速铁路车站通过能力计算及评估、高速铁路客运区段通过能力计算及评估、高速铁路车站客运服务能力计算及评估、高速铁路路网能力计算及评估、高速铁路运输能力瓶颈识别与消除和高速铁路运输能力保障。

本书可供从事高速铁路运输能力研究的科研人员和专业技术人员学习使用。

图书在版编目（CIP）数据

高速铁路运输能力计算理论与方法/张琦，李得伟，李晓娟著．—北京：中国铁道出版社有限公司，2019.8

ISBN 978-7-113-25249-6

Ⅰ.①高… Ⅱ.①张… ②李… ③李… Ⅲ.①高速铁路-运输能力-计算 Ⅳ.①F530.6

中国版本图书馆CIP数据核字（2019）第190645号

书　　名：高速铁路运输能力计算理论与方法

作　　者：张　琦　李得伟　李晓娟

责任编辑：杨　哲　薛丽娜　　**编辑部电话：**010-51873055

封面设计：郑春鹏

责任校对：焦桂荣

责任印制：高春晓

出版发行：中国铁道出版社有限公司（100054，北京市西城区右安门西街8号）

网　　址：http://www.tdpress.com

印　　刷：北京建宏印刷有限公司

版　　次：2019年8月第1版　2019年8月第1次印刷

开　　本：889 mm×1 194 mm　1/16　印张：16.5　字数：355千

书　　号：ISBN 978-7-113-25249-6

定　　价：120.00元

前言

PREFACE

高速铁路在世界范围内已稳步发展逾半个世纪，其特有的技术经济优势决定了全球未来对高速铁路的需求仍有增无减。中国高速铁路近十年来迅猛发展，根据世界铁路联盟(UIC)的统计，截至 2018 年年底，中国高速铁路运营里程 2.9 万 km，占世界高速铁路运营总里程的 2/3 以上；在建里程 1.1 万 km，规划里程 11 595 km。自开通运营以来，中国高速铁路累计发送旅客于 2018 年年底已突破 90 亿人次。高速铁路不仅升级了国民的出行方式，更极大地提升了区际、城际人员流动、资源整合及信息互通的速度，为经济繁荣注入了强大动力。

高速铁路的先进性不仅依赖于基础设施和技术装备，还需要先进的运输组织技术。高速铁路运输能力是保证高速铁路高效运转的重要指标之一，反映了高速铁路系统对各种运输资源的协同优化配置程度，对运输服务产品设计、运输计划制定和运行控制与调度指挥等具有至关重要的意义。高速铁路运输能力问题一直是学术界重点关注的热点和难点问题，国内外大量学者从不同角度、应用不同理论方法展开研究，形成了各具特色的学术流派与丰富的学术成果；同时，由于运输能力问题与运营实践关系密切，针对不同运营背景的能力问题千差万别，需要关注与解决的核心问题也不断涌现，形成了应对复杂工程场景的技术体系。本书以此为背景，依托国家重点研发计划课题“铁路客货运效益与服务水平提升技术(编号：2018YFB1201402)”、科技部重点研发计划项目“‘一带一路’陆路通道国际联运研究与交流中心(编号：2016YFE0201700)”、国家科技支撑计划课题“高速列车运行组织方案优化设计关键技术与系统(编号：2009BAG12A10)”，系统梳理国内外针对高速铁路运输能力的定义、剖析、计算与评估等方面的理论与实践成果，构建高速铁路运输能力的概念体系，提出涵盖高速铁路运输能力多层级、多粒度考量和运输瓶颈识别与消除的完整理论方法与技术体系。本书在编写过程中遵循以下原则：

1. 形成完整的高速铁路运输能力概念体系，突出运输能力与复杂运营条件的关系。本书通过梳理国内外既有研究成果和文献资料，从空间粒度、时间维度和能力层级角度提出运输能力分类方法，构建运输能力集合，形成多层次、多粒度的高速铁路运输能力概念体系。同时，深入剖析复杂运营条件对运输能力的作用关系，摒弃了静态的运输能力表达方式，提供适应高速铁路运输能力计算与评估需求的科学、合理的表达方法。

2. 引入前沿的学术研究成果，提供具备学术价值的方法与思路。本书中关于高速铁路运输能力计算与评估方法体系的阐述基于对大量国内外学术文献的总结与凝练，其中高速铁路车站通过能力仿真计算方法体系、基于车站分区阶梯模型的通过能力计算方法、基于列车运行图结构及最优列车序列模型的高速铁路区段通过能力计算方法、高速铁路车站客运服务能力仿真计算方法以及运输能力瓶颈识别与消除等核心内容，源于北京交通大学国家重点研发计划课题组、国家科技支撑计划课题组韩宝明教授 SRAIL 科研团队多位教师与刘敏、李华、郭然等博士研究生和硕士研究生近五年的学术研究成果；高速铁路区段通过能力仿真计算方法、高速铁路物理网络与服务网络承载能力计算方法等核心内容，源于北京交通大学国家科技支撑计划课题组董宝田教授科研团队博士研究生张红斌、硕士研究生单秀全等近五年的学术研究成果，具备有益的学术价值，利于参考借鉴和启迪思路。

3. 紧密结合中国高速铁路的运营实践背景，提供具备应用价值的技术与平台。本书中重点介绍的高速铁路运输能力计算方法基于对高速铁路设备条件与运输组织过程的综合考虑，能够实现对高速铁路复杂运营场景的全方位支持。在实现手段方面，详细介绍了能力计算流程、步骤、涉及的软件平台等，并通过大量以真实原型为对象的案例分析系统展示了相关技术的应用过程及效果。

以上原则是著作团队的初衷，具体效果有待读者的批评与指正。

本书由张琦、李得伟、李晓娟著，撰写分工为：张琦负责撰写第一章、第三章（第一至四节、第六节）、第四章，李得伟负责撰写第五章至第七章，李晓娟负责撰写第二章、第三章（第五节）。

本书编写过程中，北京交通大学的研究生刘佩、王莹、贾皓、刘彦君、张睿、丁世顺、樊佳慧、贺丽霞、马啸、李亚为、王玉、朱慧莹、温诗睿、王怡臻、曹少娜、曹金铭，徐小海等同学为本书的文稿编辑整理与图表绘制工作付出了辛勤的劳动，在此向他们表示衷心的感谢！本书是在参阅大量文献资料的基础上完成的，在此谨向所有作者和关心此书出版的学者、专家表示衷心感谢！

由于高速铁路运输能力问题的复杂性与系统性，以一部专著很难全面阐释，加之编著者学识有限，错误与遗漏之处在所难免，恳请并期待广大读者予以批评、指正。

著　者

2019 年 2 月

目录

CONTENTS

1 高速铁路运输能力概述

高速铁路运输能力是高速铁路系统为满足一定水平的运输需求所应该或能够提供的运输供给水平，反映了高速铁路系统在一定的硬件匹配与组织协调水平下对运输资源的优化配置程度，以及由此生成的运输产品的生产能力。高速铁路运输能力是运输服务产品设计的重要基础，是运输计划制定的关键约束，也是运输组织有序性的有力保证。因此，科学、合理的对高速铁路运输能力进行剖析、计算与评估有助于深入认识运输能力的基本特征，准确考量运输能力的利用情况，对识别与消除运输能力瓶颈，实现运力资源的合理配置，保障高速铁路安全、高效运营具有重要意义。

1.1 高速铁路运输能力的基本概念

铁路运输全过程中的不同主体对运输能力进行考量时，由于目的各不相同，其观察的立场角度和关注的重点是存在差异的，即运输能力在不同主体出于不同目的的观察中，其具体概念存在差别。

1. 对于市场营销部门而言，运输能力的重点在于满足客流高峰期铁路旅客的需求所需要的运力资源条件，具体体现为出行高峰期期望开行的列车数量、不同等级列车数量及其速度分布情况、需要的基础设施条件等，其目标在于获取合理满足客流需求的能力条件。

2. 对于基础设施规划部门而言，运输能力的重点在于为保障一定的运输服务水平所需具备的基础设施条件及其利用状态，具体体现为期望开行的列车数量、不同等级列车数量及其速度分布情况、期望的基础设施条件、为应对运营扰动增加的冗余时间及基础设施的维修计划等，其目标在于提供满足指定运输服务水平的能力条件。

3. 对于列车运行计划编制部门而言，运输能力的重点在于当前基础设施条件下所能为给定列车种类、数量的运输计划编制提供的运输能力，具体体现为需要的列车数量、不同列车等级及速度分布情况、基础设施现状、为应对运营扰动增加的冗余时间、车站的列车接续服务等，其目标在于获取支持指定的运输服务计划的能力条件。

4. 对于运营人员而言，运输能力的重点在于随着运输计划的执行，实时变化的已经占用的运输能力及仍然可以利用的运输能力，具体体现为实际的列车数量、不同等级列车数量及其速度分布情况、基础设施的实际条件及其占用情况、各种原因导致的延误、无效的预留冗余时间占用的能力等，其目标在于获取满足实际运营及运输扰动恢复的能力条件。

综上所述，由于高速铁路运输能力的主体对象、作用方式、考量范围与方法的广泛性，难以就运输能力的一般性质提出通用的、明确精准的定义。为了清晰、明确地分析、计算和评估高速铁路运输能力，可以根据不同的分类标准，细化高速铁路运输能力，形成高速铁路运输能力集合。高速铁路运输能力集合是不同类型能力与不同层级能力的组合，能够系统地反映高速铁路运输能力的构成及其关系。其中，不同类型的能力是指从空间粒度、时间维度对运输能力的划分；不同层级的能力是指从能力被利用及可挖掘的程度对运输能力的划分。

1.1.1 高速铁路运输能力分类

1.1.1.1 空间粒度

按空间粒度分类，高速铁路运输能力分为路网能力、线路能力、区段能力、枢纽能力、车站能力及动车段(所)等不同空间范围对应的运输能力。

路网能力是指在一定的运力资源配置、列车运行方案及运输组织水平条件下，单位时间内，高速铁路网络在整体上可能提供的运输产品的生产能力。

线路能力主要指输送能力，是线路各客运区段通过能力对应的列车开行数量基础上，一定的动车组数量、类型、定员匹配条件下，线路在单位时间内最多能够输送的旅客人数。

区段能力主要指通过能力，是在一定的运力资源配置条件与列车运行方案的条件下，客运区段在特定时间段内可能开行的最多列车数量。

枢纽能力指高速铁路枢纽地区在一定的运力资源配置条件(含枢纽内各车站及联络线配合关系)与列车运行方案(含列车接续与客流接续方案)的条件下，特定时间段内可能通过最大列车数量或完成的旅客输送人数。

车站能力分为车站通过能力和客服设施能力，车站通过能力是指在一定的设备条件、列车运行方案与车站技术作业方案条件下，特定时间段能够通过的列车数量；车站客服设施能力是指在一定的客流组织方法、技术作业过程及列车运行图条件下，在高峰单位时间内通过或容纳的最大旅客人数。

动车段(所)能力包括检修能力和存车能力，其中检修能力指在一定的列车运行图、检修作业方式、检修线数量以及动车组性质条件下，采用合理的技术作业过程，动车段(所)一定时间内能够完成的各级维修的动车组标准组数。

1.1.1.2 时间维度

按时间维度分类，高速铁路运输能力分为设计能力、现有能力、需要能力等不同时间维度对应的运输能力。

设计能力是指预计新线修建以后或现有铁路技术改造以后，高速铁路设施设备预期所能达到的运输能力。

现有能力是指在现有固定设备、现行的行车组织方法和现有的运输组织水平的条件下，高速铁路设施设备可能达到的运输能力。

需要能力是指在一定时期内，为了适应满足一定服务水平的运输需求，高速铁路设施设备所应具备的能力。

此外，基于高速铁路客流需求的时间波动特征，有必要单独考量高峰小时运输能力。高峰小时能力是指客流需求最旺盛或列车最密集时间段内，一定的设备条件、组织方法与组织水平下，单位小时所能达到的运输能力。

1.1.1.3 能力层级

根据高速铁路运输能力的利用及可挖掘程度，可以将运输能力分级为理论能力、实际能力、使用能力、剩余能力、可用能力、损失能力等不同层级的能力。不同层级能力之间的逻辑关系如图 1-1 所示。

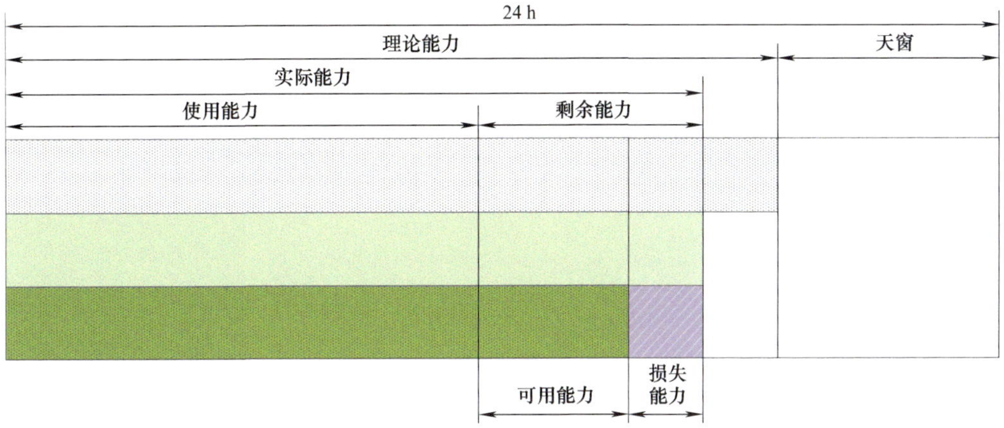

图 1-1 不同层级运输能力之间的逻辑关系

1. 理论能力是运输能力的上限，是指在理想的假设条件下，一定的时间段内所能提供的最大运输能力。以通过能力为例，其理论能力通常认为所有列车是同质的，列车以允许的最小间隔运行，且不考虑现实中的运营扰动。

2. 实际能力是在更为符合实际的假设条件下，考虑期望的运行服务质量水平与系统可靠性，在正常运营条件下可以持久保持的一个更为符合实际的运输能力，是特定的基础设施组合、运输组织及在期望的服务水平下能够提供的运输能力。

3. 使用能力是特定的实际运输任务所实际使用的能力，反映了实际的运输组织水平与可靠性策略条件下运输能力的实际情况，通常低于实际能力。

4. 剩余能力是实际能力与使用能力的差值，由两部分组成。其中对应当前列车运行图，在实际运营中能够额外提供的运输能力为可用能力，而剩余能力与可用能力的差值为损失能力。

此外，高速铁路运输能力中的通过能力与列车运行图模式密切相关，可以具体分为全高速平行运行图通过能力、全高速非平行运行图通过能力、不同速度等级列车共线运行的通过能力等不同层级的能力。

1.1.2 高速铁路运输能力集合

本书讨论的高速铁路运输能力包括通过能力、输送能力、客服能力、承载能力和保障能力5个大类：

1. 通过能力指车站或客运区段的通过能力。
2. 输送能力指线路的输送能力。
3. 客服能力指办理客运业务的高速铁路车站的旅客服务能力。
4. 承载能力是路网在一定运力资源配置条件下能够提供的运输供给水平。
5. 保障能力包括动车段(所)的检修及存车能力和牵引供电系统的供电能力。

高速铁路运输能力集合见表1-1。

表1-1 高速铁路运输能力集合

能力类型				能力内涵		
层面	大类	大类细分	单位	空间粒度	时间维度	能力利用程度
节点层面	车站运输能力	车站通过能力	列	车站通过能力 车站咽喉通过能力 车站到发线通过能力	设计能力 现有能力 需要能力 高峰小时车站通过能力	车站实际通过能力 车站使用通过能力 车站可用通过能力
		车站客服设施能力	人/h(通道类设备) 人(容纳类设备)	候车室能力 站台候车能力 售票能力 天桥、地道及进出站口通行能力 安检、实名制验票设备通行能力 楼梯及自动扶梯通行能力 站前广场集散能力	设计能力 现有能力 需要能力 高峰小时车站客服能力	区域服务水平 平均排队长度 能力利用率 能力利用不均衡度
	保障能力	动车段(所)能力	(标准)组	动车段所检修能力 动车段所存车能力	设计能力 现有能力 需要能力	检修能力利用率

续上表

能力类型				能力内涵		
层面	大类	大类细分	单位	空间粒度	时间维度	能力利用程度
线路层面	区段/线路运输能力	区段通过能力	列	区段通过能力	设计能力 现有能力 需要能力 高峰小时区段通过能力	实际通过能力 使用通过能力 剩余通过能力 可用通过能力 损失通过能力
		线路输送能力	万人次	线路输送能力	线路年输送能力 线路日输送能力	线路“全高速”平行运行图输送能力 线路“全高速”非平行运行图输送能力 线路不同速度等级列车共线运行非平行运行图输送能力
	保障能力	供电保障能力		供电保障能力		
网络层面	承载能力	路网承载能力	列/(车·km) 列/(人·km)	物理网络承载能力 服务网络承载能力		列车额外延误时间 一定范围内对应时刻表中的列车数量

1.2 高速铁路运输能力的特征

1.2.1 高速铁路运输能力利用的特点

高速铁路因运输组织模式、设备特征等与普速铁路存在差异，其运输能力利用也体现出不同的特征，具体包括：

1. 高速铁路运输能力利用波动明显，高峰时段能力利用紧张

高速铁路客流需求存在时间波动明显的特征，具体包括：不同季节客流需求、一周内工作日与双休日的客流需求，一日内不同时段的客流需求均存在波动，导致形成客流高峰、平峰及低谷等不同时段。因此，与普速铁路运输能力利用立足于均衡性和充分性不同，高速铁路运输能力的利用也体现出对应的波动性，存在高峰时段紧张，平峰时段相对富余的特点。同时，由于高速铁路实行夜间开设垂直矩形天窗的集中维修作业模式，运输能力的昼夜利用也不均衡，如动车段(所)存在待检修动车组集中到达的情况，因而检修能力也存在阶段性紧张的特点。

2. 高速铁路运输能力利用对运输秩序的稳定性要求较高

由于高速铁路对列车准时性要求较高，其运输能力的利用必须考虑应对可能发生的运营扰动，保证在运营扰动下快速恢复作业秩序的弹性。因此，高速铁路运输能力的利用需要以最大程度保障和恢复运行秩序为重点，充分考虑运输计划执行的可靠性与鲁棒性，保证运输服务的稳定性。

3. 高速铁路长线能力相对不足与短线能力相对富余并存

垂直矩形天窗使高速铁路的通过能力有“长线”和“短线”之分。长线能力可以分段使用，转化为短线能力，而短线能力却不能组合为长线能力。因此，高速铁路能力利用可能出现方向通过能力小于其各区段通过能力、长线能力相对不足与短线能力相对富余并存的特点。

4. 不同速度等级的高速列车共线对运输能力的占用明显

高速铁路由于行车密度较高，不同速度等级高速列车混跑的组织模式对通过能力有较大影响。因此，在不同速度等级列车混行的组织模式下，为完成同样的旅客运输量，高速铁路通常需要更大的运输能力储备。

5. 高速列车停站对运输能力的影响较大

普速铁路影响通过能力的主要因素是列车速差、各种追踪间隔时间，而停站时分、起停车附加时分对通过能力的影响较小。而高速铁路列车停站时分加上起停车附加时分对能力损耗所造成的影响则较为明显。

1.2.2 高速铁路运输能力计算的特点

与高速铁路能力利用的特点相对应，高速铁路能力计算也存在与普速铁路不同的特点，具体包括：

1. 明确运输能力计算的时空范围

针对高速铁路运输能力利用的主体多样与时间波动特征，运输能力计算时应首先明确其时空范围，例如对高峰小时运输能力的计算、考虑天窗设置三角区影响的运输能力计算等。

2. 正确认识缓冲时间与运输能力计算的关系

为了抵抗可能的运营扰动，通常在车站作业计划和列车运行图中会添加一定的空余时间，即缓冲时间，具体体现为车站作业缓冲时间和区间运行缓冲时间。缓冲时间对于恢复运输秩序、缓解运营扰动传播具有重要的意义，但同时对运输能力也具备消极影响。一般而言，缓冲时间越小，可使用的能力就越大。若对缓冲时间进行压缩后，能力可在当前列车运行结构的条件下达到最大，但是直接导致运输能力利用的稳定性降低，一旦发生扰动，可能造成延误传播，造成能力紧缺甚至能力浪费。因此，能力计算必须正确评估缓冲时间与能力可利用程度的关系。

3. 通过能力按客运区段计算

普速铁路通过能力以各区间能力计算为基础，以区段内通过能力最小的区间（限制区间)能力作为区段通过能力。高速铁路一般以客流区段为单位编制列车开行方案,高速列车也只在大的客流节点之间到发。因此,高速铁路以方向上高速列车运程可达的最大客运区段为基础,从大到小确定其所包含各个客运区段可能的各种长线和短线能力。客运区段的划分主要根据客流的分布规律及车站设置方式。在同一线路上,将有一定交互客流量,且可办理列车始发、终到作业的两个车站间作为一个客运区段。各客运区段将一条线路划分为不同线路区段,且中间车站没有重叠。

以客运区段为单位计算的通过能力仅限于行程等于而不包含行程小于该区段长度的各种列车。因此,据此计算的各客运区段通过能力只对该客运区段有独立的计算意义。

4. 深入剖析运输能力与运输计划的关系

高速铁路运输能力计算的实质是在特定服务水平对应的运输计划下,对能力占用水平的计算。因此,能力计算必须以对应的(设定情景或实际采用的)列车运输计划为基础。

以通过能力计算为例,不同的列车运行图和车站作业计划规定下,车站接发列车顺序、列车作业类型及其作业间隔时间不同、区间运行线顺序及其间隔时间也不同,因此,运输能力的计算必须考虑对应的运输计划特征,区别不同种类和不同运程的列车。如区段通过能力需要分平行运行图、非平行运行图、不同速度等级共线运行图等不同情境计算,车站通过能力则需考虑不同列车作业关系与作业组织方案进行计算。

1.3 高速铁路运输能力的影响因素

国际铁路联盟《UIC 406 手册》指出,铁路基础设施的能力取决于能力的利用方式。支撑运输能力的基础参数包括基础设施本身所具备的属性、列车运行计划以及期望的准点率水平。对于给定的基础设施及信号系统条件,对应的运输能力基于以下四项因素的相关性:列车数量、平均速度、列车运行图的稳定性以及列车的异质性。

具体而言,随着列车数量(密度)的增加,剩余的可被利用的运输能力逐渐减小;列车平均速度的提升在缩短区间运行时间的同时导致制动距离延长,对运输能力均产生影响;列车运行图的稳定性指列车运行线需要附加运行时分或运行线之间增加冗余的间隔时间以尽可能消除个别列车延误对其他列车可能造成的影响;列车的异质性指当列车数量相同时,列车类型不同且速差较大情形下所占用的能力大于列车速差较小的情形。

以上是铁路运输能力的基础影响因素。具体而言,高速铁路运输能力的影响因素可以概括为两个方面的内容:高速铁路设备条件、运输组织模式与运输计划。这两个方面共同构成了运输能力利用的复杂场景。其中设施设备决定了一定的系统硬件条件所对应的运输能力水平,而运输组织则决定了一定的列车运输组织模式与列车运行组织方法所对应的运输能力水平。在设施设备条件一定的情况下,运输组织对运输能力的影响作用主要通过具体的运输计划予以体现。

1.3.1 高速铁路设备条件

高速铁路设备的影响主要是:线路条件、站间距离及区间的不均等性、中间站数量、信号联锁闭塞设备、车站技术设备的特征、客运服务设施等。

1. 线路条件

线路条件直接影响到高速列车的运行速度。主要包括线路的平纵断面条件，在列车的重量一定的情况下，线路之间的坡度、曲线半径等都会直接影响到列车在区间内的运行速度，从而影响列车占用区间的时间，最终影响到通过能力。

2. 站间距离及区间的不均等性

区段内中间站的站间距离与不同速度等级的高速列车区间运行时分之差，是决定高速铁路能力的重要因素之一。如果高等级高速列车数量较少时，缩小区间长度有利于提高低等级高速列车长线能力，而低等级高速列车长线能力的提高又会适当降低低等级高速列车短线能力；而当高等级高速列车数量较多时，缩小区间长度只有利于提高低等级高速列车短线能力而难以提高低等级高速列车长线能力。

3. 中间站数量

高速铁路中间站数量越多，列车停站的机会越多。无论高等级高速列车还是低等级高速列车，停站次数越多，列车的平均旅行速度就越小，对通过能力的影响就越显著。待避次数越多，对高速铁路能力的影响越大。

4. 信号联锁闭塞设备

高速铁路信号设备的作用是保证列车安全、快速、有序运行，它会直接关系到列车运行的追踪间隔时间。以中国列车运行控制系统 CTCS 为例，共分为五级，采用不同级别的列控系统，可以实现不同的最小追踪运行间隔。不同的信号联锁设备对列车占用区间的时间和办理作业所需的时间影响较大，使得高速铁路能力也受到限制。

5. 车站技术设备的特征

如站场的类型、咽喉区的结构、到发线的数量和进路、到发线的有效长以及车站信联闭的类型等。

6. 客运服务设施

客运服务设施包括候车室，天桥、地道及进、出站口，售票房等。客运站房的建筑面积，检票口的数量，站台的长度与宽度，候车室距站台的距离，天桥、地道的宽度，窗口售票能力，以及客运站窗口售票张数占全日上车人数的百分比（即扣除市内售票、上门送票等的部分）都对高速铁路能力产生一定的影响。

1.3.2 运输组织模式与运输计划

本节主要讨论列车运行图、车站作业计划和列车开行方案与运输能力的关系。其中列车运行图由于规定了各次列车占用区间的顺序以及经停各车站的时刻等内容，对客流区段和车站的通过能力均具有影响作用。车站作业计划规定了列车在车站的技术作业内容，主要对车站的通过能力产生影响。列车开行方案的核心要素是列车的运行区段、种类与对数，包含列车编组等信息，体现了对客流需求的满足程度，因此主要对客流区段的通过能力和输送能力具备影响作用。以下选取各类运输计划与运输能力的部分主要关系进行阐述。

1.3.2.1 列车运行图与客流区段通过能力

列车运行图是用以表示列车在高速铁路区间运行及在车站到发或通过时刻的技术文件，规定各次列车占用区间的程序，列车在每个车站的到达和出发（或通过）时刻，列车在区间的运行时间，列车在车站的停站时间以及机车交路等，是组织列车运行的基础。列车运行图是决定高速铁路线路通过能力的重要因素。从列车运行图铺画的角度考虑，影响高速铁路客流区段通过能力的因素主要有追踪列车间隔时间、列车速差、不同速度等级列车比例、列车的停站次数及时间、列车运行图铺画方式、天窗时间及类型。

1. 追踪列车间隔时间

追踪列车间隔时间是影响客流区段通过能力的重要因素之一。追踪列车间隔时间越小，单位时间内车站可以发出的列车越多，客流区段通过能力也越大。图 1-2(a)中列车追踪列车间隔时间为 10 min，每小时可以铺画 7 条列车运行线，图 1-2(b)中追踪间隔时间为 20 min，每小时只能铺画 4 条列车运行线。从理论上讲，相邻列车之间存在着一个最小的追踪间隔时间，列车以该时间运行，其通过能力是最大的。随着高速铁路基础设施、列控系统等装备的技术进步，设备条件允许的最小追踪列车间隔时间逐渐缩短，为进一步提高通过能力提供了可能。但是，实际中往往存在着许多不确定的因素，可能会导致先行列车出现延误现象，此时该列车的延误会向后传播。如果列车追踪间隔时间较小，可能造成后续列车的延误，所以铺画列车运行图时采用的最小追踪间隔时间并不是越短越好。

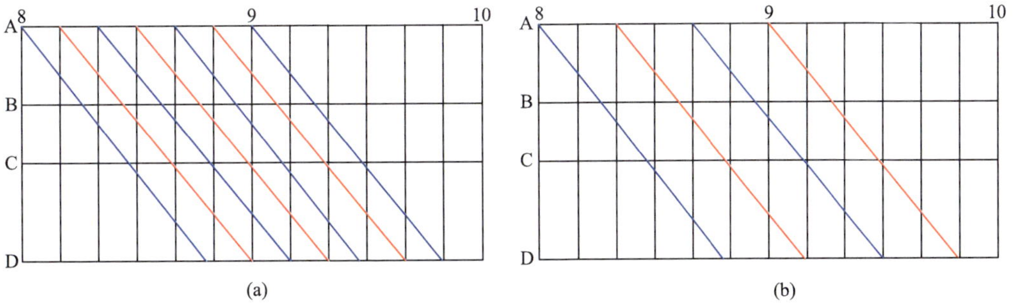

图 1-2 追踪列车间隔时间对通过能力的影响

2. 列车速差

我国高速铁路采用高中速列车混跑的运输组织模式，区间内运行的不同速度等级列车之间的速差会导致其在同一区间内的运行时分差异。列车速差越大，区间越长，区间运行时分之差也就越大，单位时间内铺画的列车运行线数目越少。图 1-3(a)中列车运行时分之差为 5 min，每小时可以铺画 6 条列车运行线，图 1-3(b)中列车运行时分之差为 15 min，每小时只能铺画 4 条列车运行线。在不同速度等级列车组合运行的线路上，列车区间运行时分之差是影响高速铁路线路通过能力的关键因素。一般的，列车区间运行时分之差越大，线路通过能力越小，运行时分之差最大的区间通常成为高速铁路线路通过能力的限制区间。

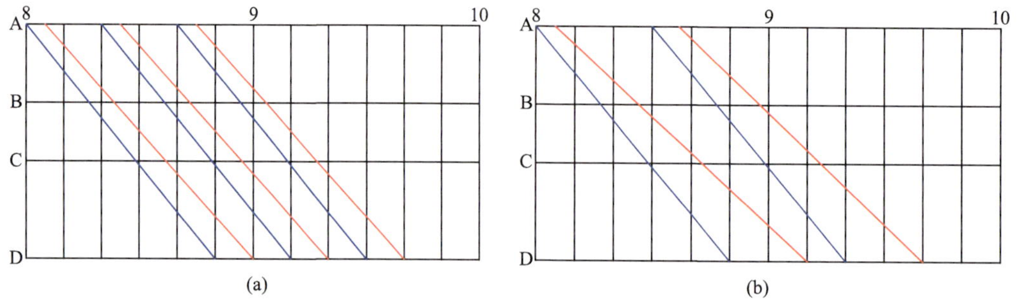

图 1-3　列车速差对线路通过能力的影响

3. 不同速度等级列车比例

我国高速铁路采用高中速列车混跑的运输组织模式，不同速度等级列车之间的运行会产生相互干扰。不同速度等级列车的比例不同，列车之间的影响程度不同，导致对区间通过能力的影响存在差异。一般而言，两种速度等级列车比例相近的情况下，列车之间的相互影响较大，区间通过能力较小。图 1-4(a)中既有高速度等级列车，又有低速度等级列车，图 1-4(b)中全部为高速度等级列车，后一种情况的线路通过能力较大。

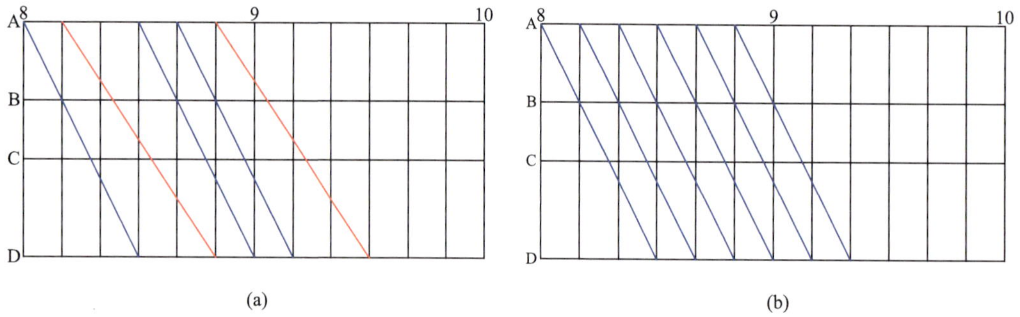

图 1-4　不同速度等级列车比例对线路通过能力的影响

4. 列车停站次数及时间

高速列车分为有停站作业的高速列车和无停站作业的高速列车。高速列车停站次数及停站时间，会对高速铁路通过能力产生影响。列车停站次数越多，停站时间越长，对通过能力的影响越大。通过图 1-5 可以看出，无停站时，线路通过能力最大，列车停站时间为 5 min 时的线路通过能力比停站时间为 15 min 的线路通过能力大。为了保证一定的服务频率，高速铁路一般采用交错停站的方式，以此来减少停站对线路通过能力的影响。

5. 列车运行图铺画方式

当同一区段运行不同速度等级或停站方式的列车时，列车运行图铺画方式一般包括集中铺画、相对集中铺画和均衡铺画等三种方式，如图 1-6 所示。从图中可以看出，列车集中铺画时，线路通过能力最大；均衡铺画时，线路通过能力最小；相对集中铺画时，线路通过能力介于两者之间。可见高速铁路的通过能力和列车运行图的铺画方式有直接关系。但集中铺画方式跟实际情况的差别很大，是不符合客流需求的。因此在编制列车运行图时，要充分考虑客流情况，适当增加相同速度等级列车的连发比例，增加线路的通过能力。

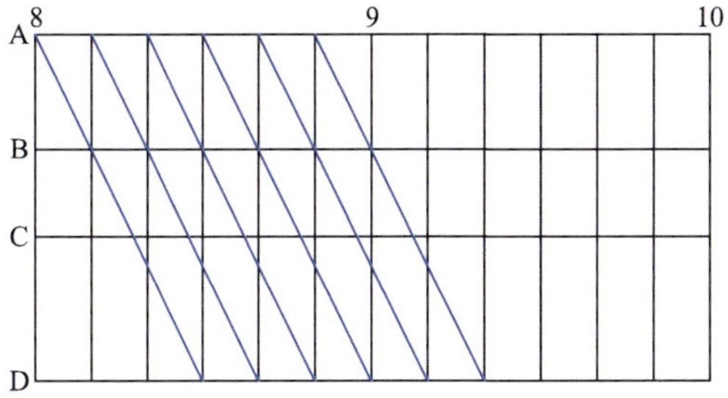

（a）无停站

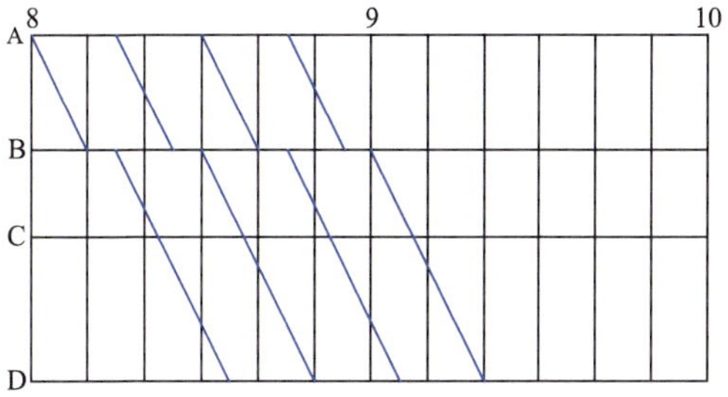

（b）停站 5 min

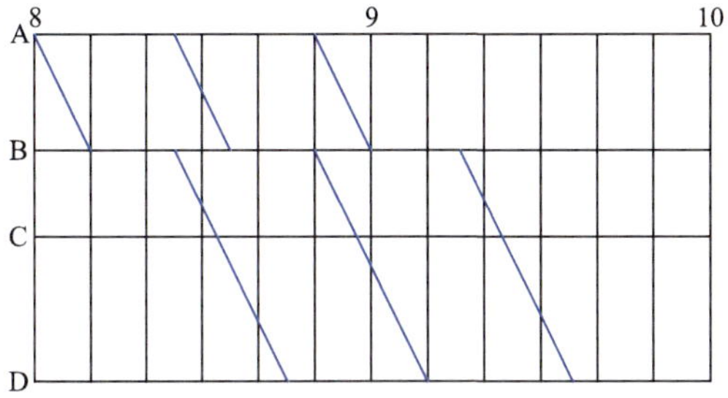

（c）停站 15min

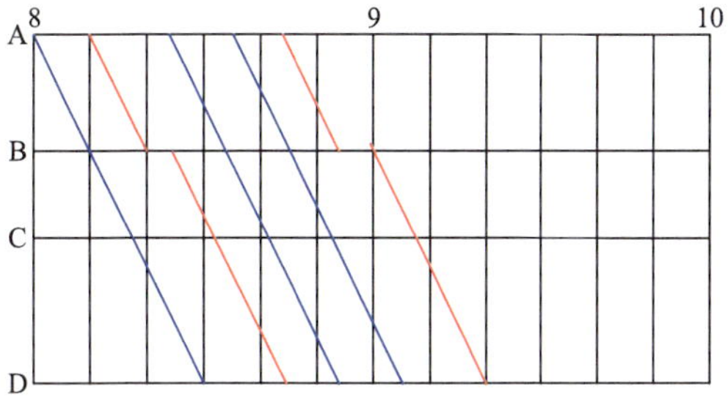

（d）交错停站

图 1-5　停站次数和时间对线路通过能力的影响

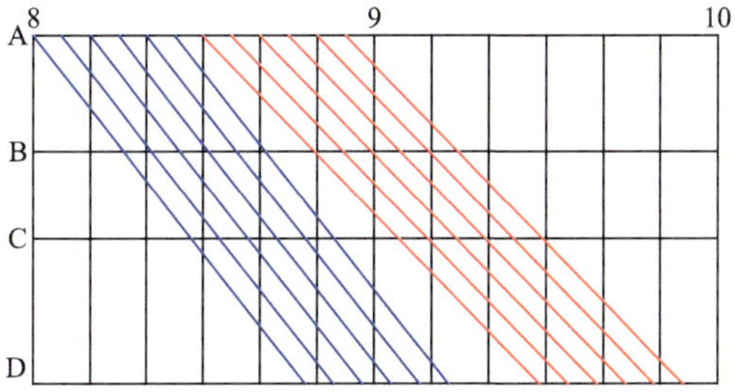

（a）集中式

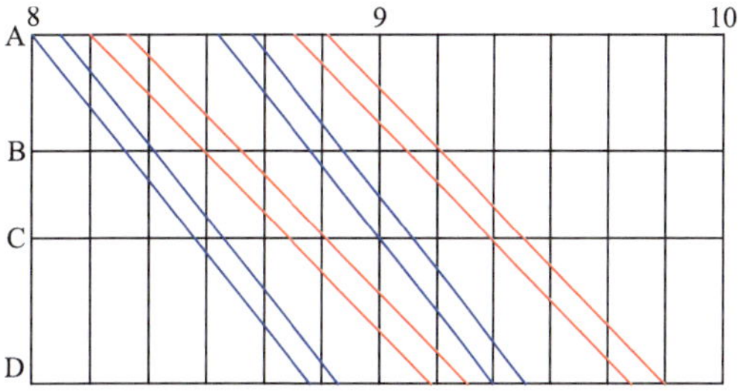

（b）相对集中式

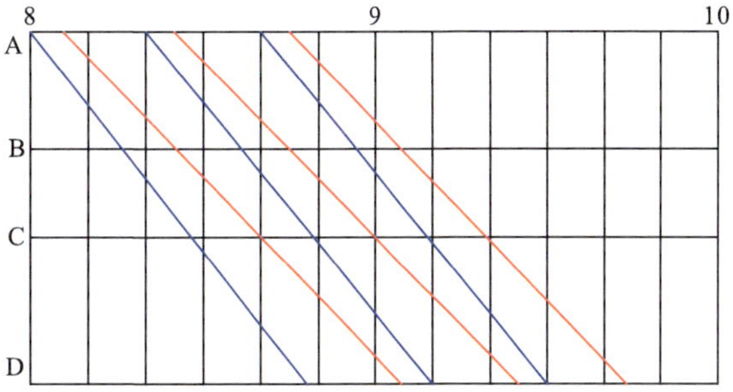

（c）均衡式

图 1-6　列车运行图铺画方式对线路通过能力的影响

6. 天窗时间及类型

高速铁路的行车安全需要良好的线路和设备状态予以保障，因此设施设备的养护维修作业是十分重要的。高速铁路一般在夜间 0:00～6:00 设置综合维修天窗，维修时长为 4～6 h，主要进行日常的工务、电务和接触网供电养护、维修作业。常见的天窗类型主要有垂直矩形天窗、V形天窗、Y形天窗、r形天窗和X形天窗。我国高速铁路一般采用垂直矩形天窗，如图1-7所示，天窗时长为T_t，天窗前影响时段为T_q，天窗后影响时段为T_h，天窗影响长度为T_y，$T_y = T_t + T_q = T_t + T_h$。在天窗时间内，无法铺画列车运行线，此外，由于开设垂直矩形天窗，会在运行图上下行方向各产生两个三角区，在三角区内也无法铺画列车运行线。因此，开设天窗会对高速铁路线路通过能力产生一定的影响。

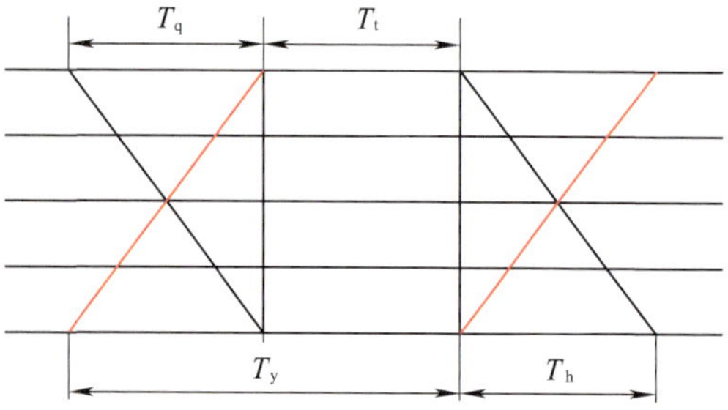

图1-7　垂直矩形天窗

1.3.2.2　车站作业计划与车站通过能力

高速铁路车站通过能力是指车站在现有设备条件下，采用合理的技术作业过程，一昼夜能够接发各方向的列车数。车站通过能力包括咽喉通过能力和到发线通过能力。

高速铁路车站作业计划是在列车运行计划确定的条件下，在车站现有的设备、设施条件下，对列车在站技术作业的起讫时间和地点进行合理安排的计划。车站作业计划对列车占用道岔和到发线进行合理安排，反映了车站接发列车及调车作业进路安排情况。在作业内容上主要包含接、发车作业和调车作业，在设备运用上主要包含到发线运用和进路占用。

车站作业计划对车站通过能力的影响主要体现在以下两个方面：

1. 车站作业原则

编制车站作业计划时，要满足到发线运用原则和进路占用原则。到发线运用原则是为满足接、发车需要和方便旅客上下车，规定各次列车占用到发线的顺序。进路占用原则是为防止列车在车站作业时产生交叉干扰，保证车站作业的顺利进行，在编制车站作业计划时要充分考虑咽喉区能力的限制，通过对到发线以及进路运用的合理规划，使车站作业尽可能多的采用平行进路，减少各项作业之间的交叉干扰。到发线运用原则和进路占用原则影响着车站到发线通过能力和咽喉通过能力。

2. 车站作业时间标准

车站接、发列车和调车作业主要包括进路的准备、开放、进入、离开、释放等环节。车站作业计划规定了各环节的作业时间标准。作业时间标准影响着车站单位时间能够接、发的列车数量，作业时间标准偏大会造成车站通过能力的浪费，标准偏小又会使车站作业过于紧张甚至产生冲突而导致作业无法正常进行。因此，合理的车站作业时间标准影响着车站的通过能力及其利用水平。

1.3.2.3 列车开行方案与输送能力

列车开行方案是以客流量为基础，以客流性质、特点和规律为依据，科学合理地安排包括列车开行等级、种类、数量、起讫点、经由线路、编组内容、停站方案、客座利用率、车底运用等内容的技术文件，体现了从客流到列车流的组织过程。

高速铁路输送能力是指在一定的固定设备、动车组类型和行车组织方法条件下，根据列车数量和员工配置情况，在单位时间内最多能够输送的旅客人数。高速铁路输送能力与列车数量、列车编组与定员、客座利用率、不同速度等级列车比例等因素有关。因此列车开行方案直接决定着高速铁路输送能力的大小。在一定的固定设备条件下，一般列车开行方案规定的列车数量和列车定员越多，客座利用率越高，则输送能力也越大。

1. 列车编组与定员

线路或客流区段通过能力一定时，单列车定员数量越大，则对应的输送能力越大。因此，在部分通过能力紧张的线路或区段，可以通过开行长编组列车或双层列车的方式提高输送能力。列车开行方案以客流需求为基础，其规定的列车编组情况直接影响输送能力。目前我国的“和谐号”系列动车组座车主要包括长编组和短编组两类。如 CRH1A 型、CRH2A 型、CRH2B 型、CRH3C 型、CRH5A 型、CRH2C 型、CRH380A 型为 8 辆编组座车；CRH380AL 型和 CRH380BL 型则为 16 辆编组座车。同一线路或客流区段上长编组列车比例越高，输送能力越大。CRH380 系列动车组的定员见表 1-2。

表 1-2 CRH380 系列动车组定员

车型	CRH380A 型	CRH380AL 型	CRH380BL 型
定员(人)	480	1 061	1 043

采用 CRH380AL 型和 CRH380BL 型的长编组列车时，高速铁路输送能力可以达到采用 CRH380A 型的短编组列车时的 2 倍以上。

2. 客座利用率

客座利用率是指用百分率表示的平均每一客座所完成的人公里数。输送能力除了与各次列车的定员相关以外，也与客座利用率存在密切联系。列车开行方案直接反映运输计划对客流需求的满足程度，因此，科学合理的列车开行方案将能够最大程度的吸引客流，提升列车的客座利用率，从而提高输送能力及其利用水平。

3. 低速度等级列车比例

列车开行方案规定的列车种类与列车速度等级直接相关。我国大部分高速线路采取不同速度等级列车混跑的运输组织模式，低速度等级列车比例对通过能力产生影响，从而影响线路输送能力。通过对低速度等级列车比例以 10%的梯度从 0%～100%的情况进行分析，得到低速度等级列车比例对区段通过能力的影响关系图，如图 1-8 所示。

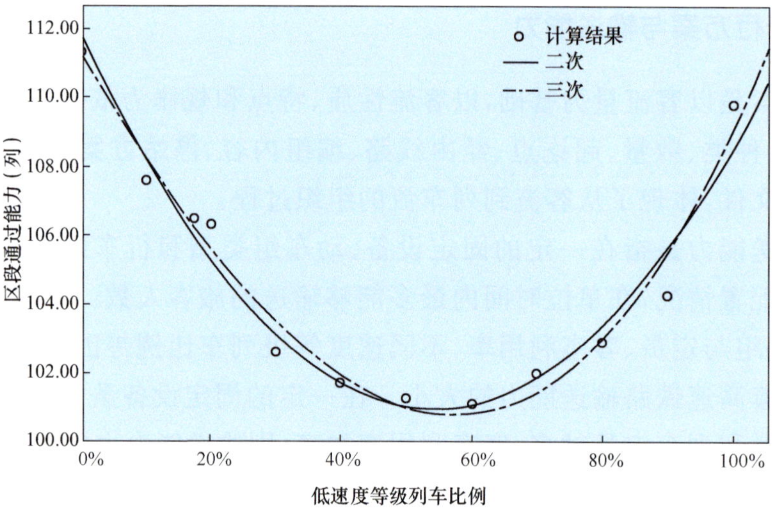

图 1-8　低速度等级列车比例与区段通过能力关系

1.4　高速铁路运输能力计算与评估方法概述

1.4.1　高速铁路运输能力计算与评估的目的和意义

高速铁路运输能力计算与评估对高速铁路规划建设、运输计划制定和运营组织各个环节均具备重要意义。

对高速铁路设计能力和需要能力的合理估计对于明确高速铁路运力资源配置需求与运输供给水平具有指导意义。高速铁路现有能力的计算与评估是运输产品设计、运输计划制定与实际运营组织的重要基础条件。例如，区段通过能力的计算有助于对设备条件及潜力的深入认识，便于胸中有数地安排运输生产、指导列车运输组织计划的编制。输送能力的计算能够进一步分析高速铁路运输与国民经济的发展、人民生活水平的适应性。通过计算车站通过能力，在为运输计划的制定提供参照条件的基础上，能够检核车站各项设备以及车站与区段通过能力是否协调，识别车站设备和作业组织薄弱环节，以便有效地利用车站设备。车站客服设施能力的计算是保证运输服务质量的关键，当需要能力小于现有能力时，说明该设施能适应当前客运业务量的要求；否则必须对设施进行改建或采取技术组织措施。

综上所述，高速铁路运输能力的计算与评估在指导规划、制定计划、组织运营等方面均具备重要意义。在实际应用中，应对应不同的时空类型的运输能力，选取适当的计算与评估方法，保证运输能力计算与评估的质量水平。

1.4.2　高速铁路运输能力的计算与评估方法

高速铁路运输能力的计算与评估方法主要分为分析计算法、模拟仿真法和优化建模法三类。

1. 分析计算法

分析计算法的主要特征是以利用数学公式反映运输能力与关键影响因素之间的定量关系，通过标定相应的参数便可以快速地获得理想运营环境条件下的运输能力。分析计算法针对不同时空类型的运输能力具备不同的具体计算方法，典型的如计算区段通过能力的扣除系数法，UIC406 运行图压缩法等。分析计算法的一系列改进方法不断增强其对通过能力各种影响因素，尤其是列车顺序、缓冲时间等运输计划要素的表现力，是应用较为广泛的一种方法。对于车站客运服务设施能力，分析计算法利用客运服务设施属性（如使用面积、设施设备数量）与服务参考指标（如使用面积指标、单位时间的旅客通行能力）计算现有能力，同时结合客运业务量的变化趋势，获得需要能力。通过对具体车站与设备的实地调查与数据分析，能够精确标定客流到发规律与设备性能参数，从而实现较为精准的高速铁路运输能力计算与评估。

分析计算法中借助图解的分析方法称为图解法，图解法以运输计划的编制策略与标准为基础，综合考虑技术设备的使用方案、技术作业过程和作业时间标准等因素，以图解方式较为精确的绘制作业过程图表，获得最大限度利用能力的运输计划及其相应的能力，能够在一定程度上反映列车运输计划的结构对能力的影响。

2. 模拟仿真法

模拟仿真法通过建立铁路系统的计算机模型来代表真实系统，并利用该模型对真实系统中的运输过程进行数字模拟实验，实时仿真列车运行过程或客流分布状态，通过设置不同的仿真场景，对系统在不同给定条件下的动态行为进行复现与统计，实现运输能力计算评估的目的。模拟仿真法可应用于车站通过能力、区段通过能力、车站客服能力等能力的计算与评估。

对于车站通过能力，模拟仿真法对高速铁路客运站咽喉和到发线进行仿真建模，将列车在站内的各项作业过程作为一个相互关联的排队系统，严格按照车站作业标准，模拟、统计出车站通过能力的有关参数，并辅之以可视化技术，获取反映车站通过能力及其利用水平的统计指标。

对于车站客运服务设施能力，模拟仿真法通过布设不同的仿真场景，模拟给定客服设施组合关系与客流加载方案交互作用下的作业过程，在不超过客运设施服务阈值的条件下不断加载客流，获得客服设施的现有能力及反映其能力利用状况的丰富指标；还可通过场景参数的灵活调整，评估和优化站内客流组织方案及其对应的高速铁路运输能力利用情况。

3. 优化建模法

优化建模法采用数学规划方法构建优化模型，通过对一定服务水平下，能力利用最优导向的不同速度等级、不同作业类型列车作业顺序的优化，获取给定列车开行结构及最优作业序列相应的运输能力。近年来较多研究采用优化建摸方法描述运输能力问题，较多应用于车站及区段通过能力计算与评估。

2 高速铁路车站通过能力计算及评估

高速铁路车站通过能力就是在一定的行车组织条件下，车站内各种固定设备在一昼夜中所能通过或接发的最多列车数(或列车对数)，即全日通过能力。在此基础上又衍生出了高峰时段通过能力的概念，即一天最繁忙时段内车站所能接、发、通过的列车数的总和。高速铁路车站通过能力计算的目的是实现高速铁路车站运力资源的充分利用，不仅需要挖掘车站列车接发最大数量的潜力，还需要验证高速铁路车站能力对各种车流特征和运输需求的适应性，为改善高速铁路车站服务水平提供依据。影响高速铁路车站通过能力的因素主要可以分为三类：第一类是建设或改造后车站系统所具备的进行列车技术作业的各种硬件设备及数量，包括站型、股道、咽喉、信号等设备及布置情况、使用状态；第二类是为了保证列车行车安全和车站作业协调规定的各种车站作业参数及规则，包括列车最小间隔时间标准、列车车站技术作业时间标准、列车技术作业流程、维修天窗设置标准等；第三类是运营组织需求特征及车站作业组织方案，包括到发列车构成类型及比例、股道运用方案、咽喉进路运用方案、列车接发顺序方案、缓冲时间设置方案等。

2.1 高速铁路车站通过能力的基本概念

2.1.1 高速铁路车站通过能力定义

《高速铁路设计规范条文说明》及既有文献中对车站通过能力计算和区段通过能力定义阐述如下：

铁路通过能力是指每一铁路线路方向或区段，根据现有固定设备，在一定类型的机车、车辆和行车组织方法(列车运行图)的条件下，于单位时间内(通常是一昼夜)所能通过的最大列车数(以列或对计)。铁路通过能力主要指区段通过能力，包括车站通过能力、区间通过能力、改编作业能力、车场容车能力以及车站最终通过能力。

车站通过能力分为全日及高峰时段到发线通过能力和咽喉通过能力。现有对高速铁路客运站通过能力的定义沿用既有铁路客运站通过能力的定义方式，即是指在一定设备条件下，一定的列车开行方案(列车运行图的配合)和采用合理的作业方法下，客运站一昼夜能接发(通过)的动车组列车数。其中客运车站通过能力包括咽喉区通过能力和到发线通过能力。

在高速铁路车站通过能力计算过程中，可以分成不同时段(通常以 1 h 为单位)，计算车站小时段的通过能力。在此基础上，考虑天窗设置（即三角区对能力的影响），计算车站全天通过能力。

高速铁路车站单位小时通过能力定义为：从第一列车进站开始占用时刻起，到最后一列车进站开始占用时刻止，时长为 1 h 的时间内能够完全通过车站的最大动车组列车数量（单位为列/h）。同时计算结果需要满足以下条件：

（1）所计算时间不超过由于天窗导致的三角区内可接发列车的最后时间；

（2）通过、通停、始发、终到及折返等不同作业类型列车的比例要符合一定要求；

（3）满足列车相邻运行的作业最小间隔时间和车站作业缓冲时间要求；

（4）满足车站服务频率等旅客服务水平指标。

高速铁路车站可进行列车作业的全天时间定义为：由垂直天窗结束后的三角区内该车站可以接车时起，到垂直天窗开始前的三角区内该车站最后可以发车时止的一段时间，如图 2-1 所示。

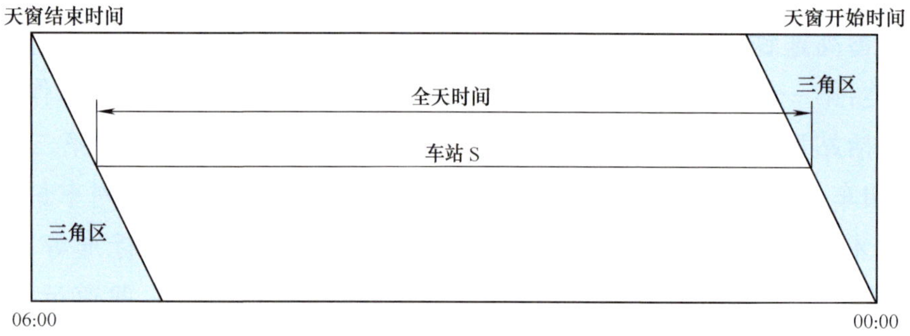

图 2-1　车站可接发车的全天时间示意

高速铁路车站全天通过能力定义为：将全天时间以 1 h 为单位进行划分，剩余不到 1 h 的时间段进行单独划分。对于每个划分出来的时间段，可根据不同时段的客流需求特征对计算参数进行设定与标识，并基于高速铁路车站小时通过能力的计算方法进行分别计算。最终将所有划分时段计算得到的能力值之和减去被重复计算的能力值作为该车站全天通过能力值。

2.1.2　主要影响因素分析

高速铁路车站通过能力的主要影响因素是列车车站作业间隔时间，主要由列车到达间隔时间和列车出发间隔时间决定。此外，还包括列车到通间隔时间、列车通到间隔时间、列车通发间隔时间和列车发通间隔时间。列车最终间隔时间是由不同间隔时间的最大值而定，根据既有文献的研究分析可得列车不同时到达车站的间隔时间最大，为限制间隔时间。

2.1.2.1　列车到达间隔时间

当采用准移动闭塞时，列车追踪运行采用的是目标追踪方式。根据实际不同情况，列车到达间隔时间的计算又分为两种情况：列车进站后不需要匀速运行和列车进站后需要匀速运行。

1. 列车进站后不需要匀速运行

列车进站后不需要匀速运行，即列车可以在进站过程中，一直保持减速行驶的状态直到停车。满足该条件的理论上又可能有以下几种情况：其一咽喉区长度较长，列车可以在满足道岔限速的条件下减速停站；其二列车开始制动距离较长，开始进站时速度足够低而使得列车一直减速运行；其三为列车制动减速度数值（绝对值）足够小，可以在满足道岔限速的条件下一直减速运行。该情况下列车到达间隔距离如图 2-2 所示。

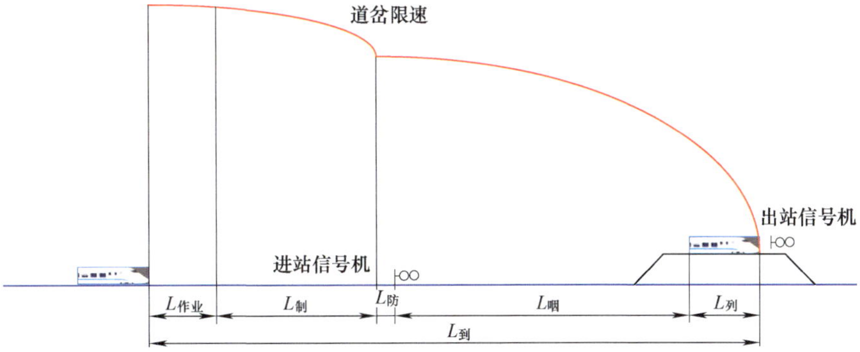

图 2-2　不需要匀速行驶的列车到达间隔距离示意

列车到达间隔时间 $I_{到}$ 可表示为

$$I_{到}=\frac{L_{制}}{\bar{v}_{到区}}+\frac{L_{列}+L_{咽}+L_{防}}{\bar{v}_{到站}}+t_{到}\quad (\text{min}) \tag{2-1}$$

式中　$L_{制}$——列车制动距离，m；

$L_{列}$——列车长度，m；

$L_{咽}$——咽喉长度，m；

$L_{防}$——安全防护距离，m；

$\bar{v}_{到区}$——到站列车在区间平均运行速度（即从开始制动到进站前），km/h；

$\bar{v}_{到站}$——列车在站内平均运行速度（即从进站到列车停稳），km/h；

$t_{到}$——到达列车作业附加时间，具体包括车站办理接车进路时间 13 s，司机确认时间 6 s，CTC 确认时间 3 s，CTC 解锁延迟时间 3 s，轨道电路反应时间 4.3 s，车载设备应变时间 3.6 s，车载启动延迟及空走时间 2.5 s，共计 36 s。

本节采用平均减速度值计算。因此，制动距离 $L_{制}$ 可表示为

$$L_{制}=\frac{v_c^2-v_0^2}{2a_{制1}}\quad (\text{m}) \tag{2-2}$$

式中　v_c——道岔侧向限制速度，km/h；

v_0——列车区间运行速度，km/h；

$a_{制1}$——列车区间常用减速度，m/s²。

$$\bar{v}_{到区}=0.5(v_0+v_c)\quad (\text{km/h}) \tag{2-3}$$

$$\bar{v}_{到站}=0.5v_c\quad (\text{km/h}) \tag{2-4}$$

因此可得到达间隔时间与制动时间的关系可以表示为

$$I_{到} = \frac{v_c - v_0}{a_{制1}} + \frac{L_{列} + L_{咽} + L_{防}}{0.5v_c} + t_{到} \quad (\text{min}) \tag{2-5}$$

2. 列车进站需要匀速运行

我国车站咽喉区较长，且道岔侧向限速较低，当制动减速度数值(绝对值)不是足够小时，列车进站需要匀速运行一段距离。因此，该情况下列车到达间隔距离如图 2-3 所示。

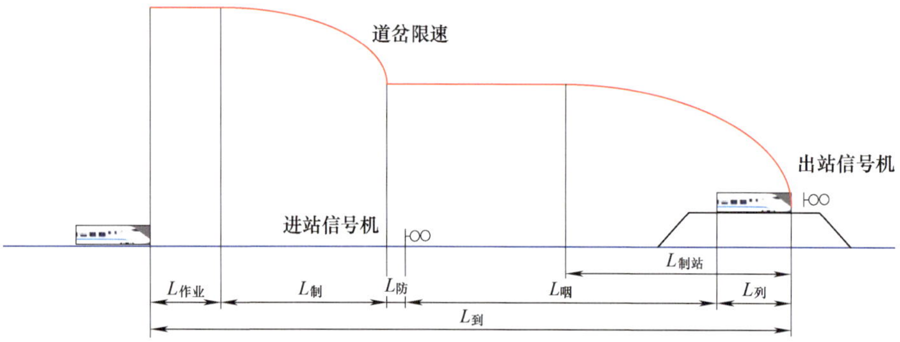

图 2-3　需要匀速行驶的列车到达间隔距离示意

列车到达间隔时间 $I_{到}$ 可表示为

$$I_{到} = \frac{L_{制}}{\bar{v}_{到区}} + \frac{-v_c}{a_{制2}} + \frac{L_{列} + L_{咽} + L_{防} - L_{制站}}{v_c} + t_{到} \quad (\text{min}) \tag{2-6}$$

式中　$L_{制站}$——列车在车站内的制动距离，m；

$a_{制2}$——列车在车站常用减速度，m/s^2。

其中，列车在车站内的制动距离 $L_{制站}$ 可表示为

$$L_{制站} = \frac{-v_c^2}{2a_{制2}} \quad (\text{m}) \tag{2-7}$$

则该情况下，列车到达间隔 $I_{到}$ 可表示为

$$I_{到} = \frac{v_c - v_0}{a_{制1}} + \frac{-v_c}{a_{制2}} + \frac{L_{列} + L_{咽} + L_{防}}{v_c} + \frac{v_c}{2a_{制2}} + t_{到} \quad (\text{min}) \tag{2-8}$$

由式(2-8)也可得出，列车到达间隔时间主要与列车制动减速度、车站咽喉长度、道岔限制速度及列车区间运行速度相关。针对以上主要参数做具体分析：当其他条件不变时，咽喉长度越短间隔时间越短。因此，咽喉区过长也是导致间隔时间较大，进而影响能力的一个关键因素。

2.1.2.2　列车不同时发车间隔时间

列车不同时发车间隔时间为列车以实际发车速度通过站外两个闭塞分区及一个车长和安全防护距离的时间，与列车发车作业(包括办理进路与信号开放)的时间之和。列车发车间隔距离如图 2-4 所示。

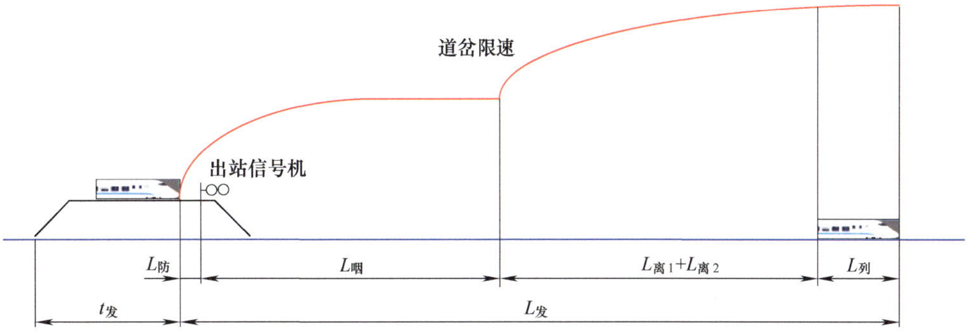

图 2-4 列车发车间隔距离示意

列车发车间隔时间 $I_{发}$ 可表示为

$$I_{发}=\frac{v_c}{a_{发1}}+\frac{L_{离1}+L_{离2}}{\overline{v}_{发}}+\frac{L_{匀}}{v_c}+t_{发}\quad(\text{min})\tag{2-9}$$

式中 $L_{离1}$——列车第一离去距离，m；

$L_{离2}$——列车第二离去距离，m；

$\overline{v}_{发}$——出站列车平均运行速度，m/s；

$L_{匀}$——列车匀速行驶距离，m；

$a_{发1}$——列车在车站的启动加速度，m/s^2；

$t_{发}$——发车作业附加时间，具体包括车站办理发车进路时间 13 s，进路空闲检查时间 4.3 s，CTC 确认时间 3 s，CTC 解锁延迟时间 3 s，车载设备应变及延迟时间 4.4 s，司机确认时间 6 s，总计 34 s。

因此，列车发车间隔时间与发车时间的关系可表示为

$$I_{发}=\frac{v_c}{2a_{发1}}+\frac{\sqrt{2a_{发2}(L_{离1}+L_{离2})+v_c^2}-v_c}{a_{发2}}+\frac{L_{列}+L_{咽}+L_{防}}{v_c}+t_{发}\quad(\text{min})\tag{2-10}$$

式中 $a_{发2}$——列车区间的启动加速度，m/s^2。

由式(2-10)可知，当缩短咽喉距离或提高道岔限速，同样会减少列车发车间隔。因此，在同条件下，列车发车间隔仍然会小于列车到达间隔。

2.1.2.3 其他车站间隔时间

1. 通通间隔时间

即两列车均为通过不停站列车，由于通过不停站列车的运行速度不减，因此通通间隔时间的计算方法近似于列车区间追踪间隔时间。但由于现阶段是将车站作为单独的一个闭塞分区，因此列车通通间隔时间 $I_{通}$ 可表示为

$$I_{通}=\frac{L_{列}+L_{站}+L_{防}+L_{制}}{v_{运}}+t_{信}\quad(\text{min})\tag{2-11}$$

式中 $L_{站}$——车站长度，m；

$v_{运}$——列车区间运行速度，km/h；

$t_{信}$——信号附加时间，具体包括列控中心应变时间 1 s，司机确认信号时间 6 s，车载设备应变及延迟时间 4.4 s，共计 12 s。

2. 到通间隔时间

即前行列车为终到或停站列车，后行列车为通过不停站列车。当前行列车停车时，信号开放，通过列车可以开始通过车站，因此列车到通间隔时间 $I_{通}^{到}$ 可表示为

$$I_{通}^{到} = \frac{L_{列} + L_{咽} + L_{防} + L_{制}}{v_{运}} + t_{信} \quad (\text{min}) \tag{2-12}$$

3. 通到间隔时间

即前行列车为通过列车，后行列车为终到或停站列车。当通过列车过出站信号机时，信号开放，后行列车可以开始制动进站，因此通到间隔时间与列车到达间隔时间的计算方式相同。

4. 通发间隔时间

即前行列车为通过不停站列车，后行列车为始发或停站列车。当通过列车驶出安全距离后，后行列车可开始发车。因此列车通发间隔时间 $I_{发}^{通}$ 可表示为

$$I_{发}^{通} = \frac{L_{列} + L_{站} + L_{防} + L_{离1} + L_{离2}}{v_{运}} + t_{发} \quad (\text{min}) \tag{2-13}$$

5. 发通间隔时间

即前行列车为始发或停站列车，后行列车为通过列车。达到相同速度（最高运行速度 v_0）时，列车的距离可以保持最小区间间隔距离，如图 2-5 所示。

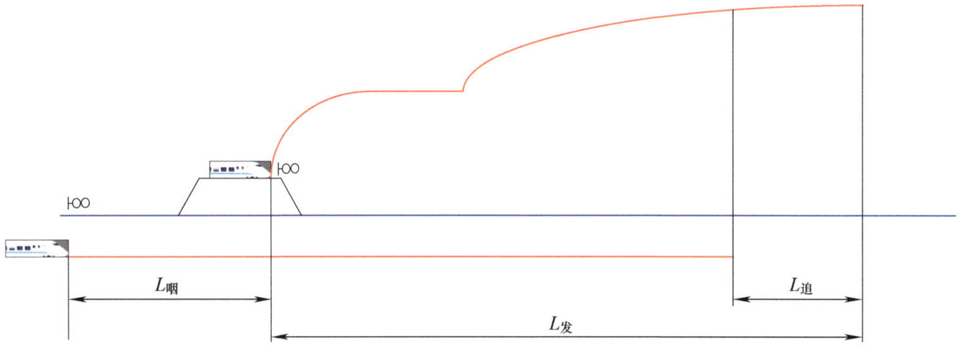

图 2-5　列车发通间隔距离示意

列车发通间隔时间为前后两列车的运行时间之差，而两列车的运行距离如图 2-5 所示。

前行发车列车的运行距离 $L_{前}$ 可表示为

$$L_{前} = L_{防} + L_{列} + L_{咽2} + \frac{v_0^2 - v_c^2}{2a_{发2}} \quad (\text{m}) \tag{2-14}$$

式中　$L_{咽2}$——前行发车列车通过的咽喉长度，m。

后行通过列车的运行距离 $L_{后}$ 可表示为

$$L_{后} = L_{前} + L_{咽1} - L_{追} \quad (\text{m}) \tag{2-15}$$

式中　$L_{咽1}$——后行通过列车通过咽喉的长度，m；

$L_{追}$——后行通过列车追踪距离，m。

则两列车的运行时间 $t_{前}$、$t_{后}$ 分别表示为

$$t_{前}=\frac{v_c}{2a_{发1}}+\frac{L_{防}+L_{列}+L_{咽2}}{v_c}+\frac{v_0-v_c}{a_{发2}}+t_{发} \quad (\text{min}) \tag{2-16}$$

$$t_{后}=\frac{L_{后}}{v_0}=\frac{L_{防}+L_{列}+L_{咽2}+\dfrac{v_0^2-v_c^2}{2a_{发2}}+L_{咽1}-\left(L_{区}+L_{防}+L_{列}-\dfrac{v_0^2}{2a_{制}}+L_{信}\right)}{v_0} \quad (\text{min}) \tag{2-17}$$

式中 $L_{信}$——信号确认时间内通过的距离，m；

$L_{区}$——后行列车在区间内运行的距离，m。

由式(2-14)～式(2-17)，可得列车发通间隔时间 $I_{通}^{发}$ 可表示为

$$I_{通}^{发}=\frac{v_c}{2a_{发1}}+\frac{L_{防}+L_{列}+L_{咽2}}{v_c}+\frac{v_0-v_c}{a_{发2}}-\left(\frac{L_{站}-L_{区}}{v_0}+\frac{v_0^2-v_c^2}{2a_{发2}v_0}+\frac{v_0}{2a_{制}}+t_{信}\right)+t_{信} \quad (\text{min}) \tag{2-18}$$

同通发发车间隔时间，列车发通发车间隔时间 $I_{通出}^{发}$ 可表示为

$$I_{通出}^{发}=I_{通}^{发}+\frac{L_{列}+L_{站}+L_{防}}{v_0}-\frac{v_c}{2a_{发1}}-\frac{L_{列}+L_{咽}+L_{防}}{v_c} \quad (\text{min}) \tag{2-19}$$

综上所述，车站作业间隔时间主要受列车到达车站间隔时间和列车发车间隔时间的影响，通常为实际到达间隔时间和实际发车间隔时间的较小值。

2.1.3 高速铁路车站通过能力与运输计划的关系

列车开行方案与列车运行图中规定的列车等级、停站、各次列车到发时刻分布及其顺序等因素均对高速铁路车站通过能力产生直接影响。车站股道使用方案规定的各次列车占用车站各条股道的时间及先后顺序等也对车站通过能力具备影响。

运输计划对能力的影响主要通过列车停站次数及停站方式、起停车附加时间和列车组合开行方式等予以体现。

1. 列车停站次数及停站方式

列车开行方案规定了列车停站方案，停站列车相对于通过列车会增加列车在车站的作业时间，导致车站通过能力的减少，如图 2-6 所示。

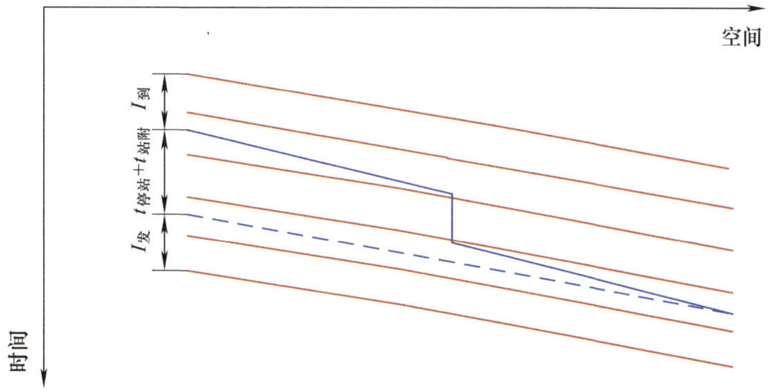

图 2-6 列车停站对车站通过能力的影响

停站对车站通过能力的减少值 $N_{减}$ 可表示为

$$N_{减} = (I_{到} + I_{发} - 2I_{通} + t_{停站} + t_{站附})/I_{通} \quad (列) \tag{2-20}$$

式中 $t_{站附}$——在车站内，由于列车进站停车和出站发车过程中，速度差导致的附加时间，s；

$t_{停站}$——列车停站时间，s。

由于列车的每次停站都会造成能力的损失，停站次数越多对能力的影响越大。因此直达不停站列车对能力不造成影响，而站站停列车无论对车站通过能力还是客运区段通过能力的影响最大。

2. 列车起停附加时间

由于高速列车的运行密度大、运行间隔时间小，因此相对于既有铁路，列车的起停附加时间对车站通过能力会造成较大的影响。因此，列车运行图铺画中应用的起停车附加时间技术标准对车站通过能力的计算产生影响。

3. 列车车站作业间隔时间

列车在车站的作业间隔时间是影响车站通过能力的重要因素，主要受列车到达车站间隔时间和列车发车间隔时间的影响，通常为实际到达间隔时间和实际发车间隔时间的较小值。不同车站布置形式及不同列控方式条件下，运输计划规定的列车组合开行方式所对应的不同速度等级、不同作业类型列车的作业间隔时间也不相同。

综上所述，实际运营中的车站通过能力与真实列车开行方案与列车运行图规定的列车种类、停站及其在车站的到发顺序关系等密切相关。因此，采用列车随机选取方式下的车站通过能力计算结果只是给客运产品设计一个粗略的理论基础与参考，需要研究基于给定列车开行结构条件下的车站通过能力计算方法，获取一定的运输计划对应的车站实际通过能力，从而更精确地为运输组织过程及客运产品设计提供理论支持。

2.1.4 车站通过能力计算方法概述

高速铁路车站通过能力的计算方法包括分析计算法、图解法、仿真模拟法和建模优化的方法。

分析计算法是根据车站到发线数量和一些主要技术作业时间标准等数据得出一系列与车站通过能力有关的参数，将车站通过能力的计算分为车站咽喉区和到发线的通过能力进行计算。在使用分析计算法时，一般先取一时间段(一天或一天中最繁忙的一段时间)，在该时间段内，以某项设备已被占用的总时间，除以可供占用的时间，求出车站通过能力利用率，再以此利用率及现有列车数，求出车站通过能力。但是此计算方法忽略了当车站的客流和车流密度很大时，车站的技术设备和工作人员的繁忙程度，更加没有顾及到发线和咽喉协调配合的组织作业，因此这种方法难免失真。

对分析计算法进行修正能够得出各种改进的计算方法，比如通过数理统计方法得出某种修正系数，或将列车运行视为一种纯粹的随机过程，采用概率论、排队论来解决作业妨碍和等待问题。但实际上车站的作业并非纯粹随机的，而是有组织的有控随机。在具体作业过程、股道运用方案及诸多时间参数的确定上，仍需用经验性的估算或大量的人工查定统计。因此，这些修正措施并未从根本上克服分析计算法的不足。

运用分析计算法时，往往还使用图解法对其进行补充。图解法是根据车站相邻区段的列车运行图、车站技术设备的固定使用方案、车站技术作业过程和作业时间标准等有关资料，以各项设备为纵轴，时间为横轴构成图表，用图解方式表示出一昼夜或作业繁忙期内各种列车、各项作业连续占用到发线、咽喉的状况，然后将各项设备的占用时间加和，采用利用率计算法计算各设备的通过能力。通过对图表的分析与计算，可以推定和分解车站各项作业占用有关设备的程序和时间，确定车站的通过能力。图解法能直观地反映车站各种作业占用设备情况，能协调各种作业之间的关系优化车站作业方案。它不是孤立地计算某一单项设备的通过能力，而是把车站作为一个整体，计算车站通过能力，较为符合车站作业的实际情况。但绘制图表较为费事，基础资料波动较大，分解车站作业程序较为复杂，目前已经被仿真模拟法代替。

仿真模拟法就是通过优化安排各类型动车组的到发作业，对高速铁路客运站作业过程进行仿真、计算高速铁路客运站通过能力的方法。仿真模拟法计算结果较精确、实用性高，需要通过设计软件来实现，本质上是通过穷举来寻找最优解，随着车站规模的增大，相应的解空间也将增大，因此提高寻解效率是关键所在。用计算机仿真模拟来计算高速铁路客运站的通过能力是目前公认的较好的方法。为了提高计算机仿真模拟的效率或实现车站工作的某些目标，往往还要在仿真的基础上进行建模优化。

建模优化的方法就是通过对列车作业计划进行优化，进而得到车站的理论（最大）通过能力的方法。在车站设施设备和车站作业规则固定情况下，车站设施设备要发挥最大作用取决于车站设施设备运用方案的优劣，也就是车站作业方案的优劣。所以，利用建模优化法计算高速铁路车站通过能力的核心就是确定满足各种约束条件下接发列车数最大的车站作业组织方案。下面简要介绍几种建模优化的方法：

1. 车站通过能力的最大平行进路网络模型算法

高速铁路车站进路分为平行进路和敌对进路，车站的最大平行进路与车站高峰小时的通过能力是相关的，这种方法首先构建车站网络拓扑图，根据车站的最大平行进路与通过能力的关系，构建基于满足咽喉区最大平行进路的车站高峰小时通过能力模型，在此基础上运用计算机仿真模拟方法计算车站的高峰小时通过能力。

2. 车站通过能力的双阶段启发式优化算法

车站通过能力的双阶段启发式优化算法将启发式决策规则与禁忌搜索算法相结合。第一阶段以列车出发时刻最小化为优化目标，设置列车到发顺序、到发时刻、到发线安排、进路安排和冲突解决的启发式决策规则，生成一个满足所有约束条件的车站作业计划初始方案。第二阶段运用禁忌搜索算法，以最晚列车出发时刻最小化为优化指标，对车站作业计划初始方案进行优化，实现全局方案优化，最终得到车站理论通过能力。

3. 基于分区阶梯模型的车站通过能力算法

基于分区阶梯模型研究车站通过能力的计算方法。即通过对车站分区的划分，建立车站分区阶梯模型，计算列车车站作业间隔时间。以计算出来更精确的列车车站作业间隔时间为基础，研究车站通过能力的计算模型及算法，2.4节将对这种方法进行详细说明。

2.2 高速铁路车站通过能力分析计算方法

高速铁路车站通过能力的计算主要有三种方法：分析计算法、图解法和仿真模拟法。其中，分析计算法是用计算公式来计算车站咽喉道岔和到发线通过能力的方法，又可分为直接计算法和利用率计算法两种。

采用分析计算法，无论采用直接计算法或利用率计算法，均应将各种作业占用车站有关设备的时间，划分为主要作业占用与固定作业占用两类。主要作业的内容包括各种列车（旅客列车和摘挂列车除外）的到达、解体、编组、出发以及货场取送、机务段机车出入段等作业。固定作业的内容主要是指与作业量增减无关的作业，对于客运来说包括旅客列车的到发作业、客车底调移及其本务机车出入段等作业。

1. 直接计算法

直接计算法计算某项设备的通过能力 N 可以表示为

$$N = \frac{1\,440m - \sum t_{固}}{t_{占均}} + n_{固} \quad (列) \tag{2-21}$$

式中 m——设备数量（到发线数 m，计算咽喉道岔通过能力时，$m=1$）；

$\sum t_{固}$——各项固定作业占用总时间，min；

$t_{占均}$——加权平均一次主要作业的占用时间，min；

$n_{固}$——固定作业次数，次。

$$\begin{aligned} t_{占均} &= \frac{t_1 n_1 + t_2 n_2 + \cdots + t_k n_k}{n_1 + n_2 + \cdots + n_k} \\ &= \frac{t_1 n_1 + t_2 n_2 + \cdots + t_k n_k}{n} \quad (\text{min}) \end{aligned} \tag{2-22}$$

式中 $n_1, n_2, \cdots, n_m$——各种主要作业的次数，次；

$t_1 n_1, t_2 n_2, \cdots, t_k n_k$——各项主要作业占用设备的时间，min。

2. 利用率计算法

某项设备的利用率，主要是根据现行列车运行图所规定的各种主要作业，计算在一昼夜内占用该设备的总时间与该设备在一昼夜内可供主要作业占用的全部工作时间之间的比值，该比值即为该项设备的能力利用率；然后，根据计算所得的设备能力利用率，再计算某项设备的通过能力。

某项设备能力利用率 K 可表示为

$$K = \frac{T_{总} - \sum t_{固}}{1\,440m - \sum t_{固}} \tag{2-23}$$

式中 $T_{总}$——一昼夜内全部作业占用该设备的总时间，min。

某项设备的通过能力 N 可表示为

$$N=\frac{n}{K}+n_{固}$$
$$=\frac{n_1+n_2+\cdots+n_m}{K}+n_{固}\quad（列）\tag{2-24}$$

在实际查定与计算设备能力的工作中，由于利用率计算法能反映出完成规定的任务情况下，车站各项设备的利用程度，因此这是目前计算车站设备通过能力的基本方法。2.2.1节和2.2.2节将详细介绍高速铁路车站咽喉通过能力和到发线通过能力的利用率计算法。

2.2.1 高速铁路客运站咽喉通过能力

咽喉通过能力是指客运站某咽喉区各衔接方向接、发车进路咽喉道岔组通过能力之和，咽喉道岔组通过能力是指在合理固定到发线使用方案及作业进路条件下，某衔接方向接、发车进路上最繁忙的道岔组一昼夜能够接发（通过）的动车组数。

车站咽喉通过能力利用率 $K_{咽喉}$ 可表示为

$$K_{咽喉}=\frac{T_{咽喉}-\sum t_{固}}{(1\ 440-t_{天窗}-\sum t_{固})(1-\gamma)}\tag{2-25}$$

式中　$T_{咽喉}$——客运站咽喉道岔区一昼夜内被占用的总时间，min；

$t_{天窗}$——综合维修天窗时间，min；

γ——空费系数，取0.2～0.3。

由此计算各咽喉道岔组通过能力 $N_{咽喉}$ 为

$$N_{咽喉}=\frac{n}{K_{咽喉}}\quad（列）\tag{2-26}$$

式中　n——某一方向一昼夜接入或发出的列车数，列。

利用率法是我国广泛采用的一种咽喉能力计算方法，并由此派生出各种改进计算方法。在这些方法中，以利用率计算为核心应用了概率统计、经验近似、表格分析和计算机辅助等手段，但都有一定的局限性。应用图论与网络技术及仿真，把咽喉能力问题抽象为最小费用最大流问题，即从整体上考虑咽喉能力。

另外一种咽喉进路排列思想是去掉了车站咽喉区进行网络模型抽象的过程，以车站进路关系矩阵为基础，建立以剩余平行进路总利用价值最大为原则的进路排列问题模型，并设计其相应算法，满足车站作业仿真系统需要。

2.2.2 高速铁路客运站到发线通过能力

到发线通过能力是指车站内办理列车到发作业的线路，采用合理的技术作业过程和线路固定使用方案，一昼夜能够接、发各衔接方向的动车组数，具体计算可采用利用率法：

车站到发线通过能力利用率 $K_{到发}$ 可表示为

$$K_{到发}=\frac{T-\sum t_{固}}{(1\ 440m-\sum t_{固}-mt_{天窗})(1-\gamma')}\tag{2-27}$$

式中　T——一昼夜总占用时间，min；

m——到发线数量，条；

$t_{天窗}$——综合维修天窗时间，min；

γ'——由于列车到发不均衡及无法利用的作业中断时间造成到发线空费系数，取0.15～0.25。

$$T = n_{始} \cdot t_{始} + n_{终} \cdot t_{终} + n_{通} \cdot t_{通} + \sum t_{固} \quad (\text{min}) \tag{2-28}$$

式中　$n_{始}, n_{终}, n_{通}$——一昼夜内占用到发线进行始发、终到及通过作业的总列车数，列；

$t_{始}, t_{终}, t_{通}$——一昼夜内始发、终到及通过作业每次平均占用时间，min。

由此计算各到发线通过能力 $N_{到发}$ 可表示为

$$N_{到发} = \frac{n_{到发}}{K_{到发}} \quad (列) \tag{2-29}$$

式中　$N_{到发}$——到发线通过能力，列；

$n_{到发}$——某一方向一昼夜接入或发出的列车数，列。

2.3　高速铁路车站通过能力仿真计算方法

高速铁路车站作业较为复杂，影响因素众多，是制约高速铁路能力的一个瓶颈点，研究高速铁路车站的通过能力对于准确计算高速铁路能力具有现实意义。

1. 车站通过能力分析计算法存在的问题

车站通过能力的分析计算方法通过设定不同作业占用咽喉道岔组或到发线的固定作业时间标准和空费系数等，分析各种作业列车的比例等计算得出。这种方法仍然沿用的是普速铁路车站通过能力的计算理论，车站通过能力由最薄弱环节设备通过能力决定，需要分别计算咽喉及到发线能力，然后用能力较小者作为高速铁路车站通过能力。与普速铁路车站通过能力计算不同的是，高速铁路车站通过能力除了计算全日通过能力，还需要计算高峰时段通过能力。车站通过能力计算的各种时间标准要根据各个车站的具体设备运用情况进行确定。这种计算原则带来的问题是：

(1)忽视了列车接发作业是到发线与咽喉设备协调运用的结果，列车接发数的实际确定要依赖到发线与咽喉设备协调运用的程度，而孤立的使用到发线或咽喉的能力来作为车站通过能力，会以偏概全，计算结果很难符合实际情况。

(2)仅计算全日通过能力与高峰时段通过能力，不能完全反映车站通过能力利用效果，即运力资源利用质量，不能完全满足车站行车组织优化和设备能力评估的需求。

2. 车站通过能力仿真计算方法的优势

(1)能够计算高速铁路车站设备一体化协调的通过能力。高速铁路车站通过能力应是计算咽喉、到发线、出入库走行线等设备协调配合某时段内所能通过或接发的最多列车数，这样的计算结果最接近车站作业的真实情况，计算结果有实际意义。

(2)高速铁路车站通过能力是计算一组不同需求特征及设备利用场景下的通过能力。

设备利用场景和运输需求不同，意味着车站运力资源在时间和空间上的各种制约因素不同，车站运力资源所能利用的程度和效率状态不同。仿真模拟法可以实现不同设备利用场景下的通过能力计算，提高计算结果的应用价值。

目前，大多数研究都致力于运用基于计算机的模拟仿真法来计算高速铁路车站高峰时段通过能力。本章2.3.3～2.3.5详细介绍了一种对列车运行图进行压缩优化、进一步计算车站通过能力的仿真方法。这种方法首先对车站通过能力划分层次，并对车站通过能力的影响因素进行分析。在此基础上，提出了不同层次车站通过能力的计算方法，包括列车运行图的压缩优化模型和加密方法，用于评估和计算给定车站作业计划和列车路径排列方案条件下的车站通过能力利用率和可用能力。

2.3.1 高速铁路车站通过能力仿真考虑的因素

在高速铁路车站通过能力仿真系统中，可以全面地考虑车站通过能力的各种影响因素，主要包括：

1. 车站作业参数和规则

车站作业参数和规则主要指车站进路和到发线的各种操作规则和时间要求等。车站进路和到发线的操作包括进路的准备、开放、进入、离开、释放等过程。到发线占用时间依据列车作业类型有所差异。

2. 车站作业计划和列车路径排列方案

车站作业计划规定的列车数量、速度、不同列车所占比例、作业时间以及列车运行（包括进站、出站、通过、转线等）速度曲线、列车作业时间标准等，对车站通过能力利用有直接的影响。不同的列车路径排列方案对车站的能力利用率会有一定程度的影响。

3. 列车进路最小缓冲时间和最小发车间隔时间

区间因素主要是指列车进路最小缓冲时间和最小发车间隔时间的要求。为了车站作业计划的稳定、在一定程度上吸收列车晚点的影响，列车进路之间设置有最小缓冲时间。最小发车间隔时间则主要用于防护列车在线路区间的运行安全，是车站有效能力的主要外部影响因素，如图2-7所示。

4. 交叉进路防护

类似既有线部分车站的延时进路规定，部分高速铁路车站需对交叉进路进行防护。这种情况下，一般应设置安全线，否则，只有在其中一列车停稳后，方可办理另一列车的接车作业，如图2-8和图2-9所示。

2.3.2 高速铁路车站通过能力的层级构成

高速铁路车站通过能力取决于能力利用场景。依据不同的能力利用场景，将车站通过能力分为以下层次，不同层次采用不同的仿真计算方法。

1. 车站最大通过能力

将车站看作封闭系统，不考虑外部区间因素（主要为列车进出区间最小间隔时间要

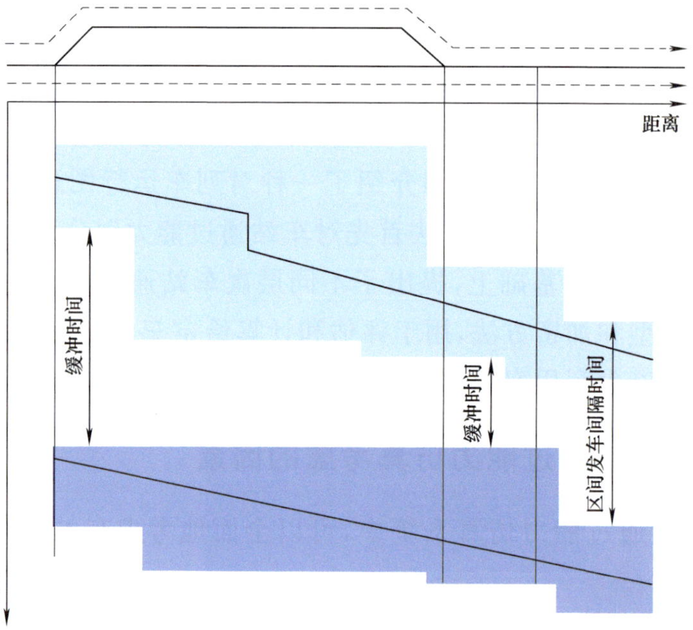

图 2-7　列车路径最小缓冲时间和最小发车间隔时间要求

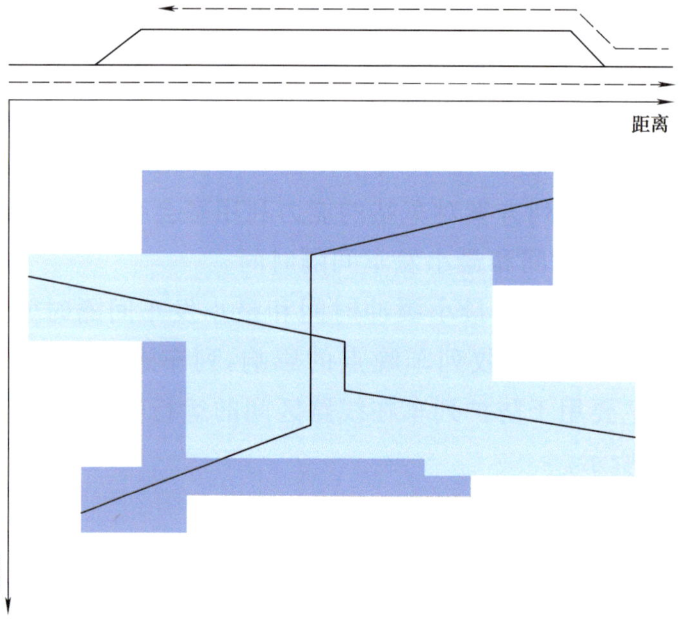

图 2-8　未设置安全线

求)，随机安排车站内的列车运行时刻和进路，由此得到的车站可办理的最大列车作业数量即车站最大通过能力。其实质是孤立考虑车站条件时的车站通过能力。

2. 车站有效通过能力

将车站看作开放系统，考虑外部区间因素，随机安排车站内的列车运行时刻和进路，车站可办理的最大列车作业数量。其实质是“点线协调”条件下的车站通过能力。

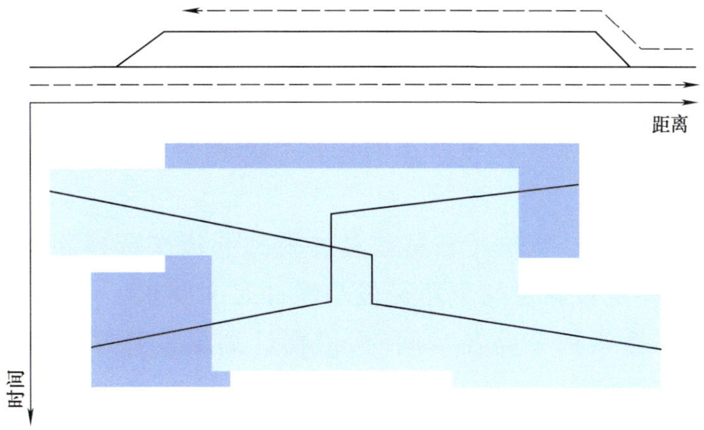

图 2-9 设置安全线

3. 车站可用通过能力

将车站看作开放系统，考虑外部区间因素，在给定的车站作业计划的基础上，采用加密方法，随机安排车站内的列车运行时刻和进路，车站可增加的最大列车作业数量。

除此之外，高速铁路车站通过能力类别还有理论通过能力、已使用的能力和能力利用率。其中，主要由车站基础设施性能决定的理论通过能力在分析计算方法的章节中有相关介绍。基于给定的车站作业计划和列车路径排列方案得到的当前列车作业数量称为已使用能力。采用压缩方法，得到的压缩后作业时间区间长度与车站作业时间区间长度的比例称为能力利用率，将在能力评估部分重点介绍。

2.3.3 高速铁路车站通过能力仿真方法的基本原理

车站的最大能力和有效能力分别为孤立考虑车站条件和“点线一体化”条件下能排列路径的最大列车作业数量。可用能力则是基于给定的车站作业计划和列车路径排列方案，采用加密方法，可增加的最大列车作业数量。仿真方法通过模拟车站作业过程，基于车站作业规则和时间标准，随机安排列车的作业时间和路径，并通过多次仿真试验计算不同能力利用场景条件下的车站通过能力。

1. 最大能力和有效能力

在高速铁路车站作业优化与仿真系统的车站作业仿真模型中，列车在车站内的运行由单个或多个事件构成，包括进站、出站、离开、进入等。其中，离开事件是指列车离开到发场，进入事件是指列车进入到发场，离开和进入事件是列车在车站内的转场作业。事件进路不包含但对应一条到发线，每个事件所有可行进路的集合称为事件的进路空间。列车路径(Path)由多个事件进路和到发线相互连接形成，所有可行路径的集合称为列车的路径空间。

基于指定的车站通过能力利用场景，给定列车集(T)，包含的列车数量(n，n 应较大)。车站作业时间区间为[a，b]，仿真方法如图 2-10 所示。在仿真开始时，随机调整列车作业顺序，保证了仿真结果的随机性。在车站作业时间区间[a，b]内，列车集(T)中能排列路径的最大列车作业数量近似为车站的最大或有效能力。

由于列车作业时间随机指定，为与指定的车站通过能力利用场景完全相符，对列车晚点的控制至关重要。为此，在仿真过程中，列车无需加载初始晚点。特别地，为保证仿真过程中不产生列车后效晚点，采取以下措施：

（1）找到可行进路后，增加线段和道岔的确认占用时间区间和计划出发列车及其发车时刻。

（2）搜索列车路径空间时，从平行进路数量由高到低依次选择路径，依据线段和道岔的确认占用时间区间，判断是否满足列车路径最小缓冲时间要求。

（3）对于有效能力，搜索列车路径空间时，依据计划出发列车及其发车时刻，判断是否满足最小发车间隔时间要求。

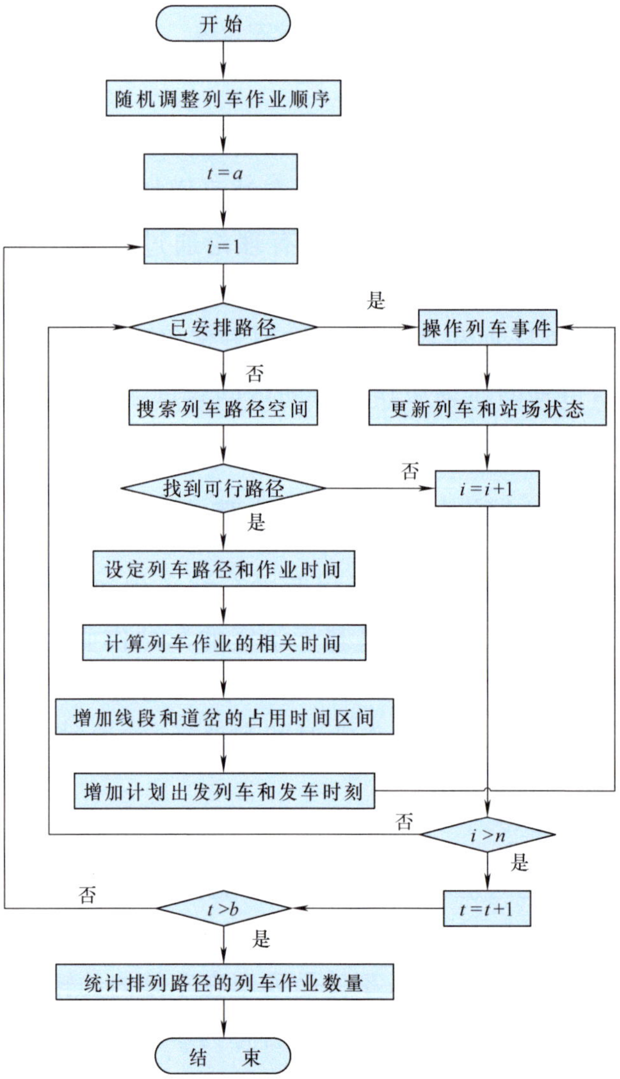

图 2-10　最大和有效能力的仿真思路

由于车站最大通过能力将车站看作封闭系统，不考虑外部区间因素（如列车进出区间最小间隔时间要求），因此采用封闭模式对最大通过能力进行仿真。封闭模式的仿真系统的特点为：

(1)随机安排列车作业,包括进路和运行时刻。

(2)安排列车进路时,依据进路优先权,考虑列车进路最小缓冲时间要求。

(3)仿真初始化时,为始发列车安排最早的始发时刻,为终到列车安排最晚的终到时刻。

而车站有效通过能力将车站看作开放系统,考虑外部区间因素,所以采用开放模式进行仿真。与封闭模式相比,开放模式将列车进出区间最小间隔时间等要求考虑在内,得到的有效通过能力是点线协调下的最大列车作业数量。

2. 可用能力

加密是计算可用能力的主要方法,采用类似于有效能力计算的仿真过程,主要区别在于加密基于给定的车站作业计划和列车路径排列方案。

(1)加密模式的仿真特点如下:

①保持当前列车作业计划的列车运行时刻和进路。

②仿真初始化时,若当前列车作业计划的列车未排列进路,系统自动排列列车进路,但不保证为全部列车排列进路。其他与开放模式完全相同。

(2)为消除列车晚点的产生和传播,采取以下措施:

①在仿真开始前,对指定路径的列车,增加线段和道岔的确定占用时间区间和计划出发列车及其发车时刻。

②由于指定路径的列车作业时间固定,对于增加的列车,在搜索列车路径空间时,需要依据线段和道岔的确定占用时间区间和计划出发列车及其发车时刻,判断是否满足列车路径最小缓冲时间和最小发车间隔时间要求。

封闭模式、开放模式和加密模式 3 种仿真模式的主要区别见表 2-1。

表 2-1　车站通过能力仿真系统模式

项点＼模式	封闭模式	开放模式	加密模式
将车站看作	封闭系统	开放系统	开放系统
应用阶段	基础设施规划	基础设施规划	运营
仿真能力类型	仿真最大能力	仿真有效能力	仿真可用能力
考虑区间因素		√	√
考虑当前列车作业计划			√

2.3.4 车站通过能力仿真模型与系统

把系统仿真技术运用到高速铁路客运站通过能力研究中,就是为了使通过能力能准确反映客运站作业实际。首先需要建立一个能真实反映车站咽喉和到发线接发车作业的数学模型,在此基础上用计算机模拟车站咽喉和到发线接发作业,以得到一个能动态反映在客运站各设备协调以及设备变化下车站相应的车站通过能力。

2.3.4.1 车站通过能力仿真模型框架

1. 列车作业分环节仿真模型

高速铁路车站能力仿真的范围包括车站站场和关联的线路区间。高速列车作业类型包括到达(进站)、出发(出站)、转线、不停站通过、区间运行等。各作业环节的仿真模型如下:

(1)进路和股道占用

站段内的进路线段的占用时间构成如图2-11所示。其中,预排(或开放)进路和股道时,进路和股道的所有线段均被预排(或开放),同时更新进路的所有信号机显示。开放进路和股道时,车站联锁系统转换道岔,除更新进路的所有信号机显示外,还更新敌对信号机显示,防护进路。列车离开进路线段后,进路线段按绝缘节分段释放。

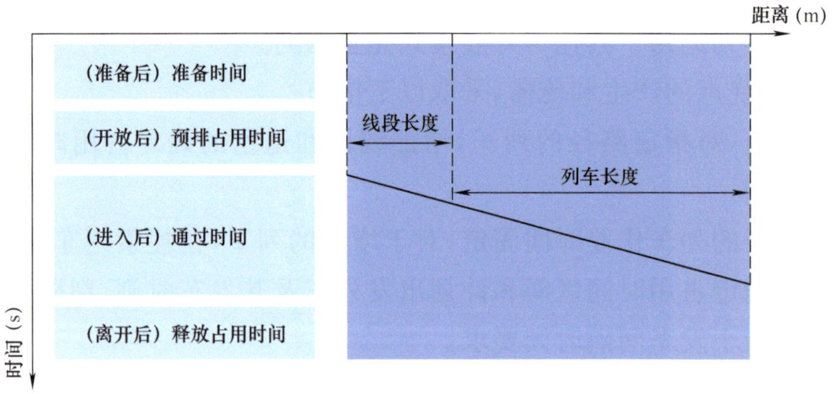

图2-11 进路线段的占用时间构成

一般情况下,任一时刻一条股道只允许一列车进入。股道的占用时间构成如图2-12所示。其中,停站时间用于办理旅客上下车、终到整备、检修等作业,对不停站通过列车,停站时间为0。

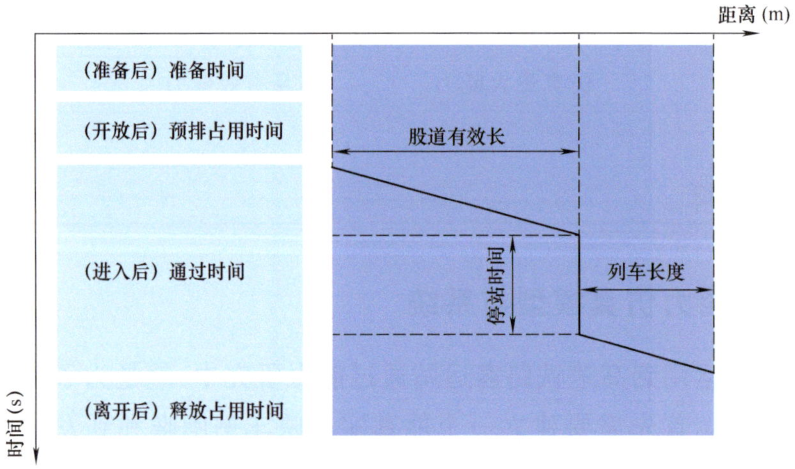

图2-12 股道的占用时间构成

(2)列车到达作业

对列车到达作业,在逻辑时间 t,令准备、开放、进入、释放到达进路(不包含股道)的时刻分别为 t_p、t_o、t_E、t_R,准备、开放股道的时刻与进路相同,分别为 t_p、t_o,进入、释放股道的时刻分别为 t_{E2}、t_{R2}。显然,$t_E < t_{E2} < t_R < t_{R2}$,且 t_{R2} 与后一列车作业时刻有关。列车到达作业的调度过程如图 2-13 所示。

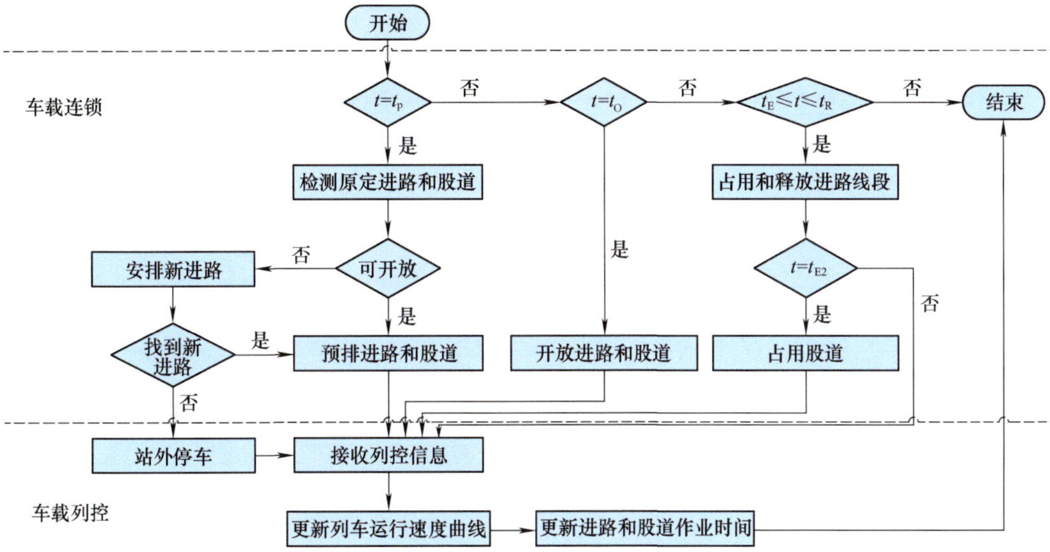

图 2-13 列车到达作业调度

其中,"安排新进路"基于确定的车站进路空间,依据车站进路的优先权从高到低进行。车站进路的优先权依据进路的长度、经过的道岔数量、平行进路数量等因素确定。

确定车站进路空间时,基于确定的车站拓扑结构,可采用修正的深度优先搜索(Depth First Search, DFS)算法(在搜索邻接点时,若包含非法道岔连接,则回溯)或 OpenTrack 系统的双顶点图(Double Vertex Graph,DVG)方法(可行进路必须经过同一点的两个顶点)搜索车站进路。采用上述方法得到的列车进路空间只能排除由非法道岔连接引起的不可行进路,可能包含由下列原因引起的不可行进路和迂回进路:

①列车出发方向或车底类型不符合股道或车场分工方案的规定。

②对办理旅客上下车作业的停站列车,进站进路未邻接站台。例如,停站列车一般不接入正线。

③列车长度大于股道有效长。

若原定进站进路不可行,且不能安排新进路,则产生站外停车事故。在更新列车运行速度曲线、进路和股道的各项作业时间后,CTC 调度中心获知并将调整后的列车运行计划下发到车站自律机,在下一个逻辑时间被处理。

(3)列车出发作业

对列车出发作业,在逻辑时间 t,令准备、开放、进入、释放出发进路(不包含股道)的时刻分别为 t_p、t_o、t_E、t_R,准备、开放、进入股道的时刻与前一列车作业时刻有关,释放股道的

时刻为 t_{R2} 。显然，$t_E < t_{R2} < t_R$ 。列车出发作业的调度过程如图 2-14 所示。

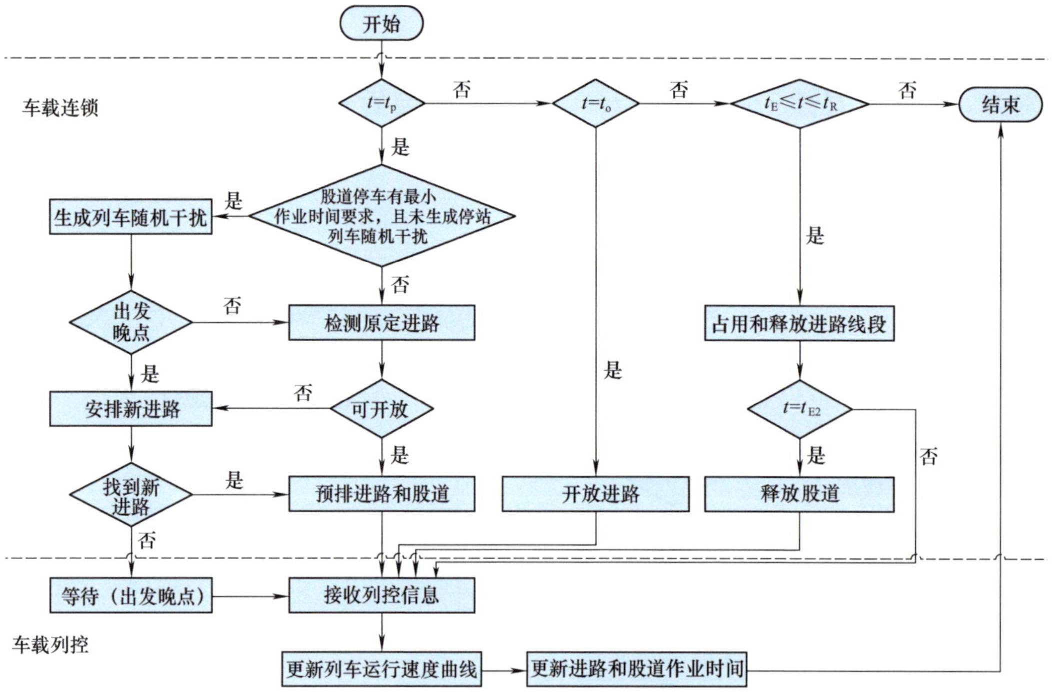

图 2-14　列车出发作业调度

其中，若列车股道停车有最小时间要求（用于办理旅客上下车、检修、终到整备等），随机生成列车停站干扰。列车停站干扰由行车之外的因素造成。一般将列车停站干扰当作离散事件，列车停站干扰的大小为离散值。只有当列车停站干扰的大小超过列车停站的冗余时间时，才产生列车出发晚点。

此外，列车出发时没有可行进路和由于列车停站干扰过大而产生晚点等情形均可能导致列车继续等待（产生出发晚点），处理方法不同：前者根据设定的时间参数确定再次准备列车出发进路的时刻；后者根据晚点时间确定再次准备列车出发进路的时刻。同样，列车晚点信息将被 CTC 系统获知并处理，在下一个逻辑时间执行。

（4）列车通过作业

对列车不停站通过作业，在逻辑时间 t，令准备、开放、进入、释放通过进路（包含股道）的时刻分别为 t_p、t_o、t_E、t_R ，其中，进入、释放股道的时刻分别为 t_{E2}、t_{R2} 。显然，$t_E < t_{E2} < t_R < t_{R2}$ 。调度过程如图 2-15 所示。

若不能开通通过进路，但存在可行的进站进路，则将列车通过作业变更为一个列车到达作业和一个列车出发作业。由于额外的列车股道停车不办理旅客上下车作业，最小停站时间要求为 0。

（5）列车转线作业

假定列车由股道 1 转线到股道 2。在逻辑时间 t，令准备、开放、进入、释放进路的时刻分别为 t_p、t_o、t_E、t_R ，释放股道 1 的时刻为 t_{R1} ，进入股道 2 的时刻为 t_{E2} 。显然，$t_E < t_{R1} < t_R$，$t_E < t_{E2} < t_R$ 。列车转线作业的调度过程如图 2-16 所示。

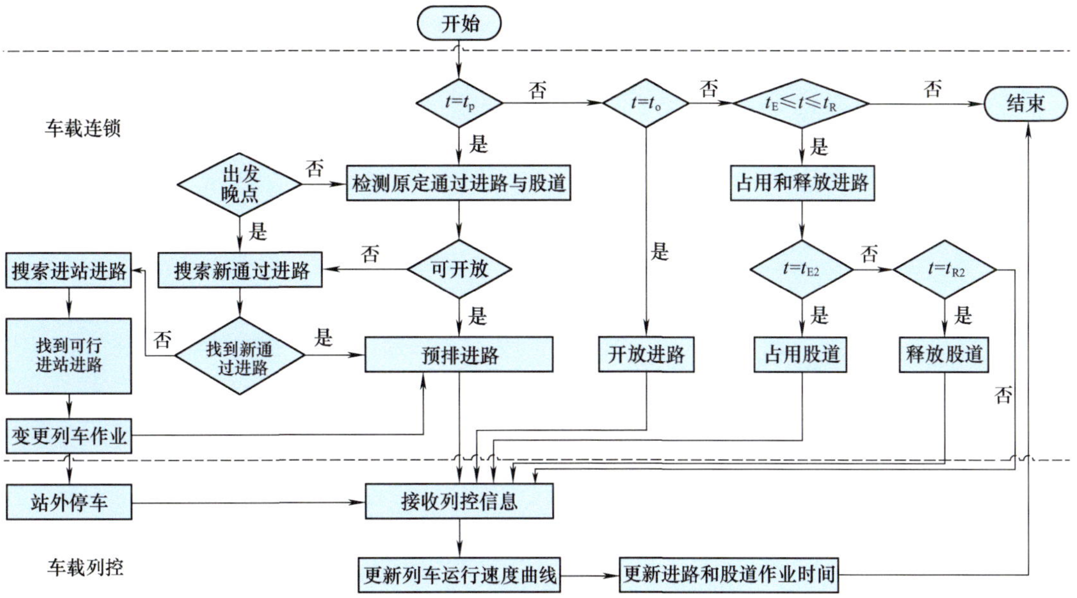

图 2-15　列车出发作业调度

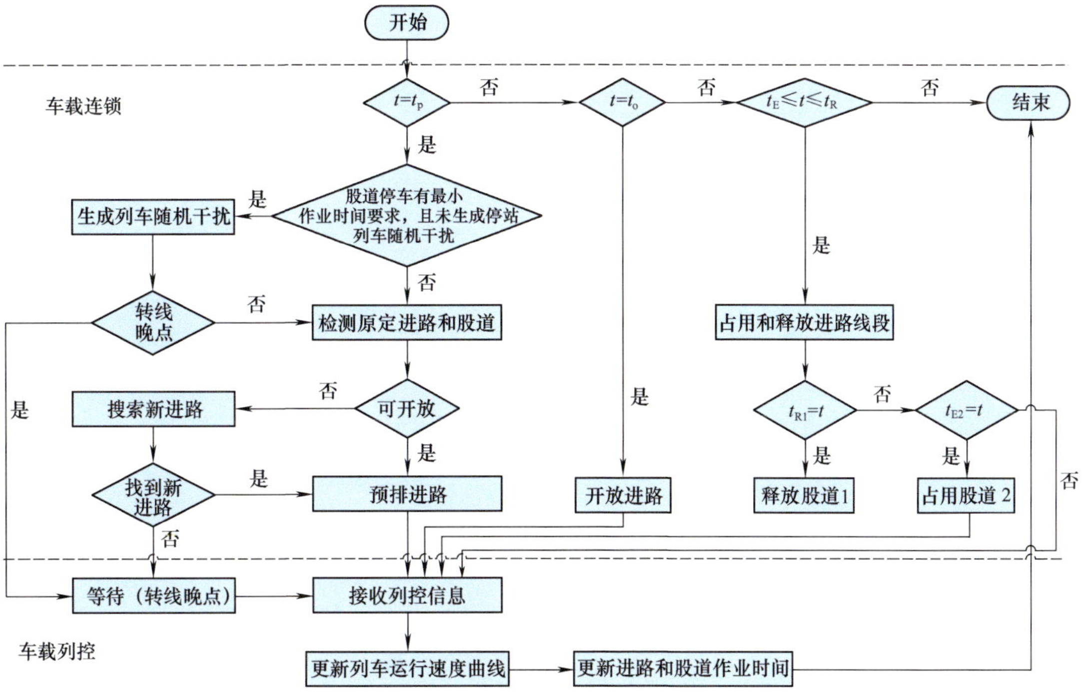

图 2-16　列车转线作业调度

列车转线前，应在股道 1 停车，同样应考虑列车停站干扰。此外，释放股道 1 和占用(进入)股道 2 的时刻可能相同，应串行化执行。

(6)列车区间运行作业

列车在区间运行时，需要控制列车运行速度和列车之间的间隔，保证行车安全。我国高速铁路采用连续式一次速度制动模式，如图 2-17 所示。

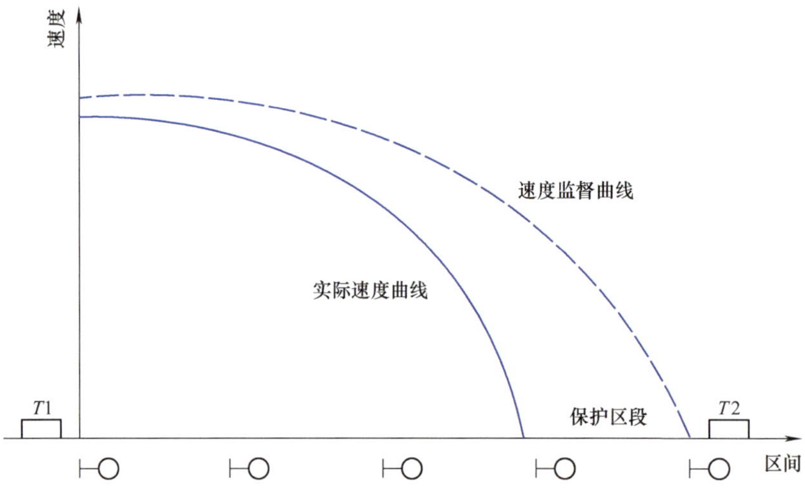

图 2-17　一次速度曲线控制方式

在逻辑时间 t，列车区间运行作业的调度过程如图 2-18 所示。其中，列车由车站进入区间时，可能未出清车站，应继续执行列车出发(或通过)作业的仿真调度过程。

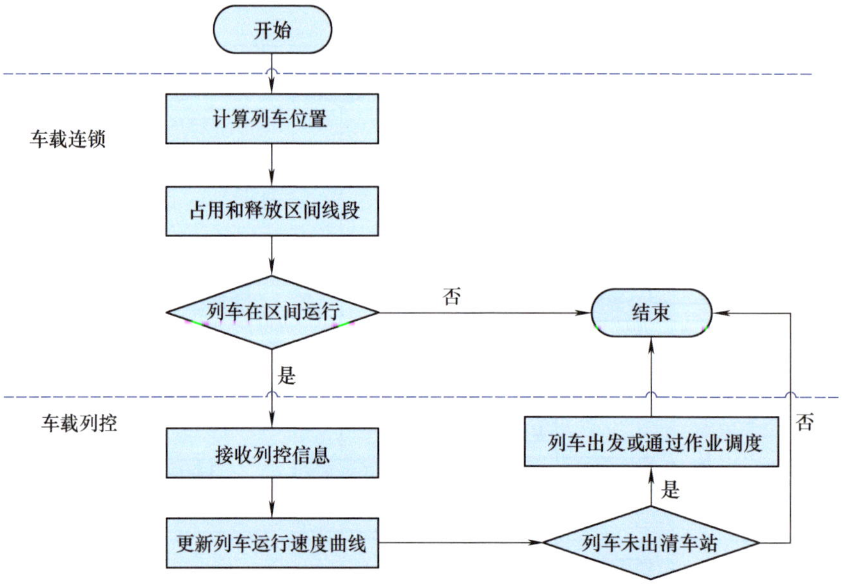

图 2-18　列车区间运行调度

与列车停站干扰不同，车站列控中心接收和发送的列车信息考虑仿真场景因素(如天气等)，列车区间运行干扰体现在列车运行速度曲线的实时更新上，对比图定时刻，可能产生列车到达晚点。

2. 车站通过能力仿真流程

(1)列车结构和分类

车站通过能力仿真评估模型给出车站通过能力的具体实现方案，具体实现方案是否符合实际，直接关系到车站通过能力仿真评估结果的可行性。例如，大型车站一般只办理少量的不停站通过列车作业，具体实现方案中的通过列车作业比例应控制在较小范围内。

根据列车在车站内的运行过程，对列车进行粗粒度的划分，分为始发列车（列车出发前，一直停留在车站）、终到列车（非始发列车，且列车到达后，一直停留在车站）、其他列车（非始发、非终到列车）3 类。

由于列车的停站目的有多种，其他列车包含传统的停站列车（中间站，办理旅客上下车作业）、通过列车（中间站，不停站通过）、折返列车（先终到，后始发）等多种类型，可通过列车的自定义标签加以区分。

（2）安排始发和终到列车的车站进路

安排始发和终到列车的运行时刻和进路在仿真初始化阶段进行，主要原因在于：

①始发和终到列车均需在车站股道停留很长时间（过夜），由于车站的股道数量是有限的，车站能办理的始发和终到列车数量也是有限的。

②从能力评估的角度，对始发列车应安排最早的列车发车时刻，对终到列车应安排最晚的列车到达时刻，使列车占用股道的时间最小。

③若始发和终到列车的运行时刻和进路能在仿真运行中安排，则也能在仿真初始化时安排。

（3）车站通过能力的列车结构

对车站通过能力具体实现方案的实际要求（主要是列车结构方面的要求）体现在实际的（或自定义的）车站作业计划中。为尽可能地使车站通过能力具体实现方案的列车结构与车站作业计划一致，采用如下方法：

①在每个逻辑时间，从临时列车集中随机选择列车，每列车的选择概率相同，且每列车最多只能安排 1 列。

②考虑列车最大作业数量限制，尤其对一些更容易安排进路的列车（如不停站通过列车、停站时间短的停站列车等）。

③考虑列车最大作业弹性时间。对开行数量过小的列车，允许列车在当前往后的一个较小时段内搜索运行时刻和进路，提高列车被安排的可能性。

车站通过能力仿真流程如图 2-19 所示。由于所有列车的运行时刻和进路都是随机安排的，在仿真过程中，无需加载列车晚点。同时，在加密模式下，需要保持当前车站作业计划的列车运行时刻和进路，列车进路一般基于车站进路排列优化模型排列生成。

2.3.4.2 车站通过能力仿真输入输出

1. 车站通过能力仿真输入

车站通过能力仿真过程中的输入主要包括：

（1）车站内部因素。主要包括车站的进路空间、车站进路和股道的使用分工方案、车站作业时间参数等。

（2）车站外部因素。主要为列车进出区间的最小间隔时间要求（若将车站看作封闭系

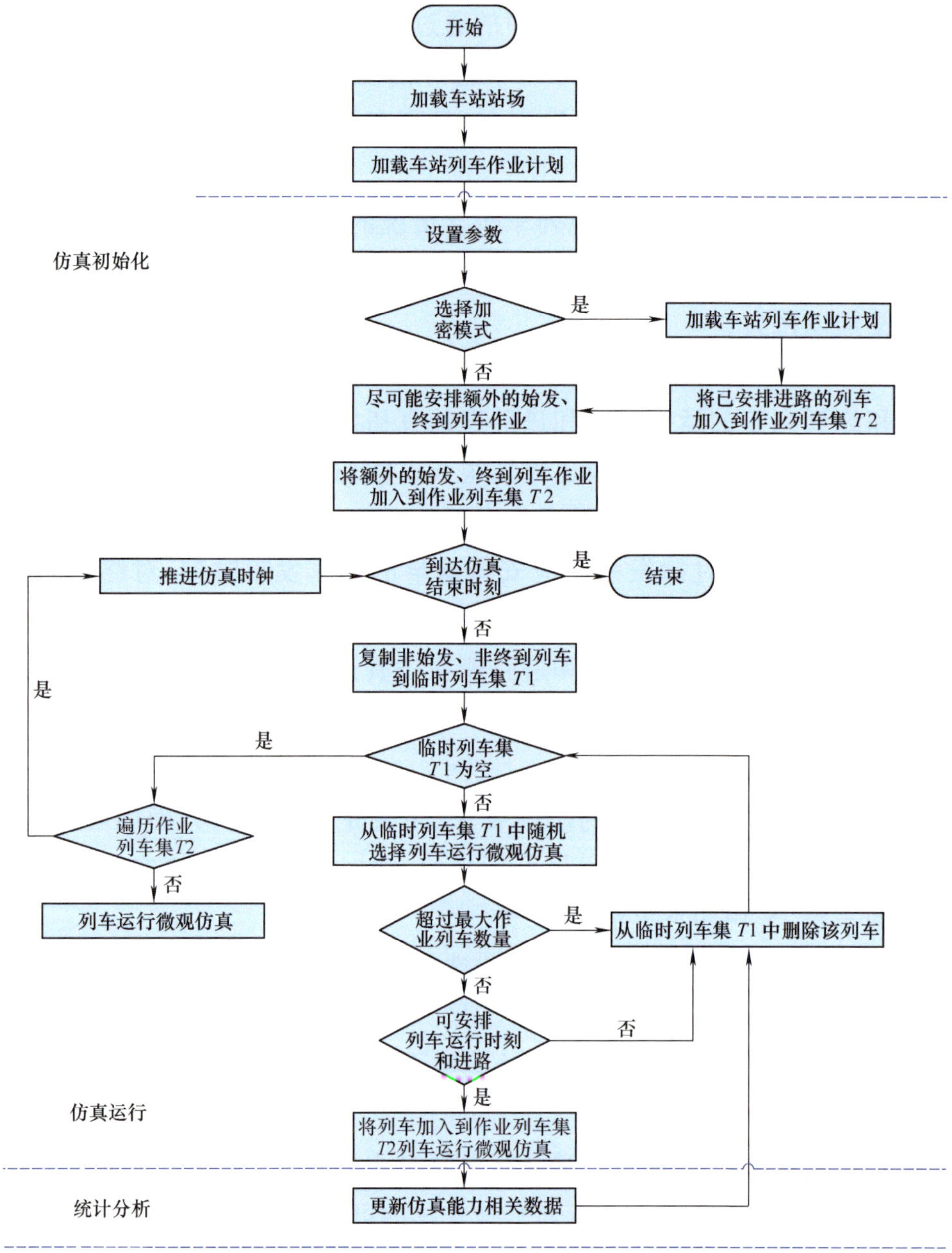

图 2-19　车站通过能力仿真流程

统，可不考虑；看作开放系统，应考虑）。

（3）列车运行速度曲线。包括列车到达、出发、通过、转线等活动的速度曲线，应满足进路（道岔和股道）限速等要求。

（4）列车结构。列车结构的信息非常丰富，主要包括不同类别的列车比例、列车运行过程、列车停站时间等。

（5）列车作业限制。主要包括最大列车作业弹性时间、最大列车作业数量、最小列车作业间隔时间、列车作业时段等。

(6)列车作业之间的限制。主要为列车进路最小缓冲时间要求(体现车站能力在车站作业计划稳定性方面的需求)。

2. 车站通过能力仿真输出

运行仿真系统,可以得到的输出有列车运行、进路占用、到发线占用区间占用以及信号系统的实时状态;在仿真结束后,通过计算各条进路、到发线及区间的占用时间,可以得到各条进路、到发线及区间的利用率和均衡系数,得到不同情境下车站的通过能力。

2.3.4.3　车站通过能力仿真系统

车站通过能力仿真系统由4部分构成,分别是可视化仿真器、进路搜索和排列子系统、仿真数据管理子系统以及仿真数据表达子系统。通过对仿真基础数据的读取进行车站通过能力的计算和表达。

1. 可视化仿真器

可视化仿真器是指整个仿真过程的可视化。在仿真前读取站场拓扑结构和列车运行径路排列方案,在仿真时设置仿真参数来完成仿真过程,并对列车运行和进路占用进行实时展示。车站通过能力仿真功能模块如图2-20所示。

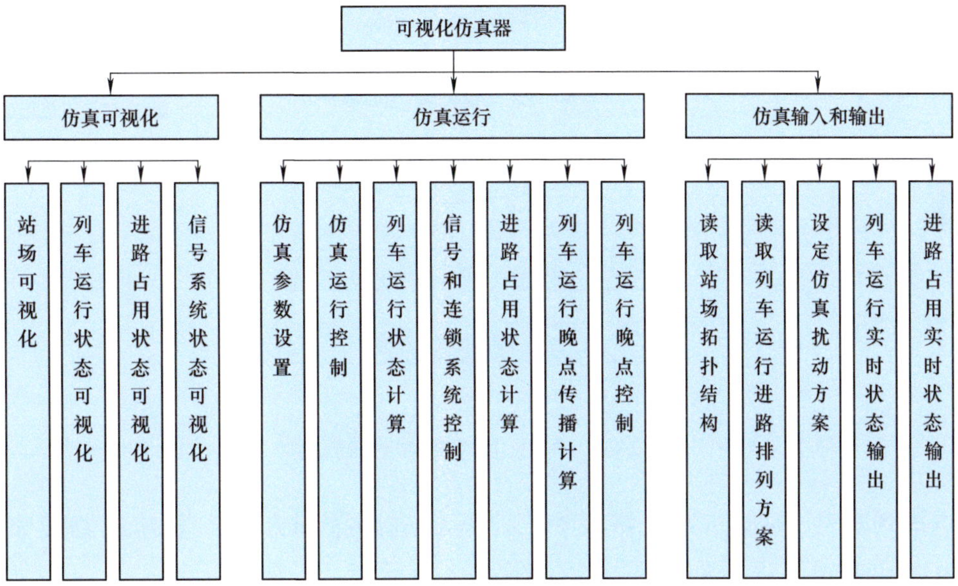

图2-20　车站通过能力仿真功能模块

仿真中的数据输入包括:站场拓扑结构、到发线及站台结构、调车线等,最后输出包括:站场平面、列车运行实时状态、信号系统实时状态和进路占用实时状态。可视化仿真器逻辑流程如图2-21所示。

2. 进路搜索和排列子系统

进路搜索和排列子系统包含可视化、进路搜索和列车运行进路排列三个部分,在仿真时读取站场拓扑结构、列车运行图、列车及车站设备相关参数,通过车站进路搜索算法和列

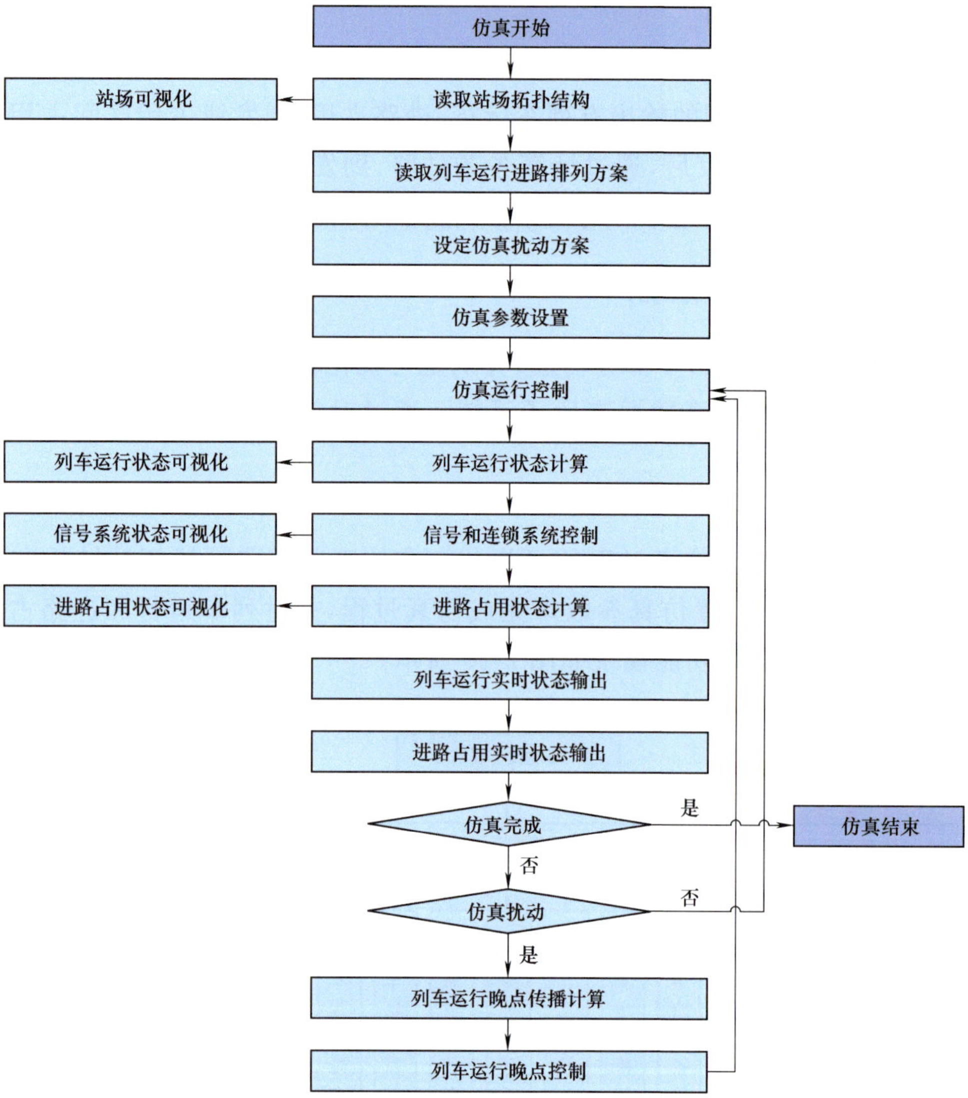

图 2-21　可视化仿真器逻辑流程

车运行进路排列算法，输出车站进路表和列车运行进路排列方案。车站进路搜索和排列子系统功能模块和逻辑流程分别如图 2-22、图 2-23 所示。

3. 仿真数据管理子系统

仿真数据管理子系统主要包括仿真前的静态数据、仿真过程中实时数据管理和仿真后的数据统计与分析。仿真数据管理子系统功能模块如图 2-24 所示。

4. 仿真数据表达子系统

仿真数据表达子系统包含仿真静态数据表达、仿真数据实时表达和仿真统计分析表达，通过仿真输出站场平面、列车运行实时状态、信号系统实时状态和进路占用实时状态，分析设备利用率，表达车站通过能力。仿真数据表达子系统功能模块如图 2-25 所示。

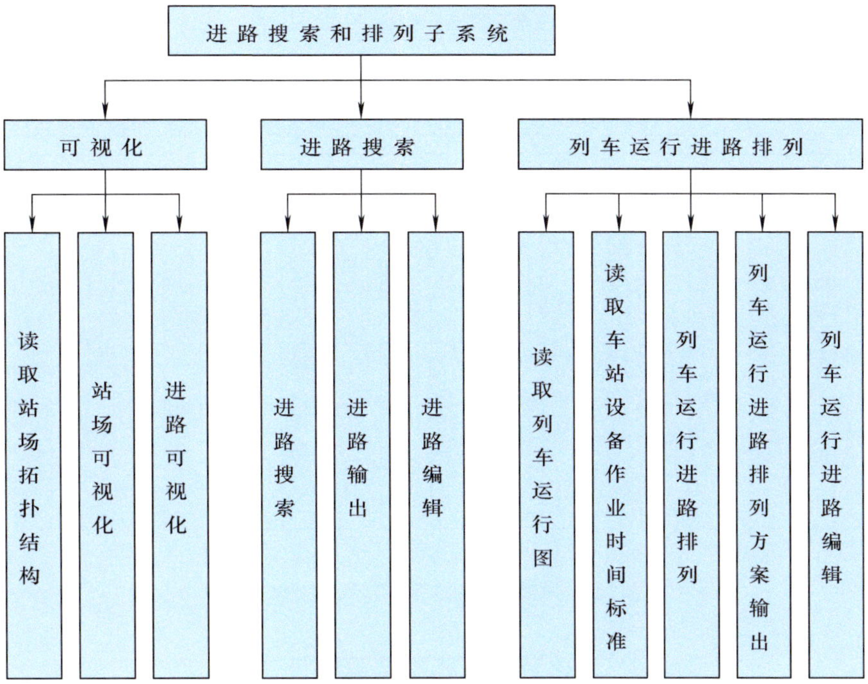

图 2-22　进路搜索和排列子系统功能模块

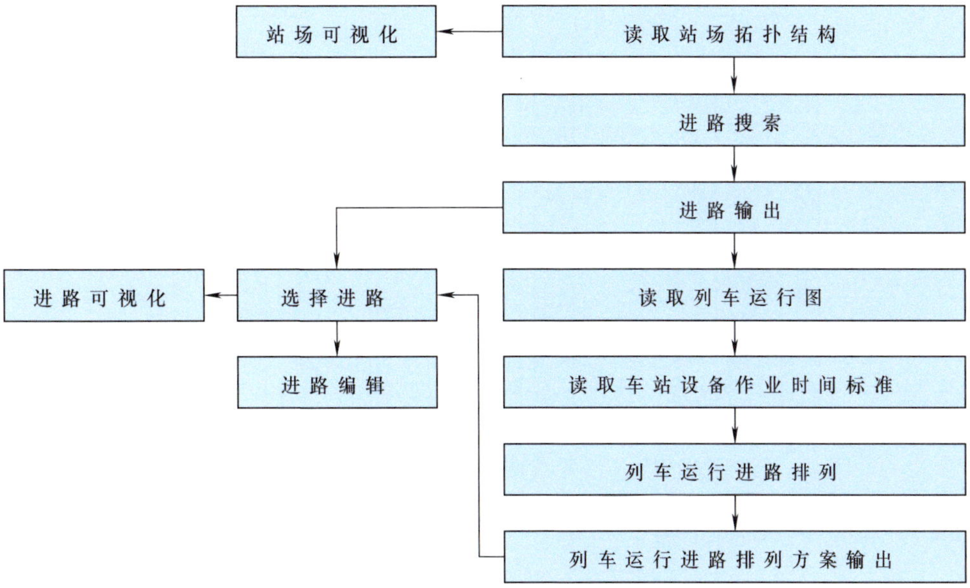

图 2-23　进路搜索和排列子系统逻辑流程

2.3.5　案例分析

1. 案例背景

沪宁城际高速铁路又称沪宁高铁，服务于南京、上海及沿途各地，是中国最繁忙的高速铁路线路之一，运营里程 301 km，设计速度 300 km/ h。沪宁高速铁路在无锡市有三个停

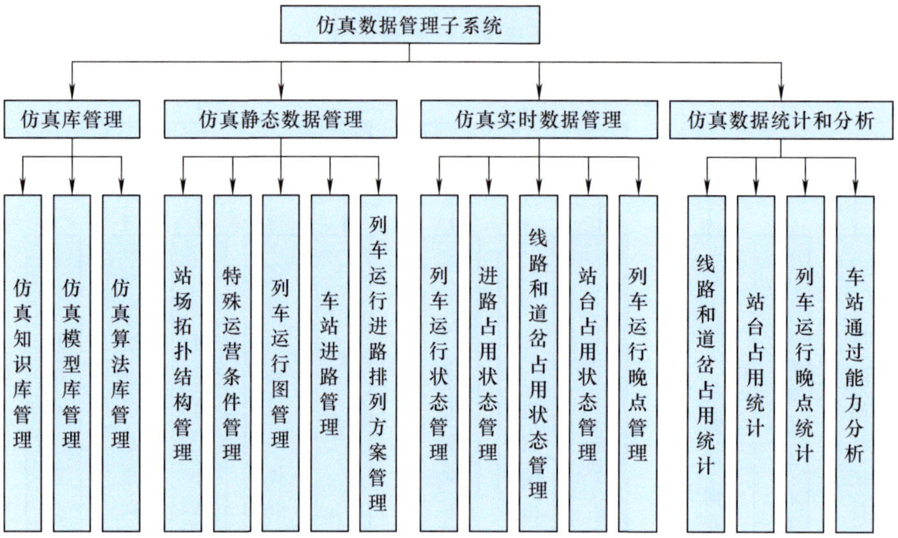

图 2-24　仿真数据管理子系统功能模块

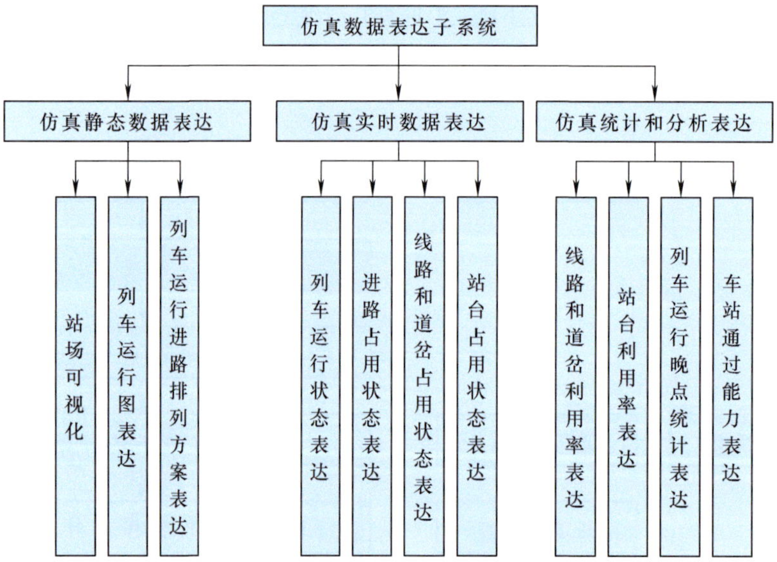

图 2-25　仿真数据表达子系统功能模块

靠站，分别是惠山站、无锡站和无锡新区站，在此选择无锡站进行高速铁路车站通过能力仿真。

仿真前输入的参数包括：无锡站站场拓扑结构，无锡站列车作业计划，参数设置(列车运行速度曲线、车站作业参数、区间参数、缓冲时间参数等)。

加载车站，加载列车作业计划，在设置参数、选择模式后即可运行仿真。

2. 车站通过能力利用率

在仿真中，可以对车站股道占用情况进行实时查看，如图 2-26 所示；可以对区间占用情况进行实时查看，如图 2-27 所示；可以查看每辆列车的进路，如图 2-28 所示。通过计算占用时间，可以分别计算站段能力、咽喉能力和股道能力的利用率，如图 2-29 所示。

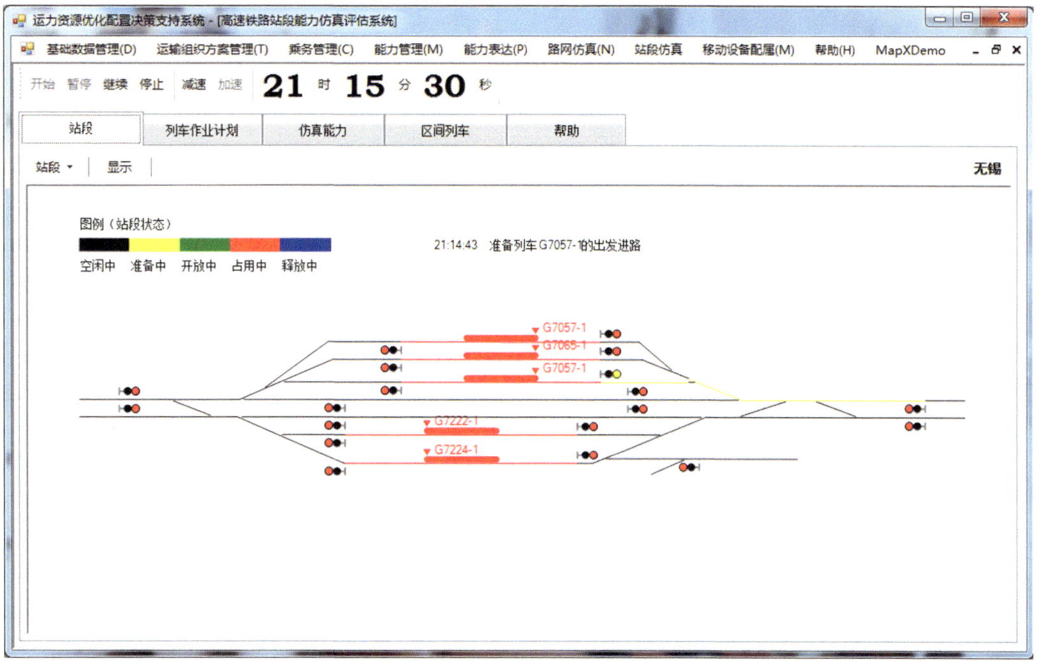

图 2-26　股道占用实时动态

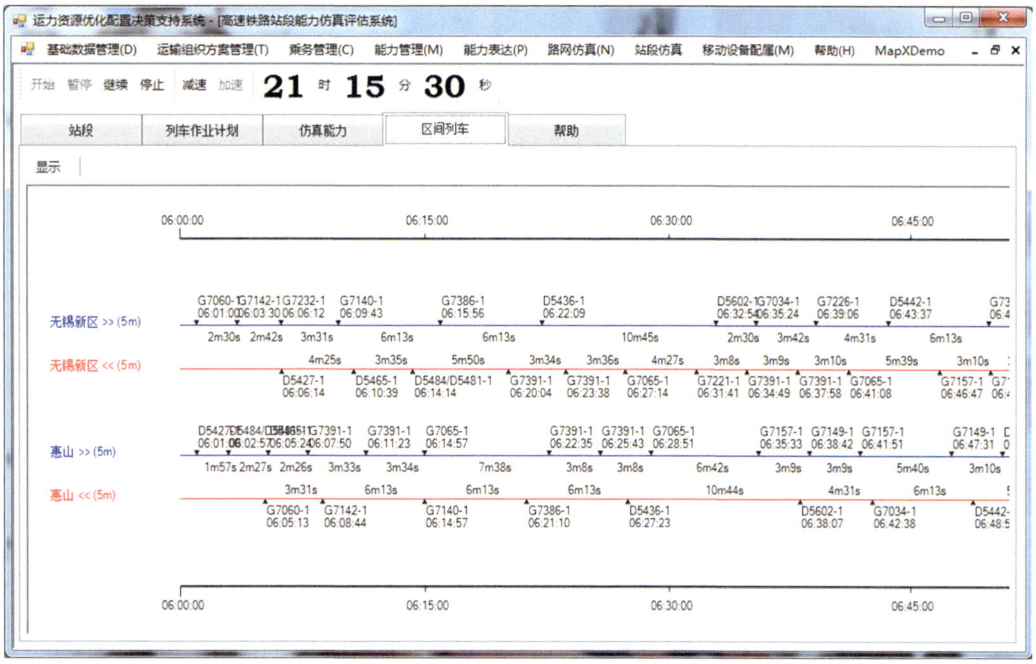

图 2-27　区间占用实时动态

3. 车站通过能力计算结果

分别选择三种模式，可以得到车站不同条件下的车站通过能力。图 2-30 为无锡站加密模式下的车站作业计划，其中黄色表示实际的列车作业，红色表示可增加的列车作业。

仿真统计结果见表 2-2，即为无锡站不同条件下的车站通过能力。

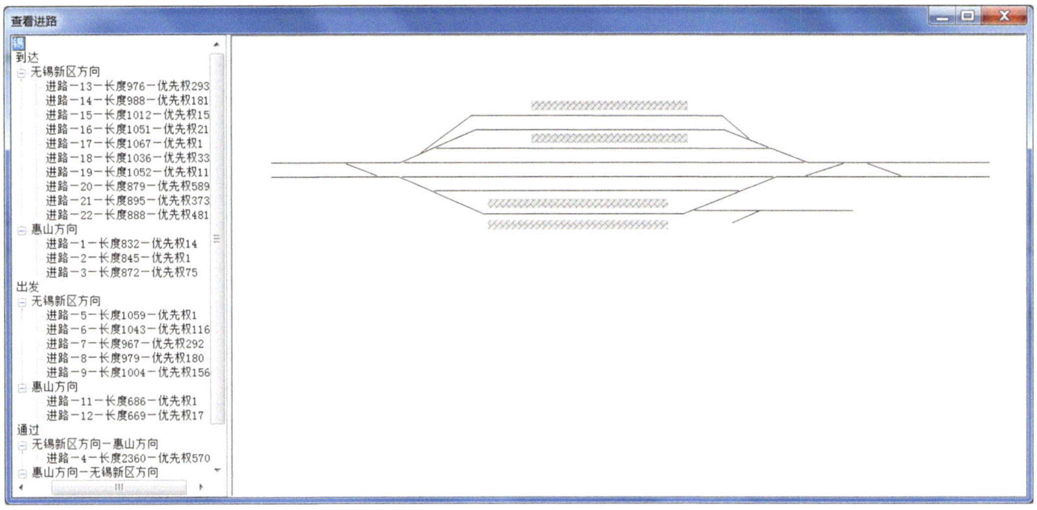

图 2-28　进路占用状况

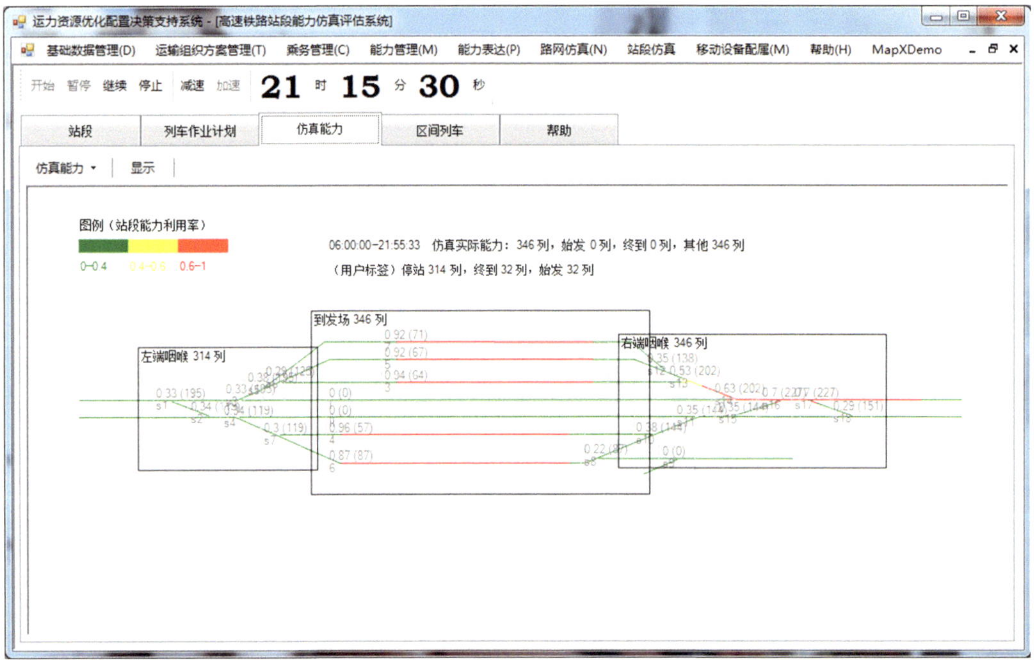

图 2-29　站段、咽喉和股道能力利用率

表 2-2　无锡站车站通过能力

能力项 时间项	仿真理论能力	仿真有效能力	仿真剩余能力
列车进路最小缓冲时间	20 s	20 s	20 s
考虑列车进出区间最小间隔时间	√	√	
总计(列)	409	308	155

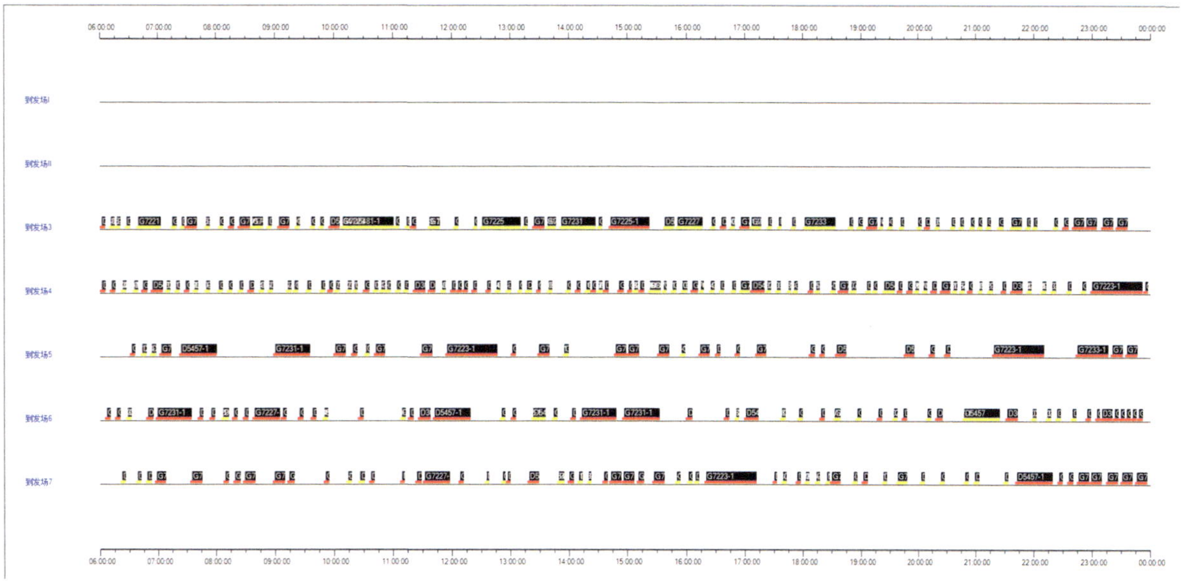

图 2-30 车站作业计划

通过以上仿真过程，可以准确掌握车站的通过能力，并对车站能力的充分利用提供合理的依据。

2.4 基于车站分区阶梯模型的通过能力计算方法

基于分区阶梯模型研究车站通过能力的计算方法。即通过对车站分区的划分，建立车站分区阶梯模型，计算列车车站作业间隔时间。以计算出来更精确的列车车站作业间隔时间为基础，研究车站通过能力的计算模型及算法。

以影响车站通过能力的列车到达间隔时间为例，按现在我国高速铁路站内信号系统的设置和闭塞分区的划分，只有当前行列车完全进入站台停车后，后行列车才可以开始减速进站。但由于我国高速铁路多数车站的咽喉区较长且道岔限速较低，导致两列车的进站间隔时间较长。而在国外，可以通过在车站咽喉区设置信号设备，大大降低列车运行的间隔时间。因此，本节在我国既有信号系统的基础上，将车站区进行更详细的划分，减少车站咽喉区对列车运行间隔时间的影响。

如图 2-31 所示，若在咽喉处增加分区的划分，增设信号传输点，将影响列车到达间隔时间的咽喉长度变为列车进站后占用的第一个分区的长度，从而减少列车到达间隔距离。

此外，经过重新划分闭塞分区后，列车制动的目标距离发生改变，因此需要在第一个分区的节点处设置列车制动的目标速度。列车采用分级减速的方式进入车站，图 2-31 中蓝色的制动曲线。

重新划分分区后，列车到达间隔时间 $I'_{到}$ 可表示为

$$I'_{到} = \frac{v_c - v_0}{a_{制1}} + \frac{L_{列} + L'_{咽} + L_{防}}{0.5(v_c + v_j)} + t_{到} \quad (\text{min}) \tag{2-30}$$

式中 $L'_{咽}$——咽喉区重新划分分区后的咽喉分区长度，即列车进站占用第一个分区的分

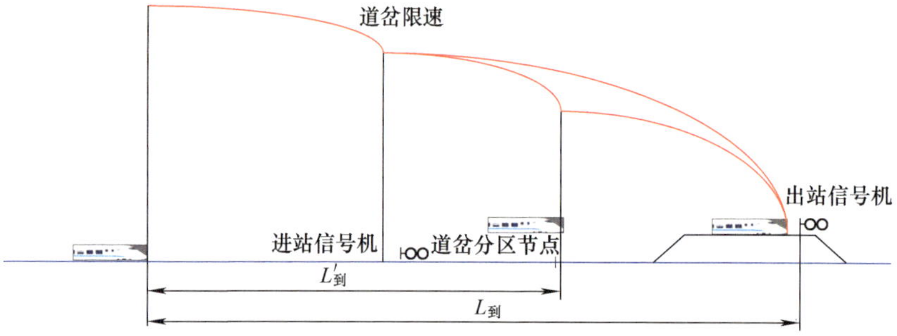

图 2-31 咽喉分区后列车到达间隔距离示意

区长度，m；

v_j ——咽喉区第一个分区节点处的目标速度值，km/h。

通过该方法后，列车到达间隔时间与原间隔时间的差值 $I_{到差}$ 可表示为

$$I_{到差} = I_{到} - I'_{到} \quad (\min) \tag{2-31}$$

综上所述，本方法以分析法为基础，并借助计算机模拟手段得到结果，具体计算方法可概述为：

1. 首先基于车站拓扑结构，建立不同作业类型的车站进路（通过进路、停站进路、始发进路和终到进路，其中立折列车可以看作为一列终到列车和一列始发列车）并形成车站进路集合，分别对每条进路的类型、长度等属性进行标记。

2. 根据车站咽喉区结构、道岔分组、轨道电路及信号系统，划分车站分区，并建立分区集合。同时将每个分区的开始节点和终止节点作为分区节点进行单独标注，并建立分区节点集合。

3. 根据各车站进路的类型和其所包含的分区，建立车站进路关系模型，并设计算法实现进路之间的关联关系及动态更新，通过判断不同时刻各进路被占用的状态，得到是否有空闲进路为下一列列车分配。

4. 研究相邻运行列车之间瓶颈分区的确定方法。将列车在车站作业时间按照分区划分不同的占用时刻。通过确定两列车的瓶颈分区的各个时刻点，设计列车在分区运行时间推算方法，来推算列车在车站作业时占用各分区的时刻，从而得到该列车的进、出站时间和其他车站作业时间。

5. 通过设置相关约束条件，在给定时间段内，累积计算可进行作业的最大列车数即为当前车站的最大通过能力值。

6. 基于以上理论，建立给定开行列车信息情况下的能力计算模型和算法。

2.4.1 车站分区阶梯模型及相关算法

2.4.1.1 车站分区的划分方法

1. 按实际情况的分区划分方法

在重新划分分区前，车站分区的划分如图 2-32 所示。

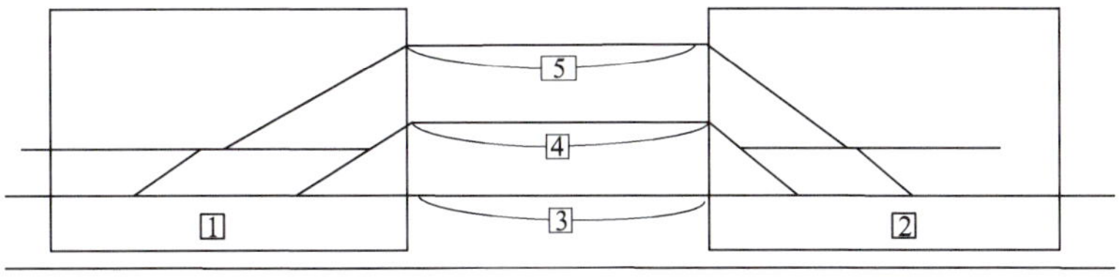

图 2-32 按实际情况的分区划分方法示意

按实际车站作业组织方式和列控方式，列车按实际到达间隔时间和发车间隔时间确定在车站作业时间。如图 2-32 所示，将进站咽喉区和出站咽喉区分别划分为单独分区，而每条正线或到发线也划分为单独分区。

该分区划分方法可以按照现有信号系统和列控系统即可使列车正常运行。但是由于我国部分高速铁路车站咽喉区较长，因而导致列车到达间隔时间和发车间隔时间较大，同时列车占用分区的时间也较长。这也是制约车站通过能力的一个重要因素。因此，本节在此基础上，基于一定分区划分原则，将车站咽喉区划分为多个分区，减少列车进站和车站咽喉长度对间隔时间的影响。可以有效地增加车站通过能力。

2. 车站分区重新划分方法

基于车站站场的平面结构，并且在保证列车安全运行的基础上，对车站物理拓扑结构划分为不同的分区，如图 2-33 所示。同时，又可分为关键分区和辅助分区两种分区。其中关键分区是指可直接决定列车间隔时间的分区，分区长度不小于 600 m，常为咽喉区较长分区和到发线分区。而辅助分区是指为了进路划分的连续性和独立性划分的分区，分区长度不大于 600 m。

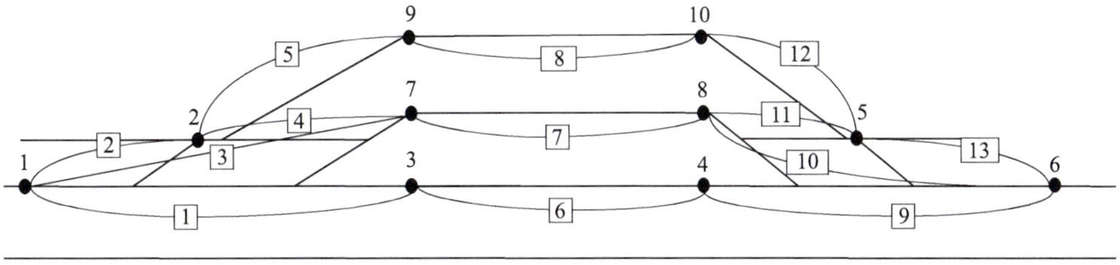

图 2-33 车站各分区及分区节点示意

如图 2-33 所示，实心圆表示车站各分区节点，其上方数字为分区节点的编号；各分区节点间用弧线相连的表示不同分区，弧线中间数字为分区的编号。

(1)车站实际分区的划分原则

①每个分区须包含且只包含一个起始节点和一个结束节点，分区内列车运行路段没有其他分区节点。

②咽喉区两端进站信号机处分别设置一个分区节点(如分区节点 1 和 6)，且包含该节点的分区为关键分区(如分区 1,2,3,9,10,13)，长度不少于 600 m。

③咽喉区关键道岔作为一个分区节点(如分区节点 2 和 5)，该关键道岔可以尽量减少列车运行到不同到发线时彼此的影响，即当前行列车通过该关键道岔后，后行列车即有其他进路可以选择。该分区节点与前后分区节点分别形成一个分区。

④不同到发线需被划分为独立的分区，如分区 7 和分区 8，且每条到发线两侧各设置一个分区节点。

⑤每条到发线两端的分区节点与咽喉区相邻节点均形成一个分区，须满足两分区节点之间可以通过列车且该路段中间没有其他节点。如分区 4，5，11，12。

⑥对于正线，按照其他到发线节点的位置分别划分为两端咽喉区位置和到发线位置 3 个分区，如分区 1，6，9。

（2）虚拟分区整合原则

由于以上分区的划分会出现同一分区节点被包含于不同的分区中，因此在实际计算中，需要对分区进行整合得到虚拟分区结果，具体虚拟分区整合原则为：

①在接车咽喉处，包含同一起始分区节点的分区整合为同一虚拟分区，如分区 1、2、3 可整合为一个虚拟分区，分区 4、5 可整合为一个虚拟分区。

②在发车咽喉处，包含同一结束分区节点的分区整合为同一虚拟分区，如分区 9、10、13 可整合为一个虚拟分区，分区 11、12 可整合为一个虚拟分区。

③到发线对应的分区仍为独立的分区。

基于以上分区节点及分区的划分原则，可定义各分区的节点集合：$Bv=\{b^o,0<o<M_{Bv}\}$。其中 b^o 表示车站第 o 个分区节点，M_{Bv} 为车站 s_i 的总分区节点数量。

根据以上条件建立车站分区集合：$Bl=\{(bl_s^u,bl_x^w):0<u<M_{Bl_s},0<w<M_{Bl_x}\}$，其中 bl_s^u、bl_x^w 分别表示车站第 u 个实际分区和第 w 个虚拟分区，M_{Bl_s}、M_{Bl_x} 分别为车站实际分区总数量和虚拟分区总数量。

因此，对于进路的每个分区会分别携带整合前的实际分区和整合后的虚拟分区两个标识。而在文中后面的分析与研究中，各个图中均以虚拟分区表示各列车的运行关系，而在实际计算中均以实际分区的相关参数进行计算，且后文中将其统一称之为分区。

2.4.1.2 车站进路关系模型

定义的车站进路包括车站咽喉区进路及列车所占的到发线的综合进路。因此首先根据车站基础设施的分类建立列车进路集合。

定义 1：$TR_{s_i}=\{tr_x^{s_i}=(tr_x^{s_i,\mathrm{Fthr}①},tr_x^{s_i,\mathrm{tra}②},tr_x^{s_i,\mathrm{Rthr}})\mid x=1,2,\cdots,N_{s_i}^{TR}\}$ 为车站 s_i 的进路集合，x 为进路编号，$tr_x^{s_i,\mathrm{Fthr}}$，$tr_x^{s_i,\mathrm{Rthr}}$，$tr_x^{s_i,\mathrm{tra}}$ 分别为进路对应的进站、出站咽喉区进路部分和占用的到发线。

基于车站进路的定义 1，再将各进路定义为不同分区的集合，如定义 2 所述。

定义 2：将各进路定义为不同分区的集合，即每条进路可以同时被定义为所包含的一个分区集合。

$$tr_x^{s_i}=\{bl_{s_i}^{x,u}\mid bl_{s_i}^{x,u}\rightarrow tr_x^{s_i},bl_{s_i}^{x,u}\in Bl_{s_i},0<u<M_{Bl_{s_i}}\}\tag{2-32}$$

---

① thr：表示咽喉区的缩写。

② tra：表示列车到发线的缩写。

式中　$bl_{s_i}^{x,u} \rightarrow tr_x^{s_i}$ ——进路 $tr_x^{s_i}$ 包含分区 $bl_{s_i}^{x,u}$ 。

根据各车站进路所含分区集合建立车站进路关系模型。以列车进路集合中各进路为网络节点,以进路之间是否有冲突关系为网络弧,建立车站列车进路关系网络模型 $G^{TR}(V^{TR}, E^{TR})$。若两个进路节点间没有连接弧,说明这两个进路为平行进路,否则表示两进路同一时间只能有一条进路被占用。

$$e_{tr_x^{s_i}, tr_y^{s_i}}^{\text{Relation}} = \begin{cases} 1 & \text{编号为 } tr_x^{s_i} \text{ 和 } tr_y^{s_i} \text{ 的进路之间有关联关系} \\ 0 & \text{编号为 } tr_x^{s_i} \text{ 和 } tr_y^{s_i} \text{ 的进路之间无关联关系} \end{cases} \tag{2-33}$$

而在车站进路关系模型的建立过程中,有关联的两条进路之间须有一个时间权值来判断两条进路被占用之间的时间间隔,即 $t_{tr_x^{s_i}, tr_y^{s_i}}^{\text{Relation}}$ 表示进路 $tr_x^{s_i}$ 和进路 $tr_y^{s_i}$ 关联时长。因此基于进路关系网络模型,建立车站进路占用关系模型为

$$\begin{aligned} R^{TR} = \{ & e_{tr_x^{s_i}, tr_y^{s_i}}^{\text{Relation}}, t_{tr_x^{s_i}, tr_y^{s_i}}^{\text{Relation}} \mid (v_{tr_x^{s_i}}^{TR}, v_{tr_y^{s_i}}^{TR}), e_{tr_x^{s_i}, tr_y^{s_i}}^{\text{Relation}} \in E^{TR}; v_{tr_x^{s_i}}^{TR}, v_{tr_y^{s_i}}^{TR} \in V^{TR}; \\ & \forall tr_x^{s_i} \in TR_{s_i}; \forall tr_y^{s_i} \in TR_{s_i}; s_i \in S \} \end{aligned} \tag{2-34}$$

式中　$v_{tr_x^{s_i}}^{TR}, v_{tr_y^{s_i}}^{TR}$ ——进路集合中的任意两条进路。

而两条进路的关联时长主要取决于两条进路所包含的分区被占用情况及被占用的时长。如图 2-34 所示,分别表示两条进路(进路 1 和进路 2)所包含的分区集合。则可说明进路 1 和进路 2 的关联关系是由分区 1 和分区 5 共同决定的,即当分区 1 或分区 5 中任何一个分区被占用时,进路 1 和进路 2 均会被标识为被占用状态。此时,就认为两条进路之间是存在关联关系的,并且关联时间取决于分区 1 和分区 5 中最晚被释放的分区。

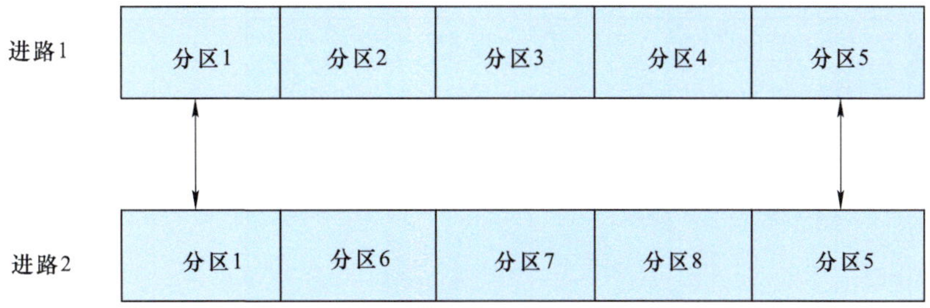

图 2-34　车站进路关联关系示意

在进路关系模型的基础上,列车选择车站进路的原则如下:

1. 根据列车作业类型判断选择符合该列车作业的进路,并形成可选进路集合及关联关系模型。

2. 同一列车选择并只能选择一条进路。

3. 每一条运行进路在同一时间内最多只能被一列车占用。

4. 相邻运行的列车在分区占用上不能有重合,以保证列车间的安全运行。

5. 在列车选择进路时判断可选被占用的进路,其次判断可选进路的优先级。

2.4.1.3　车站分区阶梯模型

在本书中,车站进路关系状态的设定与更新主要基于车站分区阶梯模型进行分析计

算。车站分区阶梯模型是指根据车站拓扑结构和车站信号系统的工作原理,将车站各股道划分为不同的分区,从而细化不同速度等级、不同作业类型列车在各分区的运行时间及不同速度等级、不同作业类型列车相邻运行的运行间隔时间。

同时,车站分区阶梯模型通过利用瓶颈分区的判断和列车在车站的作业间隔时间,推算各列车在车站的实际运行时刻。可以通过随机选取列车类型,基于多次计算得到能力较优值;或在给定列车开行方案条件下,经过对不同的列车作业顺序的模拟计算,得到一个能使最终能力最优的列车作业顺序。

为了更直观的表达,采用示意图的方式对车站分区阶梯模型进行描述。当相邻两列车在车站运行时,列车对各分区的占用情况和规则如图 2-35 到图 2-36 所示。图中 l_j 和 l_{j+1} 分别为相邻进站运行的两列车,横向方向为车站所划分的分区(即空间轴),纵向方向为列车运行占用的时间(即时间轴)。对应列车在各分区内的灰色斜线框即该列车占用对应分区的时空矩阵,矩阵的纵向长度表示该列车占用该分区的最小时间。

如图 2-35 所示,由于两列车所占用的分区不同,列车占用分区的时空矩阵的分布也不相同。而最终影响两列车运行间隔时间的分区为共同占用的分区 1 和分区 5,且由图 2-35 中可以粗略看出,最终决定两列车在车站作业最小间隔时间(包括缓冲时间)的为分区 1 的间隔时间。

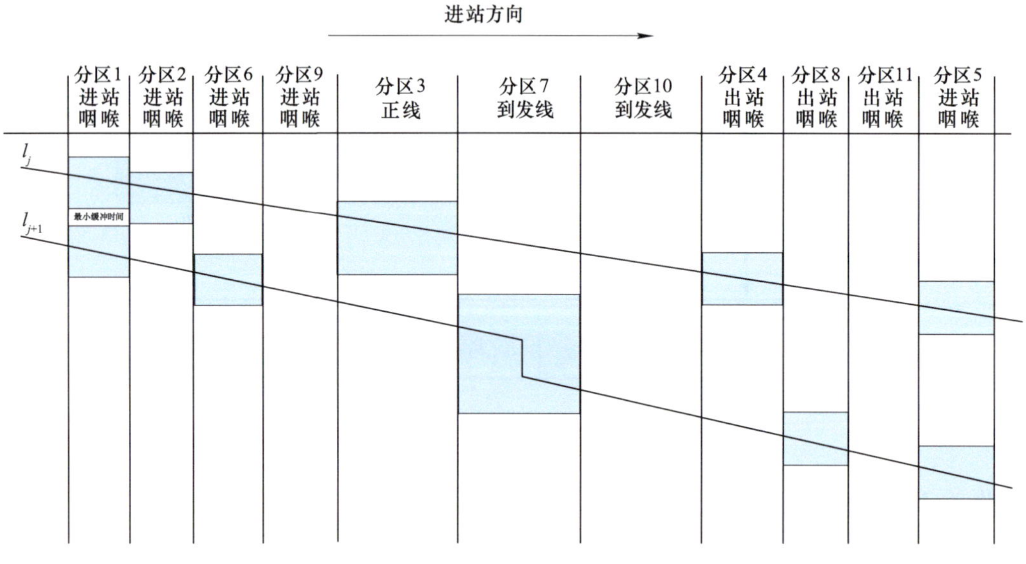

图 2-35　列车实际占用各分区情况

两列车相邻运行的间隔时间取决于被两列车都占用的瓶颈分区,当缓冲时间为零时,两列车运行的间隔时间即为不能再被压缩的最小作业间隔时间,而此时计算所得的能力也为不能再被增加的最大能力。如图 2-36 所示,即为压缩后列车在各分区的占用情况。

2.4.1.4　列车作业时间推算方法

1. 瓶颈分区的判别方法

不同速度等级、不同作业类型列车相邻运行的间隔时间取决于两列车所占用的各个分

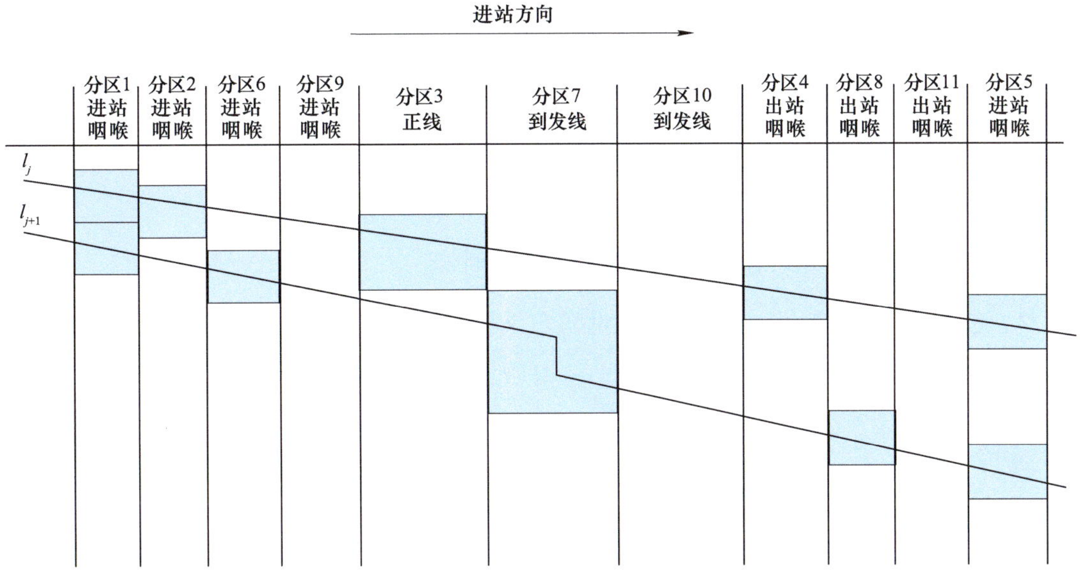

图 2-36 压缩缓冲时间后的列车占用情况

区的最小间隔时间。

而对于列车占用车站某一个分区都主要包括以下几个时间段，即含反应时间、准备时间、运行时间、释放时间和道岔转换时间，具体时间分布如图 2-37 所示。

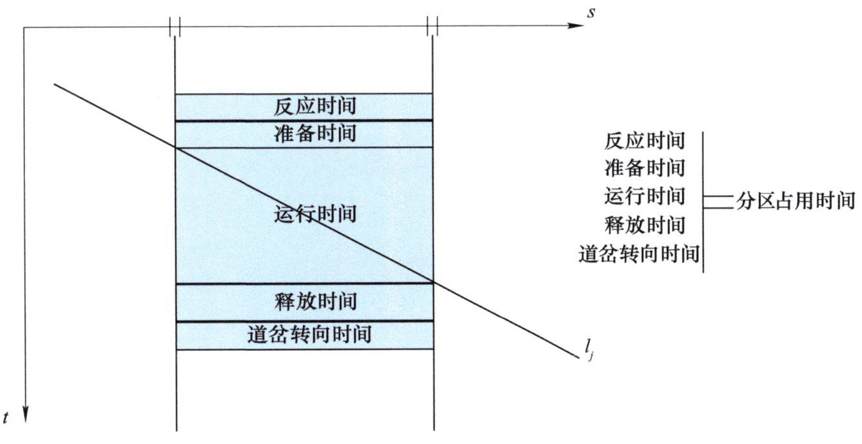

图 2-37 分区内时间的各时间组成

为了方便计算，将各个时间段合并抽象成列车在某一分区节点的三个时刻点，分别为列车开始占用分区时刻、列车进入分区时刻和列车结束占用分区时刻。

首先对相关时间的表示方法进行定义：

$t_{\text{Rea}}^{bl_{s_i}^u}$：第 $bl_{s_i}^u$ 分区的反应时间，min；

$t_{\text{App}}^{bl_{s_i}^u}$：第 $bl_{s_i}^u$ 分区的准备时间，min；

$t_{\text{Run}}^{bl_{s_i}^u}$：第 $bl_{s_i}^u$ 分区的运行时间，该运行时间包括列车在分区内的纯运行时间和在分区内的停车时间，min；

$t_{\text{Clea}}^{bl_{s_i}^u}$：第 $bl_{s_i}^u$ 分区的释放时间，min；

$t^{bl^u_{s_i}}_{\text{Swit}}$：第 $bl^u_{s_i}$ 分区的转向时间，min；

$t^{bl^u_{s_i}}_{\text{Buff},(l_j,l_{j+1})}$：第 $bl^u_{s_i}$ 分区的列车 l_j 和列车 l_{j+1} 的缓冲时间，min；

$t^{bl^u_{s_i}}_{\text{stop},l_j}$：列车在分区 $bl^u_{s_i}$ 的停车时间，min；

$t^{bv^o_{s_i}}_{l_j}$：第 l_j 列车在第 $bv^o_{s_i}$ 分区节点的开始占用时刻；

$t^{bv^{o'}_{s_i}}_{l_j}$：第 l_j 列车在第 $bv^o_{s_i}$ 分区节点的结束占用时刻；

$t^{bv^o_{s_i}}_{\text{occu},l_j}$：第 l_j 列车在第 $bv^o_{s_i}$ 分区节点的列车实际运行时刻。

由以上定义可得以下各时间和计算过程中所需时刻的转换关系为

$$\begin{cases} t^{bv^o_{s_i}}_{l_j} = t^{bv^o_{s_i}}_{\text{occu},l_j} - t^{bl^1_{s_i}}_{\text{App}} - t^{bl^u_{s_i}}_{\text{Rea}} \\ t^{bv^{o'}_{s_i}}_{l_j} = t^{bv^o_{s_i}}_{\text{occu},l_j} + t^{bl^u_{s_i}}_{\text{Run}} + t^{bl^u_{s_i}}_{\text{Clea}} + t^{bl^u_{s_i}}_{\text{Swit}} \end{cases} (b^o_{s_i} \in bl^u_{s_i}) \tag{2-35}$$

而对于不同速度等级、不同作业类型列车相邻运行时，又分为同速度等级列车相邻运行、先高速列车后低速列车相邻运行和先低速列车后高速列车相邻运行三种情况。

对于相邻两列车瓶颈分区主要取决于两列车相邻运行时，缓冲时间最小的且两列车均占用的分区。

如图 2-38 所示，分别为第 1 分区和第 2 分区的时空矩阵。

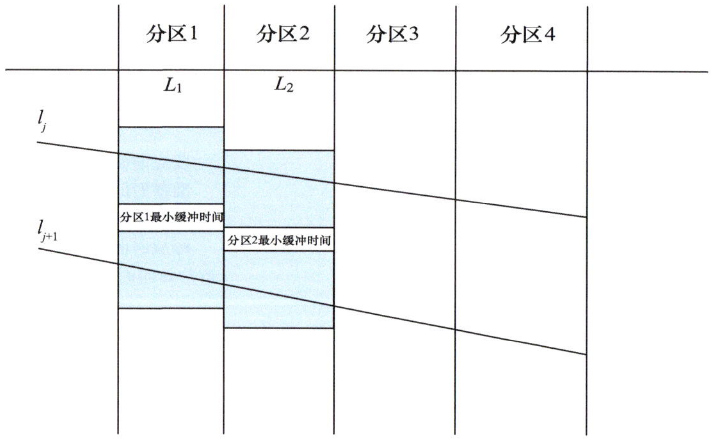

图 2-38　列车运行瓶颈分区示意

则根据第一个分区的终止时刻进行计算分析，可得

$$t^{bl^1_{s_i}}_{\text{Buff},(l_j,l_{j+1})} = t^{b^{1'}_{s_i}}_{l_{j+1}} - \frac{L_{bl^1_{s_i}}}{v_{l_{j+1}}} - t^{bl^1_{s_i}}_{\text{stop},l_{j+1}} - t^{bl^1_{s_i}}_{\text{Rea}} - t^{bl^1_{s_i}}_{\text{App}} - t^{bl^1_{s_i}}_{\text{Clea}} - t^{bl^1_{s_i}}_{\text{Swit}} - t^{b^{1'}_{s_i}}_{l_j} \quad (\text{min}) \tag{2-36}$$

$$t^{bl^2_{s_i}}_{\text{Buff},(l_j,l_{j+1})} = t^{b^{1'}_{s_i}}_{l_{j+1}} - \left(t^{b^{1'}_{s_i}}_{l_j} + \frac{L_{bl^2_{s_i}}}{v_{l_j}} + t^{bl^2_{s_i}}_{\text{stop},l_j} \right) - t^{bl^1_{s_i}}_{\text{Rea}} - t^{bl^1_{s_i}}_{\text{App}} - t^{bl^1_{s_i}}_{\text{Clea}} - t^{bl^1_{s_i}}_{\text{Swit}} \quad (\text{min}) \tag{2-37}$$

由以上两式推导可得

$$t^{bl^1_{s_i}}_{\text{Buff},(l_j,l_{j+1})} - t^{bl^2_{s_i}}_{\text{Buff},(l_j,l_{j+1})} = \left(\frac{L_{bl^2_{s_i}}}{v_{l_j}} + t^{bl^1_{s_i}}_{\text{stop},l_j} \right) - \left(\frac{L_{bl^1_{s_i}}}{v_{l_{j+1}}} + t^{bl^2_{s_i}}_{\text{stop},l_{j+1}} \right) \quad (\text{min}) \tag{2-38}$$

因此可得

当 $\left(\frac{L_{bl^2_{s_i}}}{v_{l_j}}+t^{bl^1_{s_i}}_{\text{stop},l_j}\right)\geqslant\left(\frac{L_{bl^1_{s_i}}}{v_{l_{j+1}}}+t^{bl^2_{s_i}}_{\text{stop},l_{j+1}}\right)$ 时，$t^{bl^1_{s_i}}_{\text{Buff},(l_j,l_{j+1})}\geqslant t^{bl^2_{s_i}}_{\text{Buff},(l_j,l_{j+1})}$，此时列车 l_j 和列车 l_{j+1}的运行瓶颈分区为第二个分区；

反之，当 $\left(\frac{L_{bl^2_{s_i}}}{v_{l_j}}+t^{bl^1_{s_i}}_{\text{stop},l_j}\right)<\left(\frac{L_{bl^1_{s_i}}}{v_{l_{j+1}}}+t^{bl^2_{s_i}}_{\text{stop},l_{j+1}}\right)$ 时，$t^{bl^1_{s_i}}_{\text{Buff},(l_j,l_{j+1})}<t^{bl^2_{s_i}}_{\text{Buff},(l_j,l_{j+1})}$，此时列车 l_j 和列车 l_{j+1}的运行瓶颈分区为第一个分区。

由上方法针对被列车 l_j 和列车 l_{j+1}先后均占用的所有分区，可依次推算得到两列车 l_j 和 l_{j+1}相邻运行时的瓶颈分区为 $bl^u_{s_i}$，且满足 $t^{bl^u_{s_i}}_{\text{Buff},(l_j,l_{j+1})}=\min\limits_{bl^u_{s_i}\in Bl^{l_j,l_{j+1}}_{s_i}}\{t^{bl^u_{s_i}}_{\text{Buff},(l_j,l_{j+1})}\}$，其中 $Bl^{(l_j,l_{j+1})}_{s_i}$ 为被列车 l_j 和列车 l_{j+1}先后均占用的所有分区集合。

而瓶颈分区所设定的缓冲时间即为两列车相邻运行的最小缓冲时间，当将该缓冲时间设定为 0 时，两列相邻运行的列车在瓶颈分区的间隔时间即为最小间隔时间，此时所有分区的列车运行间隔时间不允许再被压缩。

2. 各列车在各分区的作业时间推算方法

该作业时间推算方法的前提假设为列车均可以被分配到相应的进路。

(1)列车占用各分区节点的时刻推算公式

以瓶颈分区的列车运行时刻为计算基准，依次推算列车在占用的其他分区的各运行时刻。在推算前，还需判断瓶颈分区的类型与位置。若瓶颈分区为咽喉位置，则可直接根据公式进行推算；若瓶颈分区为到发线位置，则需根据两列相邻运行列车的作业类型来具体分析推算方法。具体方法如下描述：

①瓶颈分区为咽喉位置

瓶颈分区为咽喉位置，且为进站第一个分区时，需要判断该分区间隔时间和到达间隔时间的关系。若到达间隔时间大于第一个分区占用时间时，则以到达间隔时间为计算基础，间隔时间差值作为第一个分区的最小缓冲时间。依次向后推算其他相关联的分区时间。

瓶颈分区为咽喉位置，且为出站最后一个分区时，需要判断该分区间隔时间和发车间隔时间的关系。若发车间隔时间大于最后一个分区占用时间时，则以发车间隔时间为计算基础，间隔时间差值作为最后一个分区的最小缓冲时间。依次向前推算其他相关联的分区时间。

假设相邻运行的两列车分别为列车 l_j 和列车 l_{j-1}；两列车运行的瓶颈分区为咽喉位置的分区 $bl^u_{l_j}$；两列车最小缓冲时间为 $t^{\min}_{\text{Buff},(l_j,l_{j+1})}$；两列车共同占用的分区集合为$\{bl^{s_i}_{l_j,u}\}$；两列车共同占用的分区节点集合为$\{bv^v_{l_j}\mid 1\leqslant v\leqslant N_{bv_{l_j}}\}$，其中假定 $bv^v_{l_j}$ 为列车占用瓶颈分区的前分区节点；且两个集合中的分区按照列车运行方向依次排序。

列车 l_j 在瓶颈分区节点的各占用时刻，如式(2-39)～式(2-44)所示。

列车 l_j 在瓶颈分区前分区节点的开始占用时刻为

$$t^{bv^v_{l_j}}_{l_j}=t^{bv^{v'}_{l_{j-1}}}_{l_{j-1}}+t^{\min}_{\text{Buff},(l_j,l_{j+1})}\tag{2-39}$$

列车 l_j 在瓶颈分区前分区节点的结束占用时刻为

$$t_{l_j}^{bv_{l_j}^{v'}} = t_{l_j}^{bv_{l_j}^{v}} + t_{\text{App}}^{bl_{l_j}^{u}} + t_{\text{Rea}}^{bl_{l_j}^{u}} + t_{\text{Run}}^{bl_{l_j}^{u}} + t_{\text{Clea}}^{bl_{l_j}^{u}} + t_{\text{Swit}}^{bl_{l_j}^{u}} \tag{2-40}$$

列车 l_j 在瓶颈分区前分区节点的列车实际运行时刻为

$$t_{\text{occu},l_j}^{bv_{l_j}^{v}} = t_{l_j}^{bv_{l_j}^{v}} + t_{\text{App}}^{bl_{l_j}^{u}} + t_{\text{Rea}}^{bl_{l_j}^{u}} \tag{2-41}$$

列车 l_j 在瓶颈分区后分区节点的开始占用时刻为

$$t_{l_j}^{bv_{l_j}^{v+1}} = t_{l_j}^{bv_{l_j}^{v}} \tag{2-42}$$

列车 l_j 在瓶颈分区后分区节点的结束占用时刻为

$$t_{l_j}^{bv_{l_j}^{v+1'}} = t_{l_j}^{bv_{l_j}^{v'}} \tag{2-43}$$

列车 l_j 在瓶颈分区后分区节点的列车实际运行时刻为

$$t_{\text{occu},l_j}^{bv_{l_j}^{v+1}} = t_{\text{occu},l_j}^{bv_{l_j}^{v}} + t_{\text{Run}}^{bl_{l_j}^{u}} \tag{2-44}$$

基于列车运行方向，瓶颈分区之前分区的各分区节点占用时刻推算。具体推算公式如式(2-45)～式(2-47)所示。

假设分区 $bl_{l_j}^{u-1}$ 为需推算的前一分区。则列车 l_j 在分区节点 $bv_{l_j}^{v-1}$ 的列车实际运行时刻为

$$t_{\text{occu},l_j}^{bv_{l_j}^{v-1}} = t_{\text{occu},l_j}^{bv_{l_j}^{v}} - t_{\text{Run}}^{bl_{l_j}^{u-1}} \tag{2-45}$$

列车 l_j 在分区节点 $bv_{l_j}^{v-1}$ 的开始占用时刻为

$$t_{l_j}^{bv_{l_j}^{v-1}} = t_{\text{occu},l_j}^{bv_{l_j}^{v-1}} - t_{\text{App}}^{bl_{l_j}^{u-1}} - t_{\text{Rea}}^{bl_{l_j}^{u-1}} \tag{2-46}$$

列车 l_j 在分区节点 $bv_{l_j}^{v-1}$ 的结束占用时刻为

$$t_{l_j}^{bv_{l_j}^{v-1'}} = t_{\text{occu},l_j}^{bv_{l_j}^{v}} + t_{\text{Run}}^{bl_{l_j}^{u-1}} + t_{\text{Clea}}^{bl_{l_j}^{u-1}} + t_{\text{Swit}}^{bl_{l_j}^{u-1}} \tag{2-47}$$

基于列车运行方向，瓶颈分区之后分区的各分区节点占用时刻推算。具体推算公式如式(2-48)～式(2-50)所示。

假设分区 $bl_{l_j}^{u+1}$ 为需推算的后一分区。则列车 l_j 在分区节点 $bv_{l_j}^{v+2}$ 的列车实际运行时刻为

$$t_{\text{occu},l_j}^{bv_{l_j}^{v+2}} = t_{\text{occu},l_j}^{bv_{l_j}^{v+1}} + t_{\text{Run}}^{bl_{l_j}^{u+1}} \tag{2-48}$$

列车 l_j 在分区节点 $bv_{l_j}^{v+2}$ 的开始占用时刻为

$$t_{l_j}^{bv_{l_j}^{v+2}} = t_{\text{occu},l_j}^{bv_{l_j}^{v+2}} - t_{\text{Run}}^{bl_{l_j}^{u+1}} - t_{\text{App}}^{bl_{l_j}^{u+1}} - t_{\text{Rea}}^{bl_{l_j}^{u+1}} \tag{2-49}$$

列车 l_j 在分区节点 $bv_{l_j}^{v+2}$ 的结束占用时刻为

$$t_{l_j}^{bv_{l_j}^{v+2'}} = t_{\text{occu},l_j}^{bv_{l_j}^{v+2}} + t_{\text{Clea}}^{bl_{l_j}^{u+1}} + t_{\text{Swit}}^{bl_{l_j}^{u+1}} \tag{2-50}$$

②不存在瓶颈分区的相邻运行列车

当列车 l_j 和列车 l_{j-1} 互为始发或终到列车时，只要有空闲进路为两列车分配，则视作两列车的运行没有干扰，即没有两列车均占用的分区，则互相不影响。因此该情况称列车 l_j 和列车 l_{j-1} 不存在瓶颈分区，但列车 l_j 的运行时刻需要受到列车 l_{j-2} 的影响。

列车 l_j 的运行时刻是根据列车 l_{j-2} 占用各分区的时刻进行推算，具体瓶颈分区的判断和其他各分区的占用时刻推算方法同上所述。

③越行情况下列车作业时间推算方法

此外，除以上两种情况外，还可能出现列车越行的情况。越行的情况只发生于通过停站列车与通过不停站列车、通过停站列车与通过停站列车之间。并且为了能力的优化，越行的情况通常设定于较高速度等级列车越行较低速度等级列车的情况，即可分以下几种情况：

a. 列车 l_{j-1} 为较低速度等级的通过停站列车，且列车 l_j 为较高速度等级的通过不停站列车。

当出现越行情况时，需要更新列车 l_j 的各运行时刻，同时 l_j 被设定为一列虚拟列车。该虚拟列车由列车 l_{j-1} 和 l_j 共同拼接决定。如图 2-39 所示，在越行前的时刻为列车 l_j 本身的运行时刻，而在越行后的各时刻点为重新计算后的列车 l_{j-1} 的时刻点。

根据图 2-39 和图 2-40 所示，得该越行情况下列车作业时间的推算方法如下：

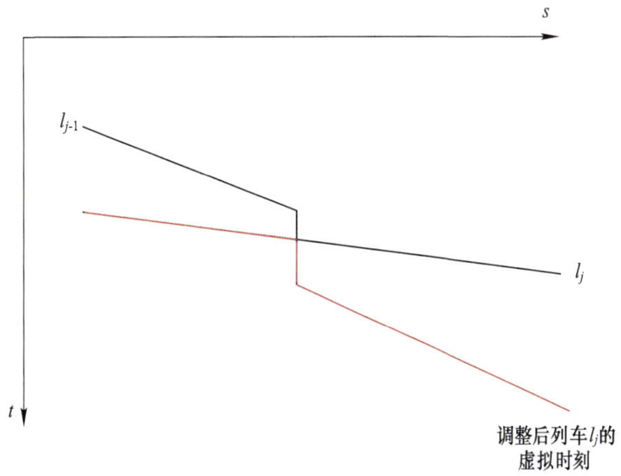

图 2-39　列车越行情况示意

Step 1：计算 l_j 占用各分区的时间及运行中的各时刻点。

首先，判断与列车 l_j 运行过程中相关的分区，并得到瓶颈分区。其中在列车 l_{j-1} 停站之前，瓶颈分区取决于列车 l_{j-1} 和 l_j 的共同占用的分区，而在列车 l_{j-1} 停站(包括停站占用的到发线分区)之后取决于列车 l_{j-2} 和 l_j 共同占用的分区，基于此，根据前面描述的瓶颈分区判别方法得到列车 l_j 运行过程中的瓶颈分区(图 2-38 中的瓶颈分区 1)；

其次，基于所得到的瓶颈分区及列车运行时刻推算方法，推算得到列车 l_j 占用各分区的时间及各运行时刻。

Step 2：更新 l_{j-1} 列车占用各分区的时间及运行中的各时刻点。

首先，保证列车 l_{j-1} 在停站前占用各分区时间及运行中各时刻不变；

其次，在列车 l_{j-1} 停站(包括停站占用的股道分区)之后占用的各分区中，根据前面描述的瓶颈分区判别方法得到列车 l_j 运行过程中的瓶颈分区(图 2-38 中的瓶颈分区 2)，此时保证列车 l_{j-1} 的各运行时刻大于列车 l_j 的各运行时刻；

再次，基于所判别的瓶颈分区和列车 l_j 占用各分区时间及各运行时刻及列车运行时刻推算方法，重新计算列车 l_{j-1} 停站(包括停站占用的股道分区)之后占用各分区时间及各运

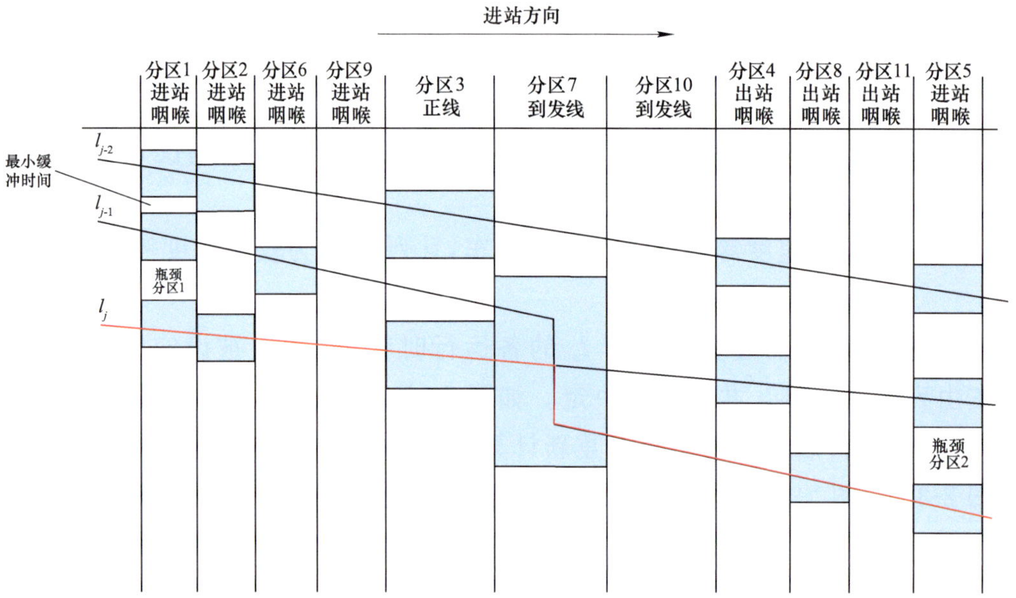

图 2-40　列车越行时占用分区情况

行时刻，并更新列车 l_{j-1} 的作业时间信息。

Step 3：计算虚拟列车 l_j 最终占用各分区的时间及运行中的各时刻点。

构建虚拟列车最终占用各分区的时间及运行中的各时刻点，即在列车 l_{j-1} 停站之前为原 l_j 相应的占用各分区的时间及运行中的各时刻，而在列车 l_{j-1} 停站之后（包括停站占用的股道分区）的为更新后的列车 l_{j-1} 占用各分区的时间及运行中的各时刻。

b. 列车 l_{j-1} 为较低速度等级的通过停站列车，且列车 l_j 为较高速度等级的通过停站列车，如图 2-41 所示。

该情况与前面所述的情况计算方法类似，区别在于时刻推算时要增加列车 l_j 的停站时间。

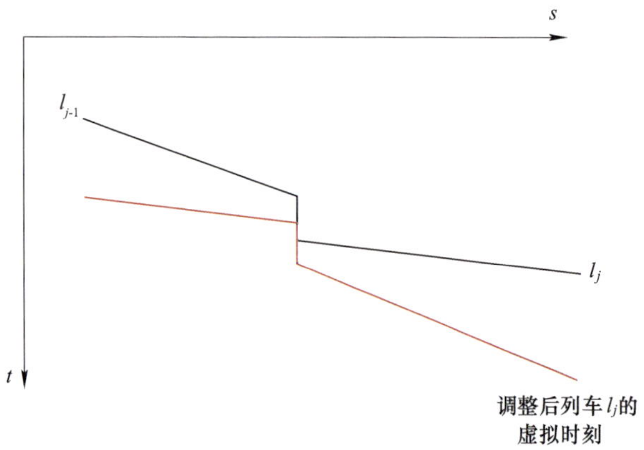

图 2-41　被越行列车停站时的列车越行情况

（2）列车占用各分区的时间推算算法

①算法描述：基于列车占用各分区的时间推算公式，设计各列车占用车站各分区的时

间推算算法。通过该算法，可以确定在各时刻或时间段内，车站各个分区被占用的情况，从而得到各条进路被占用情况及被占用时间。进而判断某时刻或某时段内，是否可以安排新的列车作业。

②算法输入：当前时刻各车站进路及各分区被占用状态；各分区及各分区节点被最后占用时间；列车 l_{j-2}～l_j 的作业信息及其进路分配信息；列车 l_{j-2}～l_{j-1}的作业时间信息；不同速度等级、不同作业类型在车站 s_i 相邻运行的瓶颈分区矩阵。

③算法输出：列车 l_j 在车站 s_i 各分区节点的各时刻点；各进路及各分区的最终被占用状态及占用时间。

④算法步骤：

Step 1：初始化输入参数，得到当前为列车 l_j 所分配的进路 $tr_{x-l_j}^{s_i}$。设定 l_j 和列车 l_{j-1}间运行的最小缓冲时间 $t_{\mathrm{Buff},(l_j,l_{j+1})}^{\min}$；

Step 2：根据列车 l_j 和列车 l_{j-1}所占用的进路及分区集合，得到列车 l_j 在车站 s_i 运行时与列车 l_{j-1}所共同物理占用的各分区 $bl_{x-l_j,u}^{s_i}$ 和相应的各分区节点 $bv_{x-l_j,u-v}^{s_i}$，以及这些分区或分区节点当前最终被占用的时间或时刻；

Step 3：根据以上信息，并调用列车相邻运行的瓶颈分区计算方法得到列车 l_j 和列车 l_{j-1}物理占用的瓶颈分区 $bl_{l_{j-1}-l_j,b}^{s_i}$；

Step 4：将列车运行最小缓冲时间设定为瓶颈分区的缓冲时间，并根据列车占用各分区节点的时刻推算公式依次向前或向后推算其他共同物理占用的各分区节点的不同时刻；

Step 5：根据最终计算所得列车 l_j 占用各分区的开始时间和终止时间，以及列车实际进站时间、出站时间及在站停留时间等时间信息；

Step 6：根据 l_j 占用各分区的最终占用时间，调用车站进路关系更新算法对当前时间各进路被占用状态、占用关联关系等因素进行更新；

Step 7：算法结束，返回输出信息。

2.4.2 车站理论通过能力计算模型

如前文 2.1.3 所述，车站通过能力的计算应当考虑对应的列车运行计划及其规定的列车种类、停站及顺序关系。在考虑给定列车开行结构的情况下，不同速度等级、不同作业类型的列车数及总的列车数是给定的值。因此在该情况下，模型的目标值由之前的最大列车数量转化为给定数量前提下，如何排列列车的作业顺序，使占用车站设施的总时间最短。

在考虑车站作业间隔时间、车站作业缓冲时间、列车服务频率等因素的条件下，建立车站通过能力计算模型。该模型基于车站分区阶梯模型及列车作业时间推算方法，以可安排的不同作业类型列车最大数量为目标函数，并基于车站列车进路关系模型及相关约束条件设计车站通过能力计算模型及算法。

具体模型建立如下所述：

1. 模型参数定义

$s_i \in S$：表示车站集合中第 i 个车站。$TR_{s_i}=\{tr_x^{s_i} \mid x=1,2,\cdots,N_{s_i}^{TR}\}$：表示车站 s_i 的进

路集合，x 为进路编号。$PR_{s_i}=\{pr_x^{s_i} \mid x=1,2,\cdots,N_{s_i}^{TR}\}$：表示对应于进路集合 TR_{s_i} 的各个进路优先级集合。各个进路的优先级由进路长度和可占用时间来决定。$L_{s_i}=\{l_j^{s_i,p,k} \mid p=1,2;\ k=1,2,3,4,5;j=1,2,\cdots,N_l^{s_i,p,k}\}$：表示车站 s_i 的列车集合，其中 p 表示不同列车速度等级，$p=1,2$ 分别表示时速在 300 km 及其以上的列车和时速为 250 km 的列车；k 表示列车在车站的作业类型，$k=1,2,3,4,5$ 分别表示始发、终到、通过停站、通过不停站和立折列车；j 为列车编号；$N_l^{s_i,p,k}$ 表示车站第 p 种速度等级第 k 种作业的列车数量。$t_{l_j,l_{j+1}}^{b,\text{st}}$：表示第 j 列车和 $j+1$ 列车之间的车站作业缓冲时间。$[T_{\text{start}}^{\text{win},s_i},T_{\text{end}}^{\text{win},s_i}]$：为一昼夜内列车运营组织的有效时间段，$T_{\text{start}}^{\text{win},s_i}$，$T_{\text{end}}^{\text{win},s_i}$ 分别为开始时刻和结束时刻。$t_{l_j,l_{j+1}}^{\text{I},\text{st}}$：表示第 j 列车和 $j+1$ 列车之间的作业最小间隔时间。τ_a，τ_d：表示车站列车不同时达到和不同时发车的间隔时间。$C_{\max}^{\text{Arr},s_i}$：表示车站 s_i 的最大接车能力。$C_{\max}^{\text{Dep},s_i}$：表示车站 s_i 的最大发车能力。

列车运行序列集合 $LS_{s_i}=\{ls_y^{s_i}:0\leqslant y\leqslant N_{ls}\}$，其中 $ls_y^{s_i}$ 表示车站 s_i 某周期内列车可随机排列的第 y 个列车集合序列，N_{ls} 为总的序列数。$t_{l_j}^{\text{total},s_i}$ 为列车 l_j 在车站 s_i 的总作业时间。设 $t_\alpha^{p,k}$：表示第 p 种速度等级，第 k 种列车类型的第 α 种作业时间的标准占用时间。

考虑给定列车开行结构，则需按照既定列车结构安排列车作业。首先要对不同速度等级、不同作业类型的列车在车站的总占用时间计算进行描述。具体方法如下：

(1)若 l_j 为始发列车，$k=1$：列车总占用时间包括车底转入时间、列车停站时间和列车出站时间为

$$t_{l_j}^{\text{total},s_i}=t_2^{p,1}+t_3^{p,1}+t_4^{p,1}\quad(\text{min})\tag{2-51}$$

(2)若 l_j 为终到列车，$k=2$：列车总占用时间包括车底转出时间、列车停站时间和列车进站时间为

$$t_{l_j}^{\text{total},s_i}=t_1^{p,2}+t_3^{p,2}+t_5^{p,2}\quad(\text{min})\tag{2-52}$$

(3)若 l_j 为通过停站列车，$k=3$：列车总占用时间包括列车进站时间、列车出站时间和在到发线的停留时间为

$$t_{l_j}^{\text{total},s_i}=t_1^{p,3}+t_2^{p,3}+t_3^{p,3}\quad(\text{min})\tag{2-53}$$

(4)若 l_j 为通过列车，$k=4$：列车总占用时间只包括列车在车站的作业时间，其中在车站作业时间包括列车进站时间和列车出站时间为

$$t_{l_j}^{\text{total},s_i}=t_1^{p,4}+t_2^{p,4}\quad(\text{min})\tag{2-54}$$

(5)若 l_j 为立折列车，$k=5$：列车总占用时间只包括列车进站时间、旅客上下车时间、列车整备时间和列车离开到发线时间。

由于重新划分分区后的列车运行间隔时间缩短，因此在计算立折列车占用时间时，等同于一列终到列车占用时间、一列对向车场的始发列车的占用时间和列车转场走行时间之和。在计算两个不同方向车场列车占用时，先计算一个车场的列车占用时间，得到列车运行顺序后，再计算对向车场的列车占用时间，同时优先安排已确定的立折列车。为了列车占用的调整，可以在优化计算时，给立折列车设定一个合适的缓冲时间，调整后再对缓冲时间进行压缩。

$$t_{l_j}^{\text{total},s_i}=t_1^{p,4}+t_{\text{整备}}^{p,4}+t_{\text{转场}}^{p,4}+t_{l_j,l_{j+1}}^{b,\text{re}}\quad(\text{min})\tag{2-55}$$

得基于既有列车开行方案的车站通过能力计算模型为

$$Z = \min_{ls_{s_i}^y \in LS_{s_i}} \left\{ \sum_{l_j \in L_{s_i}} t_{l_j}^{\text{total},s_i} + \sum_{l_j \in L_{s_i}, j \neq N_l^{s_i}} (t_{l_j,l_{j+1}}^{b,\text{st}} + t_{l_j,l_{j+1}}^{\text{I},\text{st}}) \right\} \tag{2-56}$$

2. 约束条件

对于车站通过能力计算目标函数,需要设定以下约束条件:

(1)列车占用车站进路约束

该约束保证了列车与进路的正常占用关系,并分为以下两个具体约束条件:

①一列车同一时间能且只能占用一条进路

$$\sum_{x=1}^{N_{s_i}^{TR}} g_{l_j}^x b_{l_j}^{s_i} = 1, l_j \in L_{s_i} \tag{2-57}$$

式中 $g_{l_j}^x$ ——列车 l_j 占用第 x 条进路的 0－1 变量,等于 1 表示列车 l_j 占用第 x 条进路,否则不占用。

②同一时间同一条进路最多只能被一列车占用

$$\sum_{l_j \in L_{s_i}} g_{l_j}^x b_{l_j}^{s_i} \leqslant 1\ , 1 \leqslant x \leqslant N_{s_i}^{TR} \tag{2-58}$$

(2)列车运行间隔时间约束

列车运行间隔时间约束包含了各种相邻列车运行时的间隔约束。

①列车运行间隔时间约束

$$t_{l_j,l_{j+1}}^{\text{I},\text{st}} \geqslant t_{\min}^{\text{I},\text{se}} \quad \forall\, l_j \in L_{s_i}, j \neq N_{l}^{s_i} \tag{2-59}$$

②列车在车站发车间隔时间约束

$$t_{l_j,l_{j+1}}^{\text{I},\text{st}} \geqslant \tau_d^{s_i} \quad \forall\, l_j \in L_{s_i}, j \neq N_{l}^{s_i} \tag{2-60}$$

③列车在车站到达间隔时间约束

$$t_{l_j,l_{j+1}}^{\text{I},\text{st}} \geqslant \tau_a^{s_i} \quad \forall\, l_j \in L_{s_i}, j \neq N_{l}^{s_i} \tag{2-61}$$

④列车在车站各分区作业最小间隔时间约束

$$t_{l_j,l_{j+1}}^{\text{I},\text{st}} \geqslant \min_{bl_{s_i}^u \in Bl_{s_i}} t_{l_j,l_{j+1}}^{\text{I},bl_{s_i}^u} \quad \forall\, l_j \in L_{s_i}, j \neq N_{l}^{s_i} \tag{2-62}$$

式中 $t_{l_j,l_{j+1}^{s_i}}^{\text{I},bl^u}$ ——列车相邻两列车在分区 $bl_{s_i}^u$ 的最小间隔时间,min。

(3)缓冲时间约束

①列车在车站作业平均缓冲时间约束

$$\left(\sum_{l_j \in L_{s_i}, j \neq N_l^{s_i}} b_{l_j}^{s_i} \cdot b_{l_{j+1}}^{s_i} t_{l_j,l_{j+1}}^{b,\text{st}} \right) / N_l^{s_i} \geqslant \bar{t}_{\min}^{b,s_i} \tag{2-63}$$

式中 $\bar{t}_{\min}^{b,\text{st}}$ ——列车车站作业平均缓冲时间最小值,min。

②列车在车站各分区作业最小缓冲时间约束

$$t_{l_j,l_{j+1}}^{b,\text{st}} \geqslant \bar{t}_{\min}^{b,\text{st}}; b_{l_j}^{s_i} = b_{l_{j+1}}^{s_i} = 1, l_j \in L_{s_i}, j \neq N_l^{s_i} \tag{2-64}$$

(4)列车在车站的服务频率约束

$$\left(\sum_{l_j \in L_{s_i}} \sum_{k=1,3,5} b_{l_j}^{s_i,k} \right) / \left[(T_{\text{end}}^{\text{win},s_i} - T_{\text{start}}^{\text{win},s_i}) / 60 \right] \geqslant \bar{f}_{\min}^{s_i,l} \tag{2-65}$$

式中 $\overline{f}_{\min}^{s_i,l}$ ——车站 s_i 的列车服务频率最小值，列。

(5)其他约束

①在车站列车越行数量约束

$$\sum_{l_j \in L_{s_i}, j \neq N_l^{s_i}} \sum_{k=3,4} b_{l_{j+1}}^{s_i,1,k} b_{l_j}^{s_i,2,3} \theta_{l_j,l_{j+1}} \leqslant y_{\max}^{s_i} \tag{2-66}$$

式中 $\theta_{l_j,l_{j+1}}$ ——标识是否越行的 0－1 变量，等于 1 时表示列车 l_j 和 l_{j+1} 发生越行，否则不越行；

$y_{\max}^{s_i}$ ——在车站 s_i 可安排的最多越行数量，列。

②时间段约束

$$T_{l_1}^{\text{arr}} \geqslant T_{\text{start}}^{\text{win},s_i} \tag{2-67}$$

$$T_{N_l^{s_i}}^{\text{arr}} \leqslant T_{\text{start}}^{\text{win},s_i} \tag{2-68}$$

式中 $T_{l_1}^{\text{arr}}, T_{N_l^{s_i}}^{\text{arr}}$ ——第一列车和最后一列车在车站开始作业的时间。

2.4.3 求解算法

由于在列车开行结构条件下，各列车的不同顺序集合元素数量相当大；而且为了更符合实际情况，要尽量使不同速度等级、不同作业类型的列车要在满足最优顺序条件下，也要综合考虑旅客的实际出行需求。因此，在实现算法之前，首先假定一些求解的原始筛选规则，从而大量降低求解的复杂度。具体筛选规则如下：

1. 为了减少求解规模，选择有规律的接近周期性的部分列车开行方案作为求解的初始方案。

2. 设置列车越行时，越行列车尽量安排在高速度等级列车和低速度等级列车之间，并且越行列车尽量选取通过不停站列车。同时为了保证较低速度等级列车的总旅行时间，每个车站尽量只安排一列较高速度等级列车的越行。

综上分析，设计具体算法如下：

(1)算法输入：列车开行结构，所计算的周期时间或某一时间段。

(2)算法输出：在给定列车开行结构的条件下，一个时间周期内所有列车占用总时间最少的列车运行序列及经过换算的最优能力值。

(3)算法步骤：

Step 1：建立列车车站运行进路集合。基于车站车场拓扑结构，搜索并建立车站 s_i 的列车运行进路集合 TR_{s_i}，并对各进路进行属性标识。分区节点集合 Bv_{s_i}，分区集合 Bl_{s_i}，列车集合 L。

Step 2：建立列车车站运行进路关系模型。根据各进路所包含的分区集合，对某一运行方向的始发、终到、通过、通过停站等不同类型进路建立不同的关联关系。

Step 3：在所计算的某一时间周期内，根据输入的列车开行结构中各列车在车站的作业信息，将各列车进行随机排序，并形成列车运行序列集合 LS_{s_i}，初始化 $y=0$。

Step 4：选取当前列车集合序列 $ls_y^{s_i}$ 进行模拟计算。

Step 4.1：对于当前集合 $ls_y^{s_i}$ 中，依次选取第 1 列列车 $l_j(j=1)$，累计列车 l_j 类型列车的数量。针对列车 l_j 的运行速度等级及作业类型，选择可为其分配的优先级最高的进路 $tr_{l_j}^{s_i}$。根据进路 $tr_{l_j}^{s_i}$ 所包含的分区节点和分区的各时刻和时间占用的计算方法，计算列车 l_j 占用各相关分区的时间，并对各分区及各分区节点的总占用时间、开始占用时间和结束占用时间进行标识。同时调用车站进路关系模型更新子算法对进路关系模型进行更新。

Step 4.2：令 $j=j+1$，选取集合 $ls_y^{s_i}$ 中的下一列车 l_j。根据列车 l_j 的作业类型和当前进路被占用状态，判断是否有进路可分配。若有则为其分配进 Step 4.3；否则转 Step 4.4。

Step 4.3：基于当前模拟时刻、列车 l_j 及列车 l_j 之前运行的列车信息，提取各进路、分区及分区节点的被占用情况，并调用列车运行时刻推算子算法，得到列车 l_j 在车站作业时，占用各分区节点的各时刻点。

Step 4.4：根据当前所有进路被占用的结束占用时间和列车 l_j 的作业类型，选取可为列车 l_j 分配的，且结束占用时间最早的进路 $tr_{l_j}^{s_i}$ 分配给 l_j，同时根据进路 $tr_{l_j}^{s_i}$ 的结束占用时间，更新总时间，同时更新所有被占用进路、分区及分区节点的时间，转 Step 4.3。

Step 4.5：判断列车 l_j 是否为集合 $ls_y^{s_i}$ 中的最后一列车，若是则转 Step 5，否则转 Step 4.2。

Step 5：记录集合所有列车运行占用的总时间，并判断是否 $y \leqslant N_{ls}$，若是则 $y=y+1$，转 Step 4；否则转 Step 6。

Step 6：根据集合 LS_{s_i} 中所有列车运行序列的总作业时间，选取符合所有约束条件的且总占用时间最短的序列为最优序列，同时该序列的总占用时间除以模拟的周期时间为最优能力利用率，根据最优能力利用率计算最大能力值，算法结束。

2.4.4 案例分析

2.4.4.1 基础参数设置

1. 车站基本概况

图 2-42 为济南西站的平面图。如图 2-42 所示，济南西站共有 4 条正线，13 条到发线，其中Ⅰ道为下行正线，Ⅱ道为上行正线；Ⅲ道、Ⅳ道为京济联络线，用于接发北京与青岛间往返的列车。

针对济南西站现状，对计算过程中的一些前提条件进行设定：

(1)在车站接发车能力充裕的情况下，采用正线同侧的到发线进行接发列车。

(2)设始发列车、终到列车在到发线上的停站时分为 15 min，通过停站列车不考虑越行时停站为 2 min。

(3)列车在进路上的运行速度受道岔侧向通过速度限制，时速 300 km 和 250 km 的两种列车在同一进路上的走行时间相差不大。

(4)京沪线上的通过列车只使用Ⅰ、Ⅱ道正线。

2. 车站信号系统及列控方式

采用 CTCS-3 级列控系统，CTCS-3 级系统是基于 GSM-R 无线通信实现车—地信息双

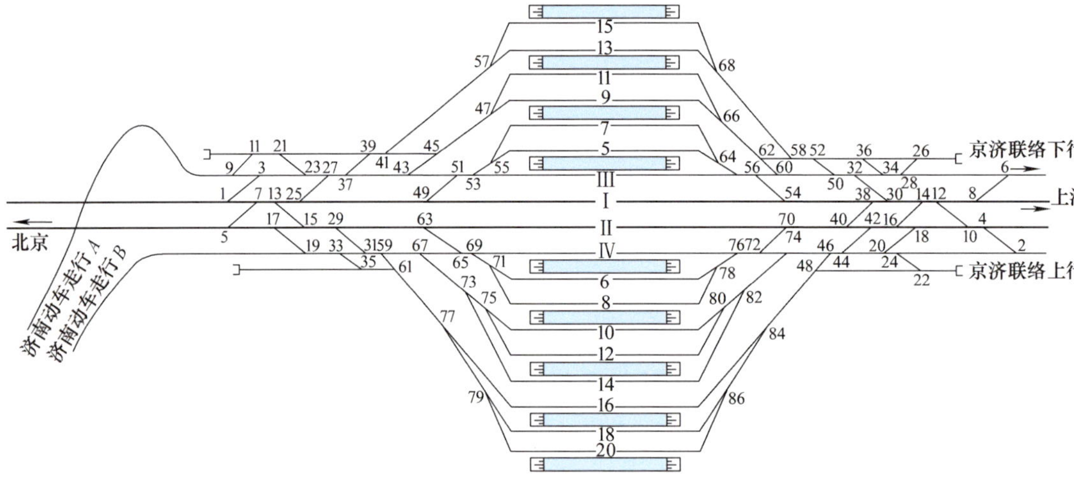

图 2-42 济南西站平面图

向传输，无线闭塞中心生成行车许可，轨道电路实现列车占用检查，应答器实现列车定位。列控中心根据站内进路状态，控制轨道电路迎着列车行驶方向发码，相邻车站列控中心间通过站间安全信息通道，在双方列控中心确认需要改变区间运行方向时，才允许联锁办理发车进路。

本案例在此基础上，在咽喉区增设分区节点，使列车可以接收到咽喉区分区节点的联锁信息，减少咽喉区对到达间隔时间和发车间隔时间的影响。即当前行列车车尾通过第一个咽喉分区节点时，后行列车就可以开始制动进站。

3. 分区划分

根据济南西站平面结构，进行分区划分，如图 2-43 所示为各分区节点的位置标识。共设置 25 个分区节点，其中分区节点(1)、(25)分别为两端进站信号机的位置，分区节点(6)～(13)和分区节点(14)～(21)分别标识正线及到发线的独立分区。其他节点为咽喉区道岔的分区节点。

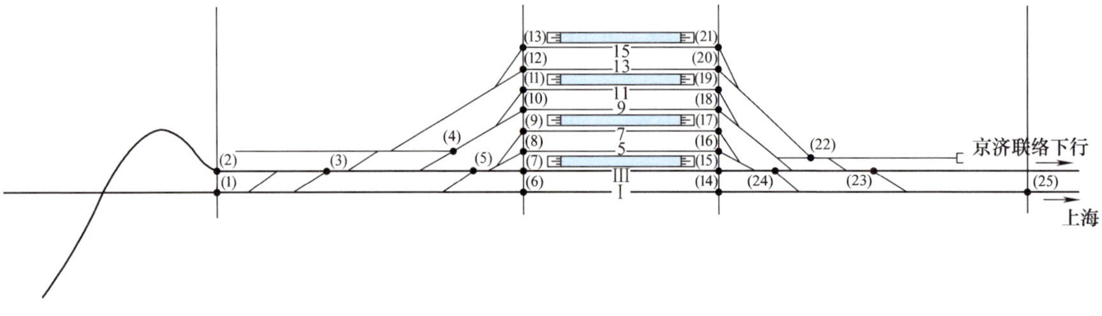

图 2-43 济南西站分区节点标识

(1)分区信息

根据以上分区节点的设置得到各分区划分情况见表 2-3。共划分了 33 个分区，其中 1～13 为进站咽喉区的分区，14～25 为出站咽喉区的分区，其余 26～33 为到发线或正线分区。

由于列车在站内的制动距离为 432.6 m,制动时间为 42 s,在站内加速距离为 721 m,加速时间为 70 s。可得各分区的平均速度见表 2-3。

表 2-3 济南西站分区信息

分区编号	前节点	后节点	长度(km)	平均速度(km/h)	分区编号	前节点	后节点	长度(km)	平均速度(km/h)
1	(1)	(6)	1.246	300	18	(24)	(25)	1.023	75
2	(1)	(3)	0.623	75	19	(15)	(24)	0.750	37.5
3	(1)	(5)	0.934	75	20	(16)	(24)	0.545	42
4	(2)	(3)	0.623	75	21	(17)	(24)	0.546	42
5	(3)	(5)	0.311	75	22	(18)	(23)	0.987	48
6	(3)	(4)	0.312	75	23	(19)	(23)	0.988	48
7	(5)	(7)	0.211	75	24	(20)	(22)	0.650	42
8	(5)	(8)	0.382	75	25	(21)	(22)	0.651	42
9	(5)	(9)	0.383	75	26	(6)	(14)	0.829	300
10	(4)	(10)	0.382	75	27	(7)	(15)	0.829	37.5
11	(4)	(11)	0.383	75	28	(8)	(16)	0.651	37.5
12	(3)	(12)	0.696	75	29	(9)	(17)	0.653	37.5
13	(3)	(13)	0.697	75	30	(10)	(18)	0.736	37.5
14	(14)	(25)	1.365	300	31	(11)	(19)	0.688	37.5
15	(23)	(25)	0.682	75	32	(12)	(20)	0.725	37.5
16	(22)	(23)	0.340	75	33	(13)	(21)	0.727	37.5
17	(24)	(23)	0.341	75					

(2)分区整合

由于咽喉区的分区并不是完全独立的,因此当部分分区被占用时,其他相关联的分区也不能被其他列车占用。而当不同进路的需要被占用,会造成冲突。因此,为了表达方便,将相关联的分区进行整合,进而得到分区整合信息表,见表 2-4。经过关联分区的整合,共形成 18 个分区,其中 10 个咽喉分区和 8 个到发线/正线分区。

表 2-4　济南西站分区整合信息

整理后分区	原分区	整理后分区	原分区	整理后分区	原分区
(一)	1,2,3	(七)	16,17,22,23	(十三)	28
(二)	4	(八)	19,20,21	(十四)	29
(三)	5,6	(九)	24,25	(十五)	30
(四)	7,8,9	(十)	14,15,18	(十六)	31
(五)	10,11	(十一)	26	(十七)	32
(六)	12,13	(十二)	27	(十八)	33

(3)作业间隔时间分析

①列车运行参数设置

较高速度等级列车运行速度 300 km/h(83.3 m/s);较低速度等级列车运行速度 250 km/h(69.4 m/s);道岔限速 80 km/h,实际过道岔速度为 75 km/h(20.8 m/s)。列车长度 400 m,安全防护距离 150 m。

②时间参数设置

列车运行的有效时间段 60 min;列车区间运行最小间隔时间 3 min;各分区反应时间 25 s;准备时间 20 s;释放时间 30 s;转向时间 20 s。列车到达作业附加时间 36 s;列车出发作业附加时间 34 s。为取平均值,两端咽喉走行距离取以第 9 股道为准。

③到达间隔时间分析

列车在站内的制动距离为 432.6 m,因此列车进站需要匀速行驶一段距离再减速。根据新版铁路《铁路主要技术政策》,客运专线到发线有效长为 700 m,因此列车在进入到发线时开始减速也可以安全停稳。区间制动减速度为 $-0.7\ \mathrm{m/s^2}$,站内制动减速度为 $-0.5\ \mathrm{m/s^2}$。

实际到达间隔时间 $I_{到}$ 可表示为

$$I_{到}=\frac{20.8-83.3}{-0.7}+\frac{-20.8}{-0.5}+\frac{400+1\,660+150}{20.8}+\frac{20.8}{2\times(-0.5)}+36=247(\mathrm{s})\approx4.1(\mathrm{min})。$$

按照当前分区计算到达间隔时间,列车进站分区为分区 1、分区 2 或分区 3,而在分区内都以道岔限速进行匀速运动。因此,当列车为较高速度等级列车,且分别占用以上三个分区时,列车到达间隔时间 $I_{到1}$、$I_{到2}$、$I_{到3}$ 可分别表示为

$$I_{到1}=\frac{400+1\,246+150}{83.3}+\frac{0-83.3}{-0.7}+36=177(\mathrm{s})\approx3.0(\mathrm{min})$$

$$I_{到2}=\frac{20.8-83.3}{-0.7}+\frac{400+623+150}{20.8}+36=182(\mathrm{s})\approx3.1(\mathrm{min})$$

$$I_{到3}=\frac{20.8-83.3}{-0.7}+\frac{400+934+150}{20.8}+36=197(\mathrm{s})\approx3.3(\mathrm{min})$$

综上可知,经过站内分区的重新划分,可以有效缩短列车到达间隔时间。但部分列车到达间隔时间仍然无法压缩到 3 min。若需进一步缩短列车到达间隔,则需要降低列车制

动初始速度。当列车在区间提前一个闭塞分区列车开始制动时(区间闭塞分区长度为2 000 m),列车进站初始制动速度可降为:64.3 m/s。列车到达间隔时间 $I_{到2}$ 和 $I_{到3}$ 可分别降至为 155 s(2.6 min)和 170 s(2.9 min),此时,均可以保证在 3 min 之内。

若列车为较低速度等级列车,运行速度为 69.4 m/s,因此若列车为较低速度等级列车时,到达间隔时间分别为 161 s(2.7 min)、162 s(2.7 min)和 177 s(3.0 min),均满足 3 min 间隔。

(4)发车间隔时间分析

启动加速度为 0.4 m/s^2;区间加速度为 0.7 m/s^2;第一离去距离和第二离去距离之和为 2 000 m;列车在站内加速距离为 721 m。因此,发通间隔时间约 3.1 min;通发间隔时间约 1.8 min。

2.4.4.2 车站进路集合

根据以上分区的划分得到各进路信息见表 2-5,包含 5 条通过进路,12 条通过停站进路,8 条终到进路和 8 条始发进路;两种优先级确定方式,优先级 1 表示以进路总长度作为优先级确定方式,即进路长度越短优先级越高(数值越小优先级越高),优先级 2 表示以旅客乘车方便性确定优先级,即站台越靠近站房优先级越高(数值越小优先级越高)。

表 2-5 济南西站进路信息

进路类型	占用到发线编号	进路编号	包含分区节点	优先级 1	优先级 2
通过	Ⅰ	1	1,6,14,25	1	1
	Ⅲ	2	1,5,7,15,24,25	2	2
		3	1,3,5,7,15,24,25	3	3
		4	1,5,7,15,24,23,25	4	4
		5	1,3,5,7,15,24,23,25	5	5
通停	5	6	1,5,8,16,24,25	1	12
		7	1,3,5,8,16,24,25	2	11
		8	1 ,5, 8,16,24,23,25	3	10
		9	1,3,5, 8,16,24,23,25	4	9
	7	10	1,5,9,17,24,25	5	8
		11	1,3,5,9,17,24,25	6	7
		12	1,5,9,17,24,23,25	7	6
		13	1,3,5,9,17,24,23,25	8	5

续上表

进路类型	占用到发线编号	进路编号	包含分区节点	优先级 1	优先级 2
通停	9	14	1,3,4,10,18,23,25	9	4
	11	15	1,3,4,11,19,23,25	10	3
	13	16	1,3,12,20,22,23,25	11	2
	15	17	1,3,13,21,22,23,25	12	1
终到	5	18	1,5,8,16	1	8
		19	1,3,5,8,16	2	7
	7	20	1,5,9,17	3	6
		21	1,3,5,9,17	4	5
	9	22	1,3,4,10,18	5	4
	11	23	1,3,4,11,19	6	3
	13	24	1,3,12,20	7	2
	15	25	1,3,13,21	8	1
始发	5	26	2,3,5,8,16,24,25	1	8
		27	2,3,5,8,16,24,23,25	2	7
	7	28	2,3,5,9,17,24,25	3	6
		29	2,3,5,9,17,24,23,25	4	5
	9	30	2,3,4,10,18,23,25	5	4
	11	31	2,3,4,11,19,23,25	6	3
	13	32	2,3,12,20,22,23,25	7	2
	15	33	2,3,13,21,22,23,25	8	1

2.4.4.3 计算结果及分析

1. 列车开行信息

设定列车开行结构信息，即各列车通过济南西站的速度等级和作业类型信息，见表2-6。

表 2-6　列车开行方案信息

列车编号	1	2	3	4	5	6
列车速度等级	高	高	低	低	高	高
列车作业类型	通过	停站	通过	停站	终到	始发
列　　数	3	5	1	1	1	1

2. 列车组合

为计算方便，且保证能力利用的合理性，将始发列车和终到列车分别与通过列车和停站列车进行组合，从而在保证能力的情况下简化计算过程。如图 2-44 所示，将一列始发列车与一列通过列车、两列停站列车进行组合；而将一列终到列车与一列通过列车、两列停站列车进行组合。同时，济南西站的到发线数量也可以满足以上列车的组合方式。

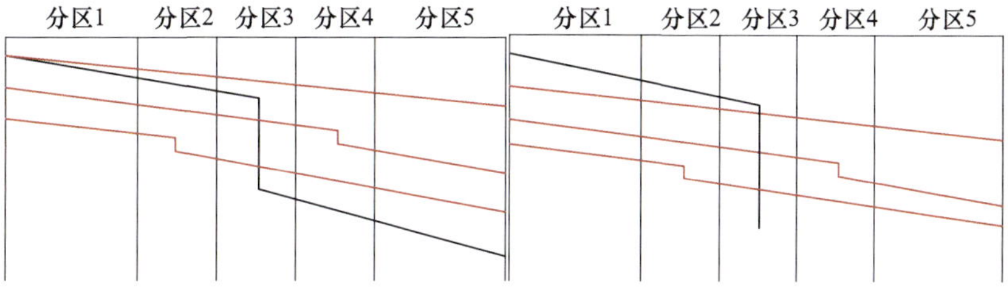

图 2-44　始发列车及终到列车组合情况示意

经过组合后，开行方案的列车即变为较高速度等级通过列车、停站列车、始发列车和终到列车各一列，较低速度等级通过列车和停站列车各一列。各列车编号同表 2-6 中各列车的编号。

3. 计算结果

通过对 6 列不同速度等级、不同作业类型列车的 720 种列车运行顺序方案进行计算，得到各方案列车总占用时间趋势图，如图 2-45 所示。由图 2-45 可得，720 种列车运行顺序方案的进站可接车总占用时间主要集中在 43.4 min 到 65 min 之间。因此，占用时间为 43.4 min 对应的方案为最优方案。同时，有部分方案已超出了 60 min 的时间（即为不可行方案），说明不同列车运行顺序对车站通过能力的影响还是比较大的。

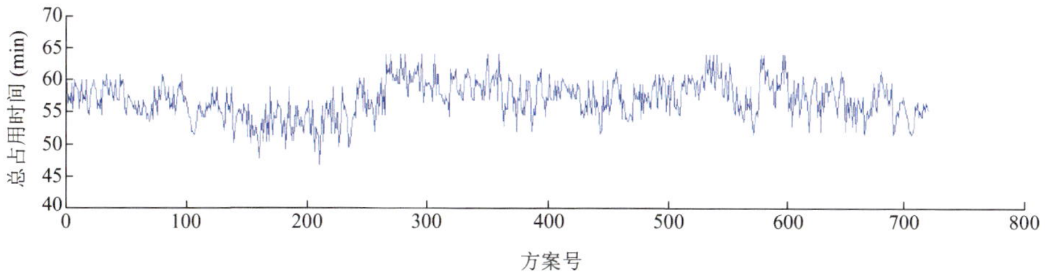

图 2-45　不同列车运行顺序方案下总占用时间

其中最优方案为第 210 号方案，列车运行顺序为 5—2—6—1—3—4，最优方案的各列车占用分区示意图如图 2-46 所示。

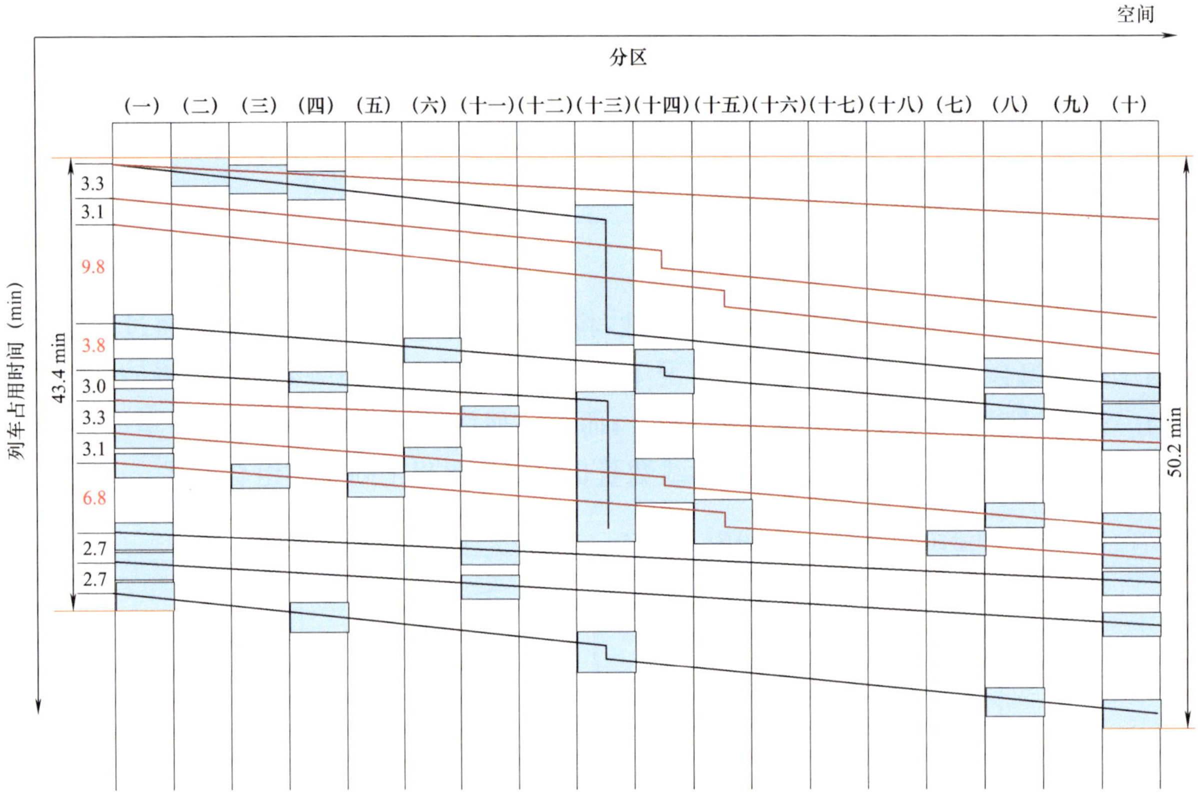

图 2-46　最优能力值方案

通过计算可得,各列车占用的进路依次为:26、1、10、14、10、18、1、10、14、1、1、6。由于所有列车的总占用时间不到 1 h,说明当前能力没有达到最大值,因此在此基础上还可以继续增加列车得最大能力值方案,如图 2-47 所示。

如图 2-47 所示,该方案的能力最大值为 17 列/h。列车进站总占用时间为 59.1 min。各相邻列车间最小间隔时间为 2.7 min,最大间隔时间为 9.8 min,平均间隔时间为 3.7 min。列车在车站的服务频率 13 列/h。

2.5　高速铁路车站通过能力评估

结合中国铁路运行及旅客市场需求的特征,构建一个高速铁路车站通过能力评估的框架体系,这不仅对于路网的瓶颈识别是必不可少的,而且对于高速铁路基础设施和高速铁路运行管理(确定特定服务需求、服务质量下所需的基础设施配置,为编制列车运行计划、列车开行方案提供能力约束)也将具有极为深远的意义。

高速铁路车站通过能力的评估一方面是对车站基础设施资源的利用情况进行评估,另一方面是对运输工作的质量进行评估。具体衡量的指标有车站能力利用率、基础设施占用时间、列车数量、列车类型比例和列车作业稳定性等内容。

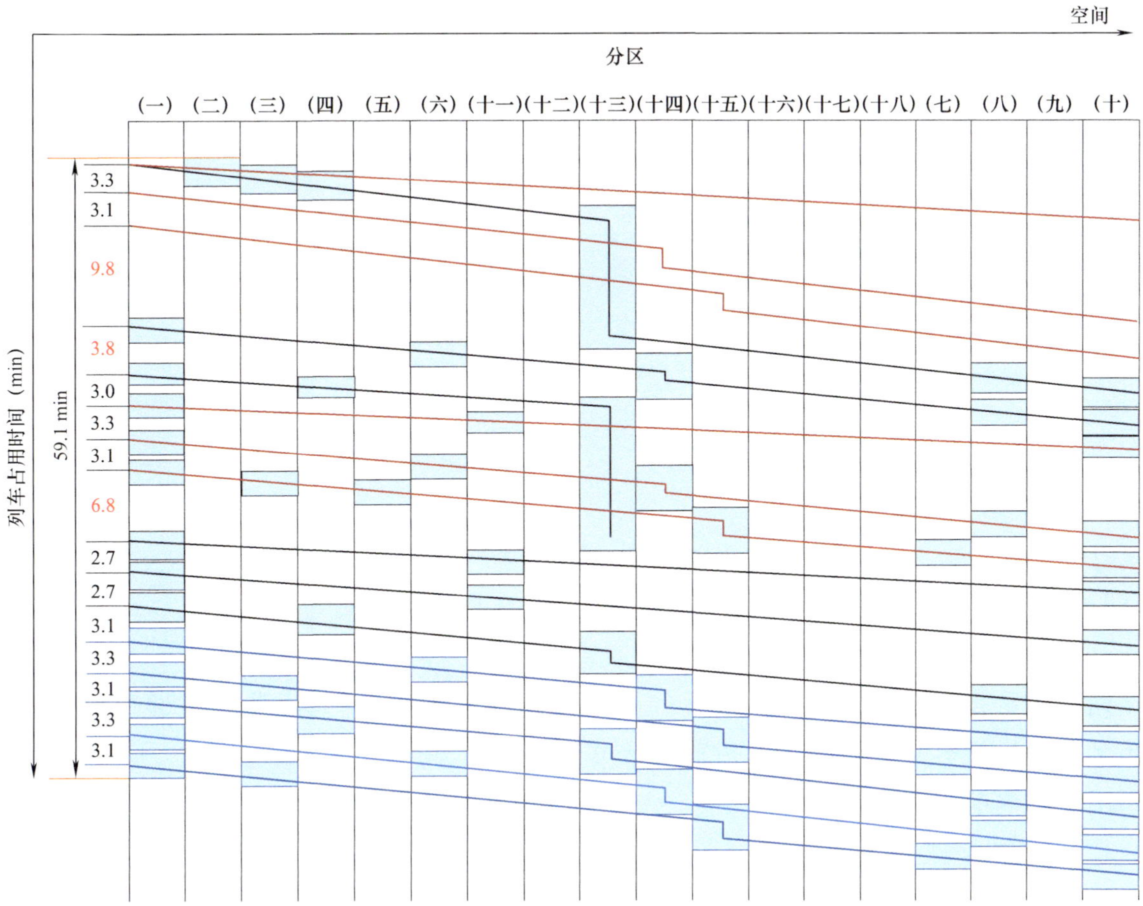

图 2-47 最大能力值方案

1. 能力利用率

高速铁路车站的理论能力利用率为占用时间区间长度与车站作业时间区间长度的比例，可以通过 2.2 节中的分析计算法得到。

实际能力利用率则是以给定的车站作业计划和列车路径排列方案为基础，采用压缩方法，通过计算压缩后作业时间区间长度与车站作业时间区间长度的比例得到，具体可以采用 2.3 节的车站通过能力的仿真方法计算。缓冲时间是列车路径产生冲突的最大间隔时间，在某些情况下，如停站通过慢速列车避让不停站通过快速列车，其中任一列车的作业时间提前或推迟都可能与另一列车的路径产生冲突，如图 2-48 所示。这种情况下，压缩列车路径之间的缓冲时间不会减少车站作业时间区间。

2. 基础设施占用时间

基础设施占用时间是指车站完成指定的列车服务所需的股道占用时间和咽喉区各子区域的资源占用时间消耗。时间占用最大的设施或区域即为影响车站通过能力的瓶颈。

由于高速铁路车站能力的动态性和不确定性，通常采用仿真方法对各项基础设施的占用时间进行确定。首先需要依据高速铁路车站、线路、路网特点及其所服务的客流特征，结合不同时段作业要求，从基础设施物理拓扑结构—旅客市场需求—时刻表规划角度定义高速铁路列车服务—需求意向集合；对完成特定的需求意向集合所需的列车作业过程进行仿

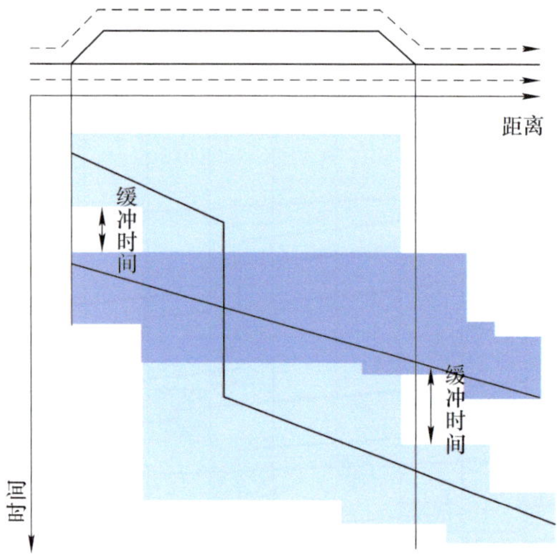

图 2-48　压缩列车路径

真，即可得出车站各股道、咽喉各区域的基础设施的占用时间。

3. 列车数量

列车数量是指某时段内车站接发的列车数量，列车数量越大说明车站通过能力越大，表明可以提供旅客服务的数量。列车数量可分为全日、高峰小时、黄金时段、平稳时段等能力利用时段内的列车数量。

4. 列车类型比例

列车类型比例是指为了提供旅客不同层次、不同目的地的出行需求而开行的不同类型列车数的比例，列车类型由列车种类（速度、车型）、列车作业性质（站折、出段、入段）及列车到发方向等确定，车站通过能力中的列车类型比例表明了可以提供旅客服务的水平。

5. 列车作业稳定性

列车作业稳定性是指列车发生延误时，恢复正点运行的能力。为了提高车站内列车作业稳定性，列车到发时间或作业间会设置一定的缓冲时间以减少列车延误造成的影响。根据是否设置缓冲时间，可分为最小列车间隔、常量缓冲时间等运输需求。其中，最小列车间隔是指以最小列车间隔紧密安排列车的方案，设置缓冲时间是指在最小列车间隔时间上加上给定的缓冲时间安排列车的方案。

3 高速铁路客运区段通过能力计算及评估

高速铁路客运区段通过能力不仅是运力资源分配的基本条件，也是对于运力资源使用情况进行评价的一项重要指标集。高速铁路客运区段通过能力主要划分为不考虑全线列车开行条件下的独立客运区段通过能力和考虑全线列车开行条件下的客运区段通过能力，在各自的条件下会计算出不同的能力值；同时高速铁路客运区段通过能力会受到列车区间间隔时间、列车起停附加时间、维修天窗等因素的影响，对高速铁路客运区段通过能力的正确计算和评估对于路网瓶颈的识别，以及高速铁路基础设施和高速铁路运行管理都具有深远的意义。

3.1 高速铁路客运区段通过能力的基本概念

3.1.1 高速铁路客运区段通过能力定义

1. 高速铁路客运区段通过能力

高速铁路客运区段通过能力又分为不考虑全线列车开行条件下的独立客运区段通过能力和考虑全线列车开行条件下的客运区段通过能力。

(1)独立客运区段通过能力

高速铁路独立客运区段通过能力是指在不考虑全线列车开行方式的条件下，该客运区段的通过能力。以每小时为计算时间单位(不含由于维修天窗导致的三角区)，考虑列车开行方案的条件下，计算所有列车占用客运区段总时间最短的列车运行顺序情况下的客运区段通过能力。高速铁路独立客运区段通过能力又分为两种情况：

①当所给开行方案的列车在给定时间段内可以正常运行，则在满足所有列车开行方案列车正常运行条件下，按给定开行方案的列车结构增加列车到将所有列车的总占用时间与计算总时间的比值作为能力利用率，并以实际列车数除以能力利用率作为客运区段的单位时间通过能力值。

②当所给开行方案的列车不能全部正常运行时(即部分列车的运行时间超出了给定时间段的范围)，则该客运区段的单位时间通过能力即为单位时间内实际可运行的列车数量。

图 3-1 为客运区段的全天时间示意图，将全天时间以 1 h 为单位进行划分，由维修天窗导致的三角区内剩余不到 1 h 的时间段进行单独划分。对于每个划分出来的时间段，可根

据不同时段的客流需求特征对计算参数进行设定与标识，并基于高速铁路客运区段小时通过能力的计算方法进行分别计算。最终将所有划分时段计算得到的能力值之和作为该全段全天通过能力值。

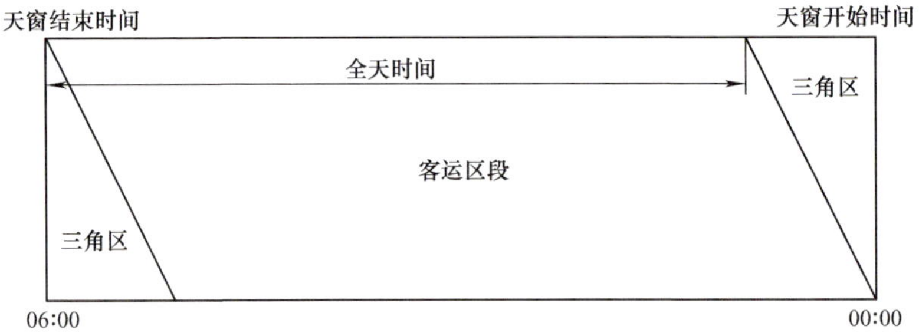

图 3-1　客运区段通过能力全天时间示意

(2)考虑全线的高速铁路客运区段通过能力

考虑全线的客运区段通过能力是指在给定全线列车时刻表的条件下，计算客运区段通过能力。以 1 h 时间为计算单位(不含由于维修天窗导致的三角区)，在给定长线列车进入客运区段时刻和离开客运区段时刻的条件下，并确定各长线列车在客运区段的运行间隔时间。此处长线列车包括始发站在该客运区段前方，且终到站在该客运区段后方的本线列车和跨入车站(或始发站)在该客运区段前方，且跨出车站(或终到站)在该客运区段后方的跨线列车。并在此基础上，通过插入其他跨线列车、区段列车及剩余间隔时间的加密列车后，得到的客运区段在 1 h 内可通过的最大列车数量。

将全天时间以 1 h 为单位进行划分，由维修天窗导致的三角区内剩余不到 1 h 的时间段进行单独划分。对于每个划分出来的时间段，可根据不同时段的客流需求特征对计算参数进行设定与标识，并基于考虑全线的高速铁路客运区段单位时间通过能力的计算方法进行分别计算。最终将所有划分时段计算得到的能力值之和作为该全段全天通过能力值。

2. 高速铁路客运区段

客运区段的划分主要根据客流的分布规律及车站设置方式。在同一线路上，将有一定交互客流量，且可办理列车始发、终到作业的两个车站间作为一个客运区段。各客运区段将一条线路划分为不同线路区段，且中间车站没有重叠。

同时，由于我国高速铁路网有大量的跨线列车。因此，若假设跨线列车的跨入车站和跨出车站分别为在该线的“始发站”和“终到站”，则在本线划分的客运区段内会被跨线列车重新划分成小的客运区段。

高速铁路客运区段通过能力的计算方法区别于普速铁路能力计算方法，主要表现在以下 3 个方面：

(1)普速铁路能力计算主要针对区间，而高速铁路的列车运行速度较高且停站较少，若只计算区间通过能力时，要比实际能力值大很多，对实际运用意义不大。因此，区别于普速铁路的区间通过能力计算，高速铁路对客运区段通过能力的计算及评估更有意义。

(2)由于高速铁路客流日出行分布的不均匀，使得昼夜能力利用的不均衡，往往形成旅客出行活动的高峰和低谷，这同普速铁路力求全天组织均衡运输有较大不同。高速铁路需要在不同时段内尽量均衡，而不同时段之间有较大差异。同时，由于高速铁路垂直维修天窗的特点，会导致出现"长短线"之分的三角区，该区域对应的时间段与其他时间段的能力计算条件也不相同。因此，需要以合适的时间段为基本计算时间单位(1 h)，对不同时段客运需求分别讨论与研究。

(3)普速铁路通过能力计算只考虑了基础设施的影响，在基础设施可保障的情况下得到最大能力。但高速铁路运行速度高、行车密度大，则客运区段通过能力的计算需更注重对实际客运需求的满足程度。因此，高速铁路客运区段的通过能力应以列车开行方案为主要输入条件进行计算。

3.1.2 高速铁路客运区段通过能力影响因素

1. 列车区间间隔时间

列车区间间隔时间是指列车在某一区间内的运行间隔时间。由列车区间追踪间隔时间、车站出发间隔时间、车站到达间隔时间等各间隔时间中的最大值决定。影响列车区间间隔时间的因素包括列车长度、前行列车占用的闭塞分区长度、安全防护距离、列车制动距离、列车平均运行速度、信号系统应变时间及司机确认目标距离变化的时间等。以下分别对各种间隔时间进行详细描述。

(1)列车区间追踪间隔时间

列车区间追踪间隔时间是指同种列车、同种速度和同种运行方式下的列车追踪间隔时间。列车区间追踪间隔时间主要由列车制动距离、安全防护距离、列车车长、前行列车占用闭塞长度(通常为一个闭塞分区的长度)及制动附加时间列车运行距离决定。因此，列车区间追踪间隔距离如图 3-2 所示。

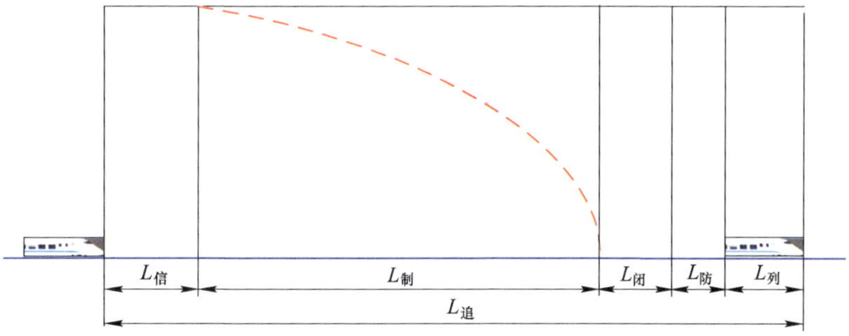

图 3-2 列车区间追踪间隔距离示意

区间追踪间隔时间 $I_{追}$ 可表示为

$$I_{追}=\frac{L_{列}+L_{闭}+L_{防}+L_{制}}{v_{运}}+t_{信} \quad (\mathrm{min}) \tag{3-1}$$

式中 $L_{列}$——列车长度，m；

$L_{闭}$——闭塞分区长度，m；

$L_{防}$——安全防护距离，m；

$L_{制}$——列车制动距离,m;

$L_{信}$——附加时间导致的列车运行距离,m;

$v_{运}$——列车区间运行速度,m/s;

$t_{信}$——信号附加时间,具体包括列控中心应变时间 1 s,司机确认信号时间 6 s,车载设备应变及延迟时间 4.4 s,共计 12 s。

图 3-2 中的 $L_{信}$ 由 $t_{信}$和列车运行速度的乘积计算而得。

(2)列车区间实际间隔时间

由于同一区间内列车的实际运行速度及列车停站方式的差异,导致所有列车不可能都按照追踪间隔时间运行。因此,将相邻两列车实际运行的间隔时间称为列车区间实际间隔时间。列车区间实际间隔时间由列车区间追踪间隔时间、列车达到车站间隔时间、列车车站发车间隔时间和列车通过车站间隔时间的最大值决定。同时,不同运行速度、不同停站方案的列车区间实际间隔时间也不相同。

(3)列车区间平均运行间隔时间

列车区间平均运行间隔时间是指所有列车区间实际间隔时间的平均值,该值同时从总体角度体现列车的平均运行效率,也反映了运输系统的运输节奏。列车区间平均运行间隔时间 $I_{均}$ 可表示为

$$I_{均} = \frac{\sum_{j=1}^{N_l^{se}-1} I_{l_j,l_{j+1}}^{se}}{N_l^{se}-1} \quad (\mathrm{s}) \tag{3-2}$$

式中 $I_{均}$——列车区间平均运行间隔时间,s;

$I_{l_j,l_{j+1}}^{se}$——列车 l_j 和列车 l_{j+1} 在区间运行的列车实际运行间隔时间,s;

N_l^{se}——区间内开行的列车数,列。

2. 列车起停附加时间

由于高速列车的运行密度大、运行间隔时间小,因此相对于既有铁路,列车的起停附加时间对能力会造成较大的影响。因此,有必要从运输组织的角度对列车起停附加时间进行分析。

(1)列车停站附加时间

列车停站附加时间是指列车按正常运行速度行驶时从制动开始到完全停车所需要的时间与列车按正常运行速度通过这段停车距离所需要的时间之差。

停站列车从制动开始到完全停车所需要的时间 $t_{停}$ 可表示为

$$t_{停} = t_{到} + t_{区制} + t_{匀} + t_{站制} = t_{到} + \frac{v_c - v_0}{a_{制1}} + \frac{L_{列} + L_{咽} + L_{防}}{v_c} + \frac{v_c}{2a_{制2}} + \frac{-v_c}{a_{制2}} \quad (\mathrm{min}) \tag{3-3}$$

式中 $t_{区制}$——列车在区间制动时间,min;

$t_{匀}$——列车匀速行驶的时间,min;

$t_{站制}$——列车在车站制动时间,min。

停站列车从制动开始到完全停车所运行的距离 $L_{停}$ 可表示为

$$L_{停} = t_{到} v_0 + \frac{v_c^2 - v_0^2}{2a_{制1}} + L_{列} + L_{咽} + L_{防} \quad (\text{m}) \tag{3-4}$$

而对于正常速度运行的列车通过相应距离可表示为

$$L_{停} = v_0 t_{正} \quad (\text{m}) \tag{3-5}$$

由式(3-4)和式(3-5)可得

$$t_{正} = t_{到} + \frac{v_c^2 - v_0^2}{2a_{制1} v_0} + \frac{L_{列} + L_{咽} + L_{防}}{v_0} \quad (\text{min}) \tag{3-6}$$

式中 $t_{正}$——列车正常运行速度通过这段停车距离所需要的时间,min。

即可得列车停站附加时间 $t_{停附}$ 表示为

$$t_{停附} = t_{停} - t_{正} = \frac{v_c - v_0}{a_{制1}} - \frac{v_c}{2a_{制2}} - \frac{v_c^2 - v_0^2}{2a_{制1} v_0} + \frac{(L_{列} + L_{咽} + L_{防})(v_0 - v_c)}{v_c v_0} \quad (\text{min}) \tag{3-7}$$

由式(3-7)可知列车停站附加时间与列车区间运行速度、制动减速度、道岔限制速度和咽喉区长度有关系。

①列车停站附加时间与列车区间运行速度的关系为

$$t_{停附} = \frac{-(v_c - v_0)^2 - 2a_{制1}(L_{列} + L_{咽} + L_{防})}{2a_{制1} v_0} - \frac{v_c}{2a_{制2}} + \frac{L_{列} + L_{咽} + L_{防}}{v_c} \quad (\text{min}) \tag{3-8}$$

列车停站附加时间对于列车运行速度的一阶导数恒小于 0,二阶导数恒小于 0,因此存在最大值。因此该函数为上凸递减函数,即当列车运行速度越大时,列车停站附加时间越小。

②列车停站附加时间与制动减速度的关系为

$$t_{停附} = \frac{-(v_c - v_0)^2}{2a_{制1} v_0} - \frac{v_c}{2a_{制2}} + \frac{(L_{列} + L_{咽} + L_{防})(v_0 - v_c)}{v_c v_0} \quad (\text{min}) \tag{3-9}$$

由式(3-9)可得,区间制动减速度和车站制动减速度(负值)越小,列车停站附加时间越小,成正相关关系。

③列车停站附加时间与道岔限制速度的关系为

$$t_{停附} = \frac{-v_c^2}{2a_{制1} v_0} + \left(\frac{1}{a_{制1}} - \frac{1}{2a_{制2}}\right) v_c + \frac{L_{列} + L_{咽} + L_{防}}{v_c} - \frac{v_0}{2a_{制1} v_0} - \frac{L_{列} + L_{咽} + L_{防}}{v_0} \quad (\text{min}) \tag{3-10}$$

该函数对 v_c 的二阶导数恒大于 0,因此存在某一道岔限制速度值使得列车停站附加时间达到最小。

④列车停站附加时间与咽喉区长度的关系

咽喉区长度越长,停车附加时间越大。因此,若缩短列车在咽喉区的占用距离,可以有效地减少列车的列车停站附加时间。

(2)列车起动附加时间

列车起动附加时间是指列车由起动开始到速度达到正常运行速度所需要时间与列车按正常运行速度通过这段起动距离所需要的时间之差。

列车由起动开始到速度达到正常运行速度所需要时间 $t_{起}$ 可表示为

$$t_{起}=\frac{v_c}{2a_{发1}}+\frac{\sqrt{2a_{发2}(L_{离1}+L_{离2})+v_c^2}-v_c}{a_{发2}}+\frac{L_{列}+L_{咽}+L_{防}}{v_c}+t_{发}\quad(\text{min})\qquad(3\text{-}11)$$

而对于列车正常速度通过这段起动距离所需要时间 $t_{正起}$ 可表示为

$$t_{正起}=\frac{L_{列}+L_{咽}+L_{防}+L_{离1}+L_{离2}}{v_0}+t_{发}\quad(\text{min})\qquad(3\text{-}12)$$

由式(3-11)和式(3-12)可得列车起动附加时间 $t_{起附}$ 可表示为

$$t_{起附}=t_{起}-t_{正起}$$

$$=\frac{v_c}{2a_{发1}}+\frac{\sqrt{2a_{发2}(L_{离1}+L_{离2})+v_c^2}-v_c}{a_{发2}}+\frac{L_{列}+L_{咽}+L_{防}}{v_c}-\frac{L_{列}+L_{咽}+L_{防}+L_{离1}+L_{离2}}{v_0}\ (\text{min})\qquad(3\text{-}13)$$

同停车附加时间影响因素的分析,当其他条件不变时:

①咽喉长度越长,列车起动附加时间越大;

②列车区间运行速度越大,起车附加时间越小;

③列车起动加速度越大,列车起动附加时间越小;

④存在某一道岔限制速度值使得列车起动附加时间最小。

3. 维修天窗

我国高速铁路夜间维修天窗采用垂直天窗,这种天窗方式会导致临近天窗的三角区内列车无法运行,从而影响总能力值。高速铁路运营时间大部分是 6:00～24:00。同时,由于套跑、车底交路等问题,高速铁路线路的瓶颈区段大多是中间段,这些区段往往没有始发车,主要以通过列车为主,在特别早或特别晚的时间没有车,而且很多中间站都没有整备过夜车的能力。

由于维修天窗的必要性,目前只可以通过增加开行夕发朝至列车来增加总的能力值。实际天窗时间对能力的影响要包括天窗维修时间、确认车走行时间、列车运行与天窗开始或结束的间隔时间、列车起停附加时间及最后一列车的运行时间。如图 3-3 所示,灰色斜线框分别为各个区间确认车的占用时间。

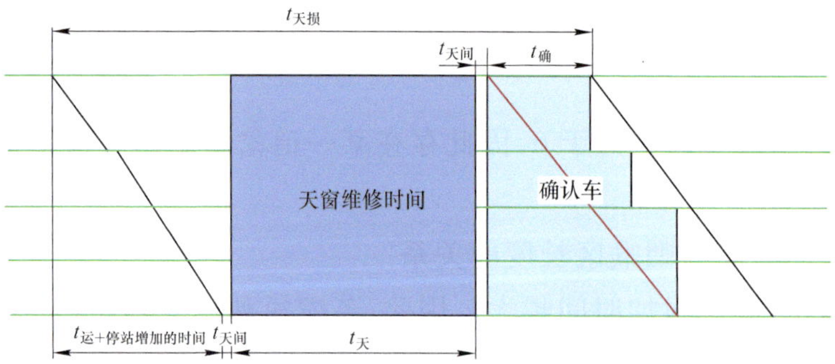

图 3-3 维修天窗导致的损失时间示意

由图 3-3 可得,由于垂直维修天窗导致的损失时间 $t_{天损}$ 可表示为

$$t_{天损}=t_{天}+2t_{天间}+t_{确}+t_{运}+n_{停}(t_{起附}+t_{停附}+t_{停})+t_{起附}+t_{停附}\quad(\text{h})\qquad(3\text{-}14)$$

式中 $t_{天}$——天窗维修占用时间,常为 4 h;

$t_{天间}$——天窗开始前或结束后与列车的间隔时间，h；

$t_{确}$——确认车与第一列运营列车的最短间隔时间，通常为确认车运行一个站间闭塞分区的时间，h；

$t_{运}$——天窗开始前最后 1 列车的纯运行时间，h；

$n_{停}$——天窗开始前最后 1 列车在区段内的停站次数。

以上情况仅为区段始发站有动车组夜间整备能力，可以安排始发车。当区段为一条线路的中间段时，即使确认车走行结束，仍然无法开出运营列车，此时由于垂直维修天窗导致的损失时间还要加上列车在前方区段的运行时间。

3.1.3 高速铁路区段通过能力与运输计划的关系

列车开行方案、列车运行图等运输计划对区段通过能力的影响因素主要有不同速度等级列车数量比例、列车停站率及停站方式和列车组合开行方式。

1. 列车停站次数及停站方式

由于高速铁路列车运行速度等级类型较少，目前我国几大主要高速铁路线路只开行同一种速度等级的列车。同时，高速列车运行间隔小，运行密度大，通常由于停站导致的列车起停附加时间及站台停留时间之和要大于正常列车运行间隔时间。因此，高速列车停站对能力的影响也是非常大的。如图 3-4 所示，同一速度等级列车增加一次停站的可能会造成额外 2 列车无法正常运行。

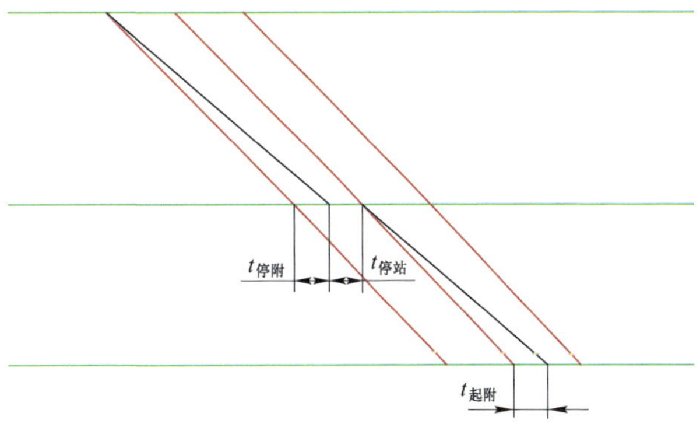

图 3-4 列车停站对客运区段通过能力的影响

因此，同速度等级列车停站一次相对于不停站列车来说，对客运区段内减少的能力值为 $(t_{停附}+t_{停站}+t_{起附})/I_{追}$(列)。

由于列车的每次停站都会造成能力的损失，停站次数越多对能力的影响越大。因此直达不停站列车对能力不造成影响，而站站停列车无论对车站通过能力还是客运区段通过能力的影响最大。

2. 不同速度等级列车数量比例

开行不同速度等级列车，主要是速差对能力造成的影响。在同一区间内，由于速差导致的能力损失为 $\left(\frac{L_{区}}{v_{低}}-\frac{L_{区}}{v_{高}}\right)\Big/I_{追}$(列)。

因此，不同速度等级的列车速差越大、区间里程越长，对能力的损失越大，如图 3-5 所示。图中 $t_{差}$ 代表区间运行时间差。

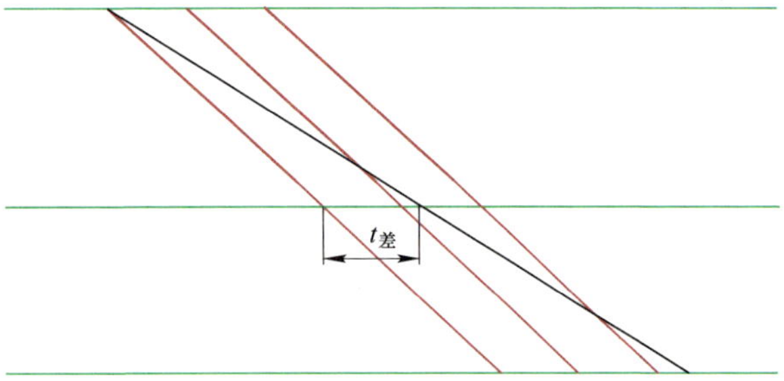

图 3-5　列车速差导致的能力损失示意

3. 列车组合开行方式

(1)列车停站与不同速度等级列车速差会导致不同程度的能力扣除，而合理的列车组合开行方式将会减少对能力的扣除。

①相同停站次数的列车相邻开行对能力的损失要小于不同停站次数列车交叉开行对能力的扣除。

如图 3-6 所示，黑色运行线为不同停站次数列车交叉运行，红色运行线为相同停站次数列车相邻运行。由图 3-6 可得，前者在各个区间的占用时间均大于后者，则对于同一时间段内，前者实际通过能力就较小。因此，在同一种速度等级条件下，当存在多种停站次数列车时，尽量使相同停站次数列车相邻运行，避免不同停站次数列车交叉运行。

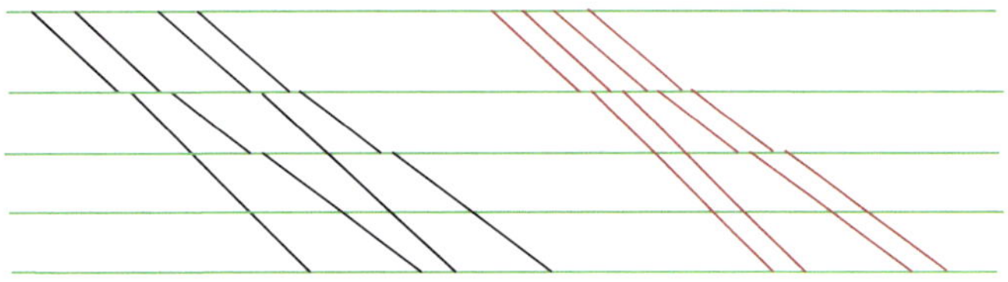

图 3-6　不同停站次数列车交叉运行对客运区段通过能力的影响

②先铺画停站次数少的列车，后铺画停站次数多的列车可减少对能力的扣除。

如图 3-7 所示，黑色运行线表示先运行停站次数较多的列车，后运行停站次数较少的列车，而红色运行线则相反。由图 3-7 可以看出，该两种列车组合铺画方式在运行方向前后区间的总占用时长恰好相反。前者的前面两列车对占用较多的时间，从而造成运行后方区间的空余时间较大，而后者在不考虑后续列车的情况下，造成运行前方区间的空余时间较大。且由于列车停站导致的起停附加时间，导致后者对能力的扣除要少于前者。

③先铺画停站位置靠运行后方的列车，后铺画停站位置靠运行前方的列车可减少对能力的扣除。

如图 3-8 所示，黑色运行线表示先运行停站位置靠运行前方的列车，而红色运行线表示先运行停站靠运行后方的列车。由图 3-8 可以直观看出，后者对能力的扣除要小于前者对能力的扣除。

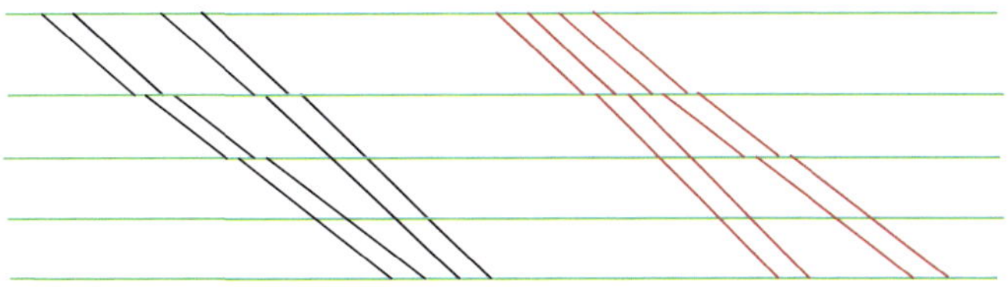

图 3-7　不同停站次数组合对客运区段通过能力的影响

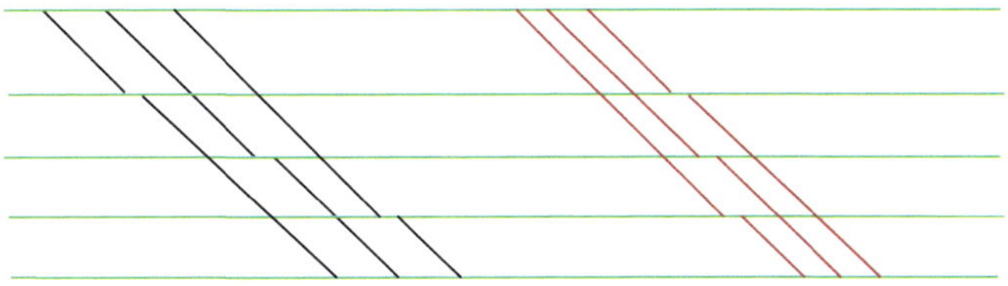

图 3-8　不同停站位置组合对客运区段通过能力的影响

④连续铺画相同速度等级的列车可减少对能力的扣除。

如图 3-9 所示，黑色运行线表示不同速度等级列车交叉运行，而红色运行线表示先运行较高速度等级列车，后运行较低速度等级列车。由图 3-9 可以直观看出，后者对能力的扣除要小于前者对能力的扣除。

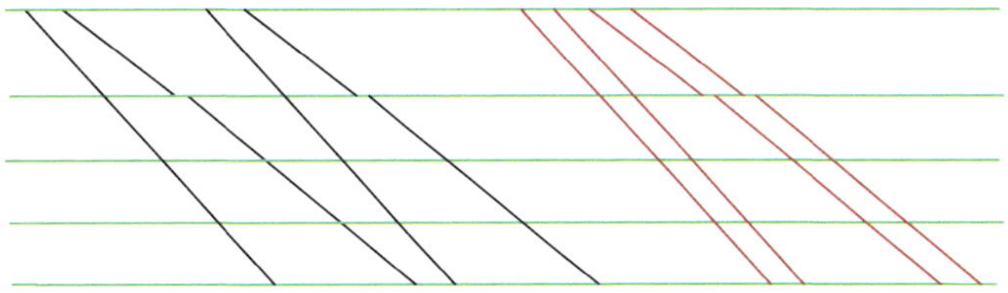

图 3-9　不同速度等级列车组合对客运区段通过能力的影响

(2)列车越行。如图 3-10 所示，分别为不发生越行、越行 1 列车和越行 2 列车的列车运行方式。可得通过合理地列车越行可以缩短列车发车间隔时间，并由于充分利用了被越行列车的停站时间而减少对能力的扣除，但会增加被越行列车的总运行时间。

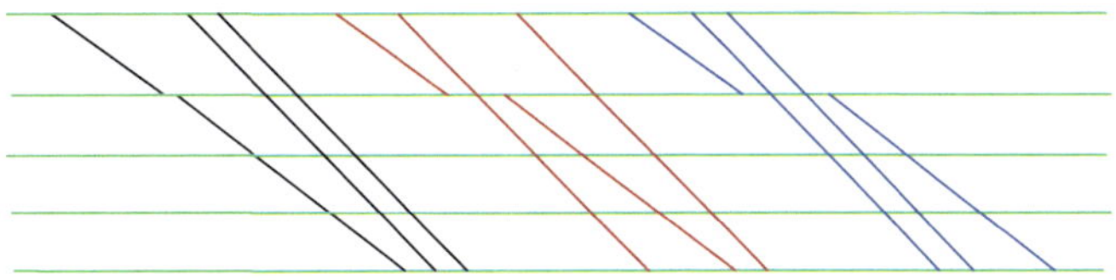

图 3-10　列车越行对客运区段通过能力的影响

当在相同速度等级列车不停站通过车站的间隔时间与区间追踪间隔时间相同的条件下，当被越行列车在同一车站连续被通过不停站的列车越行时，最终额外扣除的列车数与被越行的列车数无关，最终由于越行导致对能力的扣除均为均为$(I_{到}+I_{发}-t_{停})/I_{追}-1$(列)。

用数学归纳法可以证明：

当被越行 1 列列车时，被越行列车在车站的停留时间要增加一个到达间隔时间和一个发车间隔时间，即 $I_{到}+I_{发}$。但由于充分利用了被越行列车的停站时间，则所增加的停站时间将对原图高速度等级列车的扣除数量为 $(I_{到}+I_{发}-t_{停})/I_{追}$（列）。同时，由于中间增加了 1 列越行列车，因此相对于原图额外损失的列车数为 $(I_{到}+I_{发}-t_{停})/I_{追}-1$（列）。

当被越行 2 列列车时，被越行列车在车站的停留时间要增加一个到达间隔时间、一个发车间隔时间和一个追踪间隔时间，即 $I_{到}+I_{发}+I_{追}-t_{停}$。则所增加的停站时间将对原图高速度等级列车的扣除数量为 $(I_{到}+I_{发}+I_{追}-t_{停})/I_{追}$（列）。同时，由于增加了 2 列越行列车，因此相对于原图额外损失的列车数为 $(I_{到}+I_{发}-t_{停})/I_{追}+1-2=(I_{到}+I_{发}-t_{停})/I_{追}-1$（列）。

当被越行 n 列列车时，较低速度等级列车在车站的停留时间要增加一个到达间隔时间、一个发车间隔时间和一个运行间隔时间，即 $I_{到}+I_{发}-t_{停}+(n-1)I_{追}$。则所增加的停站时间将对原图高速度等级列车的扣除数量为 $[I_{到}+I_{发}-t_{停}+(n-1)I_{追}]/I_{追}$（列）。同时，由于中间保留 n 列高速度等级列车，因此相对于原图额外损失的列车数为 $(I_{到}+I_{发}-t_{停})/I_{追}+n-1-n=(I_{到}+I_{发}-t_{停})/I_{追}-1$（列）。

综上可得，在这种情况下，被越行列车在同一车站被连续越行时，最终额外损失的列车数与越行列车数无关，均为 $(I_{到}+I_{发}-t_{停})/I_{追}-1$（列）。

因此，为了保证被越行列车的运行总时间，需要合理设置列车越行数量。

4. 本线长线列车及跨线列车的开行

本线长线列车的开行通常导致多个客运区段内列车开行的相关联性。通常由于列车开行经过多个客运区段，会导致部分客运区段能力不能充分利用。如图 3-11 所示，由于列车在区段 1 的运行时间，导致在进入区段 2 时已经存在较大的间隔时间，因此无形中增加了对能力的扣除。此时，可以通过增加区段 2 内的区段列车来补充能力。

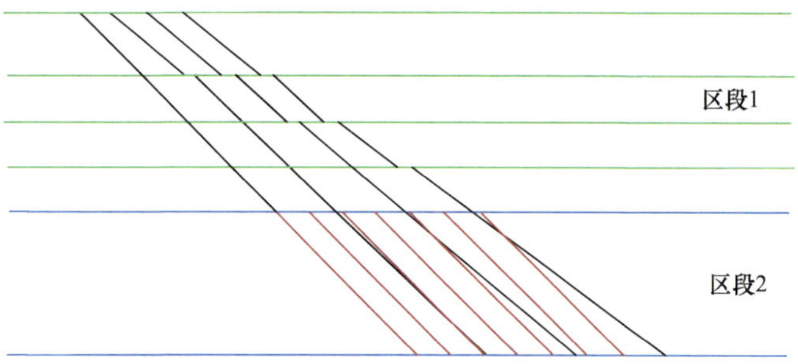

图 3-11 长线列车对客运区段通过能力的影响

我国高速铁路网规模日渐扩大，为了满足客运需求及我国大部分旅客出行习惯，开行了大量的跨线列车。而跨线列车也是导致高速铁路部分区段能力紧张的一个主要因素。国内铁路几大瓶颈区段主要原因都是因为跨线列车太多。如京沪高速铁路的徐州东—蚌埠段要承受来自北京—南京、北京—合肥、天津—南京、天津—合肥、青岛（济南）—南京、青岛（济南）—合肥、郑州—南京等多个方向的客流，未来还需要承担徐兰方向的客流。因此，由于部分区段的跨线列车较多，会影响本线列车的开行，且出现各个区段的能力使用不均衡等问题。

综上所述，由于高速铁路的实际客运需求，建立在一定的列车开行方案与运行图的基础上计算出来的实际通过能力才更符合实际情况，更能准确反映运输能力对列车开行需求的支持程度。

3.2 高速铁路客运区段通过能力分析计算方法

高速铁路区段通过能力的计算方法大多都源于既有线通过能力计算方法，目前主要采用的通过能力计算方法主要有 4 种：扣除系数法、平均最小列车间隔法、计算机模拟法和 UIC 运行图压缩和加密法。

3.2.1 扣除系数法

高速铁路通过能力扣除系数法沿袭了传统的非平行运行图通过能力计算方法，以一种列车占用能力为标准，确定其他列车与该标准列车在能力占用上的当量关系，即所谓扣除系数，从而将不同列车的能力占用归一化为标准列车数量，确定出通过能力的理论计算值。

高速铁路旅客列车的扣除系数是低等级、低速度的列车对该线路区段运行的最高速度等级列车的能力扣除。扣除系数法计算高速铁路区间通过能力，是在求出高速铁路平行运行图的通过能力前提下，扣除由于低速、停站影响而不能开行的列车数，作为高速铁路非平行运行图的通过能力。

1. 方法步骤

(1)高速铁路平行运行图通过能力

高速铁路平行运行图即同一区间内同方向的高速列车的运行速度相同，并且同一运行方向上的高速列车采用相同的停站方式和停站时间。

如图 3-12 所示高速铁路平行运行图。

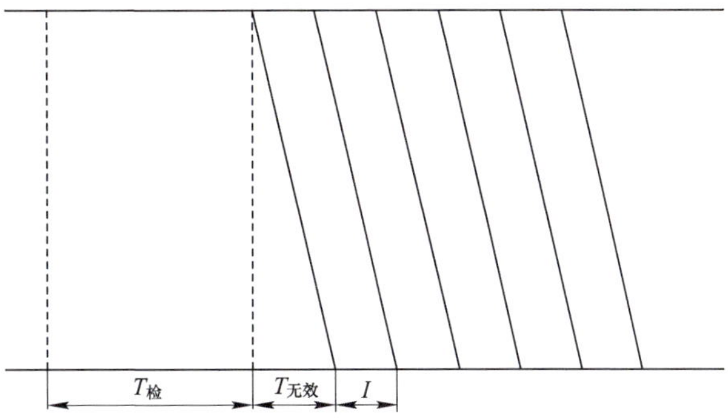

图 3-12 高速铁路平行运行图示意

高速铁路平行运行图通过能力 N 可表示为

$$N=\frac{1\,440-T_{检}-T_{无效}}{I}=\frac{1\,440-T_{检}}{I}-\frac{60S}{vI}\quad（列）\tag{3-15}$$

式中　$T_{检}$——高速铁路列车运行图的维修天窗时间，min；

$T_{无效}$——运行图中的无效时间，高速列车区间运行时分，min；

I——高速列车最小追踪间隔时间，min；

S——区间长度，km；

v——高速列车平均运行速度，km/h。

(2)全高速铁路非平行运行图区间通过能力

由于列车在区间运行速度及在区间两端站的到、发或通过的运行方式不同，导致列车运行线不平行，形成非平行运行图。

全高速铁路非平行运行图区间通过能力 $N_{全}$ 可表示为

$$N_{全}=\frac{N}{\varepsilon_{高}}\quad（列）\tag{3-16}$$

式中　$\varepsilon_{高}$——高速列车扣除系数。

(3)不同速度列车共线条件下的区间通过能力

不同速度列车共线条件下的区间通过能力 $N_{混}$ 可表示为

$$N_{混}=N_{高1}+N_{高2}=N_{全}-N_{高2}\varepsilon_{高2}+N_{高2}\quad（列）\tag{3-17}$$

式中　$N_{高1}$——铺画给定数量的B类列车前提下所能铺画最多的高速列车数，列；

$N_{高2}$——铺画的高速列车数，列；

$\varepsilon_{高2}$——较低速列车的扣除系数。

(4)高速列车扣除系数的确定

①停站高速列车的扣除系数

高速列车由于在区段内停站会引起旅行时间的增加，包括起车附加时分、停车附加时分、停站时间(图3-13)，因此对运行图能力产生扣除。

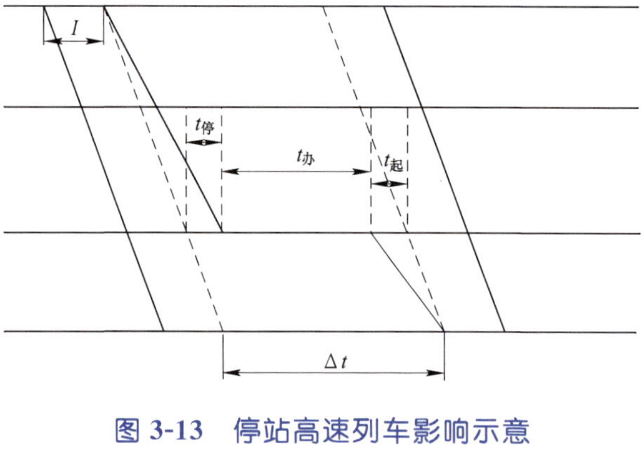

图 3-13　停站高速列车影响示意

高速列车停站所引起的能力扣除系数 ε_A 可表示为

$$\varepsilon_A=1+\frac{\Delta t}{I}=1+\frac{t_{起}+t_{停}+t_{办}}{I}\tag{3-18}$$

式中　Δt——高速列车停站引起的旅行时间额外增加时长，min；

$t_{起}$——起车附加时分，min；

$t_{停}$——停车附加时分，min；

$t_{办}$——停车办理作业时长，min。

②较低速列车扣除系数

不同速度等级的A、B类高速列车（$v_A > v_B$）在高速铁路上共线运行，由于速度差异，较低速列车B对区间占用时间较长，由此产生的能力扣除系数记为ε_B。

a. B类列车不被越行

A类高速列车中间铺画一定数量的B类列车，如图3-14所示。

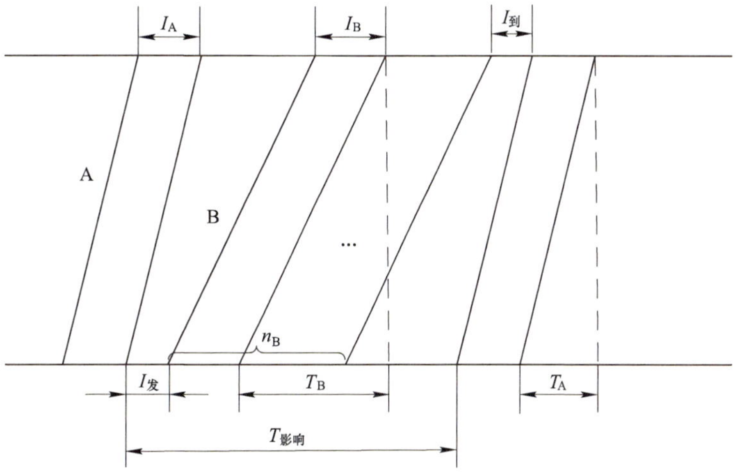

图 3-14　B类列车不被越行示意

对运行图产生的影响时长$T_{影响}$可表示为

$$T_{影响} = I_{发} + I_{到} + T_B - T_A + (n_B - 1)I_B \quad (\text{min}) \tag{3-19}$$

式中　$I_{到}$——A、B类列车到达间隔时间，min；

$I_{发}$——A、B类列车发车间隔时间，min；

T_A——列车A的区段运行时分，min；

T_B——列车B的区段运行时分，min；

n_B——B类列车数，列。

其能力扣除系数ε_B可表示为

$$\varepsilon_B = \frac{n_{max}}{n_B} = \frac{T_{影响} - I_A}{n_B I_A} = \frac{I_{发} + I_{到} + T_B - T_A + (n_B - 1)I_B - I_A}{n_B I_A} \tag{3-20}$$

式中　n_{max}——时间$T_{影响}$内可铺画的A类列车数，列；

I_A——A类列车间隔时间，min；

I_B——B类列车间隔时间，min。

b. B类列车被越行

被越行的B类列车在某一车站被连发的n_A辆A类列车越行，如图3-15所示，对运行图能力扣除影响时间范围$T_{影响}$可表示为

$$T_{影响} = I_{发} + I_{到} + t_{B办} + t_{起} + t_{停} + T_B - T_A + (n_B - 1)I_B \quad (\text{min}) \tag{3-21}$$

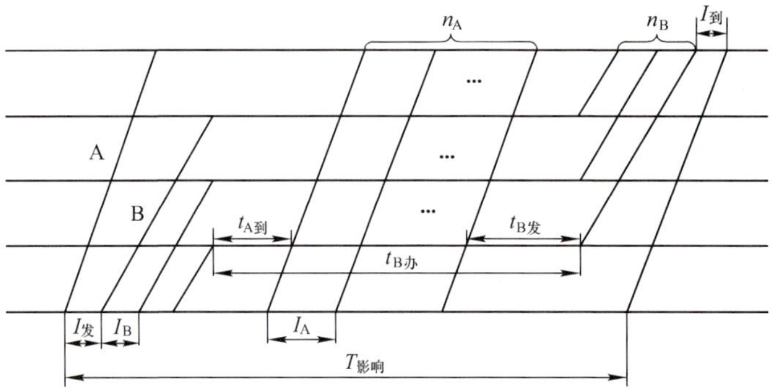

图 3-15　B 类列车被越行示意

式中　$t_{B办}$——B 类列车在车站停车时间，其表示为

$$t_{B办}=t_{A到}+t_{B发}+(n-1)I_A \quad (\text{min}) \tag{3-22}$$

其中　$t_{A到}$——到通间隔时间，min；

$t_{B发}$——通发间隔时间，min。

B 类列车对 A 类列车的扣除系数 ε_B 可表示为

$$\begin{aligned}\varepsilon_B&=\frac{T_{影响}-(n_A+1)I_A}{n_B I_A}\\&=\frac{I_发+I_到+t_{B办}+t_起+t_停+T_B-T_A+(n_B-1)I_B-(n_A+1)I_A}{n_B I_A}\end{aligned} \tag{3-23}$$

2. 方法特点

扣除系数法计算出来的区间通过能力为理论能力，是在最理想条件下的最大通过能力。由于这种运营条件一般很难实现，所以计算结果一般偏大，通常用作为铺画列车运行图提供参考依据。同时，列车的扣除系数取值是否恰当，决定了计算结果的准确性。列车扣除系数与旅客列车开行数量、旅客列车分布及列车之间速度差等有关。由于每个客流区段的运行线分布不同，扣除系数也应不同，但现行的计算方法采用给定的扣除系数，难以保证计算结果的准确性与合理性。

3.2.2　平均最小列车间隔法

平均最小列车间隔时间计算法是源于德国后经我国改良的计算通过能力的方法，这是因为这种方法是更偏向于运输服务质量，重视的是列车运行时必要的缓冲时间，首先是分析每一个区间列车的实际运行状态，然后再根据列车的晚点概率，符合一定质量要求下允许列车晚点的时间，各种列车类别的平均最小列车间隔时间等计算的条件来共同确定区间通过能力的取值。

区间通过能力的大小由高速列车最小列车间隔时间和运行图必要平均缓冲时间决定，一定时间内区间通过能力 N 可表示为

$$N=\frac{t}{\bar{I}+\bar{t}_r} \quad (列) \tag{3-24}$$

式中　$\bar{I}$——高速列车最小列车间隔时间，min；

t——所需计算的时间范围，min；

$\overline{t_r}$——运行图必要平均缓冲时间，min。

1. 方法步骤

最小列车间隔时间和必要运行图缓冲时间按下述步骤确定。

(1)运行列车组

高速铁路采用双向行车，运行列车组指相同运行方向上的两相邻列车所组成的列车运行图结构单元。根据列车速度等级、停站方式的不同，可以划分不同的运行列车组。相同运行列车组出现的概率 w_g 可表示为

$$w_g = \frac{n_g}{n} \tag{3-25}$$

式中　n_g——相同运行列车组组数，组；

n——运行列车组组数，组。

(2)列车间隔时间

①列车间隔时间指同方向两相邻高速列车由车站发车时间之差，如图 3-16 所示。

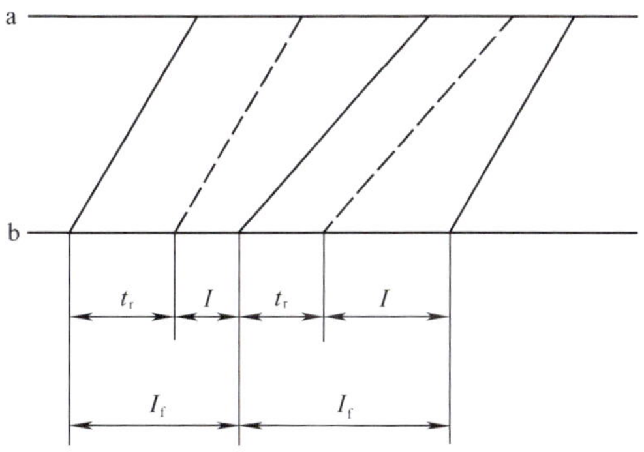

图 3-16　列车运行图列车间隔时间

②最小列车间隔时间指运行列车组两列车可以在同一区间内运行且运行过程中互相不受干扰的最小列车时间间隔。最小列车间隔时间 I 可表示为

$$I = I_f - t_r \quad (\text{min}) \tag{3-26}$$

式中　I_f——列车间隔时间，min；

t_r——列车运行图缓冲时间，min。

③平均最小列车间隔时间即运行列车组最小列车间隔时间的平均值。平均最小列车间隔时间 $\overline{I}$ 可表示为

$$\overline{I} = \frac{\sum_i \sum_j n_{ij} I_{ij}}{N} \quad (\text{min}) \tag{3-27}$$

式中　n_{ij}——运行图中的列车组数，列；

I_{ij}——最小列车间隔时间，min。

(3)必要平均缓冲时间

高速铁路列车运行图缓冲时间等于运行图规定的列车运行间隔时间与最小列车间隔时间之差。缓冲时间对于缓解列车晚点对后行列车的影响有重要意义。

必要平均缓冲时间是指在允许产生一定数值的高速列车后效晚点时间的条件下，列车运行图应具有的平均缓冲时间。

必要平均缓冲时间的计算方法如下。

列车运行流水性系数 H 可表示为

$$H=\frac{P_{\mathrm{F}}}{1\,440\left(g_{\mathrm{e}}-\dfrac{g_{\mathrm{e}}^{2}}{2}\right)} \tag{3-28}$$

式中 P_{F} ——列车晚点允许值；

g_{e} ——列车晚点发生概率。

列车晚点扩散系数 U 可表示为

$$U=\frac{\bar{I}}{P_{\mathrm{m}}} \tag{3-29}$$

式中 P_{m} ——平均列车晚点时间，min。

根据式(3-28)、式(3-29)可推出

$$H=\frac{w_{\mathrm{g}}(1-e^{-U})+(1-w_{\mathrm{g}})U(1-e^{-2U})+(1-e^{-U})^{2}\dfrac{1}{q}}{U^{2}(1+q)\left[\dfrac{q+(1-e^{-U})}{U}\right]} \tag{3-30}$$

式中 q——缓冲时间商数。

根据计算所得 H 和 U 值得到必要的缓冲时间商数 q_0 和 q_1 。当 $\omega_{\mathrm{g}}=0, q_0=f(H,U)$ ；当 $\omega_{\mathrm{g}}=1$ ，$q_1=f(H,U)$ 必要的平均缓冲时间 $\overline{t_{\mathrm{r}}}$ 可表示为

$$\overline{t_{\mathrm{r}}}=\bar{I}[q_0-w_{\mathrm{g}}(q_0-q_1)] \quad (\mathrm{min}) \tag{3-31}$$

2. 方法特点

平均最小列车间隔法在基于运行图计算时计算环境较为切合实际，但是计算过于复杂，尤其是平均最小列车间隔时间和平均缓冲时间的计算，不适合现场使用。另外，计算时平均最小列车间隔时间和平均缓冲时间用的都是平均值，当区间列车密度及列车间隔不同时，计算结果很难体现出区间的特性。

3.2.3 计算机模拟法

计算模拟法就是用计算机来模拟人工铺图，来计算高速铁路通过能力的方法。具体的内容是：用计算机严格按照标尺来模拟人工铺画运行图。通过在图上紧密的铺画高、中速的列车，进而确定出高速铁路区段，或者全线的通过能力。

1. 方法步骤

计算机模拟法的流程大致如图 3-17 所示。

计算机模拟法的主要思想是根据铺画列车运行图的顺序和原则，先铺画出给定数量的非基准列车的运行线，然后再在列车间隔内插入基准列车的运行线，因此高速铁路区段的非平行运行图的通过能力就可以理解为：在该运行图上，所能够铺画的基准列车与非基准列车之和的最大值。

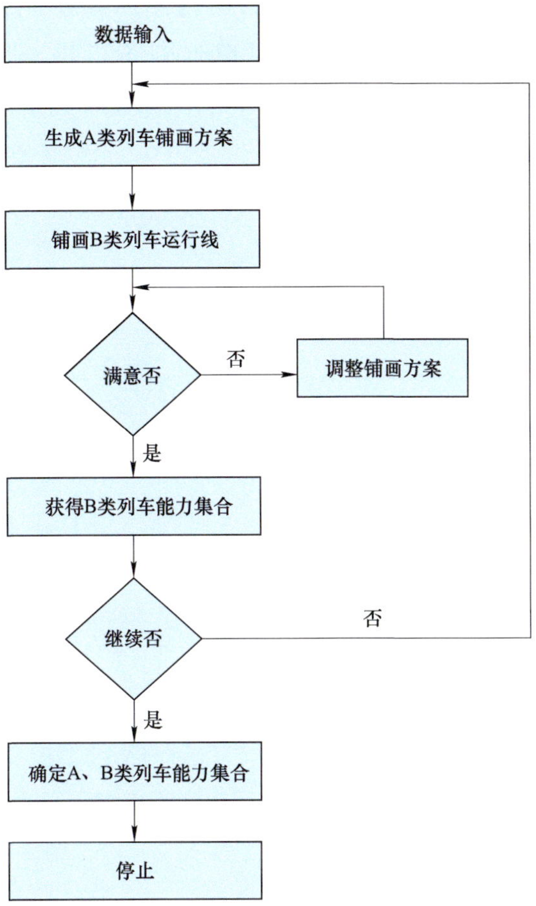

图 3-17 计算机模拟铺画运行图求解通过能力路程

2. 方法特点

对计算机模拟法而言，不仅具有图解的功能，还有分析计算的功能。由于是计算模拟人工铺图，因此有人工铺图的优势，就是可以综合把握各种影响因素的特点，又可以克服人工铺图的大量工作，在大量的模拟铺画进行统计，就可以研究各种影响因素的变化可能导致通过能力的变化情况，但是这种方法的思路还是在于编制饱和的运行图，从而得到高速铁路的最大通过能力，有一定的局限性，不是对已经编制完成的运行图或者实际运营中的运行图能力进行评估。该方法中计算机铺画的可行方案一般数量都很多，在那么多种可行的方案中进行比选和最优化时，比较复杂，冗余度较大。

3.2.4 UIC 运行图压缩及加密法

高速铁路旅客运输需求量不断增长，同时旅客也对高速铁路运输服务质量提出了更高的要求。国际铁路联盟（简称 UIC）在 2004 年 6 月出版了《UIC 406 手册》，统一了铁路能力的计算标准，提出了一种新的能力计算方法——运行图压缩法，为路网公司有效地管理路网基础设施提供了理论依据。

1. 相关概念

(1)闭塞分区占用时间

为了准确衡量列车对基础设施的使用情况，运行图压缩法利用闭塞时间模型分析列车运行线占用闭塞分区的时间。闭塞时间模型将单列列车占用一个闭塞分区的时间划分为列车进路准备和建立时间、反应时间、接近时间、列车运行时间、出清时间、列车进路释放和解锁时间，如图 3-18 所示。

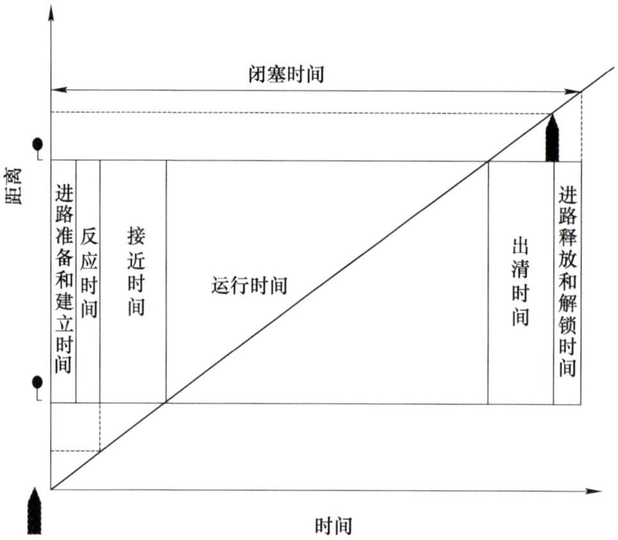

图 3-18　闭塞时间模型的构成

(2)缓冲时间

由于天气、客流波动等原因会对实际运输组织造成随机扰动，导致部分列车发生晚点。为了防止列车之间的晚点传播，通常铺画列车运行线时，列车之间的间隔时间不仅包括最小追踪列车间隔时间，还包括缓冲时间。

2. 运行图压缩法的原则及基本原理

列车运行图表示了列车在铁路区间运行及在车站到发或通过，详细规定了列车运行过程对基础设施的使用情况。《UIC 406 手册》指出高速铁路能力取决于基础设施的使用方式，因此提出了以列车运行图为基础的运行图压缩法，以便准确评估基础设施能力利用情况。运行图压缩法的原则是列车运行图结构不变，具体体现在列车区间运行时分、停站时间、运行顺序、越行情况均不发生变化。

运行图压缩法的基本原理是以最小追踪列车间隔时间为标准，通过消除列车运行间隔之间的缓冲时间，紧密排列列车运行线，对列车运行图进行“压缩”，在时段内，压缩前、压缩后的列车运行图分别如图 3-19(a)、图 3-19(b)所示。在此基础上，进一步量化基础设施占用时间。

在获得基础设施占用时间之后，《UIC 406 手册》给出了能力利用率 K 的计算公式为

$$K=\frac{k\times 100}{T}=\frac{(A+B+C+D)\times 100}{T} \tag{3-32}$$

式中　T——参考时间段，min；

k——能力消耗时间，min；

A——基础设施占用时间,min;

B——缓冲时间,min;

C——单线缓冲时间,min;

D——维修缓冲时间,min。

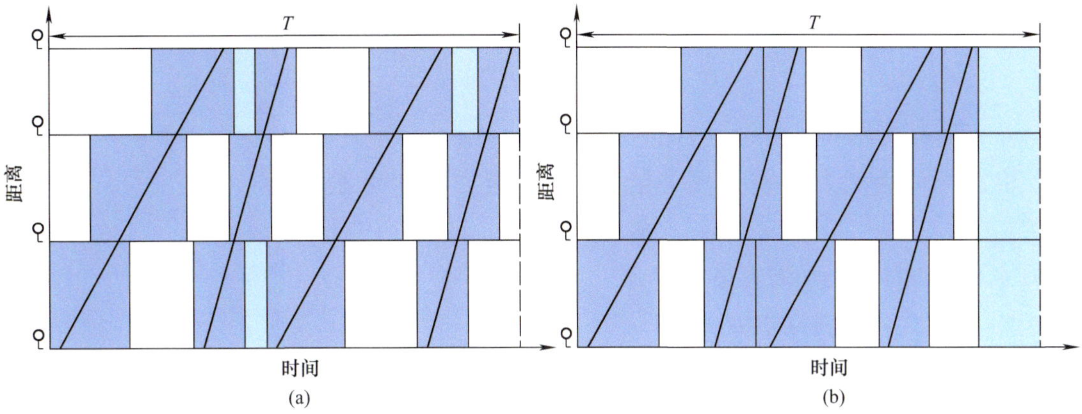

图 3-19 运行图压缩法的基本原理

3. 计算不同层级的能力

根据高速铁路能力的利用程度,可以将能力进一步分级为理论能力、实际能力、使用能力、剩余能力、可用能力、损失能力,不同层级能力之间的逻辑关系如图 1-1 所示。

(1)理论能力是线路能力的上限,是指在理想状况下一定的时间段内以最小时间间隔运行时,所能开行的最多列车数或对数。理论能力通常认为所有列车是同质的,且不考虑现实中的运营扰动,理论能力 $I_{理论}$ 可表示为

$$I_{理论}=\frac{1\ 440-T_{天窗}}{I}-\frac{60L}{vI}\quad (列) \tag{3-33}$$

式中 $T_{天窗}$——线路养护维修天窗开设时间,min;

I——追踪列车间隔时间,min;

L——线路(或区段)的长度,km;

v——列车运行速度,km/h。

(2)实际能力是在更为符合实际的假设条件下,考虑期望的运行服务质量水平与系统可靠性,是在正常运营条件下可以持久保持的一个更为符合实际的计算结果,是特殊的基础设施组合、运输组织及在期望的服务水平下开行的最多列车数或对数。实际能力通常取为理论能力的 60%~75%,实际能力 $I_{实际}$ 可表示为

$$I_{实际}=I_{理论}\times\alpha\quad (列) \tag{3-34}$$

式中 α——实际能力与理论能力的比值,一般取为 60%~75%。

(3)使用能力是根据实际运输任务所使用的能力,反映了线路上实际的运输组织情况,通常低于实际能力,可以通过列车运行图内已经铺画的运行线数量衡量。

(4)剩余能力是使用能力与实际能力的差值,剩余能力 $I_{剩余}$ 可表示为

$$I_{剩余} = I_{实际} - I_{使用} \quad (列) \tag{3-35}$$

式中　$I_{使用}$——使用能力，列。

剩余能力由两部分组成，实际运营中能够额外开行的列车数或对数为可用能力，而剩余能力与可用能力的差值为损失能力。如果维持既有列车运行图的结构继续增加的运行线，则可用通过能力 $I_{可用}$ 可表示为

$$I_{可用} = \frac{I_{使用}}{K} - I_{使用} \quad (列) \tag{3-36}$$

式中　K——能力利用率。

剩余能力与可用能力之差是损失能力，损失能力 $I_{损失}$ 可表示为

$$I_{损失} = I_{剩余} - I_{可用} \quad (列) \tag{3-37}$$

4. 列车运行图压缩法的步骤

运行图压缩法的具体步骤如下：

(1)压缩列车运行图，消除列车运行线之间的缓冲时间。

(2)计算能力利用率及不同层级的能力。以压缩后的列车运行图为基础，根据式(3-32)计算能力利用率。统计列车运行图内已经铺画的运行线数量，获得使用能力，并根据式(3-33)～式(3-37)，进一步计算理论能力、实际能力、剩余能力、可用能力和损失能力。

(3)判断能力利用状态。《UIC 406 手册》提供了能力利用率阈值的建议，见表 3-1。若计算的能力利用率值大于或等于表中的阈值，说明基础设施能力利用率很高，处于拥挤的状态，不建议在运行图内增加新的列车运行线，不再继续下面的步骤。

表 3-1　建议的能力利用率阈值　　(单位：%)

线路类型	高峰时段	平峰时段
市郊线	85	70
全高速	75	60
不同速度等级列车混跑	75	60

(4)加密列车运行图。在压缩前的列车运行图内增加额外的列车运行线，但新增列车运行线必须与原列车运行线之间不存在冲突。

(5)以加密后的列车运行图为研究对象，重复上述步骤，直至基础设施能力利用率大于阈值。

5. 运行图压缩法案例

以我国某条高速铁路为例，在给定其初始上行方向列车运行图(图 3-20)的条件下，利用列车运行图压缩法，分析客流区段(A 站—F 站)的能力利用情况。该案例中最小追踪列车间隔时间取为 3 min，以此时间标准压缩初始列车运行图，消除列车运行线之间的缓冲时间，从而获得 A 站—F 站压缩后的列车运行图(图 3-21)。

从初始列车运行图中可知，根据式(3-32)计算获得能力利用率为 36.39%。进而根据

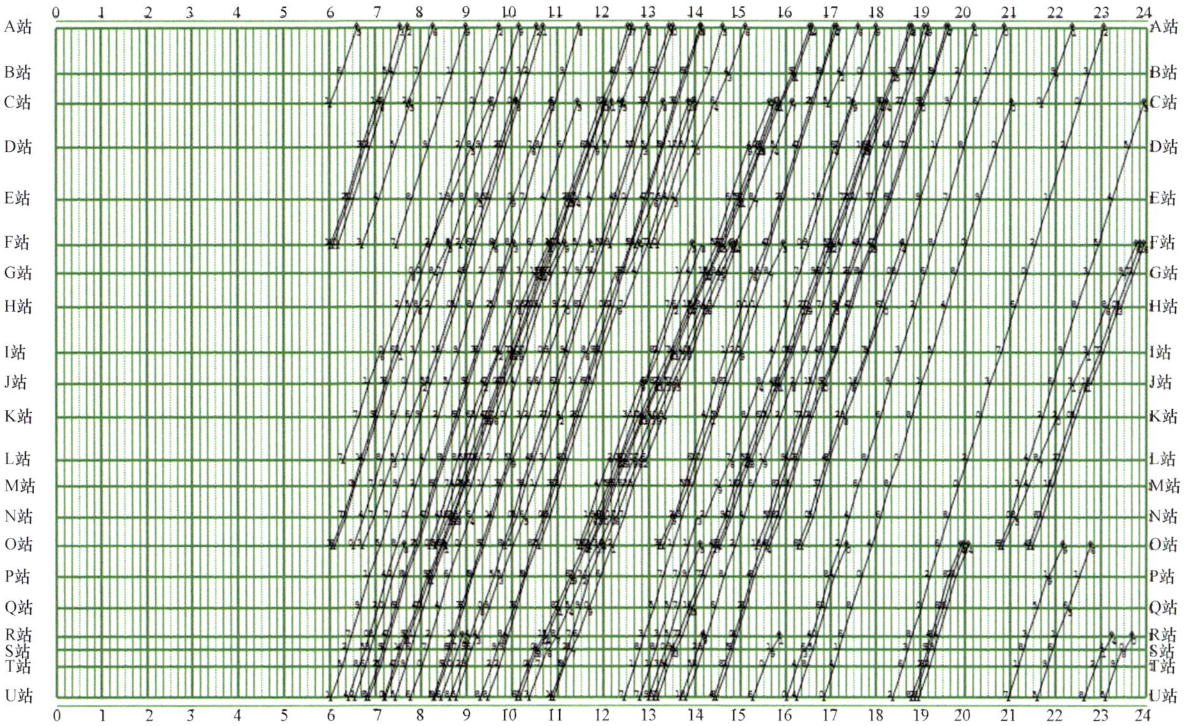

图 3-20 全线初始上行方向列车运行图

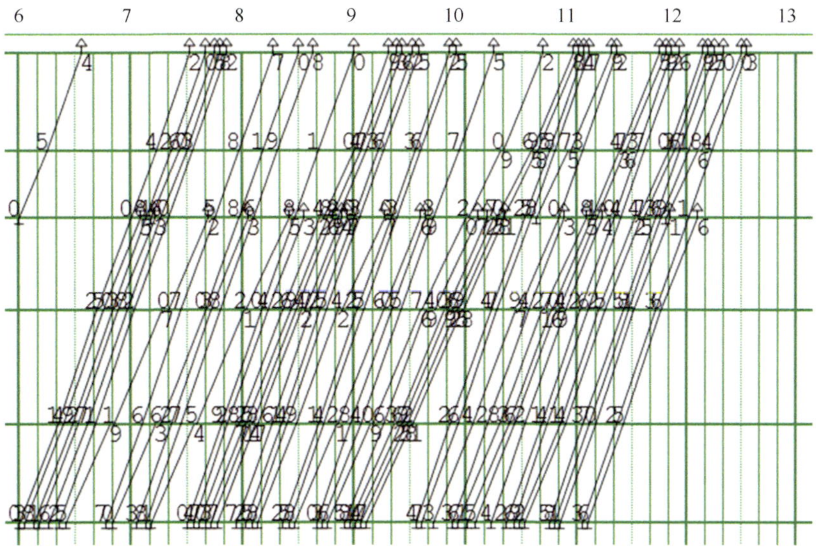

图 3-21 客流区段 A 站—F 站压缩后的列车运行图

式(3-33)～式(3-37)可以分别计算理论能力、实际能力、剩余能力、可用能力和损失能力，见表 3-2。

表 3-2　能力利用情况计算结果　（单位：列）

能力种类	理论能力	实际能力	使用能力	剩余能力	可用能力	损失能力
能力值	325	195	55	140	96	44

注：式(3-34)中，α 取为 60%。

3.3　高速铁路区段通过能力仿真计算方法

高速铁路区段通过能力仿真计算方法是通过仿真软件模拟列车运行来计算通过能力。本节介绍的能力仿真系统借鉴《UIC 406 手册》中的运行图压缩和加密理论，能够实现通过能力的计算、分析和评估等功能。

3.3.1　基于离散事件的高速铁路通过能力仿真系统

通过能力仿真平台采用离散事件系统仿真建模方法和仿真策略。首先，根据研究目的、系统的原理和数据，利用建模方法学对高速铁路路网系统建立数学模型。然后，根据模型的形式、计算机的类型及仿真目的，利用仿真算法将模型转成适合计算机处理的仿真模型。最后，根据设计好的仿真实验方案，利用仿真软件技术在计算机上运行模型，按规定的规则输入数据，观察模型中变量的变换情况，对输出结果进行整理、分析并形成报告。

1. 离散事件系统基本要素

离散事件系统指系统状态的变化在某些离散点或量化区间上发生的系统。离散事件系统的基本要素如下。

实体：系统的具体对象，如高速铁路路网、高速列车、信号机等。

事件：在某一时间点引起系统状态发生变化的瞬时行为，如列车的“到达”或“离开”事件。一个系统中存在许多类事件，为了实现对系统中事件的管理以及按时间顺序处理文件，在仿真模型中建立事件表，记录系统每一个将要发生的事件类型、发生时间以及与该事件相关的参数。

活动：任何使系统转台发生某种变化的过程或行为。

进程：由与实体相关的若干个事件和活动组成，描述系统所包含事件及活动间的相互逻辑和时序关系。

仿真时钟：随仿真进程不断更新时间的推进机构，表示仿真时间的变化。通常采用按事件单位推进或按时间单位推进两种方式。按事件单位推进，每次都从事件表中选择相对当前时刻最早发生的事件，将仿真时钟推进到该事件发生的时刻；按时间单位推进，选择适当时间单位（固定步长或变步长）作为固定时间推进步长。

统计计数器：进行各类数据统计和计数的部件。

2. 离散事件系统的模型

离散事件系统理论基础是经典的概率及事件统计理论和随机理论，其数学描述模型主要有到达模型、服务模型和排队模型。

3. 离散事件系统的事件调度方法

事件调度法的基本思想，即事件的发生引起系统状态的变化，用事件的观点来分析真实系统，通过定义事件及每个事件发生引起系统状态的变化，按时间顺序确定并执行各个事件。

仿真系统模拟高速铁路列车在一定的行车组织条件下，在高速铁路路网上运行通过高速铁路区段的各种固定设备接收服务的过程。高速铁路列车按照给定列车运行图和列车运用计划条件行车，到达车站时在得到进站许可后进入车站并接受服务活动，然后在得到离站许可后离开车站，进入区间，否则在当前位置排队等待进入；高速列车在区间内根据接收到的行车许可指令执行相应的操作，如到达、离开闭塞分区、加速行车、减速行车和停车等待等。因此将所有列车在路网上的运行看作事件的集合，如列车进站、列车离站、列车进入闭塞分区、列车停车等事件。按照事件调度法建立仿真模型时，将所有列车的所有事件放到事件表中，模型中设有一个时间控制模块，该模块从事件表中选择具有最早激发时间的事件，并将仿真钟修改到该事件发生的时间，然后调用与该事件相应的事件处理模块激发车次，该事件处理完后返回时间控制模块。这样，事件的选择与处理不断地进行，直到仿真终止的条件或程序事件产生为止。

路网仿真事件生成：遍历所有动车组，读取动车组担当的所有车次，读取各车次时刻表，生成对应的事件。对应的事件包括列车离站事件、列车进入闭塞分区事件、列车进站事件（停车）、列车进站并离站事件（不停车）四种事件类型。

3.3.2 高速铁路通过能力仿真系统总体结构及流程

1. 仿真系统功能模块划分

仿真系统实现对现有运行图的调图、评价功能，然后构建路网，以已调整后或原始运行图为仿真输入数据，在已经计算标定出各个车站、枢纽、区段、区间等能力的情况下，评估路网节点的能力利用率和协调性。路网仿真系统包括仿真数据管理、运行图管理、路网构建、控制中心、仿真结果表达五个子系统。路网仿真系统主要功能结构图如图 3-22 所示。

(1)仿真数据管理子系统：实现对仿真数据的实时管理以及仿真结果统计分析功能。

(2)运行图管理子系统：实现对仿真所需运行图的读取和操作，其功能包括实现运行图的加载、运行图加密、运行图压缩、运行图删减等主要功能。

(3)路网构建子系统：通过对外系统提供的路网拓扑数据的分析处理，构建出路网的站点、线路、信号等信息，实现路网的仿真可视化。

(4)控制中心子系统：一是实现对仿真过程的实时控制，包括仿真的开始、暂停和结束功能，仿真的加速、减速功能，仿真画面的放大、缩小、拖动功能（仿真停止或暂停时）等；二是实现对列车延误的加载和调度管理功能。

(5)仿真结果表达子系统：通过对仿真运行所取得的仿真数据进行统计处理，对路网能力利用、线路能力利用、节点能力利用情况进行展示。

2. 仿真系统逻辑流程图

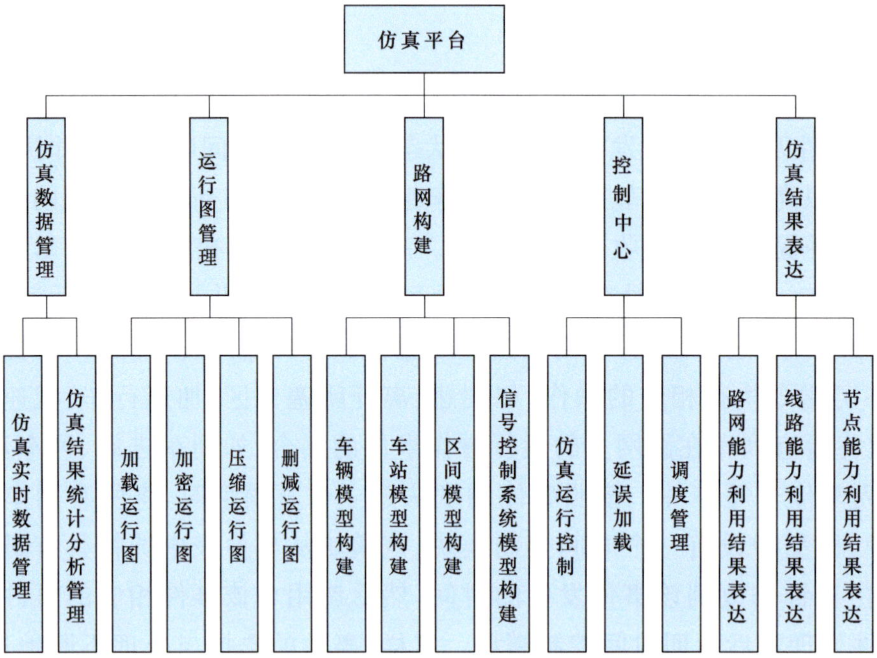

图 3-22　路网仿真系统总体结构图

高速铁路运行仿真基于给定列车运行图，按照图定列车运行计划、运行方式，运用计算机模拟列车在高速铁路路网上运行情况，对路网上各节点的利用情况统计分析。仿真系统逻辑流程图如图 3-23 所示。

(1)仿真系统通过读取数据库中存储的列车运行图数据，以可视化图形展示在系统界面，用户根据仿真需求、仿真目的，可对运行图进行调图操作，也可对现有运行图进行各方面指标评价。

①调图功能有修改某一车次时刻、移动、手动添加、复制、删除运行线；对运行图压缩、加密，使现有运行图达到饱和状态。

②运行图评价功能有紧张列车间隔时间显示、运行图缓冲区域 Slot 显示、运行图基本评价指标、旅客服务质量、均衡性、可调整性。

(2)仿真系统通过读取数据库导入高速铁路路网拓扑数据，根据路网模型生成可视化路网界面，显示车站、闭塞分区、信号机等路网基础数据。

(3)加载运行图数据及路网数据后，设定仿真参数，开始仿真。

(4)仿真基于事件调度法的离散事件仿真方法进行仿真，生成不同类型的事件表，按照仿真时钟的推进在规定的时刻激发仿真事件，列车依据一定的规则在路网上运行。仿真统计器记录列车运行实时数据。

(5)仿真过程结束，对仿真结果统计分析。

3.3.3　高速铁路通过能力仿真系统实例应用

1. 高速铁路通过能力仿真系统界面

(1)运行图管理子模块仿真界面

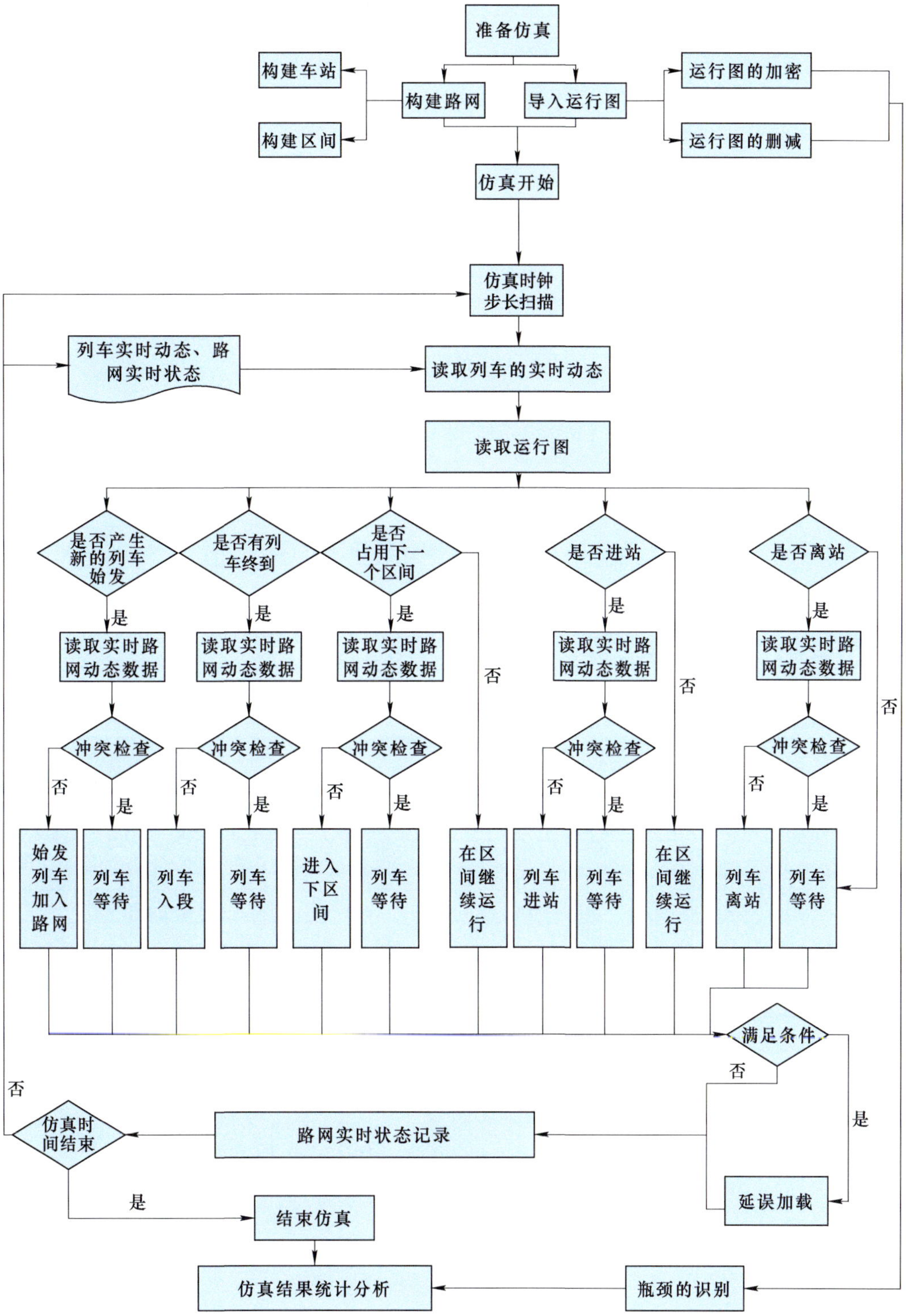

图 3-23 仿真系统逻辑流程

运行图管理子模块包括运行图查看、编辑调图、压缩与加密、评价等功能，仿真初始界面如图 3-24 所示。

(2)路网仿真子模块界面

路网仿真实现列车按照列车运行图在路网上仿真运行。仿真过程可以查看路网利用

图 3-24　运行图管理子模块主界面

情况、列车分布、列车延误信息、路网占用信息等实时数据。仿真结束，可以对输出数据进行统计分析。路网仿真子模块主界面如图 3-25 所示。

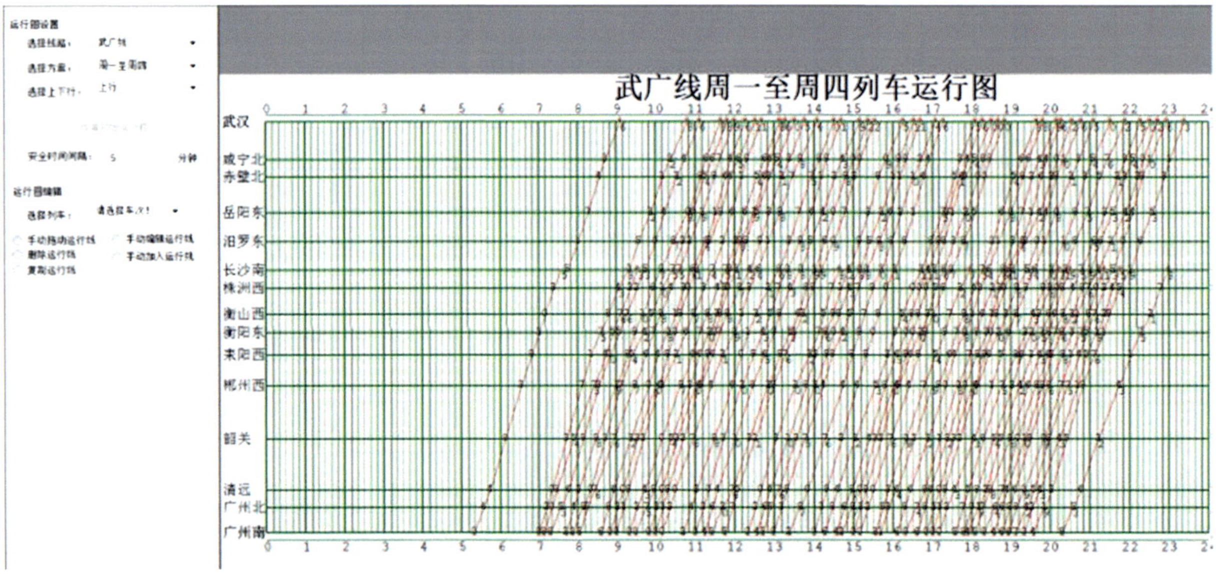

图 3-25　路网仿真子模块主界面

2. 京广高速铁路武广段实例分析

京广高速铁路武广段于 2009 年 12 月 26 日开通运营，全长 1 069 km，全线共设 15 个办理客运业务的车站，运营时速 350 km，全程最短运行时间 2 h 58 min。

以 2010 年 7 月 1 日起实施的武广列车运行图为研究对象，将列车运行时刻表存储到数据库中，运行系统，读取数据库数据，系统运行图显示面板自动实现列车运行图的可视化。如图 3-26、图 3-27 所示。

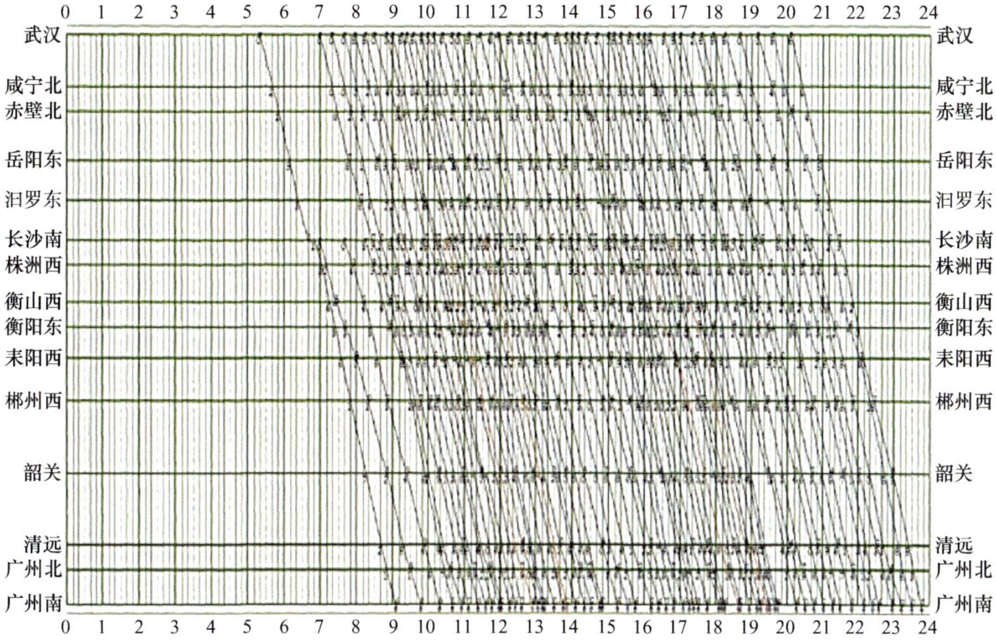

图 3-26　京广高速铁路武广段下行方向运行图

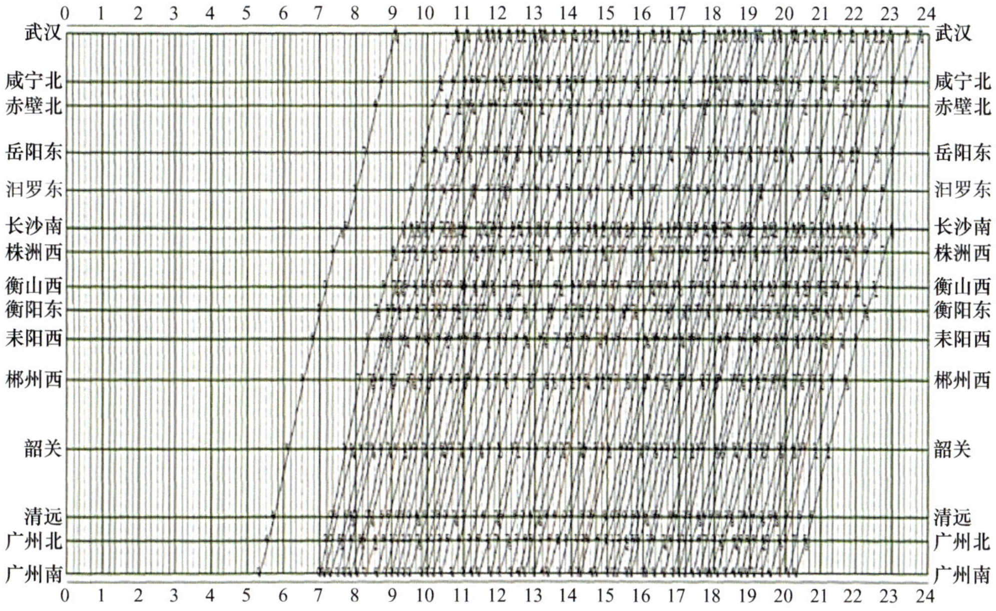

图 3-27　京广高速铁路武广段上行方向运行图

京广高速铁路武广段开行星期模式的周期列车运行图，分周一至周四、周五至周日、高峰时期三种情况。周一至周四日列车运行图共开行 50 对车次，其中武汉—广州南开行 42 对，长沙南—广州南开行 8 对；周五至周日增开 9 对车次，其中武汉—广州南 8 对，长沙南—广州南 1 对；客流高峰时期在长沙南—广州南间增开 4 对车次。旅客列车最早开行时间是 7:00，分别从武汉、长沙南、广州南车站始发（图中 5:20 从武汉、广州南始发列车为动检车,不做统计分析)。

3. 路网仿真运行及统计

(1)列车运行界面图

图 3-28 所示为列车运行界面,蓝色圆点表示运行列车,旁边对应车次名称、列车运行状态、列车当前速度(单位 m/s)。图 3-28(a)、(b)、(c)、(d)分别为列车运行中的加、减速过程和越行过程。

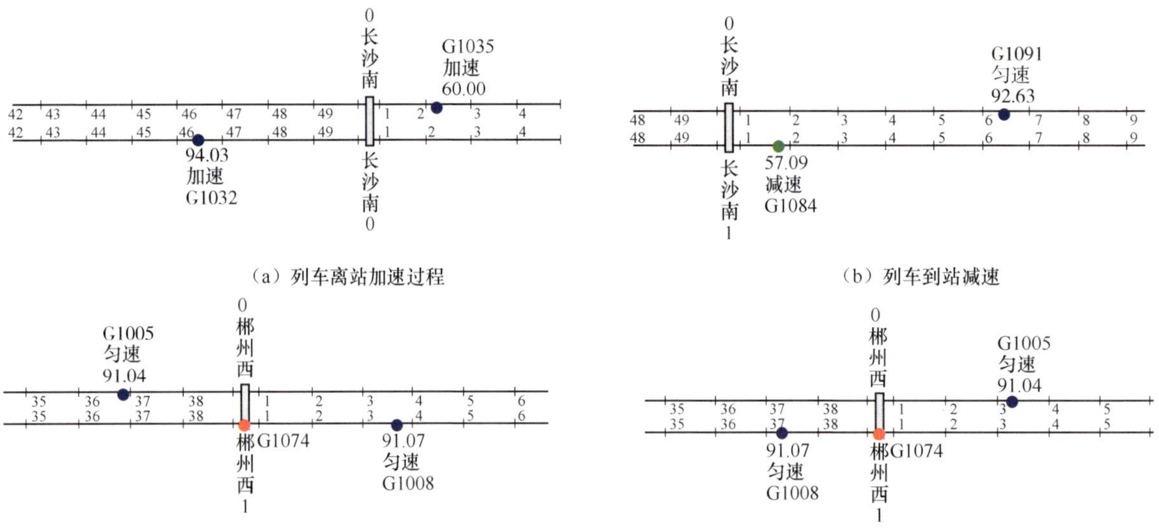

(a) 列车离站加速过程　(b) 列车到站减速

(c) 列车越行过程(1)　(d) 列车越行过程(2)

图 3-28　列车运行界面

(2)仿真实时数据输出

①列车实际运行图

图 3-29 为仿真过程中实时运行图,绿色部分表示列车已完成在对应区间运行,红色表示当前列车运行所在区间,黑色部分表示尚未开始运行。红色亦有预测功能,提示正常运行下列车到达下一车站时间。

图 3-30 为仿真输出运行图数据。可以与原运行图数据对比。

②列车延误统计

列车仿真运行过程中,列车发生延误、到站或离站晚点时,仿真输出列车延误、晚点详细数据,如图 3-31 所示为列车晚点详细数据。

通过列车延误产生和晚点数据,分析延误产生、晚点分布规律及路网瓶颈节点。

③区间能力利用统计

仿真结果输出路网各区间上下行方向占用详情及利用率,图 3-32、图 3-33 为区间长沙南—株洲西占用详情及利用率结果,列车占用区间时长基本在 10 min,区间每小时经过列车在 1～4 车次之间。

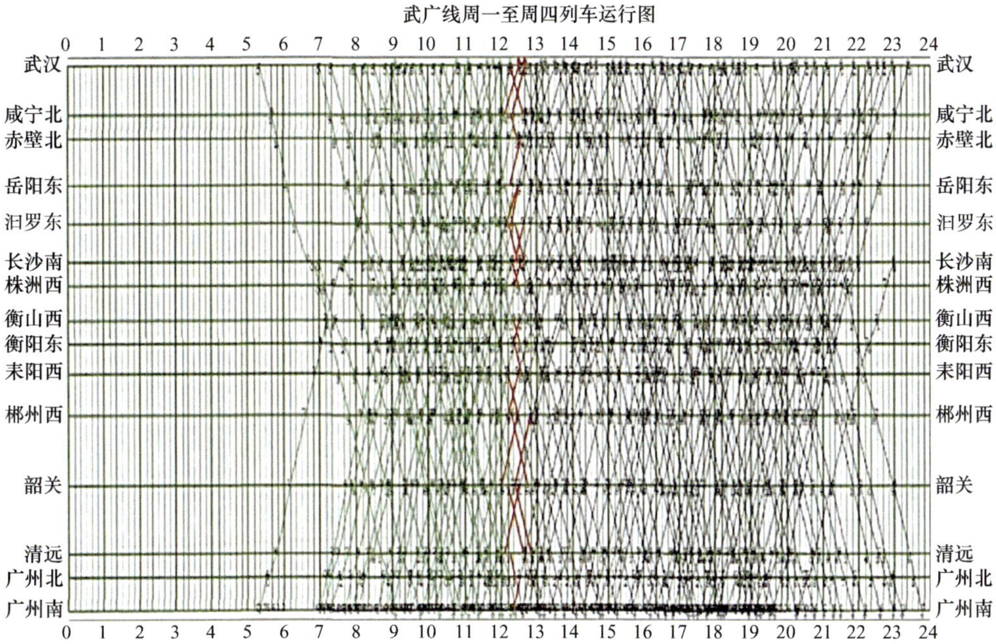

图 3-29　仿真实际运行图

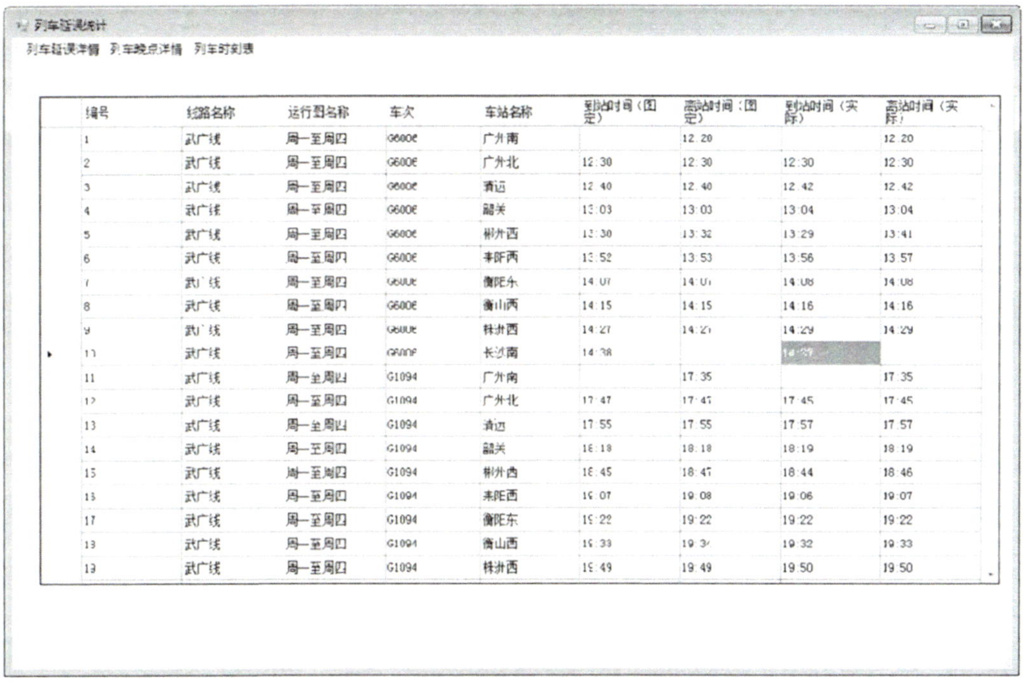

列车延误统计

列车延误详情　列车晚点详情　列车时刻表

编号	线路名称	运行图名称	车次	车站名称	到站时间（固定）	离站时间（固定）	到站时间（实际）	离站时间（实际）
1	武广线	周一至周四	G6006	广州南		12:20		12:20
2	武广线	周一至周四	G6006	广州北	12:30	12:30	12:30	12:30
3	武广线	周一至周四	G6006	清远	12:40	12:40	12:42	12:42
4	武广线	周一至周四	G6006	韶关	13:03	13:03	13:04	13:04
5	武广线	周一至周四	G6006	郴州西	13:30	13:32	13:29	13:41
6	武广线	周一至周四	G6006	耒阳西	13:52	13:53	13:56	13:57
7	武广线	周一至周四	G6006	衡阳东	14:07	14:07	14:08	14:08
8	武广线	周一至周四	G6006	衡山西	14:15	14:15	14:16	14:16
9	武广线	周一至周四	G6006	株洲西	14:27	14:27	14:29	14:29
10	武广线	周一至周四	G6006	长沙南	14:38		[illegible]	
11	武广线	周一至周四	G1094	广州南		17:35		17:35
12	武广线	周一至周四	G1094	广州北	17:47	17:47	17:45	17:45
13	武广线	周一至周四	G1094	清远	17:55	17:55	17:57	17:57
14	武广线	周一至周四	G1094	韶关	18:18	18:18	18:19	18:19
15	武广线	周一至周四	G1094	郴州西	18:45	18:47	18:44	18:46
16	武广线	周一至周四	G1094	耒阳西	19:07	19:08	19:06	19:07
17	武广线	周一至周四	G1094	衡阳东	19:22	19:22	19:22	19:22
18	武广线	周一至周四	G1094	衡山西	19:33	19:34	19:32	19:33
19	武广线	周一至周四	G1094	株洲西	19:49	19:49	19:50	19:50

图 3-30　仿真输出运行图数据

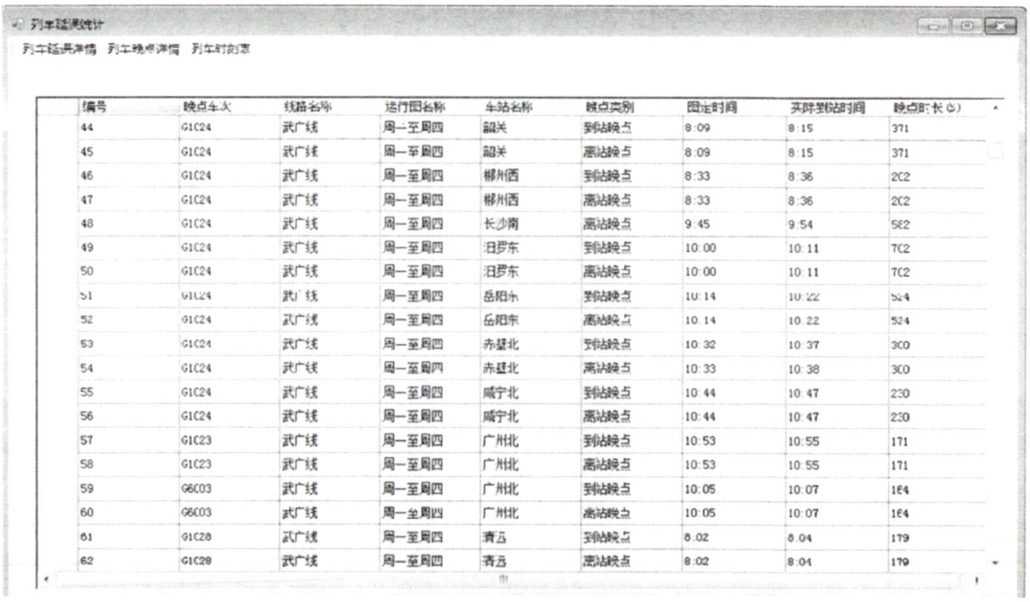

编号	晚点车次	线路名称	运行图名称	车站名称	晚点类别	图定时间	实际到站时间	晚点时长(s)
44	G1C24	武广线	周一至周四	韶关	到站晚点	8:09	8:15	371
45	G1C24	武广线	周一至周四	韶关	离站晚点	8:09	8:15	371
46	G1C24	武广线	周一至周四	郴州西	到站晚点	8:33	8:36	202
47	G1C24	武广线	周一至周四	郴州西	离站晚点	8:33	8:36	202
48	G1C24	武广线	周一至周四	长沙南	离站晚点	9:45	9:54	582
49	G1C24	武广线	周一至周四	汨罗东	到站晚点	10:00	10:11	702
50	G1C24	武广线	周一至周四	汨罗东	离站晚点	10:00	10:11	702
51	G1C24	武广线	周一至周四	岳阳东	到站晚点	10:14	10:22	524
52	G1C24	武广线	周一至周四	岳阳东	离站晚点	10:14	10:22	524
53	G1C24	武广线	周一至周四	赤壁北	到站晚点	10:32	10:37	300
54	G1C24	武广线	周一至周四	赤壁北	离站晚点	10:33	10:38	300
55	G1C24	武广线	周一至周四	咸宁北	到站晚点	10:44	10:47	230
56	G1C24	武广线	周一至周四	咸宁北	离站晚点	10:44	10:47	230
57	G1C23	武广线	周一至周四	广州北	到站晚点	10:53	10:55	171
58	G1C23	武广线	周一至周四	广州北	离站晚点	10:53	10:55	171
59	G6C03	武广线	周一至周四	广州北	到站晚点	10:05	10:07	164
60	G6C03	武广线	周一至周四	广州北	离站晚点	10:05	10:07	164
61	G1C28	武广线	周一至周四	清远	到站晚点	8:02	8:04	179
62	G1C28	武广线	周一至周四	清远	离站晚点	8:02	8:04	179

图 3-31　列车晚点详细数据

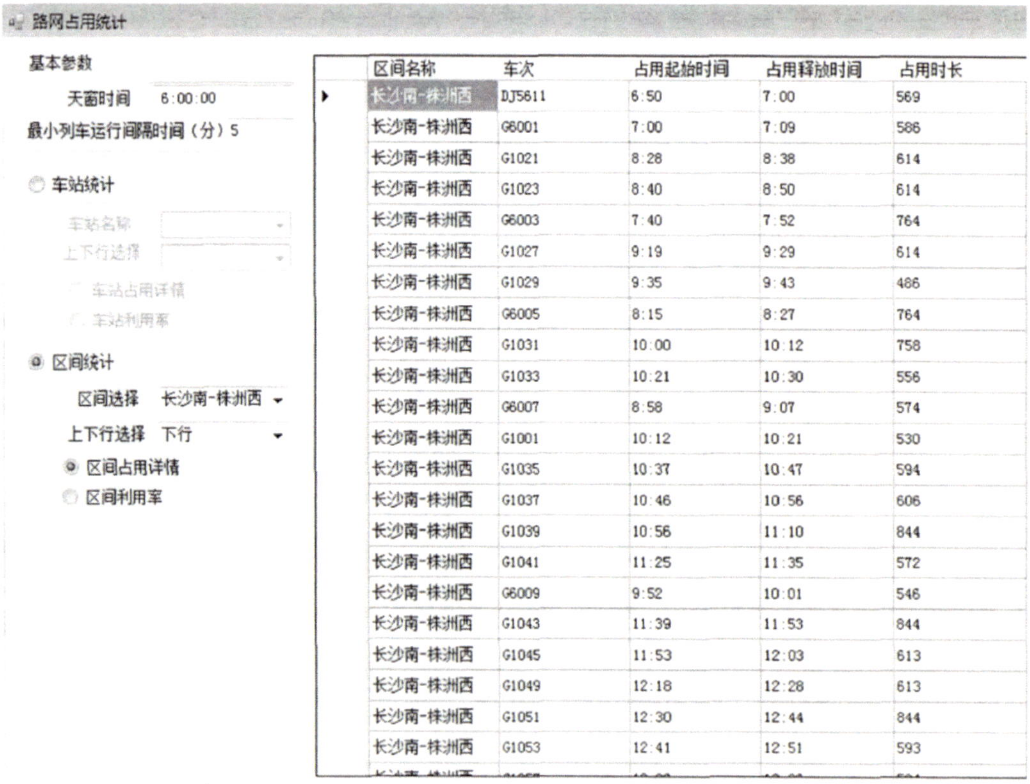

区间名称	车次	占用起始时间	占用释放时间	占用时长
长沙南-株洲西	DJ5611	6:50	7:00	569
长沙南-株洲西	G6001	7:00	7:09	586
长沙南-株洲西	G1021	8:28	8:38	614
长沙南-株洲西	G1023	8:40	8:50	614
长沙南-株洲西	G6003	7:40	7:52	764
长沙南-株洲西	G1027	9:19	9:29	614
长沙南-株洲西	G1029	9:35	9:43	486
长沙南-株洲西	G6005	8:15	8:27	764
长沙南-株洲西	G1031	10:00	10:12	758
长沙南-株洲西	G1033	10:21	10:30	556
长沙南-株洲西	G6007	8:58	9:07	574
长沙南-株洲西	G1001	10:12	10:21	530
长沙南-株洲西	G1035	10:37	10:47	594
长沙南-株洲西	G1037	10:46	10:56	606
长沙南-株洲西	G1039	10:56	11:10	844
长沙南-株洲西	G1041	11:25	11:35	572
长沙南-株洲西	G6009	9:52	10:01	546
长沙南-株洲西	G1043	11:39	11:53	844
长沙南-株洲西	G1045	11:53	12:03	613
长沙南-株洲西	G1049	12:18	12:28	613
长沙南-株洲西	G1051	12:30	12:44	844
长沙南-株洲西	G1053	12:41	12:51	593

图 3-32　区间占用详情统计

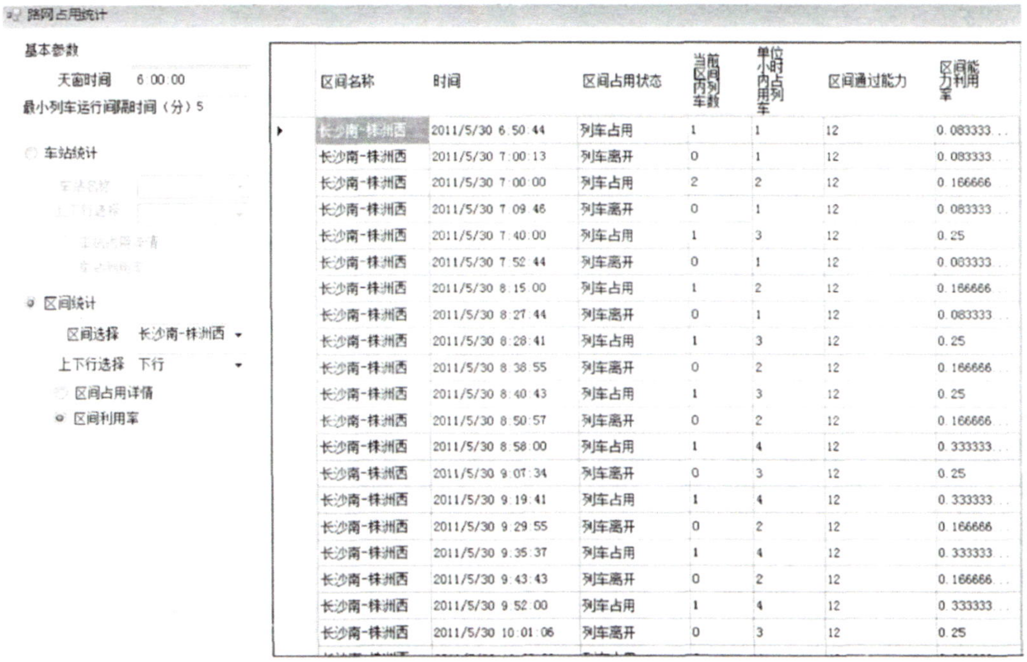

区间名称	时间	区间占用状态	当前区间内列车数	单位小时内占用列车	区间通过能力	区间能力利用率
长沙南-株洲西	2011/5/30 6:50:44	列车占用	1	1	12	0.083333...
长沙南-株洲西	2011/5/30 7:00:13	列车离开	0	1	12	0.083333...
长沙南-株洲西	2011/5/30 7:00:00	列车占用	2	2	12	0.166666...
长沙南-株洲西	2011/5/30 7:09:46	列车离开	0	1	12	0.083333...
长沙南-株洲西	2011/5/30 7:40:00	列车占用	1	3	12	0.25
长沙南-株洲西	2011/5/30 7:52:44	列车离开	0	1	12	0.083333...
长沙南-株洲西	2011/5/30 8:15:00	列车占用	1	2	12	0.166666...
长沙南-株洲西	2011/5/30 8:27:44	列车离开	0	1	12	0.083333...
长沙南-株洲西	2011/5/30 8:28:41	列车占用	1	3	12	0.25
长沙南-株洲西	2011/5/30 8:38:55	列车离开	0	2	12	0.166666...
长沙南-株洲西	2011/5/30 8:40:43	列车占用	1	3	12	0.25
长沙南-株洲西	2011/5/30 8:50:57	列车离开	0	2	12	0.166666...
长沙南-株洲西	2011/5/30 8:58:00	列车占用	1	4	12	0.333333...
长沙南-株洲西	2011/5/30 9:07:34	列车离开	0	3	12	0.25
长沙南-株洲西	2011/5/30 9:19:41	列车占用	1	4	12	0.333333...
长沙南-株洲西	2011/5/30 9:29:55	列车离开	0	2	12	0.166666...
长沙南-株洲西	2011/5/30 9:35:37	列车占用	1	4	12	0.333333...
长沙南-株洲西	2011/5/30 9:43:43	列车离开	0	2	12	0.166666...
长沙南-株洲西	2011/5/30 9:52:00	列车占用	1	4	12	0.333333...
长沙南-株洲西	2011/5/30 10:01:06	列车离开	0	3	12	0.25

图 3-33　区间利用率统计

3.4　基于列车运行图结构的扣除系数法

在基于运输组织计划的情况下，将高速度等级列车停站铺画方式分为单列列车停站无越行、单列列车停站有越行、多列停站列车按最优方案铺画、多列列车停站按最不利方案四种铺画方式，将不同速度等级列车混跑铺画方式分为无停站低速度等级列车、有停站低速度等级列车、低速度等级列车待避无停站高速度等级列车、低速度等级列车待避停站高速度等级列车等铺画方式。在计算高速度等级列车停站扣除系数和低速度等级列车扣除系数时，分别计算各铺画方式下的扣除系数，通过统计运输组织计划内各种方式出现次数获得权重，加权求和得到高速度等级列车停站扣除系数和低速度等级列车扣除系数，将扣除系数代入计算公式中，得到基于运输组织计划的客流区段通过能力。这样，最大限度地接近实际列车运行图结构，计算得到的列车运行图通过能力也更接近实际，对实际运行图的铺画具有较大的指导意义。

此外，本节中所有扣除系数均是相对于无停站高速度等级列车计算得到的。

3.4.1　“全高速”非平行运行图通过能力

在“全高速”模式下，列车等级、运行速度、起停附加时间均相同，列车停站是造成运行图非平行的原因。停站高速度等级列车由于起停车附加时间和停站时间的影响，会占用更多的线路通过能力，相对于无停站列车将产生扣除系数。在全高速平行列车运行图通过能力基础上，扣除高速度等级列车停站造成的能力损失，得到“全高速”非平行运行图通过能力 $N_{全}$ 可表示为

$$N_{全} = \frac{N_{平}}{\bar{\varepsilon}_{高停}} \quad (列) \tag{3-38}$$

式中 $N_{平}$——全高速平行运行图通过能力，列；

$\bar{\varepsilon}_{高停}$——高速度等级列车停站扣除系数，其可表示为

$$\bar{\varepsilon}_{高停} = \gamma_{不停} + \sum \gamma_j \cdot \varepsilon^j_{高停} \tag{3-39}$$

其中 γ_j——采用 j 种停站策略的高速度等级列车比例，%，

$\varepsilon^j_{高停}$——采用 j 种停站策略的高速度等级列车的扣除系数，

$\gamma_{不停}$——不停站高速度等级列车的比例，%。

有 $\gamma_{不停} = 1 - \sum \gamma_j$，故式(3-39)可改写为

$$\bar{\varepsilon}_{高停} = 1 - \sum \gamma_j + \sum \gamma_j \cdot \varepsilon^j_{高停}$$

高速度等级列车在区段内停站一次产生的停站间隔时间如图 3-34 所示。

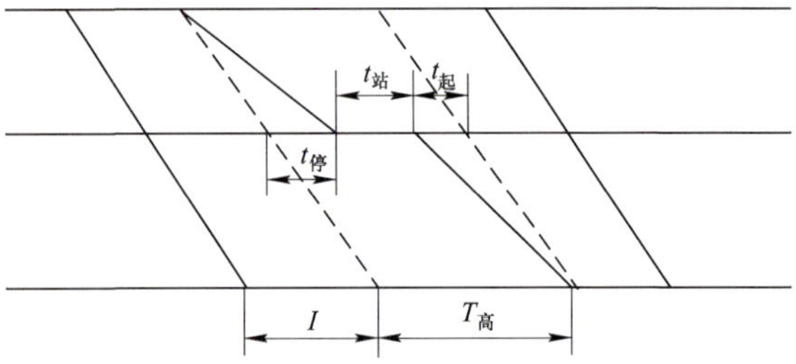

图 3-34 高速度等级列车停站产生扣除的示意

高速度等级列车停站间隔时间 $T_{高}$ 可表示为

$$T_{高} = t_{停} + t_{站} + t_{起} \quad (\text{min}) \tag{3-40}$$

式中 $t_{站}$——高速度等级列车停站时间，min；

$t_{起}$，$t_{停}$——分别为高速度等级列车起动、停车的附加时间，min。

将高速度等级列车停站铺画方式分为单列列车停站无越行、单列列车停站有越行、多列停站列车按最优方案铺画、多列列车停站按最不利方案四种铺画方式，分别计算各铺画方式下的扣除系数。

1. 单列停站高速度等级列车扣除系数

(1)无越行的情况

高速度等级列车停站一次的扣除系数 $\varepsilon_{高停}$ 可表示为

$$\varepsilon_{高停} = \frac{I + t_{停} + t_{站} + t_{起}}{I} = 1 + \frac{T_{高}}{I} \tag{3-41}$$

高速度等级列车停站 k 次的扣除系数 $\varepsilon_{高停}$ 可表示为

$$\varepsilon_{高停} = \frac{I + \sum_{i=1}^{k}(t^i_{停} + t^i_{站} + t^i_{起})}{I} = 1 + \frac{\sum_{i=1}^{k} T^i_{高}}{I} \tag{3-42}$$

式中 $T^i_{高}$——高速度等级列车在车站 i 停站间隔时间，min；

$t^i_{站}$——高速度等级列车在车站 i 的停站时间，min；

$t^i_{起}$，$t^i_{停}$——分别为高速度等级列车在车站 i 的起、停车附加时间，min。

(2)有越行的情况

在高速度等级列车停站时，通过高速度等级列车可以利用前行列车停站时间进行越行，如图 3-35 所示。

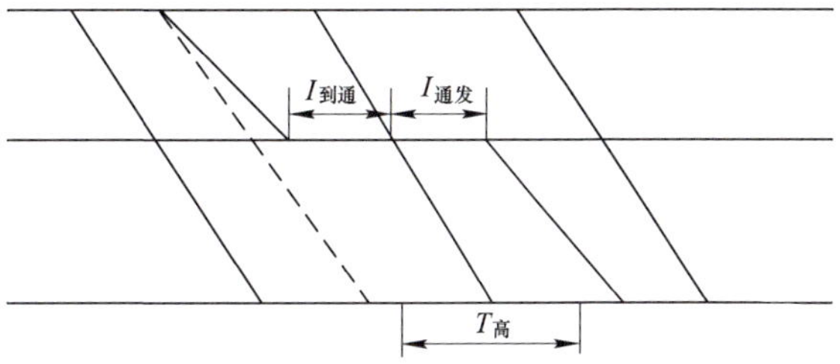

图 3-35　有越行高速度等级列车停站产生扣除的示意

停站高速度等级列车待避一列通过高速度等级列车的扣除系数 $\varepsilon_{高停}$ 可表示为

$$\varepsilon_{高停}=1+\frac{T_{高}}{I}-1=\frac{T_{高}}{I}\tag{3-43}$$

$$\begin{aligned}T_{高}&=\max\{(t_{停}+t_{站}+t_{起}),(t_{停}+I_{到通}+I_{通发}+t_{起})\}\\&=\max\{t_{站},(I_{到通}+I_{通发})\}+(t_{停}+t_{起})\quad(\min)\end{aligned}\tag{3-44}$$

式中　$I_{到通}$ ——高速度等级列车到达与高速度等级列车通过间隔时间，min；

$I_{通发}$ ——高速度等级列车通过与高速度等级列车出发间隔时间，min。

2. 多列停站高速度等级列车的扣除系数

(1)按最优方案铺画

最优铺画方案是指停站高速度等级列车在运行区段内采取最有利的交错停站方式。假设多列停站列车每列只停站一次，则按前行列车停靠远方站、由远及近依次停站(图 3-36)。

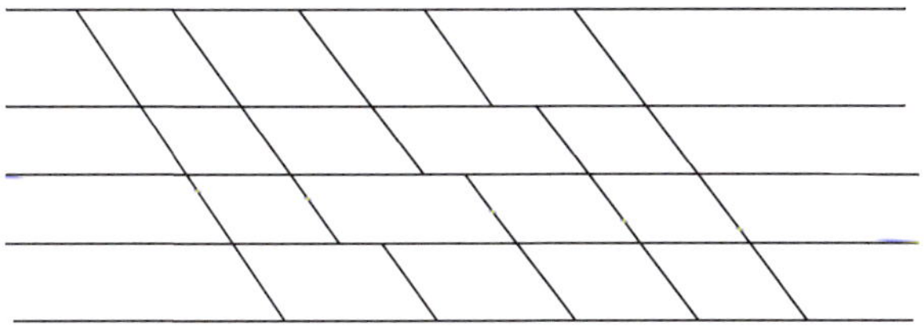

图 3-36　多列停站高速度等级列车按最优方案铺画示意

在最优铺画方案中，后行列车能够有效利用前行列车停站造成的空费时间，这种方案引起的扣除时间最小。在成组追踪的列车组中，相对于停站间隔时间最长的列车，其他列车停站不会产生新的扣除。此时，停站高速度等级列车平均扣除系数 $\varepsilon_{高停}$（平均到每一列车上）可表示为

$$\varepsilon_{高停}=\frac{nI+\max\{t_{停}^{i}+t_{站}^{i}+t_{起}^{i}\}}{nI}=1+\frac{\max\{T_{高}^{i}\}}{nI}\tag{3-45}$$

(2)按最不利方案铺画

最不利方案与最有利方案的铺画方法相反，即前行列车停靠近方站、由近而远依次停

站(图 3-37)。

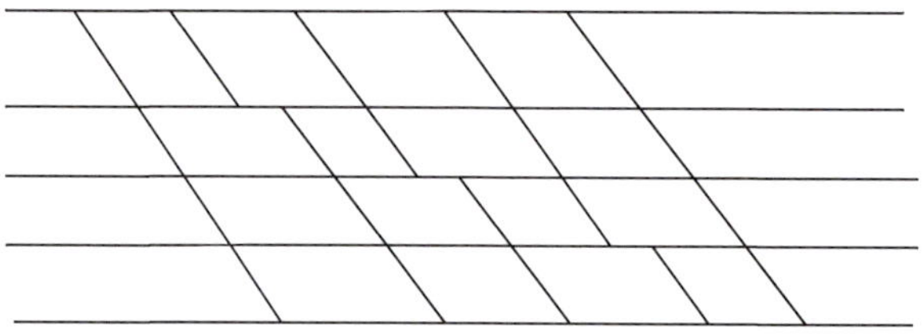

图 3-37　多列停站高速度等级列车按最不利方案铺画示意

这种铺画方案,后行列车完全不能利用前行列车停站产生的空费时间,每个停站列车影响能力的空隙不能相互利用,高速度等级列车的每一个停站都会对能力产生扣除。此方案引起的扣除时间最大,扣除系数也最大。此时,停站列车扣除系数相对独立(相当于单独铺画),每一列车的扣除系数 $\varepsilon_{高停}$ 可表示为

$$\varepsilon_{高停}=1+\frac{t_{停}+t_{站}+t_{起}}{I}=1+\frac{T_{高}}{I} \tag{3-46}$$

3.4.2　不同速度等级列车混跑运行图通过能力

影响低速度等级列车扣除系数的因素主要有低速度等级列车数量、不同速度等级列车速差、停站比例及时间、越行程度、铺画方式、中间站数量、区段长度等。将不同速度等级列车混跑铺画方式分为无停站低速度等级列车、有停站低速度等级列车、低速度等级列车待避无停站高速度等级列车、低速度等级列车待避停站高速度等级列车等铺画方式。分别计算各铺画方式下的扣除系数,分别计算各铺画方式下的扣除系数。

1. 单列低速度等级列车的扣除系数

(1)无停站低速度等级列车

无停站低速度等级列车相对于无停站高速度等级列车产生的扣除时间如图 3-38 所示。

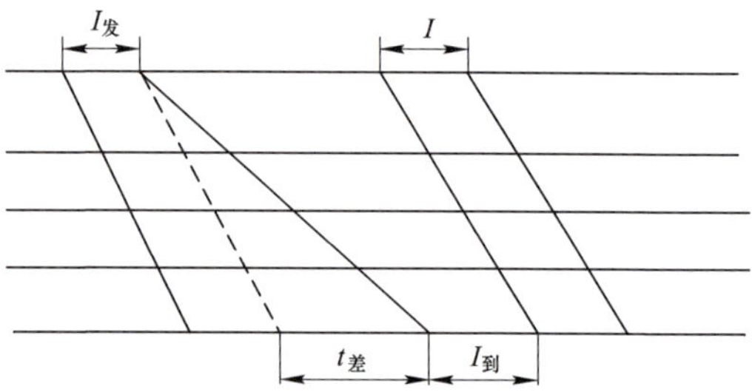

图 3-38　低速度等级列车无停站产生扣除的示意

无停站低速度等级列车相对于无停站高速度等级列车产生的扣除时间 $t_{扣除}$ 可表示为

$$t_{扣除}=I_{发}+t_{差}+I_{到}-I\quad(\text{min}) \tag{3-47}$$

式中　$I_{发}$——高、低速列车发车间隔时间,min;

$I_{到}$——低、高速度等级列车到达间隔时间,min;

I——高速度等级列车追踪间隔时间,min;

$t_{差}$——不同速度等级列车区间运行时间之差,min,可用公式表示为

$$t_{差} = 60L\left(\frac{1}{v_{低}} - \frac{1}{v_{高}}\right) \quad (\text{min}) \tag{3-48}$$

其中 L——运行区间的长度，km，

$v_{低}$，$v_{高}$——低、高速度等级列车的运行速度，km/h。

单列无停站低速度等级列车的扣除系数 $\varepsilon_{低}^{基}$ 可表示为

$$\varepsilon_{低}^{基} = \frac{I_{发} + t_{差} + I_{到}}{I} - 1 \tag{3-49}$$

当 $I_{发} = I_{到} = I$ 时，$\varepsilon_{低}^{基} = \frac{t_{差}}{I} + 1 = \frac{60L}{I}\left(\frac{1}{v_{低}} - \frac{1}{v_{高}}\right) + 1$，可见在 I 一定的条件下，$\varepsilon_{低}^{基}$ 仅与列车速差 $t_{差}$ 有关，而 $t_{差}$ 与车站分布（运行区间长度 L）有关。

（2）有停站低速度等级列车

低速度等级列车在区段内每停站一次所增加的旅行时间如图 3-39 所示。

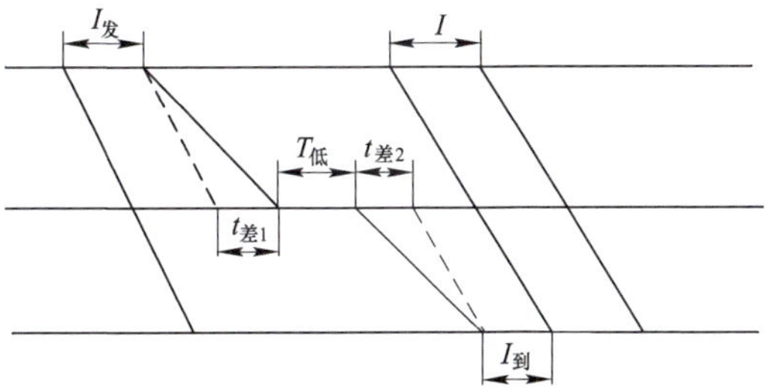

图 3-39 低速度等级列车有停站产生扣除的示意

低速度等级列车停站间隔时间 $T_{低}$ 可表示为

$$T_{低} = t'_{停} + t'_{站} + t'_{起} \quad (\text{min}) \tag{3-50}$$

式中 $t'_{站}$，$t'_{起}$、$t'_{停}$——分别为低速度等级列车停站时间、起停车附加时间，min。

单列低速度等级列车停站一次相对于无停站高速度等级列车产生的扣除时间 $t_{扣除}$ 可表示为

$$t_{扣除} = I_{发} + t_{差1} + T_{低} + t_{差2} + I_{到} - I \quad (\text{min}) \tag{3-51}$$

式中 $t_{差1}$，$t_{差2}$——各区间不同速度等级列车运行时分之差，$t_{差1} + t_{差2} = t_{差}$，min。

则，单列低速度等级列车停站一次的扣除系数 $\varepsilon_{低}$ 可表示为

$$\varepsilon_{低} = \frac{I_{发} + t_{差} + T_{低} + I_{到}}{I} - 1 = \varepsilon_{低}^{基} + \frac{T_{低}}{I} \tag{3-52}$$

单列低速度等级列车停站 k' 次的扣除系数 $\varepsilon_{低}$ 可表示为

$$\varepsilon_{低} = \frac{I_{发} + t_{差} + \sum_{i=1}^{k'}(T_{低}^{i}) + I_{到}}{I} - 1 = \varepsilon_{低}^{基} + \frac{\sum_{i=1}^{k'} T_{低}^{i}}{I} \tag{3-53}$$

式中 $T_{低}^{i}$——低速度等级列车在车站 i 停站间隔时间，min。

（3）低速度等级列车待避无停站高速度等级列车

①停站一次

单列低速度等级列车停站一次待避一列无停站高速度等级列车时产生的扣除时间如

图 3-40 所示

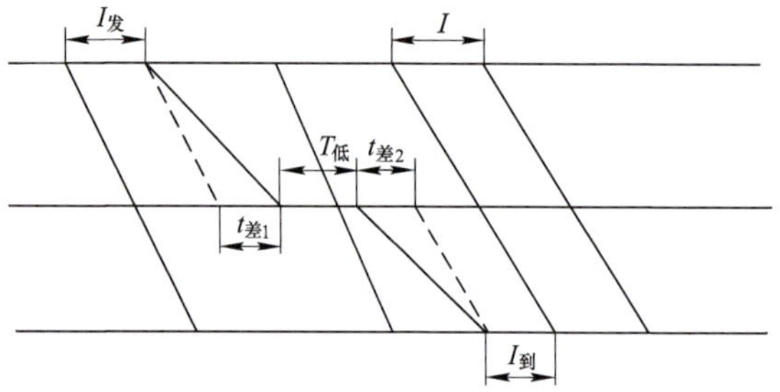

图 3-40　低速度等级列车待避无停站高速度等级列车产生扣除的示意

单列低速度等级列车停站一次待避一列无停站高速度等级列车时产生的扣除时间 $t_{扣除}$ 可表示为

$$t_{扣除}=I_{发}+t_{差1}+T_{低}+t_{差2}+I_{到}-I\quad(\text{min})\tag{3-54}$$

$$T_{低}=\max\{(t'_{停}+t'_{站}+t'_{起}),(t'_{停}+I'_{到通}+I'_{通发}+t'_{起})\}\quad(\text{min})\tag{3-55}$$

式中　$I'_{到通}$——低速度等级列车到达与高速度等级列车通过间隔时间，min；

$I'_{通发}$——高速度等级列车通过与低速度等级列车出发间隔时间，min。

单列低速度等级列车待避一列无停站高速度等级列车的扣除系数 $\varepsilon_{低}$ 可表示为

$$\varepsilon_{低}=\frac{I_{发}+t_{差}+T_{低}+I_{到}}{I}-1=\varepsilon_{低}^{基}+\frac{T_{低}}{I}-1\tag{3-56}$$

式中　$t_{差}$——不同速度等级列车区间运行的时间差，min。

当低速度等级列车在同一个车站被 n' 列高速度等级列车越行时（图 3-41），一般地，有 $t'_{停}+t'_{站}+t'_{起}<t'_{停}+I'_{到通}+(n'-1)I+I'_{通发}+t'_{起}$。

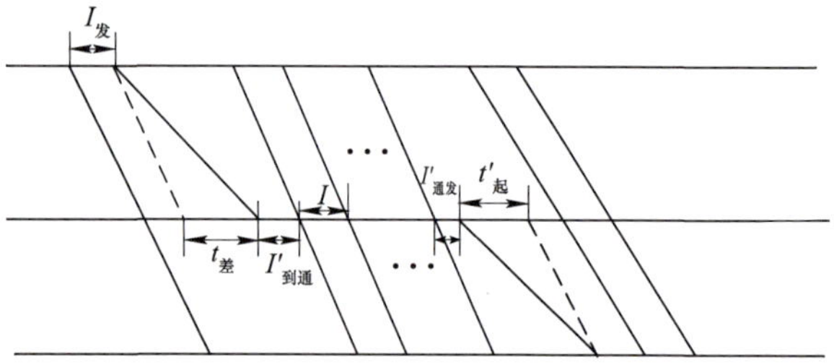

图 3-41　低速度等级列车待避多列无停站高速度等级列车产生扣除的示意

则单列低速度等级列车停站一次待避 n' 列无停站高速度等级列车的扣除系数 $\varepsilon_{低}$ 可表示为

$$\begin{aligned}\varepsilon_{低}&=\frac{I_{发}+t_{差}+t'_{停}+I'_{到通}+(n'-1)I+I'_{通发}+t'_{起}+I_{到}}{I}-(n'+1)\\&=\varepsilon_{低}^{基}+\frac{t'_{停}+I'_{到通}+I'_{通发}+t'_{起}}{I}-1\\&=\varepsilon_{低}^{基}+\frac{T_{低}}{I}-1\end{aligned}\tag{3-57}$$

比较式(3-56)和式(3-57)可见，低速度等级列车扣除系数与每次结合停站待避的高速度等级列车数无关，多列高速度等级列车在同一车站越行停站低速度等级列车并不影响通过能力。

②停站 k' 次

低速度等级列车每次停站被一列高速度等级列车越行，则扣除系数 $\varepsilon_{低}$ 可表示为

$$\varepsilon_{低}=\frac{I_{发}+t_{差}+I_{到}+\sum_{i=1}^{k'}T_{低}}{I}-1-k'=\varepsilon_{低}^{基}+\frac{\sum_{i=1}^{k'}T_{低}}{I}-k' \tag{3-58}$$

低速度等级列车每次停站被 n' 列高速度等级列车越行，则扣除系数 $\varepsilon_{低}$ 可表示为

$$\begin{aligned}\varepsilon_{低}&=\frac{I_{发}+t_{差}+I_{到}+\sum_{i=1}^{k'}\left[t'^{i}_{停}+I'^{i}_{通到}+I'^{i}_{到发}+t'^{i}_{起}+(n'-1)I\right]}{I}-1-n'k'\\&=\varepsilon_{低}^{基}+\frac{\sum_{i=1}^{k'}(t'^{i}_{停}+I'^{i}_{通到}+I'^{i}_{到发}+t'^{i}_{起})}{I}-k'\\&=\varepsilon_{低}^{基}+\frac{\sum_{i=1}^{k'}T_{低}}{I}-k'\end{aligned} \tag{3-59}$$

式中　$I'^{i}_{通到}$ ——停站 i 次，低速度等级列车到达与高速度等级列车通过间隔时间，min；

$I'^{i}_{到发}$ ——停站 i 次，低速度等级列车到达与发车间隔时间，min。

(4)低速度等级列车待避停站高速度等级列车

单列低速度等级列车待避停站高速度等级列车产生的扣除时间如图 3-42 所示。

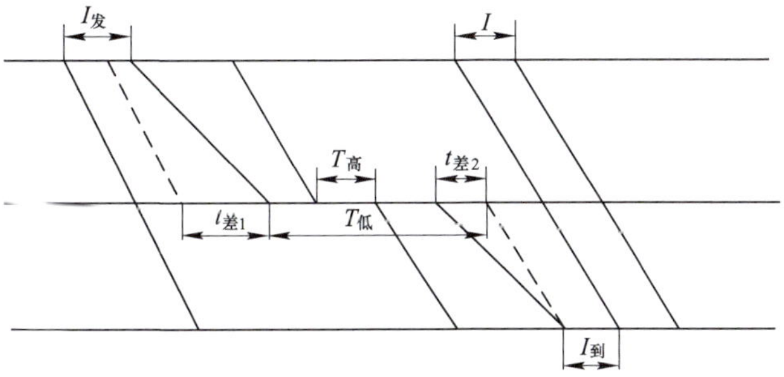

图 3-42　低速度等级列车待避停站高速度等级列车产生扣除的示意

单列低速度等级列车待避停站高速度等级列车产生的扣除时间 $t_{扣除}$ 可表示为

$$t_{扣除}=I_{发}+t_{差1}+T_{低}+t_{差2}+I_{到}-I-(I+T_{高})\quad(\text{min}) \tag{3-60}$$

$$T_{低}=\max\{(t'_{停}+t'_{站}+t'_{起}),(t'_{停}+I'_{到}+T_{高}+I'_{发}+t'_{起})\}\quad(\text{min}) \tag{3-61}$$

单列低速度等级列车待避停站高速度等级列车的扣除系数 $\varepsilon_{低}$ 可表示为

$$\varepsilon_{低}=\frac{I_{发}+t_{差}+T_{低}+I_{到}-2I-T_{高}}{I}=\varepsilon_{低}^{基}+\frac{T_{低}-T_{高}}{I}-1 \tag{3-62}$$

2. 多列低速度等级列车扣除系数

在“不同速度等级列车混跑”模式下，列车速差是造成低速度等级列车扣除系数的主要原因。为了减少低速度等级列车扣除系数，通常组织低速度等级列车成组追踪运行。

(1)不被高速度等级列车越行

按照“由远及近”的最优方案铺画，低速度等级列车平均扣除系数如图 3-43 所示。

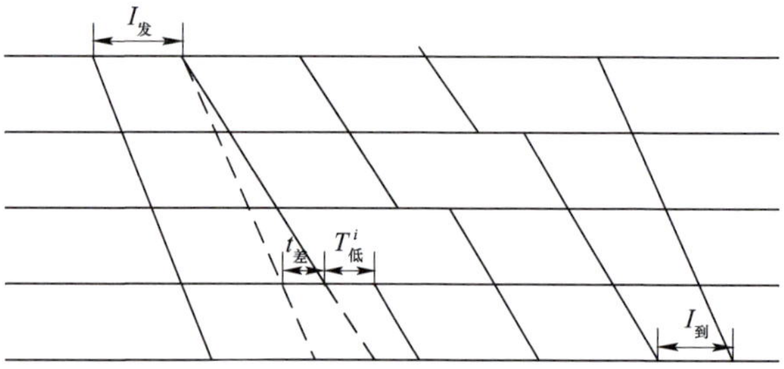

图 3-43　多列低速度等级列车按最优方案铺画产生扣除的示意

按照“由远及近”的最优方案铺画，低速度等级列车平均扣除系数 $\varepsilon_{低}$ 可表示为

$$\varepsilon_{低}=\frac{I_{发}+t_{差}+\max\{T^{i}_{低}\}+I_{到}+(n-2)I}{nI} \tag{3-63}$$

式中　$T^{i}_{低}$——低速度等级列车在车站 i 停站间隔时间，min。

按照最不利方案铺画，每一列车的扣除系数等于单列停站低速度等级列车的扣除系数 $\varepsilon_{低}$ 可表示为

$$\varepsilon_{低}=\frac{I_{发}+t_{差}+T_{低}+I_{到}}{I}-1=\varepsilon^{基}_{低}+\frac{T_{低}}{I} \tag{3-64}$$

(2)被高速度等级列车越行

设连续追踪的低速度等级列车、无停站高速度等级列车分别为 $k_{低}$ 列和 $k_{高}$ 列，并定义为越行组 Y($k_{低}$, $k_{高}$)。相邻区间[r,s],[r,s]是该方向上高、低速度等级列车旅行时间差最大的两个相邻可越行点的空间范围，这样 $k_{低}$ 列低速度等级列车在 r 站被 $k_{高}$ 列高速度等级列车越行，可以确保低速度等级列车不会被连续越行如图 3-44 所示。

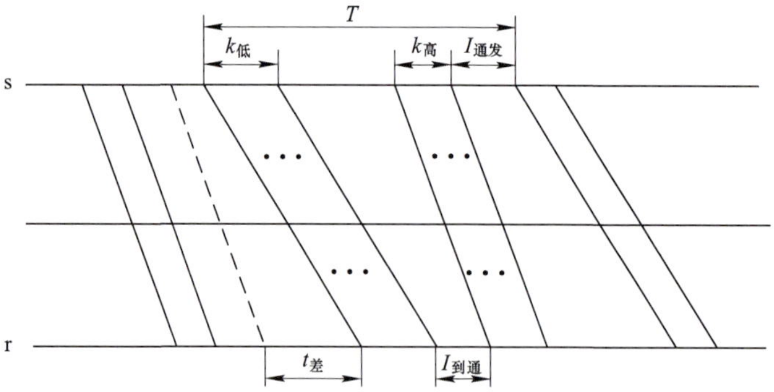

图 3-44　越行组及其周期 T 的示意

越行组 Y($k_{低}$, $k_{高}$)的周期 T 可表示为

$$T=t_{差}+(k_{低}-1)\cdot I_{低}+I_{到通}+(k_{高}-1)\cdot I_{高}+I_{通发}\quad(\text{min}) \tag{3-65}$$

式中 $k_{低}$——连续追踪低速度等级列车列数；

$k_{高}$——连续追踪无停站高速度等级列车列数；

$I_{低}$——低速度等级列车追踪间隔时间，min；

$I_{高}$——高速度等级列车追踪间隔时间，min。

假设所有的低速度等级列车都铺画在若干越行组里，并且所有越行组之外的可用时间全部铺画无停站高速度等级列车，则以相等的越行组 $Y(k_{低},k_{高})$ 为单位均衡铺画列车运行图，一昼夜可以安排的低速度等级列车的列数 $N_{低}$ 可表示为

$$N_{低}=k_{低}\cdot\frac{1\ 440-T_{天窗}-T_{损失}}{t_{差}+(k_{低}-1)\cdot I_{低}+I_{到通}+(k_{高}-1)\cdot I_{高}+I_{通发}}\quad(列)\qquad(3\text{-}66)$$

此时，满表运行图可以铺画的无停站高速度等级列车有两类，即所有越行组之外的时间可以铺画的高速度等级列车和越行组中的高速度等级列车。则高速度等级列车的列数 $N_{高}$ 可表示为

$$\begin{aligned}N_{高}&=\frac{1\ 440-T_{天窗}-T_{损失}-T\cdot(N_{低}/k_{低})}{I_{高}}+k_{高}\cdot(N_{低}/k_{低})\\&=N_{平}-(N_{低}/k_{低})\cdot\left(\frac{T}{I_{高}}-k_{高}\right)\quad(列)\end{aligned}\qquad(3\text{-}67)$$

式中 $N_{平}$——全高速平行运行图通过能力，列。

低速度等级列车扣除系数 $\varepsilon_{低}$ 可表示为

$$\varepsilon_{低}=\frac{N_{平}-N_{高}}{N_{低}}=\frac{I_{低}}{I_{高}}+\frac{1}{k_{低}}\cdot\frac{t_{差}+I_{到通}+I_{通发}}{I_{高}}\qquad(3\text{-}68)$$

根据式(3-68)可知，随着越行组中低速度等级列车的对数 $k_{低}$ 的增加，扣除系数 $\varepsilon_{低}$ 将会减小。

综上得到低速度等级列车的平均扣除系数 $\bar{\varepsilon}_{低}$ 可表示为

$$\bar{\varepsilon}_{低}=\sum\eta_j\times\varepsilon^j_{低}\qquad(3\text{-}69)$$

式中 η_j——采用 j 种停站或铺画方式的低速度等级列车比例，%；

$\varepsilon^j_{低}$——采用 j 种停站或铺画方式的低速度等级列车扣除系数。

3. 不同速度等级列车混跑通过能力

以上低速度等级列车的扣除系数都是相对于无停站高速度等级列车的，因此，在铺画一定对数低速度等级列车 $N_{低}$ 的条件下，无停站高速度等级列车的列数 $N^{无停站}_{高}$ 可表示为

$$N^{无停站}_{高}=N_{平}-N_{低}\cdot\bar{\varepsilon}_{低}\quad(列)\qquad(3\text{-}70)$$

考虑高速度等级列车停站时，高速度等级列车的通过能力 $N_{高}$ 可表示为

$$N_{高}=\frac{N^{无停站}_{高}}{\bar{\varepsilon}_{高停}}=\frac{N_{平}-N_{低}\cdot\bar{\varepsilon}_{低}}{\bar{\varepsilon}_{高停}}\quad(列)\qquad(3\text{-}71)$$

式中 $\bar{\varepsilon}_{高停}$——高速度等级列车停站扣除系数。

采用“高中混跑”运输组织模式的高速铁路通过能力 N 可表示为

$$\begin{aligned}N&=N_{高}+N_{低}\\&=N_{全}-N_{低}\left(\frac{\bar{\varepsilon}_{低}}{\bar{\varepsilon}_{高停}}-1\right)\quad(列)\end{aligned}\qquad(3\text{-}72)$$

由式(3-72)可得，在已知运行图低速度等级列车比重 $\alpha_{低}$ 的条件下，其通过能力 N 可表示为

$$N=\frac{1\,440-T_{天窗}-T_{损失}}{I\cdot\left[\bar{\varepsilon}_{高停}+\alpha_{低}(\bar{\varepsilon}_{低}-\bar{\varepsilon}_{高停})\right]}\quad(列) \tag{3-73}$$

3.4.3 案例分析

为了更清晰直观地说明列车运行图结构和客流区段通过能力之间的关系，自定义案例进行分析。设一个客流区段，包含 4 个中间站，分别为 A、B、C、D 站。线路上有两种速度等级列车运行，分别为 300 km/h 和 250 km/h 速度等级列车。运行图技术作业标准见表 3-3，列车区间运行标尺见表 3-4。

为了体现列车运行图结构对客流区段通过能力的影响，针对影响客流区段通过能力的四个列车运行图结构因素，即不同速度等级列车速差、列车停站、低速度等级列车比例和运行图铺画方式，分别设置四个与之相对应的案例运行图，并利用改进扣除系数法和不基于运输计划的扣除系数法分别计算每个案例运行图的客流区段通过能力，对两种方法的计算结果进行对比分析。

表 3-3 运行图技术作业标准

区间	区间距离(km)	下行	
		运行速度 300 km/h	运行速度 250 km/h
		通通时分(min)	通通时分(min)
A—B	60	12	14.4
B—C	100	20	24
C—D	80	16	19.2
合计	240	48	57.6

表 3-4 区间运行标尺 (单位：min)

速度级	起车附加时分	停车附加时分	始发站最小发车间隔时间	到达最小间隔时间	中间站追踪间隔时间	到通间隔时间	通发间隔时间	中间站停站时间
运行速度 300 km/h	2	3	5	5	3	3	2	2
运行速度 250 km/h	2	2	5	5	3	3	2	2

1. 案例计算

(1)不同速度等级列车速差

自定义一个 3 h 列车运行图，如图 3-45 所示，其中高速度等级列车 5 列（用 G 字头和黑色运行线表示），低速度等级列车 5 列（用 D 字头和红色运行线表示），不同速度等级列车均衡铺画，突出列车速差因素。

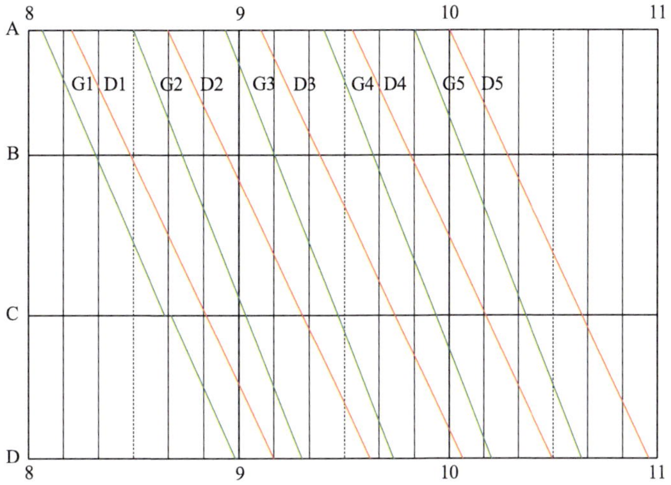

图 3-45 突出不同速度等级列车速差的列车运行图

①改进扣除系数法

a.“全高速”平行运行图通过能力

$$N_{平} = \frac{180}{I} + 1 = \frac{180}{5} + 1 = 137\ (列)$$

b.“全高速”非平行运行图通过能力

根据列车间的铺画方式和改进扣除系数法，得到对应的扣除系数，计算结果见表 3-5。

表 3-5 突出不同速度等级列车速差运行图的改进扣除系数法计算过程

扣除系数分类	扣除方式	车次	扣除系数	列车比例
$\bar{\varepsilon}_{高停}$	单列高速度等级列车停站一次	G1	2.4	0.17
$\varepsilon_{低}$	单列低速度等级列车无停站	D1、D2、D3、D4、D5	2.92	1

计算得到

$$\bar{\varepsilon}_{高停} = 1 - \sum \gamma_j + \sum \gamma_j \cdot \varepsilon^j_{高停} = 1 - 0.17 + 0.17 \times 2.4 = 1.23$$

$$\bar{\varepsilon}_{低} = \sum \eta_j \times \varepsilon^j_{低} = 1 \times 2.92 = 2.92$$

$$N = \frac{180}{I \cdot [\bar{\varepsilon}_{高停} + \alpha_{低}(\bar{\varepsilon}_{低} - \bar{\varepsilon}_{高停})]} = \frac{180}{5 \times [1.23 + 0.5 \times (2.92 - 1.23)]} = 17\ (列)$$

$$N_{混} = N_{高1} + N_{高2} = 5 + 5 = 10\ (列)$$

$$K=\frac{N_{混}}{N}\times 100\%=\frac{10}{17}\times 100\%=58.8\%$$

②不基于运输组织计划的扣除系数法

计算得到

$$\varepsilon_{高停}=\varepsilon_{A}=1+\frac{t_{起}+t_{停}+t_{办}}{I}=1+\frac{2+3+4}{5}=2.4$$

$$\varepsilon_{低}=\varepsilon_{B}=\frac{I_{发}+I_{到}+T_{B}-T_{A}+(n_{B}-1)I_{B}-I_{A}}{n_{B}I_{A}}$$

$$=\frac{5+5+57.6-48+(5-1)\times 3-3}{5\times 3}=1.91$$

$$N_{全}=\frac{N}{\varepsilon_{高}}=\frac{N_{平}}{\varepsilon_{高停}}=\frac{37}{2.4}=15\text{（列）}$$

$$K=\frac{N_{混}}{N_{全}}\times 100\%=\frac{10}{15}\times 100\%=66.7\%$$

(2)列车停站

自定义一个 3 h 列车运行图，如图 3-46 所示，其中高速度等级列车 8 列（用 G 字头和黑色运行线表示），低速度等级列车 4 列（用 D 字头和红色运行线表示）。停站列车数量较多，占列车总数的 75%。

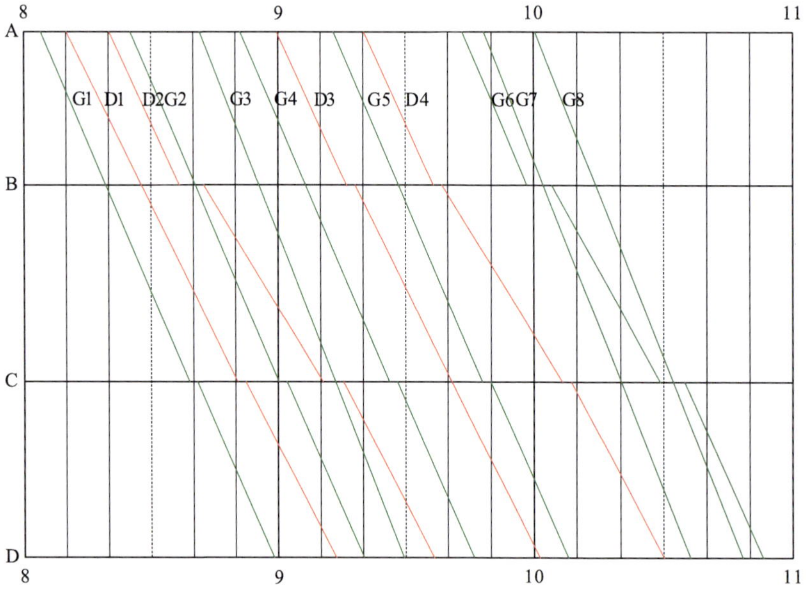

图 3-46　突出列车停站的列车运行图

①改进扣除系数法

a.“全高速”平行运行图通过能力

$$N_{平}=\frac{180}{I}+1=\frac{180}{5}+1=37\text{（列）}$$

b.“全高速”非平行运行图通过能力

根据列车间的铺画方式和改进扣除系数法，得到对应的扣除系数，计算结果见表 3-6。

表 3-6 突出列车停站运行图的改进扣除系数法计算过程

扣除系数分类	扣除方式	车次	扣除系数	列车比例
$\varepsilon_{高停}$	单列高速度等级列车停站一次	G1/G4/G5	2.4	0.375
	无停站高速度等级列车越行有停站高速度等级列车	G6、G7、G8	4	0.125
$\varepsilon_{低}$	单列低速度等级列车停站一次	D1/D3	4.12	0.5
	低速度等级列车每次停站被一列高速度等级列车越行	D2、G2、G3	4.52	0.25
	单列低速度等级列车停站两次	D4	5.32	0.25

计算得到

$$\bar{\varepsilon}_{高停}=1-\sum\gamma_j+\sum\gamma_j\cdot\varepsilon^j_{高停}=1-0.375-0.125+0.375\times2.4+0.125\times4=1.9$$

$$\bar{\varepsilon}_{低}=\sum\eta_j\times\varepsilon^j_{低}=4.12\times0.5+4.52\times0.25+5.32\times0.25=4.52$$

$$N=\frac{180}{I\cdot[\bar{\varepsilon}_{高停}+\alpha_{低}(\bar{\varepsilon}_{低}-\bar{\varepsilon}_{高停})]}=\frac{180}{5\times[1.9+0.33\times(4.52-1.9)]}=13\ (列)$$

$$N_{混}=N_{高1}+N_{高2}=8+4=12\ (列)$$

$$K=\frac{N_{混}}{N}\times100\%=\frac{12}{13}\times100\%=92.3\%$$

②不基于运输组织计划的扣除系数法

计算得到

$$\varepsilon_{高停}=\varepsilon_A=1+\frac{t_{起}+t_{停}+t_{办}}{I}=1+\frac{2+3+4}{5}=2.4$$

$$\varepsilon_{低}=\varepsilon_B=\frac{I_{发}+I_{到}+T_B-T_A+(n_B-1)I_B-I_A}{n_BI_A}$$

$$=\frac{5+5+57.6-48+(4-1)\times3-3}{4\times3}=2.13$$

$$N_{全}=\frac{N}{\varepsilon_{高}}=\frac{N_{平}}{\varepsilon_{高停}}=\frac{37}{2.4}=15\ (列)$$

$$K=\frac{N_{混}}{N_{全}}\times100\%=\frac{12}{15}\times100\%=80.0\%$$

(3)低速度等级列车比例

自定义一个 3 h 列车运行图，如图 3-47 所示，其中高速度等级列车 4 列（用 G 字头和黑色运行线表示），低速度等级列车 6 列（用 D 字头和红色运行线表示），低速度等级列车数量多于高速度等级列车，占列车总数的 60%。

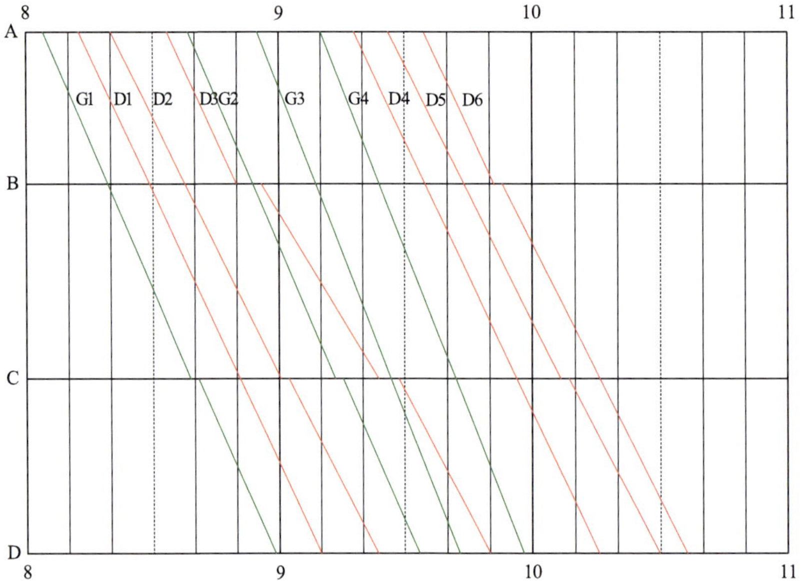

图 3-47　突出较低速度等级列车比例的列车运行图

①改进扣除系数法

a.“全高速”平行运行图通过能力

$$N_{平} = \frac{180}{I} + 1 = \frac{180}{5} + 1 = 37\ (列)$$

b.“全高速”非平行运行图通过能力

根据列车间的铺画方式和改进扣除系数法，得到对应的扣除系数，计算结果见表 3-7。

表 3-7　突出较低速度等级列车比例运行图的改进扣除系数法计算过程

扣除系数分类	车次	扣除方式	扣除系数	列车比例
$\varepsilon_{高停}$	G1	单列高速度等级列车停站一次	2.4	0.25
$\varepsilon_{低}$	D1	单列低速度等级列车无停站	2.92	0.17
	D3、G2、G3	低速度等级列车每次停站被一列高速度等级列车越行	4.52	0.17
	D2	单列低速度等级列车停站一次	4.12	0.17
	D4、D5、D6	三列停站低速度等级列车按最优方式铺画	2.56	0.5

计算得到

$$\bar{\varepsilon}_{高停}=1-\sum\gamma_j+\sum\gamma_j\cdot\varepsilon^j_{高停}=1-0.25+0.25\times2.4=1.35$$

$$\bar{\varepsilon}_{低}=\sum\eta_j\times\varepsilon^j_{低}=2.9\times0.17+4.52\times0.17+4.12\times0.17+2.56\times0.5=3.21$$

$$N=\frac{180}{I\cdot[\bar{\varepsilon}_{高停}+\alpha_{低}(\bar{\varepsilon}_{低}-\bar{\varepsilon}_{高停})]}=\frac{180}{5\times[1.35+0.6\times(3.21-1.35)]}=14\,(列)$$

$$N_{混}=N_{高1}+N_{高2}=4+6=10\,(列)$$

$$K=\frac{N_{混}}{N}\times100\%=\frac{10}{14}\times100\%=71.4\%$$

②不基于运输组织计划的扣除系数法

计算得到

$$\varepsilon_{高停}=\varepsilon_A=1+\frac{t_{起}+t_{停}+t_{办}}{I}=1+\frac{2+3+4}{5}=2.4$$

$$\varepsilon_{低}=\varepsilon_B=\frac{I_{发}+I_{到}+T_B-T_A+(n_B-1)I_B-I_A}{n_B I_A}$$

$$=\frac{5+5+57.6-48+(6-1)\times3-3}{6\times3}=1.76$$

$$N_{全}=\frac{N}{\varepsilon_{高}}=\frac{N_{平}}{\varepsilon_{高停}}=\frac{37}{2.4}=15\,(列)$$

$$K=\frac{N_{混}}{N_{全}}\times100\%=\frac{10}{15}\times100\%=66.7\%$$

(4)运行图铺画方式

自定义一个 3 h 列车运行图，如图 3-48 所示，其中高速度等级列车 5 列(用 G 字头和黑色运行线表示)，低速度等级列车 5 列(用 D 字头和红色运行线表示)，两种速度等级列车均采用集中方式铺画。

①改进扣除系数法

a.“全高速”平行运行图通过能力

$$N_{平}=\frac{180}{I}+1=\frac{180}{5}+1=37\,(列)$$

b.“全高速”非平行运行图通过能力

根据列车间的铺画方式和改进扣除系数法，得到对应的扣除系数，计算结果见表 3-8。

表 3-8　突出集中铺画方式运行图的改进扣除系数法计算过程

扣除系数分类	扣除方式	车次	扣除系数	列车比例
$\varepsilon_{高停}$	三列停站高速度等级列车按最优方式铺画	G1、G2、G3	1.6	0.4
$\varepsilon_{低}$	多列低速度等级列车被多列高速度等级列车越行	D1、D2、D3、D4、D5	1.24	1

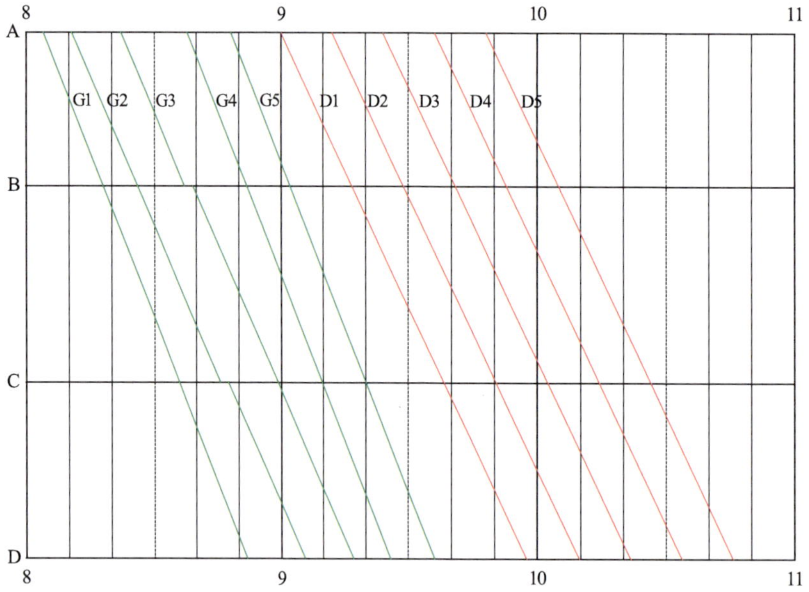

图 3-48　突出集中铺画方式的列车运行图

计算得到

$$\bar{\varepsilon}_{高停}=1-\sum\gamma_j+\sum\gamma_j\cdot\varepsilon_{高停}^{j}=1-0.4+0.4\times1.6=1.24$$

$$\bar{\varepsilon}_{低}=\sum\eta_j\times\varepsilon_{低}^{j}=1.24\times1=1.24$$

$$N=\frac{180}{I\cdot[\bar{\varepsilon}_{高停}+\alpha_{低}(\bar{\varepsilon}_{低}-\bar{\varepsilon}_{高停})]}=\frac{180}{5\times[1.24+0.5\times(1.24-1.24)]}=29\text{（列）}$$

$$N_{混}=N_{高1}+N_{高2}=5+5=10\text{（列）}$$

$$K=\frac{N_{混}}{N}\times100\%=\frac{10}{29}\times100\%=34.5\%$$

②不基于运输组织计划的扣除系数法

计算得到

$$\varepsilon_{高停}=\varepsilon_{A}=1+\frac{t_{起}+t_{停}+t_{办}}{I}=1+\frac{2+3+4}{5}=2.4$$

$$\varepsilon_{低}=\varepsilon_{B}=\frac{I_{发}+I_{到}+T_{B}-T_{A}+(n_{B}-1)I_{B}-I_{A}}{n_{B}I_{A}}$$

$$=\frac{5+5+57.6-48+(5-1)\times3-3}{5\times3}=1.91$$

$$N_{全}=\frac{N}{\varepsilon_{高}}=\frac{N_{平}}{\varepsilon_{高停}}=\frac{37}{2.4}=15\text{（列）}$$

$$K=\frac{N_{混}}{N_{全}}\times100\%=\frac{10}{15}\times100\%=66.7\%$$

2. 计算结果对比分析

对上述计算结果对比分析见表 3-9。

表 3-9 案例计算结果对比 （单位：列）

计算方法 \ 列车运行图结构因素	不同速度等级列车速差	列车停站	低速度等级列车比例	运行图铺画方式
不基于运输组织计划的扣除系数法	15	15	15	15
改进扣除系数法	17	13	14	29
运行图铺画列车数量	10	12	10	10

根据计算结果可以看出，两种方法计算得到的客流区段通过能力都随着运行图结构变化而不同。而采用不基于运输组织计划的扣除系数法的计算结果变化不大，几乎一致，相反改进扣除系数法在不同运行图结构下的计算结果相差很大，说明不基于运输组织计划的扣除系数法几乎不能反映列车运行图结构，而改进扣除系数法在一定程度上能更好地反映列车运行图的结构。这是由于不基于运输组织计划的扣除系数法计算的是列车运行图的平均状态，没有详细计算每种运行图结构在实际运行图中扣除系数的大小和比例，而改进扣除系数法恰恰考虑了这一点。

两种方法均能在一定程度上挖掘列车运行图的可用能力，对列车运行图的铺画起到了一定的指导作用。但在知道运行图结构的情况下，采用改进扣除系数法计算得到的客流区段通过能力更接近实际，更具有指导意义。

由于以上案例运行图都只突出了一种列车运行图结构，不基于运输组织计划的扣除系数法不能很好地反映列车运行图的特点，使得计算得到的客流区段通过能力与实际相距较大。但以上案例运行图均为相对极端化的情况，实际上并不存在，所以有必要采用两种方法对接近实际的运行图的客流区段通过能力进行计算，并对计算结果进行对比分析。

自定义一个 3 h 列车运行图，如图 3-49 所示，其中高速度等级列车 9 列（用 G 字头和黑色运行线表示），低速度等级列车 3 列（用 D 字头和红色运行线表示）。

(1)改进扣除系数法

①“全高速”平行运行图通过能力

$$N_{平} = \frac{180}{I} + 1 = \frac{180}{5} + 1 = 37\ (列)$$

②“全高速”非平行运行图通过能力

根据初始列车运行图中列车间的铺画方式和上述扣除系数计算方法，得到对应的扣除系数，计算结果见表 3-10。

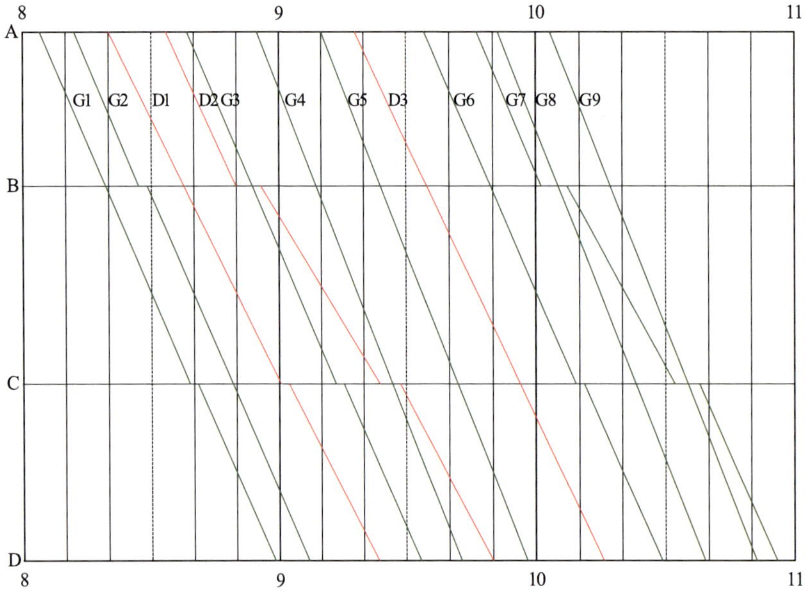

图 3-49 列车运行图

表 3-10 列车运行图的改进扣除系数法计算过程

扣除系数分类	车次	扣除方式	扣除系数	列车比例
$\varepsilon_{高停}$	G1、G2	两列停站高速度等级列车按最优方式铺画	1.7	0.22
	G6	单列高速度等级列车停站一次	2.4	0.11
	G7、G8、G9	无停站高速度等级列车越行有停站高速度等级列车	4	0.11
$\varepsilon_{低}$	D1	单列低速度等级列车停站一次	4.12	0.33
	D2、G3、G4	低速度等级列车每次停站被一列高速度等级列车越行	4.52	0.33
	D3	单列低速度等级列车无停站	2.92	0.33

计算得到

$$\bar{\varepsilon}_{高停} = 1-\sum\gamma_j + \sum\gamma_j \cdot \varepsilon^j_{高停}$$

$$=1-0.22-0.11-0.11+0.22\times1.7+0.11\times2.4+0.11\times4=1.64$$

$$\bar{\varepsilon}_{低} = \sum\eta_j \times \varepsilon^j_{低} = 4.12\times0.33+4.52\times0.33+2.92\times0.33=3.81$$

$$N=\frac{180}{I\cdot[\bar{\varepsilon}_{高停}+\alpha_{低}(\bar{\varepsilon}_{低}-\bar{\varepsilon}_{高停})]}=\frac{180}{5\times[1.64+0.25\times(3.81-1.64)]}=16\text{(列)}$$

$$N_{混} = N_{高1}+N_{高2}=9+3=12\text{(列)}$$

$$K=\frac{N_{混}}{N}\times 100\%=\frac{12}{16}\times 100\%=75.0\%$$

接近实际的列车运行图客流区段通过能力为 12 列，扣除系数法计算得到的客流区段通过能力为 16 列，说明基于运输组织计划的扣除系数法能有效地挖掘列车运行图的可用能力，对列车运行图的铺画有一定指导意义。

(2)不基于运输组织计划的扣除系数法

计算得到

$$\varepsilon_{高停}=\varepsilon_{A}=1+\frac{t_{起}+t_{停}+t_{办}}{I}=1+\frac{2+3+4}{5}=2.4$$

$$\varepsilon_{低}=\varepsilon_{B}=\frac{I_{发}+I_{到}+T_{B}-T_{A}+(n_{B}-1)I_{B}-I_{A}}{n_{B}I_{A}}$$

$$=\frac{5+5+57.6-48+(3-1)\times 3-3}{3\times 3}=2.51$$

$$N_{全}=\frac{N}{\varepsilon_{高}}=\frac{N_{平}}{\varepsilon_{高停}}=\frac{37}{2.4}=15\text{(列)}$$

$$K=\frac{N_{混}}{N_{全}}\times 100\%=\frac{12}{15}\times 100\%=80.0\%$$

接近实际的列车运行图客流区段通过能力为 12 列，计算得到的客流区段通过能力为 15 列，说明对于接近实际的列车运行图，不基于运输组织计划的扣除系数法在一定程度上也能有效地挖掘列车运行图的可用能力，对列车运行图的铺画有一定指导意义。这是由于接近实际的列车运行图的结构比较平均，没有突出某个结构，而不基于运输组织计划的扣除系数法的原理就是将列车运行图结构做平均化处理，所以得到了比较可观的结果。

由于案例中列车数较少，两种扣除系数法计算得到的列车运行图区段通过能力非常接近，取整后均为 15 列，但由于计算原理的差异，基于运输组织计划的扣除系数法精度更高，更接近实际。

3.5 基于最优列车序列模型的高速铁路区段通过能力计算方法

本节结合了扣除系数法、平均最小时间间隔法、直接计算法和运行图压缩法等通过能力计算方法，对高速铁路客运区段通过能力计算进行研究。

首先，基于较高速度等级列车及客运区段的里程计算该客运区段在单位时段的全高速度等级列车平行运行图。其次，在平行运行图的基础上，借鉴扣除系数法和最小时间间隔法的思想，考虑不同停站方式列车的不同组合方式对平行运行图列车的扣除影响，并计算较高速度等级列车停站对平图列车的扣除。通过对相邻运行列车间的多余时间进行压缩，得到同一速度等级，不同停站方式的客运区段通过能力。再次，在此基础上，通过对所有较高速度等级相邻运行列车之间的间隔时间判断，即根据各相邻运行的列车间在途经各车站和区间的间隔时间，依次计算在区段和车站的扣除列车数和推移时间。以总向后推移时间最少为目标，选择较低速度等级列车的插入位置，得到不同速度等级列车混合运行的平图总扣除列车数。从而得到最终的客运区段通过能力值，同时得到相应的最优的列车运行序列。

研究的技术路线如图 3-50 所示。

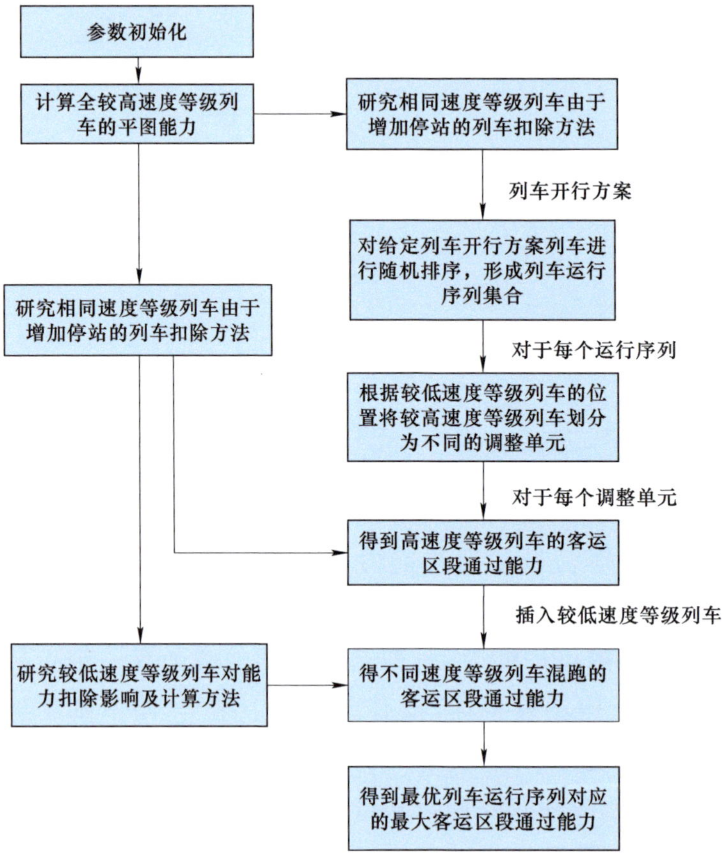

图 3-50　高速铁路客运区段通过能力技术路线

3.5.1　不同情况下高速铁路客运区段通过能力计算方法

1. 全高速度等级列车的平图客运区段通过能力计算

假设客运区段的全高速度等级列车的平图通过能力为 C_p^{se}，即只有在列车运行间隔时间和一昼夜列车可运行时段的约束下，客运区段的通过能力 C_p^{se} 可表示为

$$C_p^{se} = \frac{T_d - T_{skylost}}{t_{ave}^{I,se}} + 1 \quad (列) \tag{3-74}$$

式中　T_d——一昼夜时间，min；

$T_{skylost}$——天窗损失时间，min；

$t_{ave}^{I,se}$——列车追踪间隔时间，min。

其中追踪间隔时间由区间追踪间隔时间、列车到达车站间隔时间和车站发车间隔时间的最大值决定。

高速度等级列车的平行运行图如图 3-51 所示。

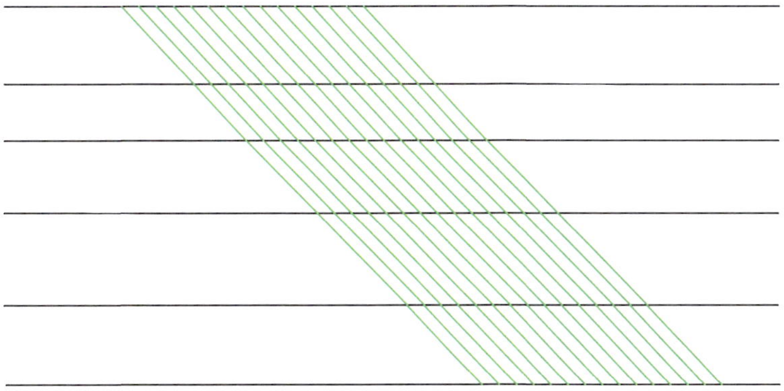

图 3-51 客运区段内全高速度等级列车的平行运行图

假设所有列车都按平均停站运行，且追踪间隔时间不变，则可得列车在相同停站次数及停站方式情况下的极限通过能力 C_{p-s}^{se}，其可表示为

$$C_{p-s}^{se} = C_{p}^{se} - \varepsilon_{one}^{p} \quad (列) \tag{3-75}$$

式中 ε_{one}^{p}——一列车按平均停站运行对平行运行图的额外扣除系数。

ε_{one}^{p} 与运行间隔时间和该列车的在站停留时间有关，具体可所示为

$$\varepsilon_{one}^{p} = \frac{N^{st}\bar{r}_{l}^{stop}(t_{add}^{p,a} + t_{add}^{p,d} + t_{add}^{p,s})}{t_{ave}^{I,se}} \quad (min) \tag{3-76}$$

式中 N^{st}——总车站数，个；

$\bar{r}_{l}^{stop}$——平均停站率；

$t_{add}^{p,a}$——p 速度等级列车的起动附加时间，min；

$t_{add}^{p,d}$——p 速度等级列车的停车附加时间，min；

$t_{add}^{p,s}$——p 速度等级列车的在站停留时间，min。

p=h 时表示较高速度等级列车，p=m 表示较低速度等级列车。

由图 3-52 可以看出，只要列车的运行速度和停站方式均相同，并按追踪间隔时间运行时，通过能力都只是在平行运行图的基础上扣除一列车。

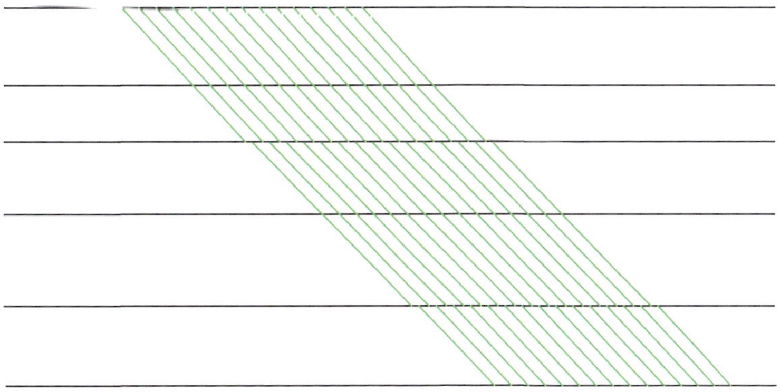

图 3-52 相同停站调整时的列车扣除

而若按小时为单位计算时，总占用时间变为 60 min，且若不是临近天窗的时间段，则不需要考虑天窗对其的影响。同时，由于最后一列车的占用时间也是下每小时第一列车占用

的时间。因此，按小时为单位计算能力时需要减去最后一列车。可得按小时为单位计算的平图能力 $C_{p,\mathrm{one}}^{\mathrm{se}}$ 可表示为

$$C_{p,\mathrm{one}}^{\mathrm{se}} = \frac{60}{t_{\mathrm{ave}}^{\mathrm{I,se}}} \quad (\text{列}) \tag{3-77}$$

2. 同一速度等级不同停站方式的客运区段通过能力计算

在平行运行图的基础上，当列车发生不同停站方式的改变时，对能力的影响也是不同的。若分别每列车对平图能力的扣除，会产生大量的重复扣除。但是，若通过不同停站方式列车的运行顺序合理优化，不仅可以更精细地描述对平图能力的扣除影响，且更符合列车实际运行情况。

(1)单列增加停站的列车额外扣除能力

对部分列车进行增加停站次数的调整时，在 C_p^{se} 的基础上将产生额外扣除。如图 3-53 所示，红色实线表示增加停站次数的列车，黄色虚线表示被扣除的列车。

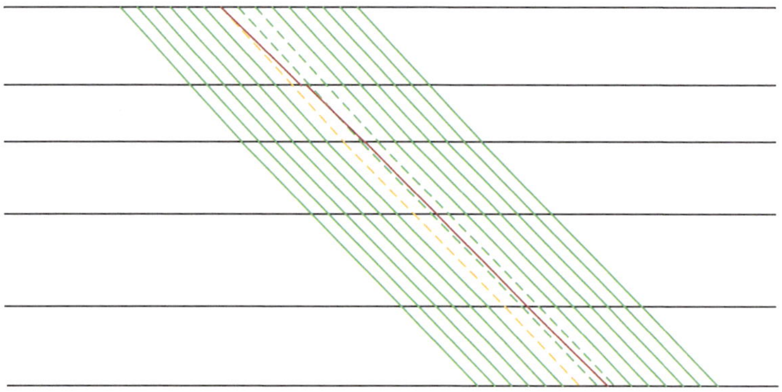

图 3-53　增加列车停站次数对运行图的影响

增加 f 次停站的额外扣除列车数 $\varepsilon_{\mathrm{one}}^{p,f}$ 可表示为

$$\varepsilon_{\mathrm{one}}^{p,f} = \frac{f(t_{\mathrm{add}}^{p,\mathrm{a}} + t_{\mathrm{add}}^{p,\mathrm{d}} + t_{\mathrm{add}}^{p,\mathrm{s}})}{t_{\mathrm{ave}}^{\mathrm{I,se}}} \tag{3-78}$$

式中　$t_{\mathrm{add}}^{p,\mathrm{a}} + t_{\mathrm{add}}^{p,\mathrm{d}} + t_{\mathrm{add}}^{p,\mathrm{s}} = t_{\mathrm{stop}}^{p}$。

(2)组合增加停站次数列车的线路通过能力

当列车停站方式不同的时候，可以经过合理的运行组合，使得能力最大化。

①列车组合增加停站次数的基础调整原则

a. 分单元调整原则：为了减少由于不同停站列车对已有列车的额外扣除，同时使列车运行更贴近实际客运需求，设定调整单元，以小时段为单位进行组合停站调整。

b. 递远递停原则：增加的停站次数相同的列车相邻调整时，两列车增停的第一站靠运行下方的列车为前行列车，否则为后行列车。

c. 递少递停原则：增加停站次数不相同的列车相邻调整时，前行列车为增加停站次数较少的列车，后行列车为增加停站次数较多的列车。

②不同类型列车组合的能力扣除计算方法

a. 当调整列车为最后一列车时，在符合时间段约束条件情况下，增加停站不产生列车

的扣除。

b. 当调整单元 x 中为组合增加停站调整，且各列车的停站方式相同时，组合扣除列车数等于其中一列车增加停站扣除的列车数。如图 3-54 所示，红线实线表示增加停站的列车；黄色虚线表示增加停站列车的原运行线；绿色虚线表示由于增加停站被额外扣除的列车。

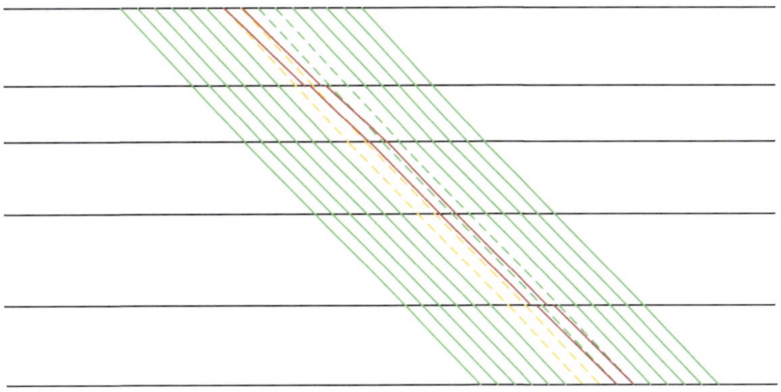

图 3-54　相同增停方式的列车扣除

由图 3-54 可看出，组合增加停站列车最终扣除的总列数等于其中一列车单独增加停站时扣除的列车数。设增加停站的列车速度等级为 p，增加停站次数为 f，第 x 个增加停站调整单元内扣除的列车数 $\varepsilon_{\text{add}-x}^{\text{se}}$ 可表示为

$$\varepsilon_{\text{add}-x}^{\text{se}} = \varepsilon_{\text{one}}^{p,f} \tag{3-79}$$

c. 当调整单元 x 中为组合增加停站调整时，且各列车的停站方式不同时，又包含增加数量相同和增加数量不相同两种组合方式。

(a)当各相邻列车增加停站数量相同时，并采取先递远递停的原则进行计算。

由图 3-55 中可以看出两列相邻增加停站的列车扣除的列车有部分重合，则组合增加停站时会有重复被扣除的列车。而被重复扣除的列车数为两列相邻增加停站列车都会扣除的列车数。

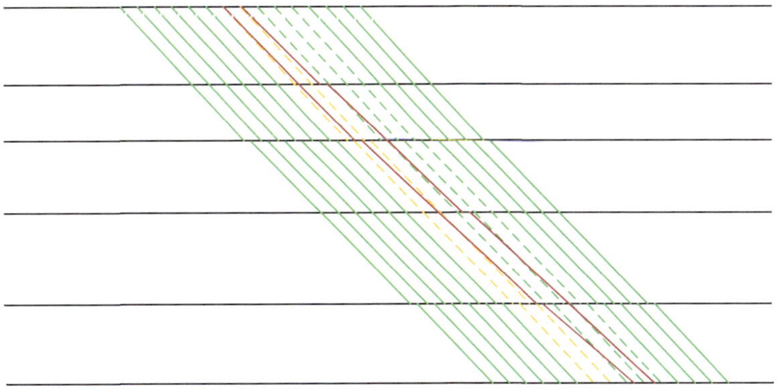

图 3-55　停站数量相同的列车扣除计算

(b)当各相邻列车增加停站数量不同时，采取递少递停的原则进行计算。则相邻列车之间的最小时间间隔区间为列车的始发区间，如图 3-56 所示。

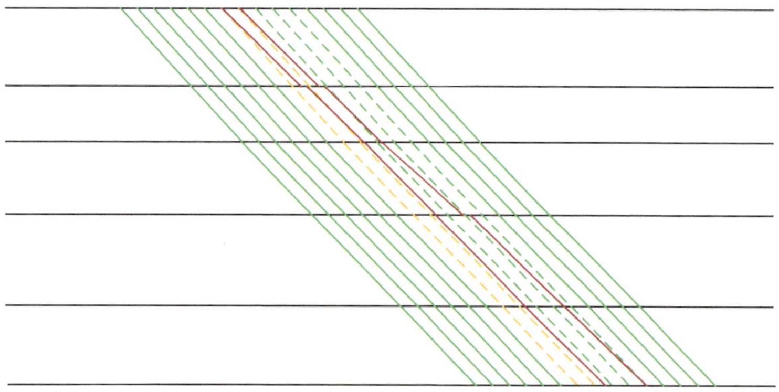

图 3-56　增加停站数量不同的列车扣除计算

图 3-57 中可以看出相邻两列车的运行间隔逐渐增加，前行列车增加停站扣除的列车与后行列车增加停站导致扣除的列车重合，因此总的列车扣除数为后行列车增加停站的列车扣除数，即为增加停站次数多的列车扣除数。则第 x 个时段内调整增加停站列车对能力的扣除列车数可表示为

$$\varepsilon_{\text{add}-x}^{\text{se}} = \max_{f} \varepsilon_{\text{one}}^{p,f} \tag{3-80}$$

(3)各调整单元间多余间隔时间压缩

根据前后调整单元的最后一列车和第一列车的组合，判断该组合被重复扣除的列车数，从而对多余的间隔时间进行压缩，如图 3-57 所示。

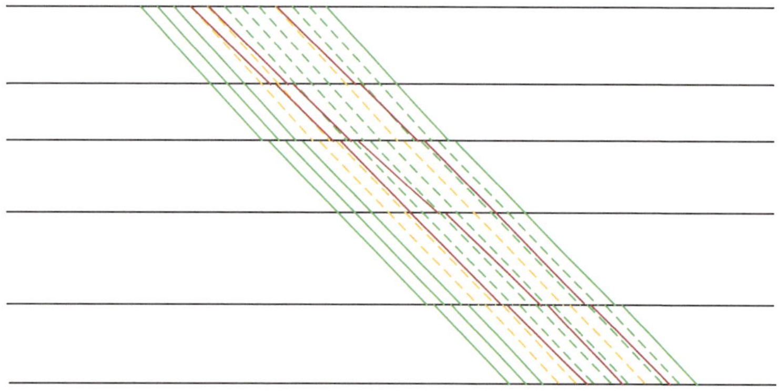

图 3-57　两相邻调整单元重复扣除列车数示意

由图 3-57 可以看出，根据两个相邻调整单元的最后一列车和第一列车的停站方案，分别计算两列车在途经各车站和区间的间隔时间。从而找到间隔时间最短的区间作为两列车的瓶颈区间。基于瓶颈区间和最小间隔时间对两列车进行压缩，得到被多余扣除的时间和重复扣除的列车数。经过压缩后列车的运行方式如图 3-58 所示。

假设两相邻调整单元的最后一列车和第一列车分别为 l_j 和 l_{j+1}。而计算两列车在途经各车站和区间间隔时间的具体方法如下：

Step 1：计算列车 l_j 增加停站的总增加时间和被扣除的列车数 $\varepsilon_{l_j}^{\text{one}}$；

Step 2：根据被扣除的总的列车数计算两列车在第一个运行区间($w=1$)所间隔的列车数和间隔时间(所间隔的被扣除的列车数$=\varepsilon_{l_j}^{\text{one}}$，间隔时间 $t_{l_j,l_{j+1}}^{\text{I}_1} = \varepsilon_{l_j}^{\text{one}} \times t_{\min}^{\text{I}}$)；

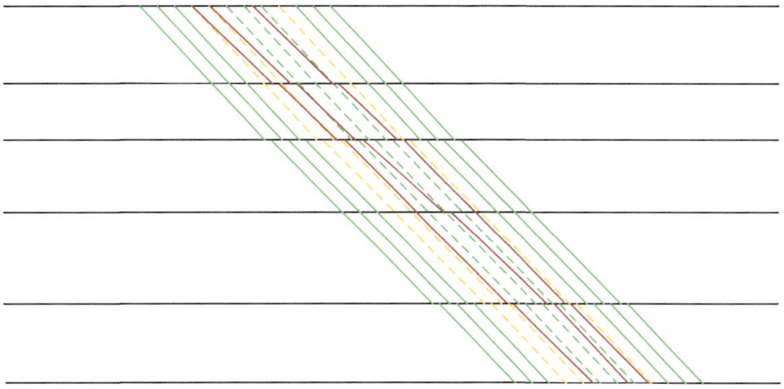

图 3-58 两相邻调整单元去除重复扣除列车数示意

Step 3:判断列车 l_j 和 l_{j+1} 在第一个区间下方到达的第一个车站($s=2$)是否停站,若两列车均停站或均不停站,则在第一个区间的间隔时间不变;若列车 l_j 停站且 l_{j+1} 不停站,则在第一个区间的间隔时间减少一个停车附加时间,即 $t^{I_1}_{l_j,l_{j+1}}=\varepsilon^{one}_{l_j}\times t^{I}_{min}-t^{h,a}_{add}$;若列车 l_j 不停站且 l_{j+1} 停站,则在第一个区间的间隔时间增加一个停车附加时间,即 $t^{I_1}_{l_j,l_{j+1}}=\varepsilon^{one}_{l_j}\times t^{I}_{min}+t^{h,a}_{add}$;

Step 4:初始化列车途经车站 $s=2$,途经区间 $w=2$;

Step 5:对于第 w 个区间的间隔时间是基于 $w-1$ 各区间的间隔时间和两列车在该区间前后两个车站的停站情况进行计算的。若列车 l_j 和列车 l_{j+1} 在车站 s 和 $s+1$ 的停站均相同,则 $t^{I_w}_{l_j,l_{j+1}}=t^{I_{w-1}}_{l_j,l_{j+1}}$;若列车 l_j 在车站 s 停站且列车 l_{j+1} 在车站 s 不停站,则 $t^{I_w}_{l_j,l_{j+1}}=t^{I_{w-1}}_{l_j,l_{j+1}}-t^{h,d}_{add}-t^{l_j}_{stop}$;若列车 l_j 在车站 s 不停站但列车 l_{j+1} 在车站 s 停站,则 $t^{I_w}_{l_j,l_{j+1}}=t^{I_{w-1}}_{l_j,l_{j+1}}+t^{h,d}_{add}$;

Step 6:在 Step 5 的基础上,判断若列车 l_j 在车站 $s+1$ 停站且列车 l_{j+1} 在车站 $s+1$ 不停站,则 $t^{I_w}_{l_j,l_{j+1}}=t^{I_w}_{l_j,l_{j+1}}-t^{h,a}_{add}-t^{l_j}_{stop}$;若列车 l_j 在车站 $s+1$ 不停站但列车 l_{j+1} 在车站 $s+1$ 停站,则 $t^{I_w}_{l_j,l_{j+1}}=t^{I_w}_{l_j,l_{j+1}}+t^{h,a}_{add}$;

Step 7:判断 w 是否超出该区段所包含的总区间数,若是则转 Step 8,否则 $w=w+1$,$s=s+1$,并转 Step 5;

Step 8:对于列车 l_j 和列车 l_{j+1} 在途经各个区间的间隔时间,选取间隔时间最小的区间 min(w)为瓶颈区间,并计算在瓶颈区间可最多减少的被扣除的多余的时间 $t^{min(w)}_{rep-de}=t^{I_{min(w)}}_{l_j,l_{j+1}}-t^{I_{min},se}_{l_j,l_{j+1}}$,并由该时间和全高速列车平均间隔时间计算被重复扣除的列车数;

Step 9:基于瓶颈区间得到的可最多减少的被扣除的多余的时间,对其他各区间的间隔时间均做减去的处理,得到最终调整后列车 l_j 和列车 l_{j+1} 在各区间的运行间隔时间。

(4)同种速度等级列车区段通过能力计算

同种速度等级列车区段通过能力 C^{se}_{p-h} 可表示为

$$C^{se}_{p-h}=C^{se}_{p,one}-\sum_{x=1}^{N^{se}_{cicle}}\varepsilon^{se}_{add-x}\quad(列) \tag{3-81}$$

式中　$N_{\text{cicle}}^{\text{se}}$——区段内的调整单元总数量。

3. 不同速度等级列车混跑的客运区段通过能力计算

首先确定计算中所需的时间参数，包括不同速度等级列车之间运行的最小间隔时间，较低速度等级列车在各个区间的纯运行时间，较低速度等级列车的停站时间及起停附加时间，较低速度等级列车最大被越行概率和次数；然后设定增加较低速度等级列车的原则；最后根据设定的参数及条件，分析增加不同数量较低速度等级列车情况下，总的不同速度等级列车混跑通过能力值。

(1)增加较低速度等级列车的原则

①选择停站次数最少的列车(减少停站次数最少的列车)之前，插入低速度等级列车，以减少扣除损失；

②低速度等级列车的停站要按照高速度等级列车的运行情况进行停站越行；

③在插入低速度等级列车时，需要满足不同速度等级列车之间的间隔时间约束。

在高速度等级列车间直接插入低速度等级列车，主要可分为以下两个步骤。

Step 1：根据较低速度等级列车的停站方案在原图基础上进行停站扣除。

Step 2：在此基础上，将其分为车站和区间两个部分，在车站通过停站和越行的设置保留后续的高速度等级列车，否则将其他高速度等级列车依次向后移动。最后将移出计算时间段的列车进行扣除。在区间通过速差来计算每个区间的高速度等级列车的扣除数量。从而得到最终不同速度等级列车混跑的能力值。

(2)在区间的扣除计算方法

①基于平行运行图的区间扣除计算方法

如图 3-59 所示，当基于平行运行图进行扣除时，与传统的扣除方法原理相同，在区间的扣除主要是由于列车速差的扣除，因此在某一区间被扣除的列车数量与该区间的里程数和两种速度等级列车的实际平均运行速度差相关。

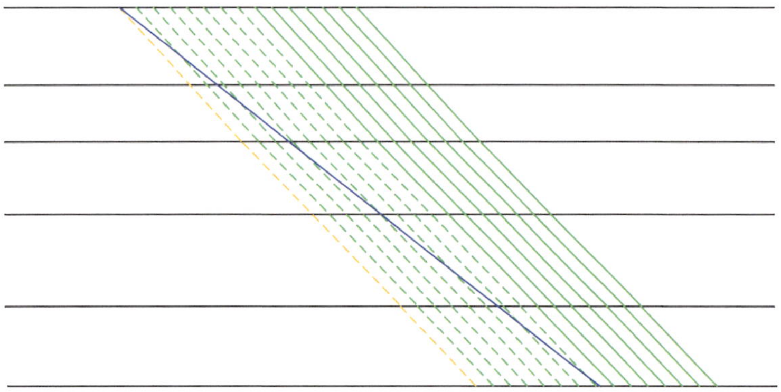

图 3-59　基于平行运行图的较低速度等级列车在区间的扣除示意

对于区段内某区间 w，由于一列较低速度等级列车速差导致的能力扣除可表示为

$$\varepsilon_{w,p-\text{h}-\text{m}}^{\text{se}} = \frac{\dfrac{L_w^{\text{se}}}{v_{\text{m}}} - \dfrac{L_w^{\text{se}}}{v_{\text{h}}}}{t_{w,\text{ave}}^{\text{I,se}}} \tag{3-82}$$

式中 v_m——较低速度等级列车的平均运行速度，km/h；

L_w^{se}——第 w 个区间的里程，km；

v_h——较高速度等级列车的平均运行速度，km/h；

$t_{w,ave}^{I,se}$——w 个区间内，某一时间段内的经过停站调整后较高速度等级列车运行的平均间隔时间，min。

②基于较高速度等级列车停站调整后的区间列车扣除方法

不同于在平行运行图上直接进行扣除，在较高速度等级列车停站调整后的基础上进行调整时，要考虑较低速度等级列车插入时前后两列较高速度等级列车在各个途经区间的间隔时间。

设定 $t_{l_j}^{yi,w}$ 为在 w 个区间进行调整时列车需要向后总推移时间；$t_{l_j,l_{j+1}}^{cha,w}$ 为第 w 个区间内两列不同速度等级列车的速度时间差；$t_{l_j,l_{j+1}}^{cha1,w}$、$t_{l_j,l_{j+1}}^{cha2,w}$ 分别为较低速度等级列车与后邻较高速度等级列车在第 w 个区间前车站发车时间差和后车站的到达时间差；t_{min}^{I} 为两列车运行的最小间隔时间；$t_{l_{j-1},l_{j+1}}^{ge,s_i}$ 为在插入较低速度等级列车之前，两列相邻较高速度等级列车 l_{j-1} 和列车 l_{j+1} 在车站 s_i 的原间隔时间；$\sigma_{l_j}^{s_i}$（0－1 变量）为列车 l_j 在车站 s_i 是否停站，当其为 1 时表示 l_j 在车站 s_i 站停站，否则不停站。

如图 3-60 所示，分别为三种不同情况下，列车向后推移时间的计算情况。

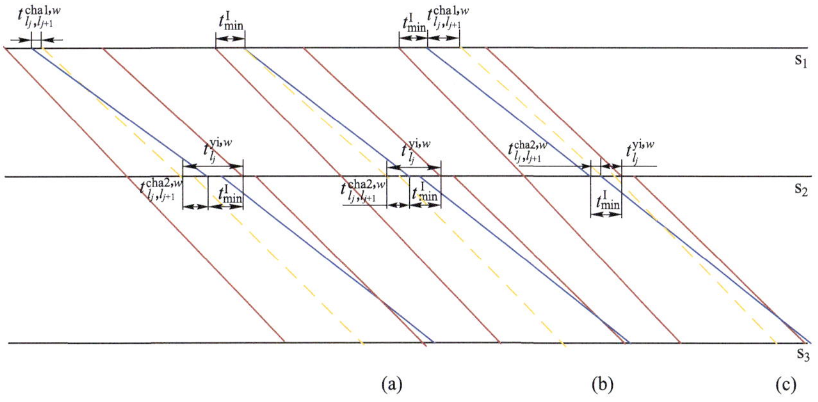

图 3-60 基于较高速度等级列车停站调整后的区间列车扣除方法示意

a. 如图 3-61(a)所示，在 s_1 车站，较低速度等级列车 l_j 的发车时间先于后邻较高速度等级列车 l_{j+1} 的发车时间。此时

$$t_{l_j,l_{j+1}}^{cha,w}=t_{l_j,l_{j+1}}^{cha1,w}+t_{l_j,l_{j+1}}^{cha2,w}\quad(\text{min})\tag{3-83}$$

$$t_{l_j,l_{j+1}}^{cha,w}=\left(\frac{L_w^{se}}{v_m}+\sigma_{l_j}^{s_1}\times t_{add}^{p,a}+\sigma_{l_j}^{s_2}\times t_{add}^{p,d}\right)-\left(\frac{L_w^{se}}{v_h}+\sigma_{l_{j+1}}^{s_1}\times t_{add}^{p,a}+\sigma_{l_{j+1}}^{s_2}\times t_{add}^{p,d}\right)\quad(\text{min})\tag{3-84}$$

式中 $t_{add}^{p,a}$——p 速度等级列车起动附加时间，min；

$t_{add}^{p,d}$——p 速度等级列车停车附加时间，min。

$$t_{l_j,l_{j+1}}^{cha1,w}=t_{l_{j-1},l_{j+1}}^{ge,s_1}-t_{min}^{I}\tag{3-85}$$

$$t_{l_j}^{\mathrm{yi},w}=t_{l_j,l_{j+1}}^{\mathrm{cha2},w}+t_{\min}^{\mathrm{I}} \tag{3-86}$$

由式(3-85)、式(3-86)可得该情况下列车总的推移时间 $t_{l_j}^{\mathrm{yi},w}$ 可表示为

$$t_{l_j}^{\mathrm{yi},w}=\left(\frac{L_w^{\mathrm{se}}}{v_{\mathrm{m}}}+\sigma_{l_j}^{\mathrm{s}_1}\times t_{\mathrm{add}}^{p,\mathrm{a}}+\sigma_{l_j}^{\mathrm{s}_2}\times t_{\mathrm{add}}^{p,\mathrm{d}}\right)-\left(\frac{L_w^{\mathrm{se}}}{v_{\mathrm{h}}}+\sigma_{l_j+1}^{\mathrm{s}_1}\times t_{\mathrm{add}}^{p,\mathrm{a}}+\sigma_{l_j+1}^{\mathrm{s}_2}\times t_{\mathrm{add}}^{p,\mathrm{d}}\right)-t_{l_{j-1},l_{j+1}}^{\mathrm{ge},\mathrm{s}_1}+2t_{\min}^{\mathrm{I}}\quad(\mathrm{min}) \tag{3-87}$$

b. 如图 3-61(b)所示,在插入较低速度等级列车 l_j 之前,l_j 前后两列高速度等级列车 l_{j-1}和 l_{j+1}的间隔时间恰为区间最小间隔时间。此时

$$t_{l_j,l_{j+1}}^{\mathrm{cha2},w}=t_{l_j,l_{j+1}}^{\mathrm{cha},w}=\left(\frac{L_w^{\mathrm{se}}}{v_{\mathrm{m}}}+\sigma_{l_j}^{\mathrm{s}_1}\times t_{\mathrm{add}}^{p,\mathrm{a}}+\sigma_{l_j}^{\mathrm{s}_2}\times t_{\mathrm{add}}^{p,\mathrm{d}}\right)-\left(\frac{L_w^{\mathrm{se}}}{v_{\mathrm{h}}}+\sigma_{l_{j+1}}^{\mathrm{s}_1}\times t_{\mathrm{add}}^{p,\mathrm{a}}+\sigma_{l_{j+1}}^{\mathrm{s}_2}\times t_{\mathrm{add}}^{p,\mathrm{d}}\right)\quad(\mathrm{min}) \tag{3-88}$$

并可得该情况下列车总的推移时间为

$$t_{l_j}^{\mathrm{yi},w}=\left(\frac{L_w^{\mathrm{se}}}{v_{\mathrm{m}}}+\sigma_{l_j}^{\mathrm{s}_1}\times t_{\mathrm{add}}^{p,\mathrm{a}}+\sigma_{l_j}^{\mathrm{s}_2}\times t_{\mathrm{add}}^{p,\mathrm{d}}\right)-\left(\frac{L_w^{\mathrm{se}}}{v_{\mathrm{h}}}+\sigma_{l_{j+1}}^{\mathrm{s}_1}\times t_{\mathrm{add}}^{p,\mathrm{a}}+\sigma_{l_{j+1}}^{\mathrm{s}_2}\times t_{\mathrm{add}}^{p,\mathrm{d}}\right)+t_{\min}^{\mathrm{I}}\quad(\mathrm{min}) \tag{3-89}$$

c. 如图 3-61(c)所示,在插入较低速度等级列车 l_j 之前,l_j 前后两列高速度等级列车 l_{j-1}和 l_{j+1}的间隔时间大于两列不同速度等级列车在 w 区间的速度时间差和最小间隔时间的和,也可以表达为 $t_{l_j,l_{j+1}}^{\mathrm{cha1},w}>t_{l_j,l_{j+1}}^{\mathrm{cha},w}$ 。此时

$$t_{l_j,l_{j+1}}^{\mathrm{cha2},w}=t_{l_j,l_{j+1}}^{\mathrm{cha1},w}-t_{l_j,l_{j+1}}^{\mathrm{cha},w}\quad(\mathrm{min}) \tag{3-90}$$

$$t_{l_j}^{\mathrm{yi},w}=t_{\min}^{\mathrm{I}}-t_{l_j,l_{j+1}}^{\mathrm{cha2},w}\quad(\mathrm{min}) \tag{3-91}$$

总上各式,可得该情况下列车总的推移时间为

$$t_{l_j}^{\mathrm{yi},w}=t_{\min}^{\mathrm{I}}-\left[t_{l_{j-1},l_{j+1}}^{\mathrm{ge},\mathrm{s}_1}-t_{\min}^{\mathrm{I}}-\left(\frac{L_w^{\mathrm{se}}}{v_{\mathrm{m}}}+\sigma_{l_j}^{\mathrm{s}_1}\times t_{\mathrm{add}}^{p,\mathrm{a}}+\sigma_{l_j}^{\mathrm{s}_2}\times t_{\mathrm{add}}^{p,\mathrm{d}}\right)+\left(\frac{L_w^{\mathrm{se}}}{v_{\mathrm{h}}}+\sigma_{l_{j+1}}^{\mathrm{s}_1}\times t_{\mathrm{add}}^{p,\mathrm{a}}+\sigma_{l_{j+1}}^{\mathrm{s}_2}\times t_{\mathrm{add}}^{p,\mathrm{d}}\right)\right]\quad(\mathrm{min}) \tag{3-92}$$

整理得

$$t_{l_j}^{\mathrm{yi},w}=2t_{\min}^{\mathrm{I}}-t_{l_{j-1},l_{j+1}}^{\mathrm{ge},\mathrm{s}_1}+\left(\frac{L_w^{\mathrm{se}}}{v_{\mathrm{m}}}+\sigma_{l_j}^{\mathrm{s}_1}\times t_{\mathrm{add}}^{p,\mathrm{a}}+\sigma_{l_j}^{\mathrm{s}_2}\times t_{\mathrm{add}}^{p,\mathrm{d}}\right)-\left(\frac{L_w^{\mathrm{se}}}{v_{\mathrm{h}}}+\sigma_{l_{j+1}}^{\mathrm{s}_1}\times t_{\mathrm{add}}^{p,\mathrm{a}}+\sigma_{l_{j+1}}^{\mathrm{s}_2}\times t_{\mathrm{add}}^{p,\mathrm{d}}\right)\quad(\mathrm{min}) \tag{3-93}$$

d. 以上 3 种情况主要可能出现在所调整的区段的第一个或前几个区间,而经过一个或几个区间的调整后,其后几个区间都会出现如图 3-59 所示的时间间隔情况,即

$$t_{l_j,l_{j+1}}^{\mathrm{cha1},w}=t_{\min}^{\mathrm{I}} \tag{3-94}$$

则,可得该情况下列车总的推移时间为

$$t_{l_j}^{\mathrm{yi},w}=t_{l_j,l_{j+1}}^{\mathrm{cha},w}=(\frac{L_w^{\mathrm{se}}}{v_{\mathrm{m}}}+\sigma_{l_j}^{\mathrm{s}_1}\times t_{\mathrm{add}}^{p,\mathrm{a}}+\sigma_{l_j}^{\mathrm{s}_2}\times t_{\mathrm{add}}^{p,\mathrm{d}})-(\frac{L_w^{\mathrm{se}}}{v_{\mathrm{h}}}+\sigma_{l_{j+1}}^{\mathrm{s}_1}\times t_{\mathrm{add}}^{p,\mathrm{a}}+\sigma_{l_{j+1}}^{\mathrm{s}_2}\times t_{\mathrm{add}}^{p,\mathrm{d}})\quad(\mathrm{min}) \tag{3-95}$$

如图 3-61 所示，此时列车在区间的列车扣除只受两列不同速度等级列车的速度时间差决定。

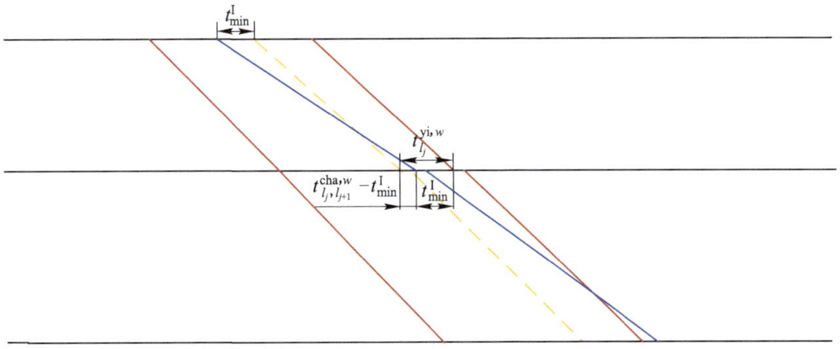

图 3-61 区间列车时间推移示意 1

e. 此外，在第 d 种情况下，可能出现如图 3-62 所示的一种特殊情况，即

$$t_{l_j,l_{j+1}}^{\mathrm{cha},w} < t_{\min}^{\mathrm{I}} \tag{3-96}$$

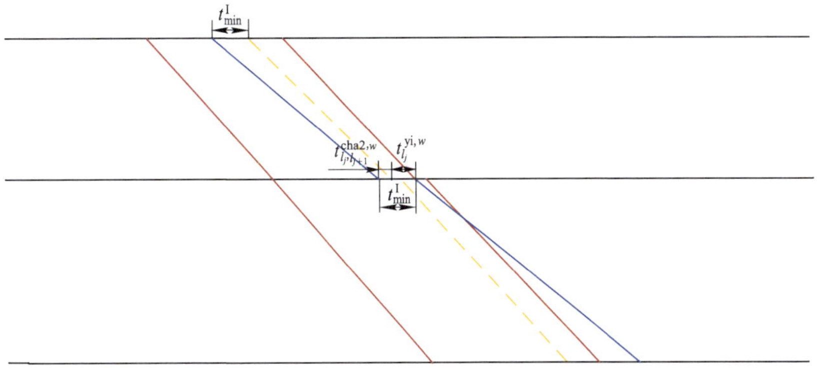

图 3-62 区间列车时间推移示意 2

此情况下可得以下各关系

$$t_{l_j,l_{j+1}}^{\mathrm{cha2},w} = t_{\min}^{\mathrm{I}} - t_{l_j,l_{j+1}}^{\mathrm{cha},w} \quad (\mathrm{min}) \tag{3-97}$$

则，可得该情况下列车总的推移时间为

$$t_{l_j}^{\mathrm{yi},w} = t_{\min}^{\mathrm{I}} - t_{l_j,l_{j+1}}^{\mathrm{cha2},w} = t_{\min}^{\mathrm{I}} - \left[t_{\min}^{\mathrm{I}} - \left(\frac{L_w^{\mathrm{se}}}{v_{\mathrm{m}}} + \sigma_{l_j}^{\mathrm{s}_1} \times t_{\mathrm{add}}^{p,\mathrm{a}} + \sigma_{l_j}^{\mathrm{s}_2} \times l_{\mathrm{add}}^{p,\mathrm{d}}\right) + \left(\frac{L_w^{\mathrm{se}}}{v_{\mathrm{h}}} + \sigma_{l_{j+1}}^{\mathrm{s}_1} \times t_{\mathrm{add}}^{p,\mathrm{a}} + \sigma_{l_{j+1}}^{\mathrm{s}_2} \times t_{\mathrm{add}}^{p,\mathrm{d}}\right)\right] \quad (\mathrm{min}) \tag{3-98}$$

整理得

$$t_{l_j}^{\mathrm{yi},w} = t_{\min}^{\mathrm{I}} - t_{l_j,l_{j+1}}^{\mathrm{cha2},w} = \left(\frac{L_w^{\mathrm{se}}}{v_{\mathrm{m}}} + \sigma_{l_j}^{\mathrm{s}_1} \times t_{\mathrm{add}}^{p,\mathrm{a}} + \sigma_{l_j}^{\mathrm{s}_2} \times t_{\mathrm{add}}^{p,\mathrm{d}}\right) - \left(\frac{L_w^{\mathrm{se}}}{v_{\mathrm{h}}} + \sigma_{l_{j+1}}^{\mathrm{s}_1} \times t_{\mathrm{add}}^{p,\mathrm{a}} + \sigma_{l_{j+1}}^{\mathrm{s}_2} \times t_{\mathrm{add}}^{p,\mathrm{d}}\right) \quad (\mathrm{min}) \tag{3-99}$$

综上所述可知，这两种情况下，列车在区间的总推移时间计算方法是相同的。

(3)在车站的扣除计算方法

该情况主要针对在较高速度等级列车已进行停站调整后的图上进行分析。在较高速度等级列车停站调整后，可能由于停站的不同会出现两列相邻列车间隔时间比较大的情况，因此需要判断是否增加越行以减少能力的损失。

设定 t_1 为较低速度等级列车到达车站时于第一列较高速度等级列车到达同车站的时间间隔；t_2 为两列相邻较高速度等级列车在车站的发车间隔时间；t_{min}^{I} 为两列车运行的最小间隔时间；t_{yi} 为调整时列车向后总推移时间，t_{stop} 为列车在车站的停站时间。

如图 3-63 和图 3-64 所示，同一图中左侧为列车不被越行的情况，右侧为一列较高速度等级列车被越行的情况。

图 3-63 和图 3-64 所示为不越行和越行两种情况下，列车在该车站总向后推移时间：

①不越行情况下(图 3-63 和图 3-64 图中左侧所示)

$$t_{yi} = t_{min}^{I} + t_{stop} - t_1 \quad (min) \tag{3-100}$$

②越行情况下(图 3-63 和图 3-64 图中右侧所示)

$$t_{yi} = t_{min}^{I} + (t_1 + t_2 - 2 \times t_{min}^{I}) = 3 \times t_{min}^{I} - t_1 - t_2 \quad (min) \tag{3-101}$$

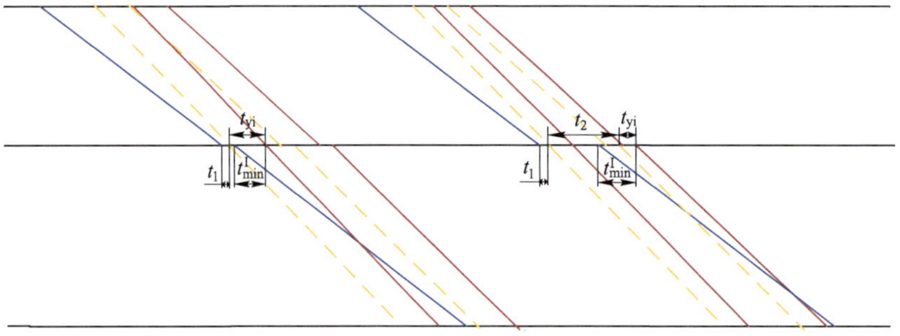

图 3-63　车站时间推移示意 1

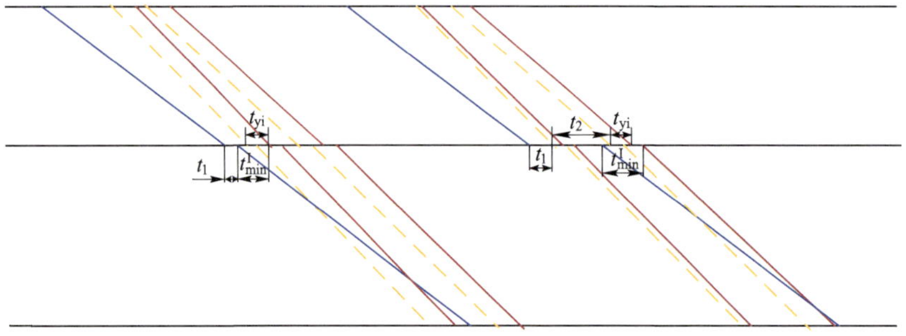

图 3-64　车站时间推移示意 2

设定在越行情况下的总推移时间小于不越行情况下的总推移时间时，选择较低速度等级列车的后续较高速等级列车在该站进行越行。即需满足

$$3 \times t_{min}^{I} - t_1 - t_2 < t_{min}^{I} + t_{stop} - t_1 \tag{3-102}$$

整理得

$$t_2 > 2 \times t_{min}^{I} - t_{stop} \tag{3-103}$$

所以当满足式(3-103)时，即选择增加越行。

低速度等级列车对高速度等级列车的扣除为在车站的扣除数和区间扣除数的总和。

不同速度等级列车混跑的区段通过能力计算方法为：首先基于全较高速度等级列车计

算该区段平行运行图能力值；其次在此基础上，根据调整方法计算较高速度等级列车停站对平图能力的扣除；再次，在较高速度等级列车停站调整后，增加较低速度等级列车，并根据较低速度等级列车在车站的停站能力扣除和在区间的速差能力扣除，得到最终不同高速度等级列车混跑的区段通过能力。

3.5.2 基于最优列车序列的客运区段通过能力计算方法

1. 基于最优列车序列的客运区段通过能力计算模型

本节研究的高速铁路客运区段通过能力将列车开行方案作为主要输入条件。因此，模型以在平行运行图上扣除的总列车数最少为目标，并得到最优目标值情况下的列车运行顺序。同时，模型还有考虑列车区间最小运行间隔时间；列车在各车站的服务质量约束；列车在车站最多被越行数量约束；较低速度等级列车最多连发数量约束；区段内各车站通过能力约束及总运行有效时间段约束等七项约束条件。

具体模型建立如下：

(1)目标函数

$$Z = \min_{lq(y)} \varepsilon_y^{\mathrm{sum}} \tag{3-104}$$

式中 $lq(y)$——列车运行序列；

$\varepsilon_y^{\mathrm{sum}}$——第 y 种列车运行序列条件下，总列车最少扣除数量。

$\varepsilon_y^{\mathrm{sum}}$ 是由列车扣除方法得到，其中增加较低速度等级列车时的扣除列车数等于总推移时间除以最小间隔时间得到。

(2)约束条件

①列车区间最小运行间隔时间约束

$$t_{l_j^i, l_{j+1}^i}^{\mathrm{I}, \mathrm{se}_i} \geqslant t_{\min}^{\mathrm{I}, \mathrm{se}_i} \quad (1 \leqslant j \leqslant N_l^{\mathrm{se}}, 1 \leqslant i \leqslant N_{\mathrm{se}}) \tag{3-105}$$

式中 $t_{l_j^i, l_{j+1}^i}^{\mathrm{I}, \mathrm{se}_i}$——列车 l_j，l_{j+1} 在区间 se_i 内的实际运行间隔时间，min；

$t_{\min}^{\mathrm{I}, \mathrm{se}_i}$——区间 se_i 内的列车最小运行间隔时间，min；

N_{se}——该区段内区间的个数，个；

N_l^{se}——该区段内的列车数量，列。

②列车区间最小缓冲时间约束

$$t_{l_j^i, l_{j+1}^i}^{\mathrm{b}, \mathrm{se}_i} \geqslant t_{\min}^{\mathrm{b}, \mathrm{se}_i} \quad (1 \leqslant j \leqslant N_l^{\mathrm{se}}, 1 \leqslant i \leqslant N_{\mathrm{se}}) \tag{3-106}$$

式中 $t_{l_j^i, l_{j+1}^i}^{\mathrm{b}, \mathrm{se}_i}$——列车 l_j，l_{j+1} 在区间内运行的缓冲时间，min；

$t_{\min}^{\mathrm{b}, \mathrm{se}_i}$——列车在区间内运行的最小缓冲时间，min。

③列车在各车站的服务质量约束

列车在各车站的服务质量约束是指在车站没有列车服务的时间间隔与总占用时间的比值。由于在求解过程中不计算列车运行的具体时刻，因此将该指标转化成两列停站列车之间最大列车数与总列车数量的比值。

$$\frac{n_{l_j^i, l_{j+k}}^{s_i}}{N_l^{\mathrm{se}}} \leqslant \mu_{\mathrm{se}} \tag{3-107}$$

式中　$n^{s_i}_{l^{s_i}_j,l_{j+k}}$ ——在车站 s_i 列车 l_j,l_{j+k} 之间的最大列车数，并且 l_j,l_{j+k} 均在 s_i 站停站且两列车之间没有其他列车在 s_i 站停站，列；

μ_{se} ——在区间段内列车在各车站的最小服务质量参数。

④列车在各站最多被越行数量约束

为了保证列车总的运行时间，需要对列车在同一站被越行数量及在各车站总越行数量进行限制。

a. 在同一车站被越行数量限制

在某车站 s_i 表示为

$$n^{ot,s_i}_{l_j} \leqslant n^{s_i}_{max,ot} \tag{3-108}$$

式中　$n^{ot,s_i}_{l_j}$ ——列车 l_j 在车站 s_i 被越行的数量，列；

$n^{s_i}_{max,ot}$ ——同一车站一列车被越行的最大数量，列。

b. 车站总被越行数量限制

$$\sum_{s_i} n^{ot,s_i}_{l_j} \leqslant n^{se}_{max,ot} \tag{3-109}$$

式中　$n^{se}_{max,ot}$ ——列车在该区段内被越行的最大总列车数，列。

⑤较低速度等级列车最多连发数量约束

根据当前我国列车的开行需求与实际情况，较低速度等级列车数量比例相对较少，因此需要对其连发数量进行限制。

$$n^{lf,s_i}_{l_j,l_{j+m}} \leqslant n^{lf,st}_{max} \tag{3-110}$$

式中　$n^{lf,s_i}_{l_j,l_{j+m}}$ ——较低速度等级列车 l_j 在车站 s_i 的连发数量；

$n^{lf,st}_{max}$ ——在车站较低速度等级列车最大连发数量。

⑥区段内途经各车站的通过能力约束

$$C^{lq(y)}_{se} \leqslant C^{lq(y)}_{s_i} \quad \forall s_i \tag{3-111}$$

式中　$C^{lq(y)}_{se}$ ——第 $lq(y)$ 种列车运行序列下区段的通过能力，列；

$C^{lq(y)}_{s_i}$ ——第 $lq(y)$ 种列车运行序列下车站 s_i 的最大通过能力，列。

⑦列车运行有效时间段约束

$$T^{s_0,lq(y)}_{l_{N^{se}_l}} - T^{s_0,lq(y)}_{l_1} \leqslant T_{usable} \tag{3-112}$$

式中　$T^{s_0,lq(y)}_{l_1}, T^{s_0,lq(y)}_{l_{N^{se}_l}}$ ——第 $lq(y)$ 种列车运行序列下的第一列车和最后一列车在第一个车站的始发时间，min；

T_{usable} ——能力计算的有效时间，min。

因此，高速铁路客运区段通过能力计算模型可以总结为

$$\min Z = lq(w)\varepsilon^{sum}_y$$

$$t^{I,se_i}_{l^i_j,l^i_{j+1}} \geqslant t^{I,se_i}_{min} \ (1 \leqslant j \leqslant N^{se}_l, 1 \leqslant i \leqslant N_{se})$$

$$\frac{n^{s_i}_{l^{s_i}_j,l_{j+k}}}{N^{se}_l} \leqslant \mu_{se}$$

$$n^{ot,s_i}_{l_j} \leqslant n^{s_i}_{max,ot}$$

$$n_{l_j,t_{j+m}}^{\mathrm{lf},s_i} \leqslant n_{\max}^{\mathrm{lf,st}}$$

$$C_{\mathrm{se}}^{lq(y)} \leqslant C_{s_i}^{lq(y)} \ \forall s_i$$

$$T_{l_{N_l^{\mathrm{se}}}^{0}}^{s_0,lq(y)} - T_{l_1^{0}}^{s_0,lq(y)} \leqslant T_{\mathrm{usable}}$$

2. 求解算法

Step 1:输入给定列车开行方案,并提取一个区段 se_i 内一单位时间段内的列车信息,包括各列车的运行速度等级、停站信息等。

Step 2:将所提取的列车进行组合排列,得到列车运行序列集合 $Lq=\{lq_y^{\mathrm{se}_i} \mid 1 \leqslant y \leqslant N_{lq}^{\mathrm{se}_i}\}$($lq_y^{\mathrm{se}_i}$ 表示第 y 个列车运行序列,$N_{lq}^{\mathrm{se}_i}$ 表示总的序列数)。

Step 3:筛选去除重复的序列:判断当较低速度等级列车的位置相同时,且各较低速度等级列车之间的较高速度等级列车停站方式相同但位置不同的运行序列视为重复序列,依次将其删除,更新列车运行序列集合 Lq。

Step 4:依次选取集合 Lq 中的列车运行序列 $lq_y^{\mathrm{se}_i}$ 进行调整计算:

Step 4.1:列车在途经各车站停站均衡性约束判断。若满足均衡性约束转 Step 4.2,否则返回 Step 4,$y=y+1$ 选择下一个列车运行序列;

Step 4.2:计算全高速度等级的平图通过能力;

Step 4.3:根据列车运行序列 $lq_y^{\mathrm{se}_i}$ 中较低速度等级列车的位置,将较高速度等级列车划分为不同的调整单元 Z_x($1 \leqslant x \leqslant N_{Z_x}$),并初始化 $x=1$;

Step 4.4:对第 x 个调整单元的所有较高速度等级列车的停站方式及停站数量进行判断,得到其组合类型的标识 $flag=(1,2,3,4)$;

Step 4.5:根据 $flag$ 的取值及求解方法中的不同调整计算方法,选择相应的最优调整方式,并计算求得该调整单元被扣除的总列车数;

IF $flag=1$,表示要调整的为单列车,则:

被扣除的列车数=单列车停站被扣除的列车数;

IF $flag=2$,表示要调整的多列高速度等级列车的停站方式和停站数量均相同,则:

被扣除的列车数=单列车停站被扣除的列车数;

IF $flag=3$,表示要调整的多列高速度等级列车的停站方式不同、但停站数量相同,则根据前面计算方法中得被扣除列车为:被扣除的列车数=单列车被扣除的列车数;

IF $flag=4$,表示要调整的多列高速度等级列车的停站方式和停站数量均不相同,则:被扣除的列车数=停站最多的列车停站扣除的列车数。

Step 4.6:判断该调整单元与前一调整单元的空余时间或被重复扣除的列车数,即 x 调整单元第一列车与 $x-1$ 调整单元的最后一列车之间的空余时间是否大于0,若是则将其压缩去除。

Step 4.7:判断所有调整单元的列车均已调整完毕,若是则转 Step 4.8,否则 $x=x+1$,并转 Step4.4。

Step 4.8:基于现有调整基础,插入较低速度等级列车,并依次对较低速度等级列车经过的车站和区间产生的扣除进行计算:

Step 4.8.1:客运区段内的第一个车站不做扣除计算，在第一个区间计算速差产生的扣除 $\varepsilon_{w,p-\mathrm{h}-\mathrm{m}}^{\mathrm{se}}(w=1)$，并初始化运行的车站 $s=1$。

Step 4.8.2:判断在客运区段内第 s 个车站是否停站，若停站，则判断是否越行及越行列车数，并计算在车站 s 的扣除列车数。其间又判断较低速度等级列车越行的列车数是否超出后面调整单元的较高速度等级列车数量，若超出则转 Step 4.8.4，否则不超出且不停站，则不进行列车的扣除，转 Step 4.8.3。

Step 4.8.3:$w=w+1$，计算第 w 个区间内由于速差产生的扣除，判断 w 是否是所计算客运区段的最后一个区间，若是则转 Step4.9，否则 $s=s+1$，并转 Step 4.8.2。

Step 4.8.4:当较低速度等级列车越行的列车数超出后面调整单元的较高速度等级列车数量时，直接计算超出后各区间和车站的列车扣除数，不再循环判断列车是否越行。同时根据超出后的列车扣除数，更新该较低速度等级列车与相邻后面调整单元相邻的较高速度等级列车之间的时间间隔，并计算由于调整而产生的扣除列车数。

Step 4.8.5:计算较低速度等级列车的扣除列车数＝较低速度等级列车的停站扣除列车数＋由于被越行产生的扣除列车数＋较低速度等级列车的速差扣除列车数＋由于调整而产生的扣除列车数。

Step 4.9:根据列车间的平均最小缓冲时间，计算由于缓冲时间导致的扣除列车数。

Step 4.10:计算当前列车运行序列 $lq_y^{\mathrm{se}_i}$ 总的列车扣除列车数＝较高速度等级列车停站扣除列车数＋ 较低速度等级列车的扣除列车数＋平均最小缓冲时间扣除列车数。

Step 5:判断是否所有的序列都已经过调整计算，若是则转 Step 6，否则 $y=y+1$，转 Step 4。

Step 6:根据所有列车运行序列的计算结果，选择被扣除列车数最少或总占用时间最少的序列为能力占用最优序列。并基于该序列的调整结果，计算最优能力利用率及最大能力值。

3.5.3 案例分析

1. 输入参数设定

(1)物理参数

采取京沪高速铁路北京南—济南西客运区段进行案例分析，如图 3-65 所示。该客运区段总里程为 428 km，其中包括北京南、廊坊、天津南、沧州西、德州东和济南西 6 个途经车站，5 个途经区间。5 个区间里程依次为 89 km、62 km、84 km、104 km、89 km。

如图 3-65 所示，绿线和蓝线分别是较高速度等级列车和较低速度等级列车在该客运区段的运行标尺。

(2)列车运行参数设置

较高速度等级列车运行速度 300 km/h;较低速度等级列车运行速度 250 km/h;列车运行速度系数 0.8;不同速度等级列车在各区间的运行时间如图 3-66 所示。

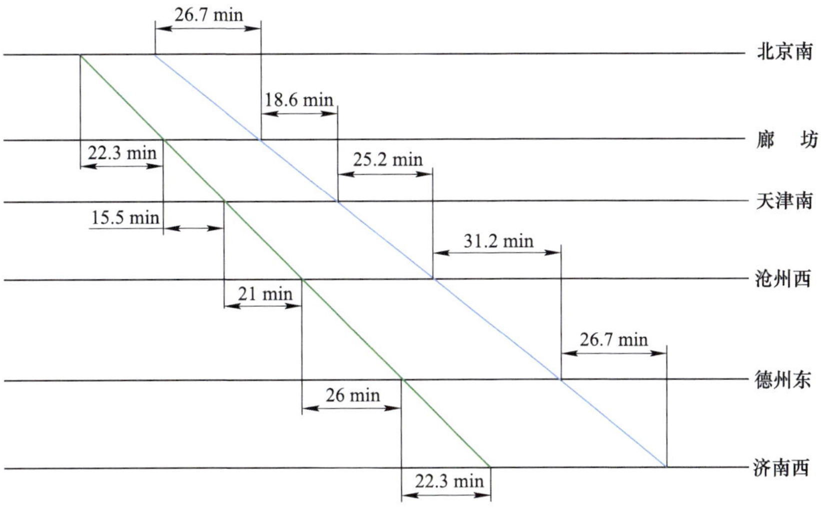

图 3-65　京沪高速铁路北京南—济南西客运区段

(3)时间参数设置

列车运行的有效时间段 60 min;列车区间运行最小间隔时间 3 min;列车在站停站时间 2 min;不同速度等级列车在各个区间的速差从上到下依次分别为 4.44 min,3.12 min,4.20 min,5.40 min 和 4.44 min。

各车站到达间隔时间和发车间隔时间、列车起停附加时间均按照第二章的计算方法和第三章的车站分区方法进行计算,计算结果见表 3-11。表 3-12 为北京南—济南西客运区段内沿途各车站的咽喉长度及关键分区长度,其中接车咽喉长度包含一般到发线长度。

表 3-11　各车站咽喉长度　(单位:m)

车　站	接车咽喉		发车咽喉	
	咽喉长度	第一分区长度	咽喉长度	最后一分区长度
北京南	—	—	1 950	1 280
廊　坊	680	680	683	683
天津南	850	850	625	625
沧州西	970	970	715	715
德州东	1 380	800	1 605	980
济南西	1 660	934	1 669	1 023

表 3-12 各区间间隔时间及起停附加时间 （单位：min）

区 间	发车间隔时间	到达间隔时间	区间间隔时间	最终间隔时间	起车附加时间	停车附加时间
北京南—廊 坊	3.2	3.1	3	3.2	2.5	1.7
廊 坊—天津南	2.9	3.2	3	3.2	1.6	1.8
天津南—沧州西	2.8	3.3	3	3.3	1.6	1.8
沧州西—德州东	2.9	3.2	3	3.2	1.6	2.1
德州东—济南西	2.4	3.3	3	3.3	2.2	2.2

根据计算，本案例取最终平均间隔时间为 3.3 min。即平行运行图以 3.3 min 的间隔时间计算。

(4)其他约束性参数设置

列车运行最小缓冲时间 0 min；各车站服务质量指标最大值 0.5；在同一车站较低速度等级列车被较高速度等级列车越行的最大数量 1 列；较低速度等级列车被较高速度等级列车总越行的最大数量 2 列；较低速度等级列车最大连发数量 1 列。

(5)维修天窗时间影响分析

如图 3-66 所示，灰色框为垂直天窗占用时间；灰色斜线框为确认车在各个区间的占用时间；两边绿色线分别表示客运区段内一昼夜运行最后一列车和次日运行的第一列车；上方数值表示各个时段占用的时间，单位为 min。因此可得天窗导致的时间损失共 414 min，即相当于一昼夜(全天)列车可运行时间为 17.1 h。因此，本案例中按 17 个单位小时计算全天能力，而剩余 0.1 h(6 min)按可增加 1 列车进行计算。

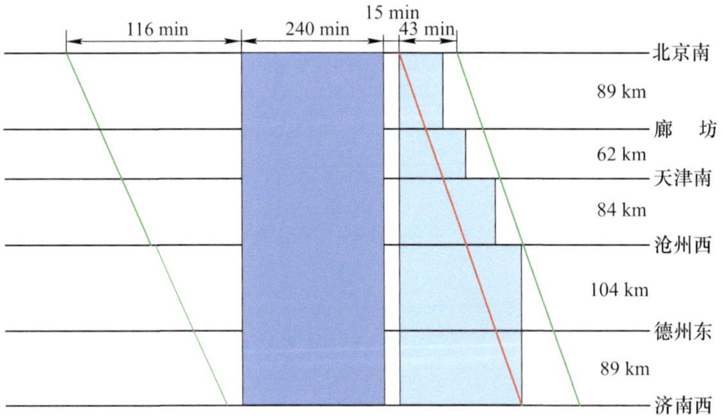

图 3-66 维修天窗对客运区段占用时间影响示意

(6)客运区段内列车开行方案

结合 2015 年 3 月北京南到济南西站的实际列车开行情况，选取 7:00～8:00 一个小时内的开行方案进行分析。

①原始列车开行方案。

如图 3-67 所示，该列车开行方案在一个小时内共开行 8 列车，全部为较高速度等级列车。在廊坊、天津南站、沧州西和德州东站的服务频次分别为 2 次、5 次、3 次和 3 次。

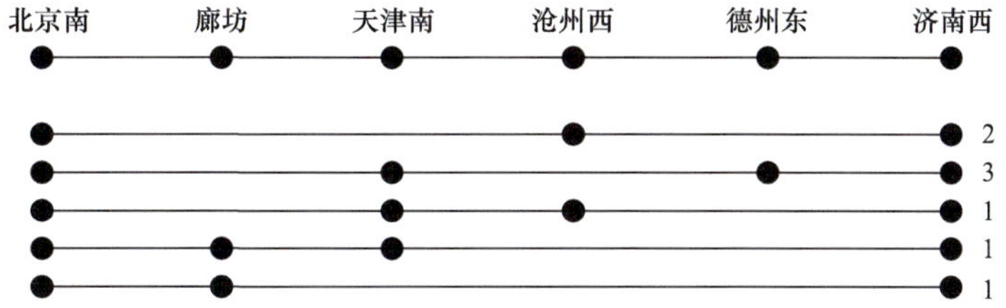

图 3-67 北京南—济南西 7:00～8:00 的列车开行方案

②加入较低速等级列车的开行方案。

在原始列车开行方案的基础上，增加一列较低速度等级列车，进而计算不同速度等级列车混合运行时的能力值和最优排序。所增加的较低速度等级列车运行速度为 250 km/h，分别在廊坊、天津南和沧州西站分别进行停站，如图 3-68 所示。

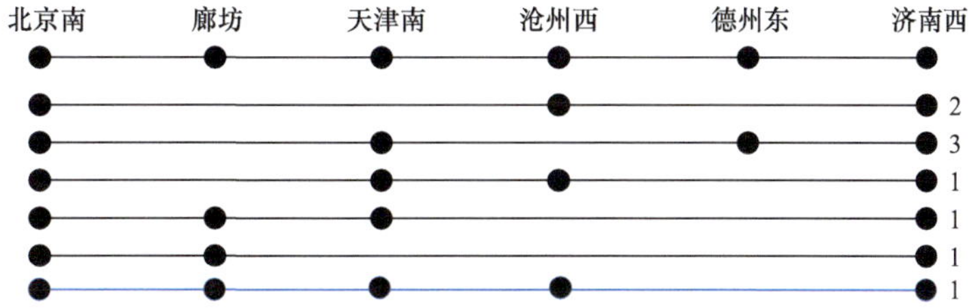

图 3-68 加入较低速度等级列车的开行方案

2. 客运区段通过能力计算结果

(1)全部为高速度等级列车开行方案计算结果

由于该方案中所有列车都是同一运行速度等级，不存在速差。所以只需要对较高速度等级列车的停站扣除进行计算分析，从而得到能力利用最优的列车运行顺序如图 3-69 所示。

根据式(3-77)计算所得平行运行图的能力值为 18 列/h。在最优列车运行顺序情况，根据计算所得的额外列车扣除数为 5.4/3.3＋8.7/3.3＝1.6＋2.6＝4.2 列，向上取整为额外扣除 5 列。如图 3-69 所示，红色线表示平图中全较高速度等级列车的平行运行图，绿色粗线表示实际开行的列车，各区间内数字表示实际列车在该区间内占用的总时间。

图 3-69 所得最优方案中，共 8 列车，在始发站占用总时间为 26.2 min，对于 1 h 的运行有效时间，由于运行间隔时间为 3.3 min，则可用的有效时间还剩 30.5 min。

因此，在此基础上，还可以按照原列车运行结构增加列车。当按照最优列车运行顺序的列车结构依次增加列车时，增加后的列车运行情况如图 3-70 所示。由图可知，在原列车开行方案的基础上，还可以增加 3 列车。使得最终能力为 11 列/h。而当增加到第 4 列车时，剩余时间不足以保证其正常运行，出现了该时段内的空余时间。但可以利用该空余时

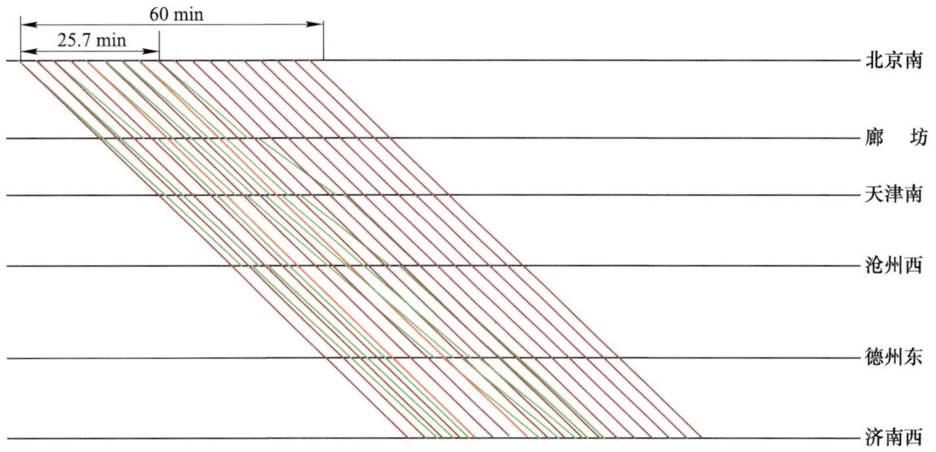

图 3-69　全部为高速度等级列车开行方案的最优列车运行顺序示意

间增加 1 列北京南—廊坊—济南西的列车，使能力达到 13 列/h。各车站服务质量指标分别为：0.31、0.23、0.23、0.38。

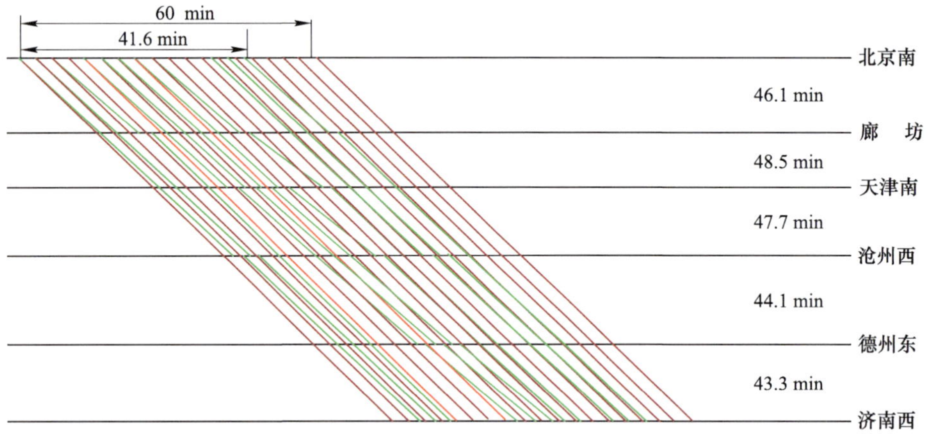

图 3-70　基于开行方案的最优列车运行顺序的列车扣除示意

若根据最优组合方式，将需要增加的列车直接放到相同停站方式列车后方，即可在该时段内有效地增加能力值，如图 3-71 所示。按最优组合方式增加列车，客运区段通过能力可直接到达 14 列/ h，且保持了原有列车开行结构。各车站服务质量指标分别为：0.5、0.42、0.57、0.43。

(2)插入较低速度等级列车

由于有较低速度等级列车的顺序排列，因此不同排列顺序可能会产生不同的越行方案，从而得到不同的最终方案结果。

其中一种最优列车运行顺序如图 3-72 所示，较低速度等级列车插入到第三列较高速度等级列车后方，且在廊坊站被后方 2 列车越行，在沧州西站被后方 1 列车越行。基于平行运行图，共额外扣除列车 8.5 列(即 9 列较高速度等级列车)。因此在加入较低速度等级列车情况下，一个小时内最终的通过能力为 9 列/h。同时可得，在沧州西到德州东的区间内，列车占用的总时间最长为 67 min。各车站服务质量指标分别为：0.22、0.33、0.33、0.33。

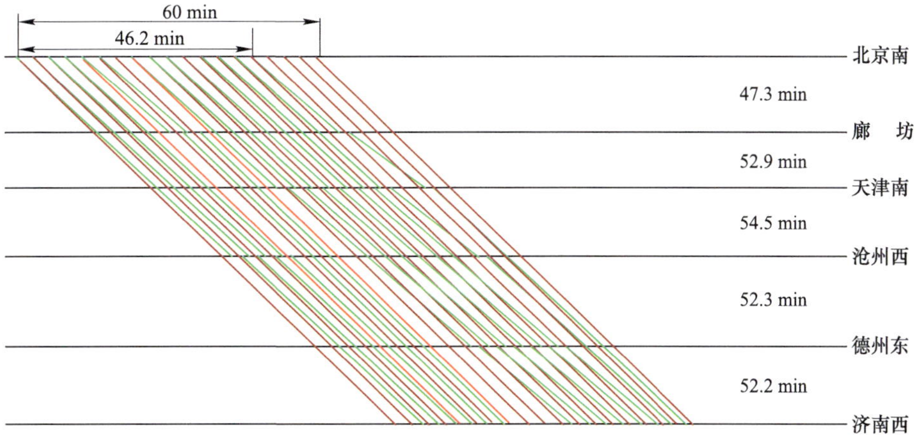

图 3-71　基于最大能力的列车扣除示意

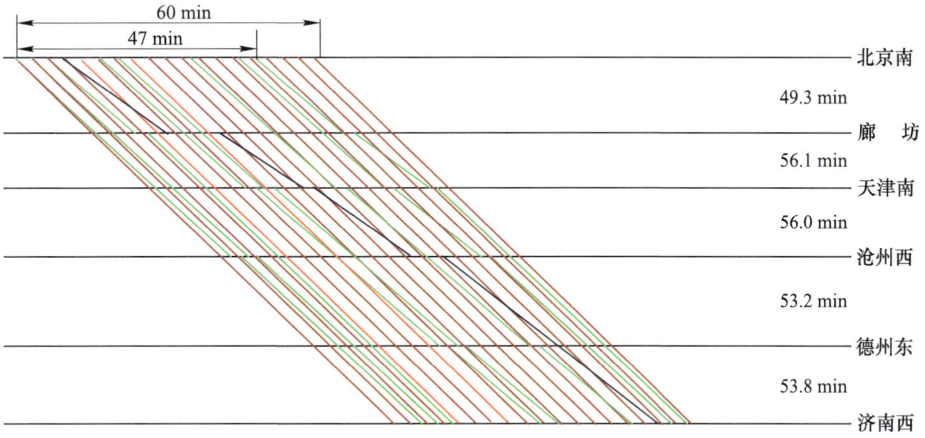

图 3-72　增加较低速度等级列车的最优列车运行顺序

3.6　高速铁路区段通过能力评估

高速铁路运输组织呈现高密度的特征，若实际运营中出现较大的随机干扰（如天气、设备故障、突发事件等），往往会导致大量列车发生晚点。为了避免列车晚点及其传播，通常在列车运行图中增加缓冲时间，从而降低随机干扰对实际运营的影响。很显然，列车运行图内的缓冲时间越多，可靠性越高，而通过能力会降低。高速铁路区段通过能力的评估主要是对其能力利用状态的分析和考量；以及能力富裕区间、列车晚点统计、区间占用情况等指标的统计与分析。

3.6.1　可靠性与能力利用状态之间的关系

狭义的“可靠性”是产品在使用期间没有发生故障的性质。从广义上讲，“可靠性”是指使用者对产品的满意程度或对企业的信赖程度。列车运行图可靠性体现了运输服务质量，反映了运输组织过程中可以接受的最大列车晚点时间或最大列车等待时间。

1982 年，Kraft 在 *Jamcapacity of single track rail lines* 中以可靠性体现运输服务水平，利用能力与可靠性的相互关系，将合理的可靠性水平下线路上开行的列车数量或对数称为实际能力，如图 3-73 所示。

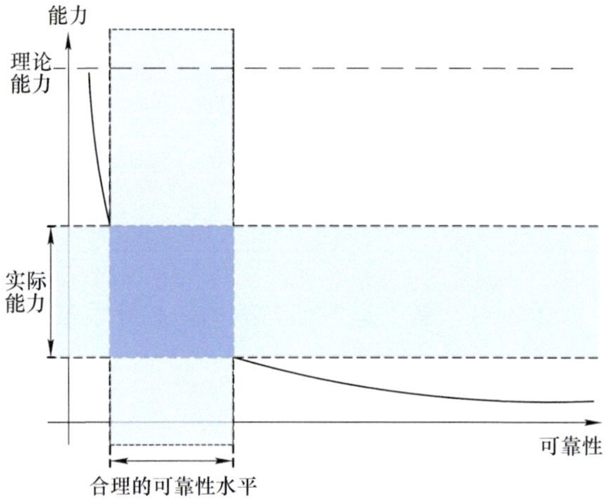

图 3-73　理论能力、实际能力和可靠性之间的关系

为了量化能力与可靠性之间的关系，2008 年，Abril 在 *An assessment of railway capacity* 中以列车平均晚点时间作为可靠性的评价指标，获得了如图 3-74 所示的关系曲线，从图 3-74 中可以看出，当列车数量为 50～140 列时，随着列车数量的增加，列车平均晚点时间变化平缓，线路处于“正常状态”；当列车数量为当 140～230 列时，列车平均晚点时间有所增加，变化速度也加快，线路处于“饱和状态”；当列车数量达到 230 列以上时，列车平均晚点时间会随着列车数量的增加而呈现指数级的增长，线路处于“拥堵状态”。

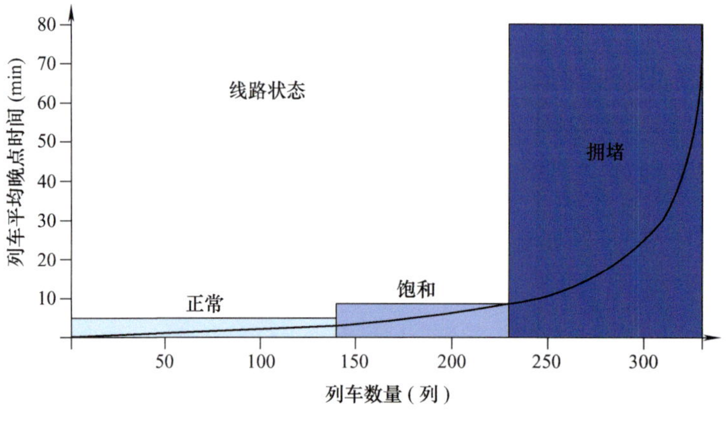

图 3-74　基于列车平均延误的线路状态划分

综上所述，高速铁路能力利用率并不是越高越好，需要结合可靠性水平考量，当线路处于饱和状态时，随着列车数量的进一步增加，会导致可靠性急剧降低，此时不建议继续挖掘线路的能力。

3.6.2 能力利用状态的标定

科学地标定高速铁路能力利用状态，可以直观、有效地认定我国高速铁路能力利用情况，为扩充路网运输能力提供依据。国外学者对能力利用状态的研究较为丰富，并形成了能力分析标准，如《UIC 406 手册》对欧洲路网中约 3 000 km 线路做了能力评估，以实际运营情况和可靠性需求为基础，给出了能力利用率标准值。但是国内学者在此方面的研究较少，其中具有代表性的是 2013 年胡思继在《列车运行图编制理论与方法》中对区间通过能力利用状态的研究。

胡思继认为列车运行图缓冲时间是调控区间通过能力利用和改善列车运行质量的有效控制因素，从技术层面控制列车后效晚点时间发生的角度出发，来界定一定列车运行秩序所要求的区间通过能力利用状态，分别采用以控制第一层次平均列车后效晚点时间为目标设定列车运行图缓冲间，及控制第一层次和高层次平均列车后效晚点时间总值为目标设定列车运行图缓冲时间，并通过缓冲时间确定区间通过能力利用状态的方法。此外，通过构造对区间占用的排队系统，从经济层面来研究合理的区间利用率问题，并据以确定区间通过能力利用状态。据此，可将铁路区段划分为能力储备型、能力适应型、能力紧张型和能力饱和型四种类型的铁路区段，具体见表 3-13。

表 3-13　通过能力利用状态类型

能力利用率	区间能力利用状态类型
55%及其以下	能力储备型
55%～75%	能力适应型
75%～90%	能力紧张型
90%以上	能力饱和型

1. 能力储备型（区间通过能力利用率小于 55%）。能力储备型是从经济角度，根据成本计算所确定的最经济通过能力利用率为依据的。处于或低于这一标准时，区间空闲较大，通过能力储备可达 45%及以上，可认定为能力储备型。

2. 能力适应型（区间通过能力利用率在 55%～75%）。能力利用超过最经济利用水平时，以列车运行图缓冲时间是否满足控制后效晚点时间总值为要求来确定能力适应型级别。处于适应状态时，区间由能力控制列车后效晚点的传播。

3. 能力紧张型（区间通过能力利用率在 75%～90%）。能力利用超过能力适应型时，以列车运行缓冲时间是否满足控制第一层次列车后效晚点时间为要求来确定能力紧张型级别。处于紧张状态时，区间有能力控制因列车进入晚点引发的列车后效晚点时间，而高层次列车后效晚点时间的传播处于失控制状态。

4. 能力饱和型（区间通过能力利用率大于 90%）。能力利用超过能力紧张型时，认定系统处于能力饱和状态。此时，系统无法有效控制列车进入晚点的传播，运行调整难度大，能力利用趋于饱和。

胡思继进一步根据某高速铁路计算资料，以控制第一层次和高层次平均列车后效晚点时间总值为目标计算确定了高速铁路通过能力利用率，见表 3-14。

表 3-14 高速铁路能力利用率状态类型

能力利用率	区段能力利用状态
85%及以下	能力适应型
85%以上	能力紧张型

4 高速铁路车站客运服务能力计算及评估

铁路客运站的客运服务能力主要是通过计算客运站内各项客运服务设施的能力，进一步综合分析得到客运站的客运服务能力值及其利用水平。

4.1 高速铁路车站客运服务能力的基本概念

4.1.1 高速铁路车站客运服务能力定义

高速铁路车站客运服务能力指高速铁路车站各类旅客服务设施设备在一定的个体属性与空间组合条件下，在特定的客流组织方法与客流时空分布场景下，在一定的服务水平要求下所对应的，一定时期内能够服务的旅客数量及其质量水平。高速铁路车站的客运服务能力类别因其设施设备类型与服务特征的多样性而存在差异。本章讨论的高速铁路车站客运服务能力主要针对客运站旅客接触的各项设备及其相关关系展开，包括候车室候车能力、售票室（机）售票能力、跨线设备通行能力、进出站口通行能力等，以及客运站各类设备在特定的空间布置关系下体现出的对旅客流线及其时空分布的综合满足程度。因此，针对不同设备的单项能力因设备属性不同可以分为容纳能力（候车室）、通行能力（跨线设备、进出站口）、业务服务能力（售票能力）等多种类型。而多项设备的组合服务能力则具备更加丰富的考量方式，具体内容详见后文。

从能力的考量角度而言，对于铁路客运站内的各种服务设施，实际上存在着两种能力，即设备的现有能力与需要能力。现有能力是根据该项设备现有情况，在一定的客流组织方法、技术作业过程及列车运行图条件下，高峰单位时间内所能通过或容纳的最大旅客人数；需要能力是指该项设备根据近、远期的客运业务量，在一定的客流组织方法、技术作业过程及列车运行图条件下，在高峰单位时间内，需要通过或容纳的最大旅客人数。

4.1.2 高速铁路车站的设施设备

铁路客运站是指为办理客运业务，设有旅客乘降设施，并有车站广场、站房和站场客运建筑三部分组成整体的车站。特别的，高速铁路车站是指设在高速铁路沿线，专门办理客运业务的车站。客运服务是指在旅客出行过程中，运输部门依靠车站或列车上的一系列设施，为旅客提供的一系列的支持或引导服务，以帮助旅客更好地完成出行过程。高速铁路旅客乘车一般需要经过购票、检票进站和验票出站等程序，这些程序受制于车站提供的服务和设施。

其中，影响高速铁路车站客运服务能力的主要设备设施有以下几个：

1. 候车室

候车室(图 4-1)是客运站内旅客数量最多和停留时间较长的地方，是影响客运站能力的关键所在。不同的旅客对候车时的环境和条件有不同的需求，因此我国除小型站房采用综合车厅外，一般的高速铁路车站候车室包括广厅、普通旅客候车室、母婴候车室等。

候车室除要求有适宜的候车环境外，还需与站房的主要入口及检票口有比较便捷的联系，并尽可能靠近站台，以减少旅客检票后的步行距离，布局类型按照候车布局可分为集中候车方式与分线候车方式。

图 4-1　候车室

2. 站台

为保证旅客上下车的安全和便利，加快旅客的乘降速度，提高车站通过能力，在办理旅客乘降的车站及旅客乘降所的旅客列车到发线旁，均应设置旅客站台(图 4-2)。

3. 售票处与自动售票机

售票窗口(图 4-3)与自动售票机(图 4-4)的设立为旅客出行提供票务服务，主要为售票、改签、退票、问询等业务。售票处的位置，需要根据普通进站旅客流程来确定，通常将售票处设在旅客进站流线中最前面且明显易找的地方。集中售票大厅已经不是客运站建筑的必需内容。客运专线和城际铁路客运站等同时会在进站流线上设置自动售票机。

4. 天桥、地下通道及进出站口

天桥(图 4-5)和地下通道属于跨线设备，是站房或基本站台与中间站台的便捷通道。跨线设备的类型、数量和位置对站场内的流线组织起到重要作用，尤其是在大量旅客下车出站时，跨线设备就成为人流疏散过程中的控制地段。跨线设备的配置应根据车站站型和客流大小、客流性质以及站台、站房及站前广场的相互位置等因素综合考虑，以达到合理的流线组织，保证旅客通行、上下车等的安全与便利。

图 4-2 站台

图 4-3 售票窗口

图 4-4 自动售(取)票机

进出站口主要设置检票通道(图 4-6)。高速铁路客票种类多,可采用自动检票和人工检票相结合的方式完成检票过程。我国高速铁路车站一般采用的自动检票机按旅客流动方向分为进站检票机、出站检票机和宽通道检票机(残疾人专用)等,可以支持储值卡、非接触式卡或磁卡等票的检票工作。

图 4-5　天桥

图 4-6　进站检票口

5. 站前广场

站前广场(图 4-7)是高速铁路车站与城市联系的纽带,是客流、车流集散的地点,是旅客活动和休息的场所。对高速铁路车站来说,站前广场的概念越来越淡化,各种运输方式无缝衔接,旅客一般都是在“室内”换乘,站前广场的功能,如到发、停放各种城市车辆,都应在一个立体化的综合交通枢纽内完成的。

4.1.3　高速铁路车站客运服务能力影响因素

高速铁路车站客运服务能力受到多方面的影响,其中主要的影响因素有:

图 4-7 站前广场

1. 车站设施设备的个体属性

车站设施设备的个体属性是指某类设备的数量、尺寸、型号及其能力指标，如进站检票口每单位时间允许的通过人数、候车厅的最高聚集人数等。由于各设施设备能力值为固定值，所以对于整个车站服务能力的影响很大。

2. 车站设施设备空间布局及其能力协调关系

车站设施设备的空间布局指有前后关系的设备的间距与设备之间的流线走向问题。由于旅客在车站内所接触的设备具有一定的时间性与顺序性，各个设备之间的布置长度与走向对能力产生一定的影响。另外，根据各个设施设备的个体属性以及客流属性与特征应在能力匹配方面进行协调，确保各个设施设备的能力最大化。

3. 车站旅客流线设计方案

旅客流线组织是否合理，不但影响车站的作业效率与能力，同时也关系客运设施设备的运用及旅客服务质量的好坏。在流线设置上，应尽量将到发客流分开，长途与城际分开，以此来避免各种流线的相互交叉干扰。其次，最大限度的缩短旅客走行距离，避免流线迂回。尤其在高速铁路车站，连接多种交通方式的综合交通枢纽，应通过多层次的综合疏解方式在平面与空间上对流线进行疏解。

4.1.4 高速铁路车站客运服务能力与运输计划的关系

运输计划对车站客运服务能力的影响主要是通过客流的时空分布予以体现的。

1. 列车运行图规定的列车到发时刻影响旅客进出站的时间分布，进而影响售票厅(机)、进出站通行、候车室等各类客运服务能力。一方面，车站为旅客出行的短期中转地，需要在车站停留一定的时间才能出发前往目的地。车站的设施设备具有不同的时间上的服务属性，部分为短暂占用型(自动售检票机、进站口等)，部分为长期占用型(候车室)。因此考虑不同设施设备对能力的影响上，在空间范围上针对不同的设施设备占用情况上需要进行合理的考虑。另一方面，旅客达到与离开车站受到列车开行时间表的影响，在时间范围上，车站设施设备会出现阶段性占用率或使用频率高的情况，因此需要对各设施设备能力进行协调。

2. 车站股道使用方案影响候车空间、跨线设备等的利用。

合理的股道安排可以在空间上疏散旅客。一般的，当列车到达前 15～20 min 开始检票，进站闸机口与人工检票口拥挤，合适数量的闸机会减少排队长度与减缓拥堵状况；当列车到达前 5 min 左右，旅客大部分到达站台候车，期间经过跨线设备（天桥、地道或平过道），若出现到达或出发时间相近的列车停靠时同一站台，站台的旅客聚集人数变多，且不易于旅客上下车。

4.2 高速铁路车站客运服务能力分析计算方法

4.2.1 客运站规模与最高聚集人数

1. 客运站最高聚集人数

《铁路旅客车站建筑设计规范》(GB 50226—2007)中关于最高聚集人数的定义为“旅客最高聚集人数为旅客车站全年上车旅客最多月份中，一昼夜在候车室内瞬时(8～10 min)出现的最大候车(含送客)人数的平均值”。影响候车室的旅客最高聚集人数的因素有旅客上车人数、旅客在候车厅的滞留时间、旅客的性质、客运站距居民点距离的远近、城市交通条件是否便捷、旅客列车运行图排列是否均衡、预售车票组织等。目前我国计算旅客最高聚集人数的方法主要有聚集系数法、方向系数法、图解法和概率法。

(1)聚集系数法

高峰系数也称聚集系数，是车站旅客某一个高峰时的聚集人数占一昼夜总上车人数的比值。利用高峰系数计算最高聚集人数的方法比较简单，一般在新线设计中广泛应用。

最大月日均上车人数 $K_上$ 可表示为

$$K_上 = \frac{(K_发 + K_中 + K_路)\alpha}{365} \quad (人) \tag{4-1}$$

式中 $K_发$——普通旅客年发送人数(不含市郊旅客)，人；

$K_中$——中转旅客年发送人数，人；

$K_路$——年持乘车证的铁路职工旅行人数，人；

α——波动系数。

旅客最高聚集人数 $K_高$ 可表示为

$$K_高 = K_上 \cdot C \quad (人) \tag{4-2}$$

式中 C——高峰系数。

(2)方向系数法

方向系数法主要用于沿线中间站，其旅客最高聚集人数 $K_高$ 可表示为

$$K_高 = K_上 \cdot (\varepsilon_1 + \varepsilon_2) \quad (人) \tag{4-3}$$

式中 ε_1——客流方向不均衡系数，一般取 0.6～0.8；

ε_2 ——车次选择系数,一般取 0.4~1.0。

(3)概率法

概率法是根据车站聚集人数变化的概率分布来确定车站最高聚集人数。根据实地调查,旅客到达车站的时间分布明显早于列车开行的分布,其提前量大致为旅客提前候车时间。因此,车站最高聚集人数将出现在旅客到达高峰与车站发车高峰之间,如图 4-8 所示。

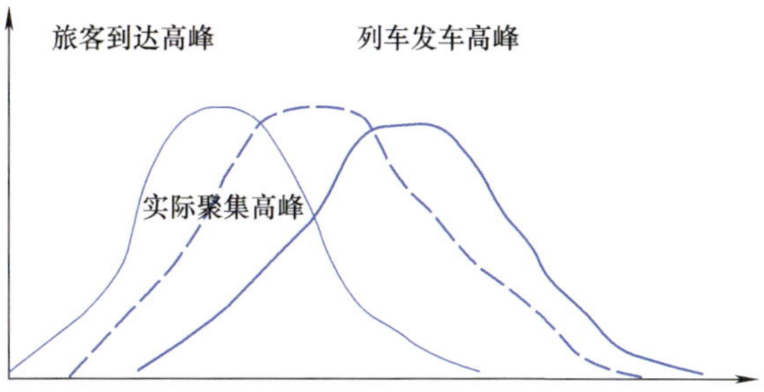

图 4-8　旅客聚集人数分析

具体计算步骤如下:

①确定计算最高聚集人数的时刻 $T_{聚集}$,它应当是列车出发(对候车室来说是出发旅客开始检票的时刻)前一时刻的旅客数量。

②根据列车发车时间与计算时间之间的时间长短计算其可能聚集人数。第 i 列车在计算时刻 $T_{计}$ 时已经到达车站的旅客数量 $N_{列车j}$ 可以按照如下模型计算

$$N_{列车j} = \int_0^T n_i(t)\,\mathrm{d}t \quad (人) \tag{4-4}$$

式中　$n_i(t)$ ——第 i 列车旅客到达分布密度函数。

③根据列车时刻表计算各列车出发前全站旅客聚集人数 K_j 可表示为

$$K_j = \sum_{j \in L_i} N_{列车j} \quad (人) \tag{4-5}$$

式中　L_i ——第 i 列车出发时,规定在所计算的候车空间内候车的、还没有出发的旅客列车集合。

这里,$N_{列车j}$ 的计算方法为

$$N_{列车j} = P_j(t) \cdot N_{定员j} \cdot \alpha_{满载率} \quad (人) \tag{4-6}$$

式中　$P_j(t)$ ——时刻 t 时该站 j 列车的旅客中已经到达车站的人数的比例;

$N_{定员j}$ ——j 列车平均定员数,人;

$\alpha_{满载率}$ ——列车平均满载率。

④分析确定最高旅客聚集人数。根据式(4-4)、式(4-5)和式(4-6),可知旅客最高聚集人数 $K_{高}$ 可表示为

$$K_{高} = \max_{j \in N}\{K_j\} \quad (人) \tag{4-7}$$

式中　N ——该候车室或车站全部旅客列车集合。

2. 客运站规模

目前,我国铁路旅客车站客流存在"等候式""通过式"和"等候与通过混合式"三种旅客流线模式。

"等候式"客运站旅客需在车站滞留,对候车和相应服务设施的空间有一定的要求,我国既有线客运站大部分均为"等候式",既有线客运站的规模分类见表4-1。

表4-1 既有线客运站建筑规模 (单位:人)

建筑规模	最高聚集人数 H
特大型	$H \geqslant 10\ 000$
大型	$3\ 000 \leqslant H < 10\ 000$
中型	$600 < H < 3\ 000$
小型	$H \leqslant 600$

"通过式"是高速铁路旅客车站采用的旅客流线模式,其特点是旅客以直接通过站房的形式到达站台上车。这种形式对集散空间需求大,对候车空间要求小,车站的规模主要受旅客流量控制,因此考虑以高峰小时发送量确定高速铁路旅客车站规模。高峰小时发送量是指车站全年上车旅客最多月份中,日均高峰小时旅客发送量。高速铁路客运站的规模分类见表4-2。

表4-2 高速铁路客运站建筑规模 (单位:人)

建筑规模	高峰小时发送量 pH
特大型	$pH \geqslant 10\ 000$
大型	$5\ 000 \leqslant pH < 10\ 000$
中型	$1\ 000 \leqslant pH < 5\ 000$
小型	$pH < 1\ 000$

"等候与通过混合式"为"等候式"与"通过式"同时存在于一个车站的形式,在其功能设置和空间布局上具有双重性和复杂性,与"等候式"和"通过式"站房都有所不同,此时应结合实际情况进行设计。

4.2.2 候车室能力

候车室的候车能力是指在一定的服务水平下,在一定的组织方法前提下候车厅所能容纳的最多旅客人数。

1. 影响候车室候车能力的主要因素

(1)旅客最高聚集人数(含送客者);

(2)候车室的使用面积;

(3)每个旅客平均占用候车室的面积,包括其携带的行李物品;

(4)旅客在候车室内的平均滞留时间;

以上因素不仅与客流性质、旅客成分、城市交通状况、客运站附近的旅客服务设施等有关,而且与站房内部布置、服务设施、检票口设置极其工作组织也有关。因此在计算能力时,要根据车站的具体情况分别考虑。

2. 候车室候车能力计算方法

(1)候车室现有候车能力 $N_{候现}$ 可表示为

$$N_{候现} = \frac{M_{候}}{W_{候}} \quad (人) \tag{4-8}$$

或

$$N_{候现} = \sum n_{候现} = \sum \frac{m_{候}}{w_{候}} \quad (人) \tag{4-9}$$

式中 $N_{候现}$,$n_{候现}$——候车室、分类候车室单位时间现有的候车能力,人;

$M_{候}$,$m_{候}$——候车室、分类候车室的使用面积,m^2;

$W_{候}$,$w_{候}$——候车室、分类候车室的使用面积指标,m^2/人。

各类候车室使用面积指标见表 4-3。

表 4-3 各分类候车室使用面积指标 (单位:m^2/人)

候车室类型	普通	团体	软席	母婴	军人	老弱病残	贵宾
使用面积	1.1	1.1	2.0	2.0	1.1	1.3	3.0

(2)候车室需要候车能力 $N_{候需}$ 可表示为

$$N_{候需} = H \quad (人) \tag{4-10}$$

或

$$N_{候需} = \sum n_{候需} = \sum H\alpha_i \quad (人) \tag{4-11}$$

式中 $N_{候需}$,$n_{候需}$——候车室、分类候车室单位时间需要的候车能力,人;

H——该站旅客最高聚集人数,人;

α_i——各分类候车室旅客的计算人数占该站最高聚集人数的百分率,i 为候车时的分类数,$i=1,2,\cdots$,$\sum \alpha_i = 1$。

4.2.3 站台候车能力

站台候车能力是指在一定的站台面积前提条件下,站台上一次性能够集散的最多的旅客候车人数。

1. 影响站台候车能力的主要因素

(1)站台最大聚集人数。站台宽度应满足旅客一次乘降或同时进站的最大聚集人数要求,其宽度应根据客流密度确定。因高速铁路列车较密集,应避免旅客进出站在通道内出现对流现象。

(2)进出站地道数量及其在站台上的出入口宽度。高速铁路客运站的旅客站台出入口应设计为双向出入口,其宽度应满足表 4-4 的要求;通道出入口设有自动扶梯或升降电梯时,其宽度应根据升降设备的数量和要求加宽。高速铁路引入既有客站时,在满足使用功能和安全的前提下,可利用既有旅客进出站通道。

表 4-4 旅客站台出入口宽度 (单位:m)

名　　称	特大及大型站	中型站	小型站
基本站台岛式中间站台	5.0～5.5	4.0～5.0	3.5～4.0
侧式中间站台	5.0	4.0	3.5～4.0

(3)建筑物边缘至站台边缘的宽度。站台边缘至建筑物边缘的距离,应保证工作人员作业和站台上旅客的安全,以及有关车辆通行的宽度要求。

(4)建筑物的结构宽度。站台的宽度应满足站台上设置的有关建筑物的结构宽度要求。

(5)有关作业的要求,站台上应考虑消防车的通行及轮椅车的使用等要求。

2. 站台候车能力计算方法

(1)站台现有候车能力

站台现有候车能力是指根据台站的长宽确定的台站面积范围内,能够同时容纳的等候上下列车的旅客人数。站台现有候车能力 $N_{站台现}$ 表示为

$$N_{站台现}=\frac{L\cdot W}{\rho}\quad（人）\tag{4-12}$$

式中 L——站台有效长度,m;

W——站台有效宽度,m;

ρ——站台上的客流密度 0.33～0.75 m^2/人,通常取 0.5 m^2/人。

(2)站台需要候车能力

站台上的客流量主要取决于开行列车的客流量,一般新型客运站中的站台预留了两侧同时发车的条件,所以站台需要候车能力 $N_{站台需}$ 可以初步确定为

$$N_{站台需}=\frac{Q\cdot 2\cdot \alpha}{t}\quad（人）\tag{4-13}$$

式中 Q——列车定员,人;

α——波动系数;

t——列车发车间隔时间,min。

4.2.4 售票能力

购票通常是旅客乘车过程中的重要环节,购票时间为排队时间和服务设施服务时间之和。在这里服务设施指提供服务的人和设备,其服务时间与单位时间内服务设施的服务强度有关。通常影响服务质量的主要因素为旅客排队时间。

1. 影响售票能力的主要因素

(1)人工售票能力与售票窗口数量、发售客票种类、采用的售票方式、售票员业务水平(售票速度)、旅客人均购买张数等因素有关,其中售票窗口数量是影响售票能力的最主要因素。自动售票机售票能力受到旅客自身操作熟练性、设备的运营状态和其他旅客的操作水平等因素的影响。

(2)客运站窗口售票张数占全日上车人数的百分比,该数值可根据实际确定。

2. 售票能力计算方法

(1)人工售票系统能力

一般而言,以人工售票模式为主的售票室(厅)的售票能力是指在营业时间内,售票窗口所能售出的最大车票张数。

①售票房现有售票能力 $N_{售现}$ 可表示为

$$N_{售现} = m_{窗} \cdot n_{窗} \cdot T \quad (张) \tag{4-14}$$

式中 $m_{窗}$——售票房现有的售票窗口数,口;

$n_{窗}$——每个窗口平均售票能力,张/(口·h);

T——售票窗口每日售票时间,h。

②售票房需要售票能力 $N_{售需}$ 可表示为

$$N_{售需} = A \cdot \varphi \quad (张) \tag{4-15}$$

式中 A——年最高月日均上车的旅客人数,人;

φ——客运站窗口售票张数占全日上车人数的百分比。

(2)自动售票系统能力

自动售票系统一般指自动售票机,则自动售票系统的服务能力指在服务时间内,自动售票机可满足的最大售(取)票人次。

①自动售票机现有售票能力 $N_{自售现}$ 可表示为

$$N_{自售现} = N_{v} \cdot \mu_{v} \quad (张) \tag{4-16}$$

式中 N_{v}——自动售票机的数量,一般用取整结果;

μ_{v}——自动售票机的处理能力,一般选用 600 人/(h·台)。

②自动售票机需要售票能力 $N_{自售需}$ 可表示为

$$N_{自售需} = k \cdot p \cdot \alpha \cdot \beta \quad (张) \tag{4-17}$$

式中 k——车站超高峰系数,选用 1.2~1.4;

p——车站高峰小时客流量,人;

α——使用单程票的比例系数,$0<\alpha<1$;

β——使用自动售票机买票的比例系数,$0<\beta<1$。

4.2.5 天桥、地道及进、出站口通行能力

1. 天桥、地道通行能力

天桥、地道通行能力的计算,基础条件是该设备为单方向使用,在同一通道内无反向交

叉客流，并且旅客在通道内能较正常地通行，不产生阻塞与挤压，该项设备由站台通道与跨线通道两部分组成。两者能力不相等时，应以其限制能力部分的宽度为计算依据。

(1)影响天桥、地道通行能力的主要因素

①一条步行道的宽度。将天桥、地道能力视为几条步行道能力之和。每条步行道的宽度与旅客性质(空手、提物、背物、扛物、挑物等)有直接关系。南、北方的长、短途及市郊旅客之间都有些差异，但考虑在留有一定余地的基础上，这些差异不被包含进去。

②旅客走行速度。旅客进、出站走行速度并不相同，一般旅客进站的走行速度快、密度小，出站的走行速度稍慢、密度大。

③每位旅客在通道中占有的前后距离长度。旅客在通道中占有前后之间距离长度不同，进、出站也有差异，进站时分布不均匀，间距差别大，出站时分布较均匀，间距差别小。

(2)天桥、地道通行能力计算方法

客运站跨线设备(天桥、地道)的旅客通行能力，无论现有能力还是需要能力，皆应按进、出站分别计算。

对于通道通行能力的计算，关键因素为旅客步长。通常，为了满足更广泛的车站通道通过能力计算，步长通过普遍调查给出参考数据。旅客在天桥、地道的走行速度，在水平道与斜坡、斜梯道上都不同，计算时以速度最低的斜梯或斜坡为依据。根据对贵州、成都、西安、南昌、长沙、北京等站的天桥、地道进行实地调查发现，进出站及地区间通道的旅客行走速度 v、一条步行道的宽度 b 及每位旅客专用通道的前后间距 l 差别不很大，可以用一个数值范围及均值概括之。单股步行道通过能力 $n_{步}$($n_{步}=v/l+1$)的数值见表 4-5。

表 4-5　$v,b,l,n_{步}$ 参考数值

类别 / 因素	进站		出站	
	可行范围	均值	可行范围	均值
人行速度 v(m/min)	80～90	83	60～70	65
前后距离 l(m)	1.5～3.0	2	1.0～2.5	1.5
一条步行道宽度 b(m)	0.85～1.0	0.9	0.75～0.9	0.8
一条步行道能力 $n_{步}$(人/min)	27～61	42	25～71	44

①天桥、通道等跨线设备现有通行能力 $N_{跨现}$ 可表示为

$$N_{跨现}=\sum\frac{B}{b}\cdot n_{步}\quad(人)\tag{4-18}$$

式中　B——跨线设备的宽度，m；

b——一条步行道的宽度，m；

$n_{步}$——一条步行道每分钟的旅客通行能力，人。

当进、出站跨线设备多于 1 处时，其进、出站跨线设备总能力，应为几座设备能力之和。

②天桥、通道等跨线设备需要通行能力 $N_{跨需}$ 可表示为

$$N_{跨需} = \frac{A}{t} \quad (人) \tag{4-19}$$

式中 t——表示规定到达(或出发)一列车,旅客占用跨线设备的时间,min;

A——在 t 时间内,进入跨线设备的一列车或几列车的旅客人数。

(3)基于实例分析的天桥、地道通行能力计算

客运通道通过能力的确定对客运通道的设计及旅客运输组织具有一定的参考价值。通过对车站客运通道的视频材料进行分析可以得到旅客的平均走行速度。根据在北京站和北京西站采集的客运通道内客流情况的视频资料,进行统计得到旅客走行速度和人均占据空间的数据见表 4-6。

表 4-6 旅客走行速度和人均占据空间

人均占据面积 (m^2/人)	人均占据面积组中值 (m^2/人)	走行速度波动范围 (m/s)	平均走行速度	
			(m/s)	(m/min)
1.0～1.4	1.2	1.0～1.4	1.04	64.2
1.4～1.8	1.6	1.0～1.4	1.13	67.8
1.8～2.2	2.0	1.0～1.4	1.20	72.0
2.2～2.6	2.4	1.0～1.4	1.24	74.4
2.6～3.0	2.8	1.0～1.4	1.32	79.2
3.0～4.0	3.5	1.0～1.4	1.36	81.6
4.0～5.0	4.5	1.0～1.4	1.42	85.2
5.0 以上	—	1.0～1.4	1.40	84.0

表 4-6 中旅客人均占据面积组中值与平均走行速度对应位置关系如图 4-9 所示。从北京站及北京西站旅客在客运通道中走行的速度可以发现,旅客平均占据空间在 4.0～5.0 m^2/人和 5.0 m^2/人以上时,其走行速度相差很小,从中可以得到旅客平均占据空间达到 4.5 m^2/人时,其走行速度可以认为是自由走行,不受到周围其他旅客的干扰,平均自由走行速度为 85 m/min。

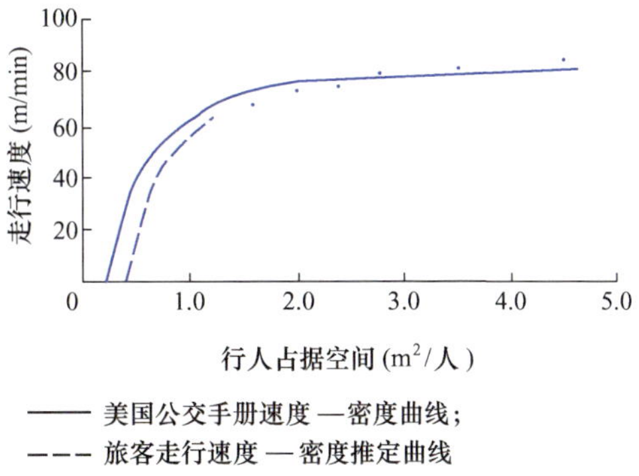

图 4-9 旅客走行速度补充推定示意

由于旅客携带行李的影响，因此同样客流密度情况下，旅客平均走行速度相对较低。如图 4-9 所示，在人均占据空间小于 2.5 m²/人时，旅客平均走行速度均低于《美国公共交通通行能力和服务质量手册(第二版)》中步行通道的行人走行速度。因此对《美国公共交通通行能力和服务质量手册(第二版)》中步行道行人步行速度—行人占地空间的关系曲线进行平移，即向右平移 0.2 个单位，使曲线与表 4-6 中计算出的人均占据面积最小点相交，从而找出人均占据面积小于 1 m² 时的参考值，本研究取人均占据面积为 0.8 m²/人时步行速度 46 m/min。

为了研究在通道内不同客流密度的刺激对旅客走行速度的影响，建立客运通道内旅客走行速度与客流密度(或其倒数人均占据空间)的关系为

$$v_i=\begin{cases}v_0(a\cdot\ln(D_i/D_0)+b\cdot(D_i/D_0)+c & D_i>D_0\\ v_0 & D_i\leqslant D_0\end{cases}\tag{4-20}$$

或

$$v_i=\begin{cases}v_0(a\cdot\ln(S_i/S_0)+b\cdot(S_i/S_0)+c & S_i<S_0\\ v_0 & S_i\geqslant S_0\end{cases}\tag{4-21}$$

式中 v_i——现在的客流走行速度，m/min；

v_0——旅客在通道内自由走行速度，通过计算为 85 m/min；

D_0——客流密度的临界值，即在此密度以下旅客在通道内自由走行，通过计算为 0.22 人/m²；

D_i——现在的客流密度，人/m²；

S_0——人均占据面积的临界值，客流密度临界值的倒数，通过计算为 4.5 m²/人；

S_i——现在的人均占据面积，现在的客流密度的倒数，m²/人；

a,b,c——影响系数。

利用 Origin 软件对表 4-6 的数据和推定的数据点通过式(4-21)进行拟合，可求出通道内旅客走行速度和平均占据空间(客流密度倒数)的相关曲线如图 4-10 所示，以及影响系数 $a=-0.063$，$b=-0.073$，$c=1.068$，其相关系数为 0.99，表示相关性很好。

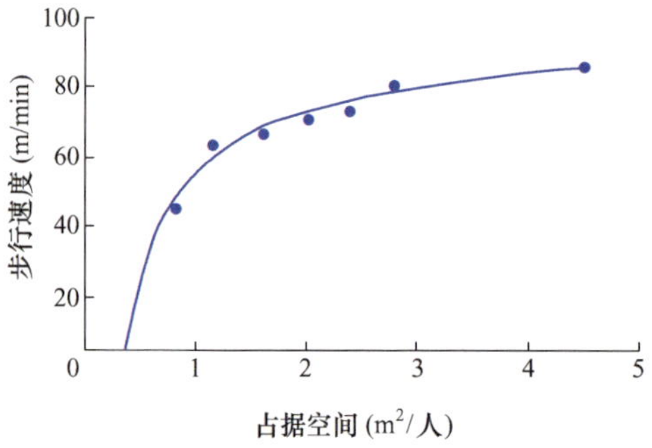

图 4-10　旅客步行速度—占据空间关系曲线

由式(4-21)可以推导出客运通道内旅客流量和其占据空间的关系曲线如图 4-11 所示。当人均占据面积为 0.7 m²/人时，客流达到最大平均高峰流率 58 人/(m・min)。

参考《美国公共交通通行能力和服务质量手册(第二版)》中步行通道服务水平分级标

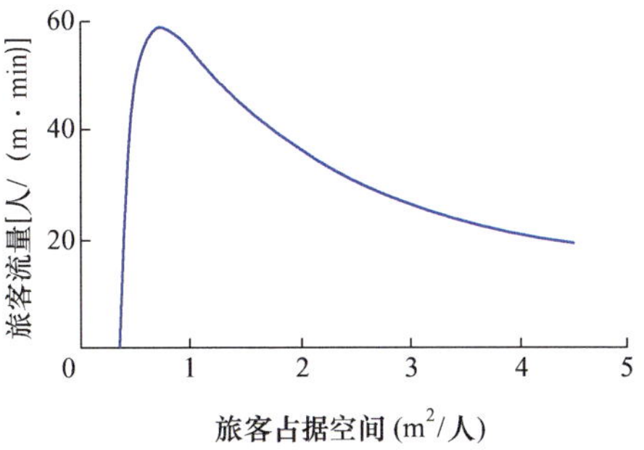

图 4-11　旅客流量—占据空间关系曲线

准，对旅客在客运通道内的服务水平也分为 6 级，分级标准采用与其相同的饱和度(客流量/通道最大通过能力)标准。单位宽度通道的最大通过能力为 58 人/(m·min)。表 4-7 给出各级服务水平下旅客通过相关参数。

表 4-7　客运通道旅客服务水平标准

服务水平	旅客平均占用面积数值区间 (m^2/人)	期望的旅客流量与步行速度		
		平均步行速度 (m/min)	单位宽度的旅客流量 [人/(m·min)]	饱和度 V/C 比
A	≥4.5	85	[0,18)	[0.0,0.3)
B	[3.5,4.5)	83	[18,23)	[0.3,0.4)
C	[2.1,3.5)	78	[24,35)	[0.4,0.6)
D	[1.3,2.1)	69	[35,48)	[0.6,0.8)
E	[0.7,1.3)	54	[48,58)	[0.8,1.0)
F	≤0.7	<41	可变	可变

考虑上述客运通道的服务水平，建议客运通道的设计能力取最大通过能力的 60%～80%，即服务水平 D 级，其设计通过能力取值范围为 35～48 [人/(m·min)]，设计中可取其中间值 42 [人/(m·min)]。

2. 进、出站口通行能力

(1)影响进、出站口通行能力的主要因素

进出站口的能力与检票作业的能力息息相关，一般通过检票作业的能力来确定。我国铁路客运站检票作业要求基本相同。单个进、出站口检票能力见表 4-8。

表 4-8　单个检票口能力参考　　[单位：人/(m·口)]

类别	通过能力范围	通过能力均值
进站检票能力	30～40	35
出站检票能力	32～42	37
出站不检票能力	45～60	47
自动检票机	20～30	25

(2)进、出站口通行能力计算方法

①进站口每分钟现有旅客通行能力 $N_{进现}$ 可表示为

$$N_{进现} = m_{进} \cdot n_{进} \quad (人) \tag{4-22}$$

式中 $m_{进}$——进站口的个数,个;

$n_{进}$——每个进站口每分钟现有旅客通行能力,人/口。

出站口每分钟现有旅客通行能力 $N_{出现}$ 可表示为

$$N_{出现} = m_{出} \cdot n_{出} \quad (人) \tag{4-23}$$

式中 $m_{出}$——出站口的个数,个;

$n_{出}$——每个出站口每分钟现有旅客通行能力,人/口。

车站进、出站口的通行总能力 C 可以初步确定为

$$C = N \cdot c \quad (人) \tag{4-24}$$

式中 N——进、出站口检票闸机的数量,台;

c——单个检票口的通过能力值,人/口。

②进站口每分钟需要通行能力 $N_{进需}$ 可表示为

$$N_{进需} = \frac{A_{进}}{t_{进}} \quad (人) \tag{4-25}$$

式中 $t_{进}$——进站口放一列车旅客的时间标准,min;

$A_{进}$——在 t 时间内,通过进站口一列车或几列车的旅客人数,人。

出站口每分钟需要通行能力 $N_{出需}$ 可表示为

$$N_{出需} = \frac{A_{出}}{t_{出}} \quad (人) \tag{4-26}$$

式中 $t_{出}$——出站口放一列车旅客的时间标准,min;

$A_{出}$——在 t 时间内,通过出站口一列车或几列车的旅客人数,人。

(3)基于实例分析的进、出站口通行能力计算方法

对铁路大型客运站进、出站检票口的检票客流进行抽样统计,可以采用 SPSS 统计软件分别计算人工检票方式和闸机检票方式的检票速度及其分布,并根据不同检票方式下进、出站检票口检票速度的均值及标准差提出检票口通过能力的设计参考值。

在北京、天津、上海、哈尔滨、济南等城市对铁路 14 个大型客运站的进、出站检票口进行有关检票速度的抽样统计。其中,在进站和出站的人工检票口分别抽样统计了 532 列和 417 列旅客列车的旅客,在进站和出站的闸机检票口分别抽样统计了 91 列和 67 列旅客列车的旅客,抽样统计的进站和出站旅客人数分别为 214 420 和 149 852 人;抽样统计选择在各列车旅客在车站检票口集中排队检票的时段进行。根据抽样统计数据,采用 SPSS 统计软件分别计算各站人工检票口和闸机检票口的检票速度,得到如图 4-12 所示人工检票口和闸机检票口的检票速度分布,以及列于表 4-9 的不同检票方式下进、出站检票口检票速度的

均值 μ 及标准差 σ。

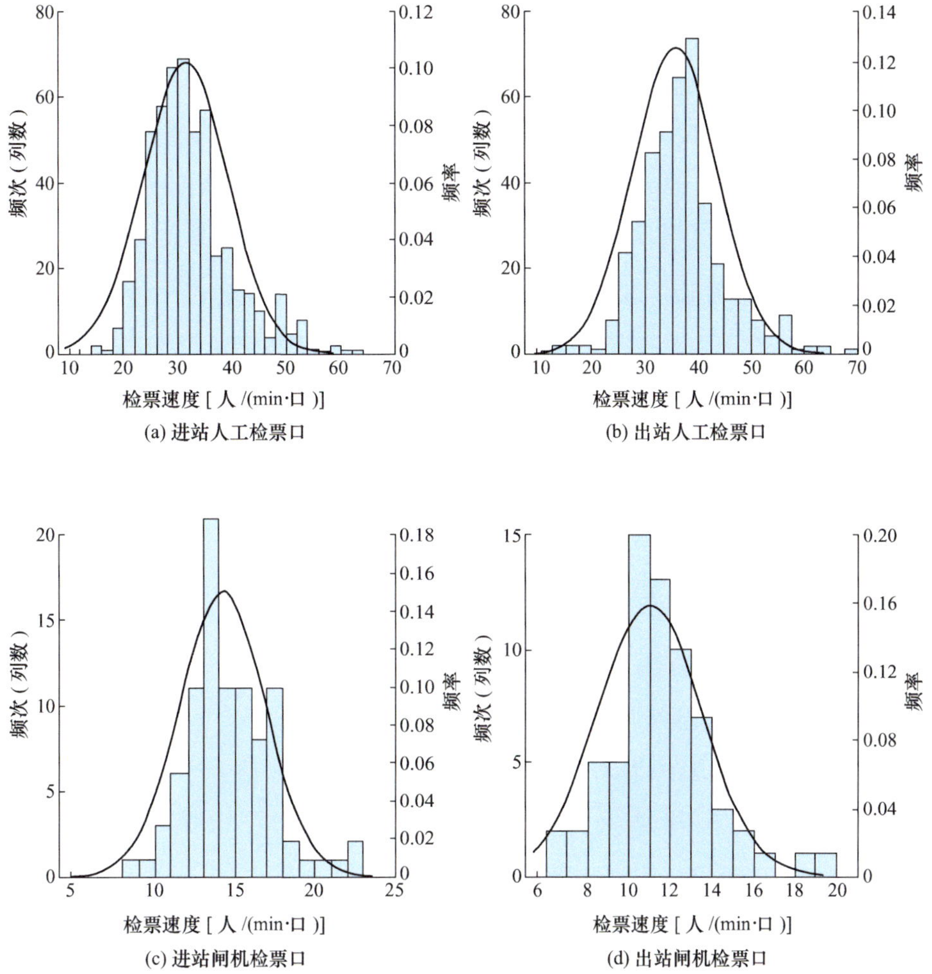

图 4-12　进出站检票口的检票速度分布

表 4-9　进出站检票口检票速度的均值及标准差　[单位:人/(min・口)]

检票口	方向	检票速度	
		均值 μ	标准差 σ
人工检票口	进站	32.39	7.81
	出站	36.87	7.91
闸机检票口	进站	14.72	2.67
	出站	11.50	2.50

由图 4-12 可见,不论是人工检票还是闸机检票,进、出站口的检票速度均近似于正态分布,而且通过 SPSS 正态分布检验,也证明其分布符合正态分布,其正态分布拟合曲线如图中曲线所示。由表 4-9 可知,人工检票口的进站检票能力低于出站检票能力,这主要是由于对进站检票口的检票作业要求更加严格,必须准确核对每位进站旅客的票面信息,以避免

旅客误乘。闸机检票口的检票速度远小于人工检票口的检票速度，根据对现场情况的调研发现，这是由于部分旅客不熟悉闸机的使用、携带行李过多过重过大不利于通过闸机或者车票受损影响闸机识别等导致的。

因为一般在设计检票口通过能力时，是根据检票客流并考虑一定波动而确定的，所以对表 4-9 中数据按四舍五入取整后，据此建议铁路客运站检票口的通过能力在 $(\mu-\sigma, \mu+\sigma)$ 范围内取值，具体见表 4-10。实际工作中，在设计确定检票口数量时偏向稳健考虑，建议取通过能力下限；运营中在确定检票口开放数量时可取通过能力均值。

表 4-10　进出站检票口的通过能力取值范围建议　［单位：人/(min・口)］

检票口	方向	通过能力	通过能力均摊
人工检票口	进站	24～40	32
	出站	29～45	37
闸机检票口	进站	12～18	15
	出站	9～15	12

3. 天桥、地道与进、出站口的能力协调

(1)跨线通道能力与进、出站口能力的协调条件

在旅客流线上，跨线通道与进、出站口的旅客通行能力应协调一致，否则将造成流程不畅，其协调条件就是进(或出)站通道能力与进(或出)站口能力相等，即进站的 $N_{跨}=N_{进}$，出站的 $N_{跨}=N_{出}$。

因为

$$N_{跨}=\frac{B}{b}\cdot n_{步}\quad(人)$$

$$N_{进}(或\ N_{出})=m\cdot n\quad(人)$$

故可导出下面的关系式

$$B=m\cdot n\cdot\frac{b}{n_{步}}\quad(\mathrm{m})\tag{4-27}$$

$$或\ m=\frac{B\cdot n_{步}}{n\cdot b}\tag{4-28}$$

对于每一个 m 值，公式给出的就是一个最低的临界点数值，该关系见表 4-11。

表 4-11　进、出站口与通道宽度关系

进出站口数(口) / 通道宽度(m)	3	4	5	6	7	8	9	10
进站	2.25	3.00	3.75	4.50	5.25	6.00	6.75	7.50
出站	2.02	2.69	3.37	4.04	4.71	5.39	6.06	6.73

(2)分析说明

由上面的计算公式及表4-11可看出,在旅客进站时,需同时开放几个检票口,取决于进站通道的宽度。一般在通道不足时,以进站检票口作为控制点,使客流不超过通道的通行能力;在旅客出站时,需开放几个检票口,也取决于通道宽度,由于旅客下车后,直接进入通道,若开口不足,就会产生客流积压。因此,旅客在出站时,通道成为控制点,要求开放出站口个数与之适应。

4.2.6 安检、实名制验票设备

1. 安检、实名制验票设备需要能力 $N_{检需}$ 可表示为

$$N_{检需} = Q \quad (人/\text{min}) \tag{4-29}$$

式中 Q——高峰时段单位时间到站旅客人数,人/min。

2. 安检、实名制验票设备现有能力 $N_{检现}$ 可表示为

$$N_{检现} = m_{检} \cdot n_{检} \quad (人/\text{min}) \tag{4-30}$$

式中 $m_{检}$——安检或实名制验票设备的数量;

$n_{检}$——单个安检或实名制验票设备的通行能力,人/min。

4.2.7 楼梯及自动扶梯

对于楼梯通行能力的计算,关键因素为旅客步长。通常,为了满足更广泛的车站楼梯通过能力计算,步长通过普遍调查给出参考数据。其中 $n_{梯}$ 与 $n_{步}$ 取值在无实际研究车站数据时可认为大致相同,原因为 $n_{步}$ 在选择通用数据时为了满足设计通道最大通行能力所选取的为斜坡或斜梯上的旅客平均步长。具体数据见表4-5。

1. 楼梯及自动扶梯通行能力计算方法

(1)楼梯及自动扶梯需要能力 $N_{梯需}$ 可表示为

$$N_{梯需} = Q_{梯} \quad (人/\text{min}) \tag{4-31}$$

式中 $Q_{梯}$——高峰时段单位时间需要经由楼梯或自动扶梯的旅客人数,人/min。

(2)楼梯及自动扶梯现有能力 $N_{梯现}$ 可表示为

$$N_{梯现} = \sum_{i} \frac{B_i}{b} n_{梯} \quad (人/\text{min}) \tag{4-32}$$

式中 B_i——第 i 个楼梯或自动扶梯的宽度,m;

b——每条步行道的宽度,m;

$n_{梯}$——每条步行道宽度的楼梯或自动扶梯每分钟的通过能力,人/min。

2. 基于实例分析的楼梯及自动扶梯通行能力计算方法

(1)下行阶梯的旅客通过能力

客运站内旅客通道中的阶梯作为旅客在站内实现高程变化的必经之路,一般按单方向设计和使用。由于其具有一定的坡度,因此旅客在其上行走的平稳性和安全性比旅客通道中其他设施差些。另外,由于在客运站旅客通道的上行阶梯一般都设计并安装有自动扶

梯，因此本节只研究下行阶梯的旅客通过能力。

根据对北京站和北京西站下行阶梯上旅客平均走行速度和平均占用面积的统计数据，见表 4-12。

表 4-12　下行阶梯旅客走行速度的特征值

旅客平均占用面积(m^2/人)		走行速度(m/min)	
数值区间	中值	波动范围	平均
[0.5,0.7)	0.6	30～52.8	38.4
[0.7,0.9)	0.8	30～66.0	42.6
[0.9,1.1)	1.0	30～72.0	51.6
[1.1,1.3)	1.2	30～90.0	56.4
[1.3,1.5)	1.4	36～84.0	58.8
[1.5,1.9)	1.7	36～90.0	62.4
[1.9,2.5)	2.2	48～114.0	69.0
2.5 及以上	—	36～114.0	69.0

由表 4-12 可知：

①当旅客平均占用面积较小时，旅客的走行速度波动相对较小；反之较大，这说明旅客平均占用面积对旅客走行速度有显著影响。

②当旅客平均占用面积较小时，旅客在阶梯上的平均走行速度较低；反之较高。而且当旅客平均占用面积达到 2.2 m^2/人以上时，旅客基本呈自由走行状态，并且旅客的平均走行速度也不再继续随着旅客平均占用面积的增加而提高。

借鉴国内外相关研究并通过 Origin 的绘图和数据分析软件，拟合出下行阶梯上旅客平均走行速度与平均占用面积之间的关系式为

$$v=\begin{cases}0 & S\leqslant S_0\\ v_f[a\ln(S_f/S)+b(S_f/S)+c] & S_0<S<S_f\\ v_f & S\geqslant S_f\end{cases} \tag{4-33}$$

式中　v——下行阶梯上旅客的平均走行速度，m/min；

v_f——下行阶梯上旅客能自由走行时的速度，由表 4-12 可知，取 69 m/min；

S——在下行阶梯上旅客的平均占用面积，m^2/人；

S_0——在下行阶梯上旅客占用面积的最小值，m^2/人；

S_f——在下行阶梯上旅客可以自由走行时所需要的占用面积，由表 4-12，取 2.2 m^2/人；

a，b 和 c——关联系数。

根据表 4-12 中的数据和图 4-13 中的关系散点以及式(4-33)，通过 Origin 软件计算得

到关联系数 $a=-0.162, b=-0.097, c=1.085$；进而最终得到下行阶梯上旅客的平均走行速度与平均占用面积的拟合关系式（拟合相关系数=0.99）为

$$v=\begin{cases}0 & S\leqslant 0.302\\ 69\begin{bmatrix}-0.162\ln(2.2/S)\\ -0.097(2.2/S)+1.085\end{bmatrix} & 0.302<S<2.2\\ 69 & S\geqslant 2.2\end{cases} \tag{4-34}$$

由式(4-34)得到下行阶梯旅客的平均走行速度 v 与平均占用面积 S 的拟合关系曲线如图 4-13 所示。

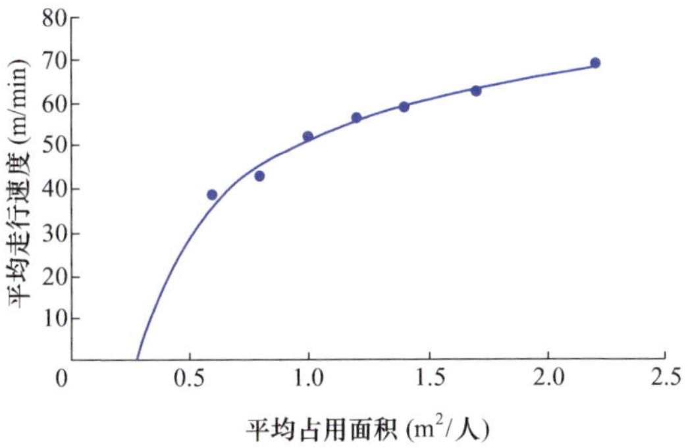

图 4-13　下行阶梯旅客的平均走行速度与平均占用面积的关系曲线

由于客运站阶梯单位宽度的平均旅客流量等于旅客的平均走行速度 v 除以其平均占用面积 S，因此可得到单位时间内下行阶梯单位宽度通过的旅客流量（以下简称单位梯宽旅客流量）。单位梯宽旅客流量与旅客平均占用面积的关系曲线如图 4-14 所示。

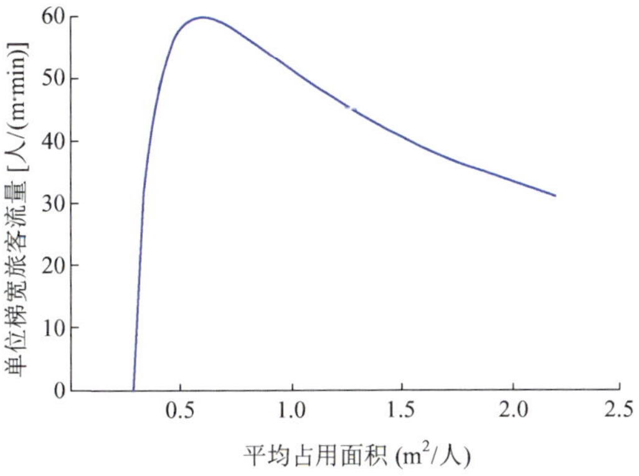

图 4-14　单位梯宽旅客流量与旅客平均占用面积的关系曲线

由图 4-14 可知：当下行阶梯上的旅客平均占用面积为 0.6 m^2/人时，单位梯宽旅客流量达到最大，为 59 人/(m·min)。

将下行阶梯的服务水平也分为 6 级，每级服务水平对应不同的饱和度（单位梯宽旅客流量与单位梯宽最大旅客流量之比）以及阶梯其他相关参数，见表 4-13。

表 4-13　下行阶梯服务水平分级

服务水平	旅客平均占用面积数值区间(m^2/人)	期望的旅客平均走行速度		
		平均走行速度(m/min)	单位梯宽旅客流量范围[人/(m·min)]	饱和度取值范围
A	>3.8	69	[0,18)	[0.0,0.3)
B	[3.8,2.8)	69	[18,24)	[0.3,0.4)
C	[2.8,1.8)	67	[24,35)	[0.4,0.6)
D	[1.8,1.2)	60	[35,47)	[0.6,0.8)
E	[1.2,0.6)	46	[47,59)	[0.8,1.0)
F	≤0.6	<35	≥59	过饱和

由表 4-13 可知，下行阶梯服务水平为 D 级时所对应的单位梯宽旅客流量约为单位梯宽最大旅客流量的 60%～80%，即对应 D 级服务水平的单位梯宽旅客流量取值范围为 35～47人/(m·min)。建议结合实际需求，按照下行阶梯服务水平为 D 级时所对应的单位梯宽旅客流量取值范围确定下行阶梯合理的旅客通过能力，设计时可取中间值 41 人/(m·min)。

(2)自动扶梯的通过能力

自动扶梯通常设置在与阶梯相邻一侧，其通过能力主要取决于其踏板宽度和运行速度。理论上可以按照每个扶梯踏板的利用率为 100%对自动扶梯的最大输送能力进行计算，从而得到理论输送能力。但是，实际上不可能实现对扶梯踏板的 100%利用。

对北京南站自动扶梯运送旅客的情况进行了调研。北京南站自动扶梯的踏板宽度为 1 m，运行速度为 30 m/min；分别抽样统计旅客大量集聚在进站和出站自动扶梯前排队乘自动扶梯情况下的乘梯旅客流量，其中，在 1 个进站自动扶梯口抽样统计了 61 列旅客列车的 10 257 位旅客，在 1 个出站自动扶梯口抽样统计了 50 列旅客列车的 12 284 位旅客，并利用 SPSS 软件分析乘梯旅客流量的分布，结果如图 4-15 所示。

由图 4-15 可知：

①进出站自动扶梯的单位踏板宽度旅客流量分布也同样近似于正态分布，其中，进站自动扶梯单位踏板宽度旅客流量的均值 μ 和标准差 σ 分别为 50.82 人/(m·min)和 6.911 人/(m·min)；出站自动扶梯单位踏板宽度旅客流量的均值 μ 和标准差 σ 分别为 61.46 人/(m·min)和 6.652 人/(m·min)。

②受旅客所携带行李物品的影响，自动扶梯的实际输送能力小于表 4-14 中所给出的额定输送能力，分别为额定输送能力的 6.8%和 81.9%。

③因为旅客进站相对分散而出站相对集中，所以进站自动扶梯的旅客流量小于出站自动扶梯的旅客流量。

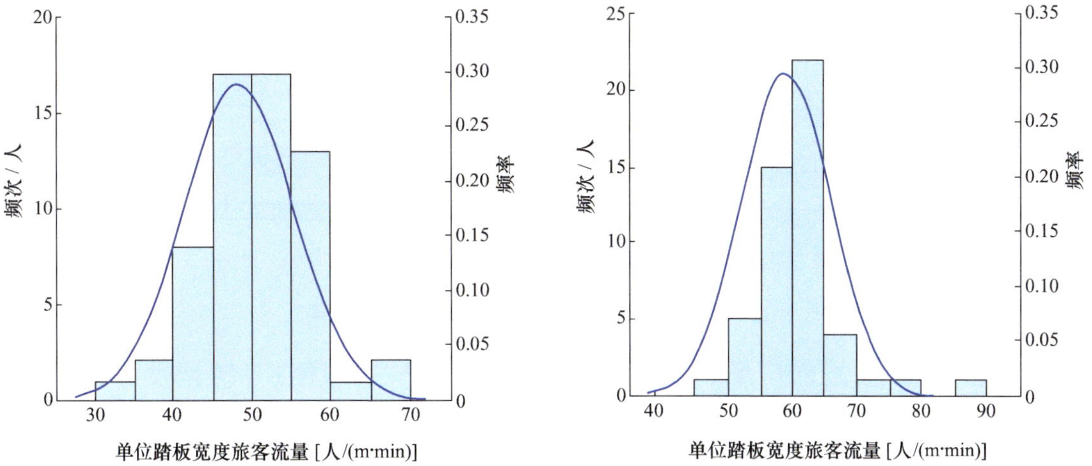

(a) 进站自动扶梯　　(b) 出站自动扶梯

图 4-15　进出站自动扶梯的单位踏板宽度旅客流量分布

表 4-14　自动扶梯参数

类　　型	踏板宽度(m)	运行速度(m/min)	额定输送能力(人/min)
单人宽	0.6	27.4	34
		30.0	37
		36.6	45
双人宽	1.0	27.4	68
		30.0	75
		36.6	90

为了使自动扶梯的通过能力既满足需要又能保证客流通道顺畅和一定的旅客舒适度，在确定自动扶梯通过能力时应考虑留有一定的余量。因此，根据以上分析，建议按照自动扶梯单位踏板宽度旅客流量的均值与标准差的差值，即 $\mu-\sigma$ 作为自动扶梯通过能力的设计参考值。对于踏板宽度为 1 m、运行速度为 30 m/min 的进站和出站自动扶梯，建议其通过能力分别按 44 人/(m·min)和 54 人/(m·min)设计。

4.2.8　站前广场集散能力

1. 站前广场的组成部分及相关设施

(1)站房平台：是指站房外向城市方向延伸一定宽度的平台，为联系站房各部位并与进出站口、旅客活动地带及人行通道连接之用。

(2)旅客专用地：是指从站房平台外缘至相邻城市道路边缘、或相邻建筑、公交车辆停靠站基地边缘范围内的场地，包括旅客活动地带、人行通道、停车场。

(3)换乘设施：站前广场的机动车辆主要包括社会车辆、公共汽车、出租车；非机动车辆主要有自行车等。根据换乘广场的设计原则，换乘设施布局方案基本模式如图 4-16 所示。

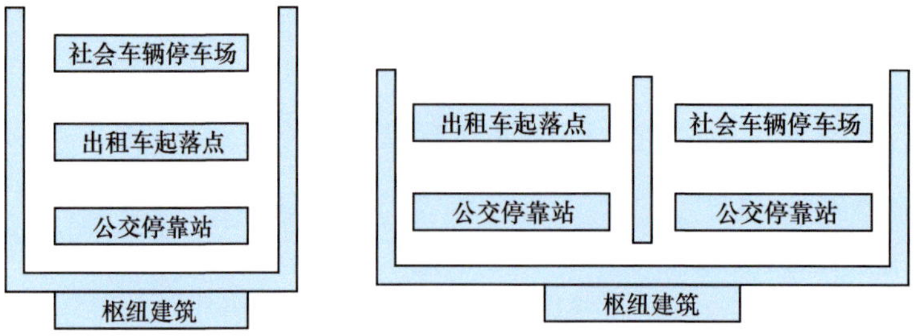

图 4-16　站前广场换乘设施布局方案基本模式

(4)服务管理设施:站前广场的服务管理设施包括护栏、岗楼、车辆调度办公室、广播、宣传指示牌、信号灯以及各种交通标志、电话亭、卫生间等。

站前广场的主要功能之一就是为旅客提供活动和休息的场所,尤其在客流高峰期,由于候车室空间的有限,这时站前广场起到了承担一部分候车客流的作用。但是,在实际客运站的建设中,站前广场并没有发挥城市广场的功能,为旅客提供良好的休息环境,而主要是作为城市的景观建筑考虑。当站前广场合理地设置花池、栏板、宽台阶、矮墙时,旅客会根据自己内心的需要,选择在这些位置处休息。站前广场另一个重要的功能就是换乘功能。站前广场大多以平地为主,并且空间很宽阔,因此在这样的空间中应该设置合理的标识系统来引导客流。

2. 站前广场集散设施能力

站前广场的集散客流指的是通过步行方式到达枢纽或者是通过步行方式离开枢纽的客流。集散客流从进入枢纽通过步行到达枢纽内的乘车点,如轨道站点、公交站点,或者从枢纽内站点下车离开枢纽,需要提供为集散客流在枢纽内步行所需的设施。对于该部分能力也采用行人时空消耗以及设施的广义容量来确定。两者的关系为

$$C_{人} \cdot Q_{集散} = S_{集散} \cdot T \tag{4-35}$$

式中　$C_{人}$——枢纽内行人的平均时空消耗;

$Q_{集散}$——客运交通枢纽高峰小时集散客流量,人/h;

$S_{集散}$——集散客流在枢纽内步行所需要的规模,m²;

T——步行设施的使用时间,这里为高峰小时,即 3 600 s。

相应地,集散客流在枢纽内步行所需的规模 $S_{集散}$ 可表示为

$$S_{集散} = C_{人} \cdot Q_{集散}/3\ 600 = s_{人}\frac{L_1}{v_{人}} \cdot Q_{集散}/3\ 600 \quad (人) \tag{4-36}$$

式中　$s_{人}$——行人所需要的动态个人空间,m²/人;

L_1——每一集散客流在枢纽内的步行距离,m,对于轨道交通枢纽内步行距离一般取 100～300 m,常规公交枢纽内步行距离一般取 50～100 m;

$v_{人}$——步行的平均速度,m/s;

按照《交通工程手册》中人行道行人交通服务水平标准,在 C 级服务水平时,行人占用面积为 1.2～2 m²/人,步行速度为 1 m/s。因此,对枢纽内步行的动态个人空间 $s_{人}$ 取 1.2～2 m²/人,步行的平均速度 $s_{人}$ 取 1 m/s。

4.2.9 分析计算方法能力评估方法

当现有能力大于需要能力时，说明现有能力尚有富余，能够满足未来一段时期内增长的客流量需求；当需要能力大于现有能力时，则说明客运站的服务设施能力不足，无法满足当前的客流需求，需要加大现有能力，如增加售票窗口或自动售票机数量，增加通道、天桥的宽度等。

4.3 高速铁路车站客运服务能力仿真计算方法

4.3.1 车站客运服务设施能力仿真方法及其优点

车站客运服务设施能力仿真方法是指通过构建基于乘客行为的微观仿真模型，更加精细化、准确化、实时化地计算和评估车站客运服务设施能力以及实现设施布局与客流流线的追踪评估与优化的方法，相较于静态计算方法来说，动态仿真方法主要有以下几方面优点：

1. 该方法通过构建基于行人行为的微观仿真模型，能够精确、真实地反映乘客与设施的相互作用、乘客间的相互作用、设施间的相互作用、流线与设施的相互作用等，能全面科学的反映出乘客及客流在车站内的微观和宏观特征，更有利于真实、直观、实时地反映整个车站内客运服务设施能力的利用情况和辨识能力瓶颈点。

2. 该方法能够模拟不同设施条件、客流规模、客流流线等情况下的多种仿真场景，从而能够对不同仿真场景条件下的设施能力进行动态计算与评估以及实现设施布局和客流流线的追踪评估与优化。

3. 该方法通过实时记录乘客在车站内的走行轨迹，不仅能够实时统计和计算相关指标，还能够可视化地实时展示站内客流情况、各区域服务水平及各设施能力利用情况。

4.3.2 车站客运服务设施能力仿真方法的基本原理

车站客运服务设施能力仿真包括客运服务设施模块、客流生成模块、乘客行为模块、流线分析模块及可视化能力计算与评估模块。各个基本模块相互关联形成车站客运服务设施能力仿真的基本原理，如图 4-17 所示。

1. 客运服务设施模块

客运服务设施模块主要是对车站内的各类客运服务设施的物理特征、层次关系、相互间的关联及使用规则进行建模。

2. 客流生成模块

客流生成模块主要是为了生成车站的进出站客流情况，针对乘客到达和离开车站的方式和规律，建立客流生成的模型。模型的构建是以车站的进出站口及站台为边界、以乘客出行为研究对象的客流生成模型。该模块主要规定了进出站客流在流线起讫点（OD）的客流规模、客流构成、时间分布规律以及空间分布规律。对于高速铁路车站进站客流，根据乘

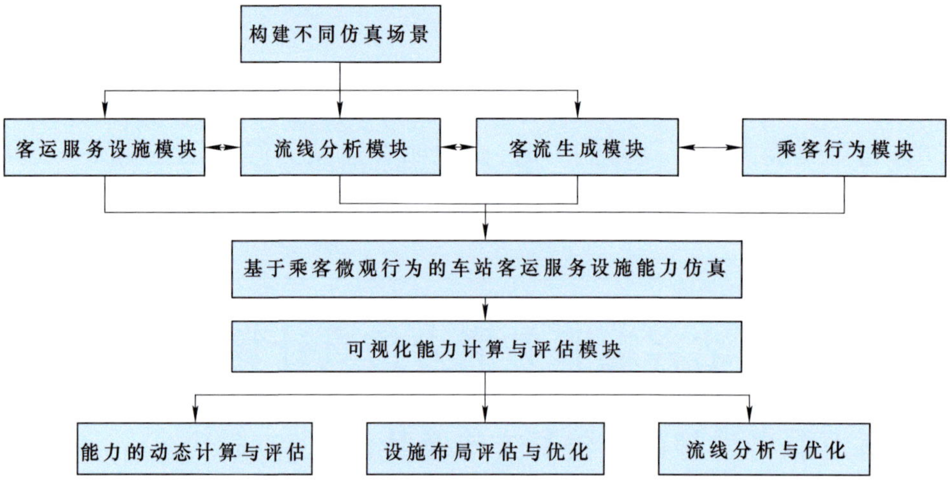

图 4-17　车站客运服务设施能力仿真方法的基本原理

客的到达行为特性，分为基于时刻表、基于客流规律和基于客流调查三种客流生成方式；对于高速铁路车站出站客流，一般按照列车到达时刻表，结合旅客下车分布规律与下车时间特性来生成。客流生成模块的流程图如图 4-18 所示。

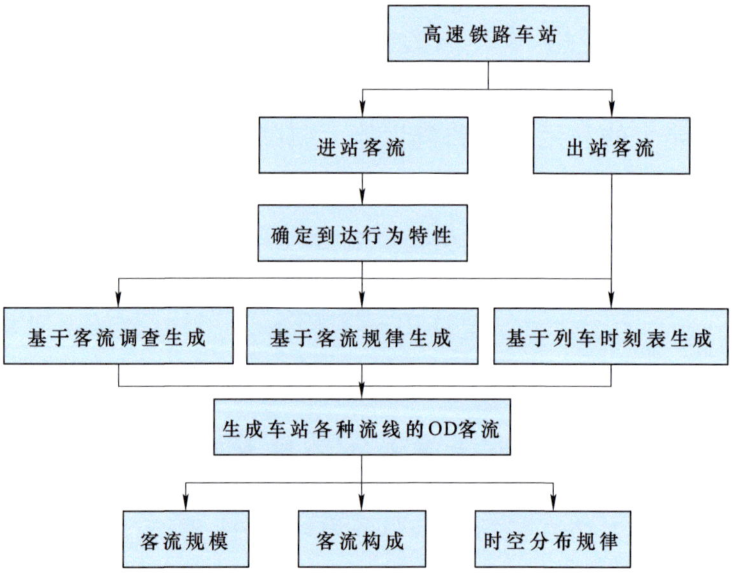

图 4-18　客流生成流程

基于列车时刻表的进站客流生成模型是指按照列车时刻表、客流分布比例及其候车时间分布规律获取当前时间的各生成点和目标点之间的客流。在此种生成方式下，客流的到达完全按照列车时刻表和候车分布规律，在客流总量上取决于列车的定员数和满载率，客流的到达时间取决于客流的候车分布规律。

基于客流规律的进站客流生成模型按照客流生成点及其分布规律随机获得各生成点和目标点之间的客流。当客流到达符合一定的函数分布时，可以利用客流到达的分布规律随机生成到达客流。由于在全天时间内客流到达的强度是变化的，不同的时段其客流强度不同，所以需要针对不同时段的特点，分别生成客流。

基于客流调查的进站客流生成是指按照调查获得的生成点时段客流量和目标点客流分布比例获取各生成点和目标点之间的客流。基于客流调查所生成的客流是完全按照调查客流生成的，能够保证所生成的客流总体规律和总客流量与实际客流的一致性。

3. 乘客行为模块

乘客行为模块主要通过标定行人空间需求、视角大小、交通特征等特征参数，对乘客的换乘行为、步行行为、停顿行为、拥挤行为及人机交互行为等进行建模。

4. 流线分析模块

流线分析模块主要规定了乘客在流线起讫点之间的走行路径，通常与设施布局有关。

5. 可视化能力计算与评估模块

可视化能力计算与评估模块主要通过实时动态的指标输出、统计或计算以及相应可视化的界面展示，实现对设施能力、布局及站内流线的动态评估等。

高速铁路客运站客运设备有多种多样，由于不同的设备的用途不同，旅客在使用设备时的行为也不同。以下是不同种类客运设备仿真分析方法。

(1)通过类设备

通过类设备的匹配度为设备需要能力和现有能力的比值，需要能力通过在设备入口前设置统计断面 W 统计通过该断面的客流量来获得，统计得到的客流量为每分钟的数据，取高峰期客流量的移动平均数(周期为 5 min)的最大值作为其需要能力；现有能力则通过实际情况以及相关标准确定。

(2)持续占用类设备

持续占用类设备能力的分析主要为区域服务水平的分析，在该区域设置统计区域即可统计其每分钟的聚集人数，然后用区域面积和聚集人数的比值计算出人均占用面积，将人均占用面积与服务水平等级表对照得到其服务水平，服务水平等级参考表 4-15。

表 4-15 服务水平分级及含义

服务水平	空间(m^2/人)	含 义
A	＞3.24	服务水平很好
B	3.24～2.32	服务水平良好
C	2.32～1.39	一般
D	1.39～0.93	较差
E	0.93～0.46	存在一定危险
F	＜0.46	不能接受

4.3.3 车站客运服务设施能力仿真系统的结构及功能

根据仿真方法的基本原理，车站客运服务设施能力仿真系统的输入通常主要包括描述客运服务设施物理特征的车站底图、列车时刻表、描述客流规模和生成规律的客流资料文件以及描述乘客走行路径的流线文件等，输出通常主要包括区域服务水平、平均排队长度等能力评估指标，车站聚集人数、区域统计人数、通行客流量等能力衡量指标以及可视化的区域服务水平界面展示图，仿真系统的结构如图 4-19 所示。

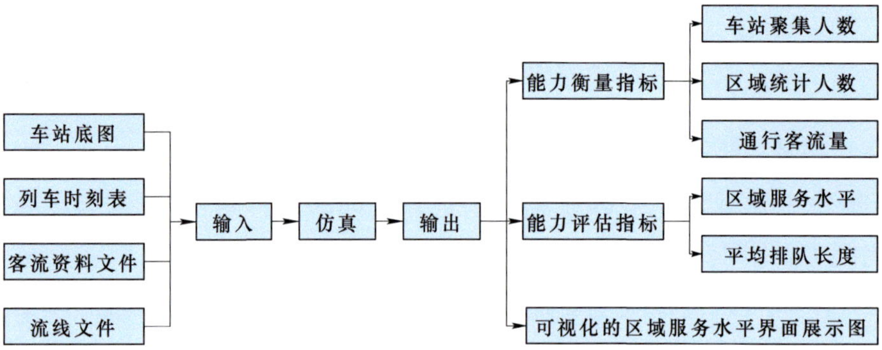

图 4-19　仿真系统结构

基于仿真系统的结构，仿真系统主要能够实现三方面的功能：客运服务设施使用能力计算与评估、客运服务设施布局评估优化与站内流线分析优化以及客运服务设施现有能力计算。各功能与仿真系统结构的关系见表 4-16，表中输入中的“√”表示实现各功能所需变化的输入，输出中的“√”表示实现各功能所需的输出。

表 4-16　仿真系统结构与功能的关系

功能			使用能力		现有能力计算	设施布局评估与优化	流线分析与优化
			计算	评估			
输入	车站底图					√	
	列车时刻表		√	√	√		
	客流资料文件		√	√	√		
	流线文件						√
输出	统计与处理	能力衡量指标	√		√		
		能力评估指标		√	√	√	√
		区域服务水平可视化表达		√		√	√
	计算			能力利用率		能力利用率、能力利用不均衡度等	

1. 客运服务设施使用能力计算与评估

客运服务设施的使用能力是指在不同时期客流和现有设施条件下，车站客运服务设施所服务（通过或容纳）的乘客人数。在仿真中，通过输入描述现有设施物理特征的车站底图，描述不同时期（现状或远期）客流规模的客流资料文件和不同时期的列车时刻表，输出随时间变化的车站聚集人数、区域统计人数、断面客流量等能力衡量指标来衡量和计算各类客运服务设施随时间变化的使用能力。其中，出入口、安检、售检票、楼扶梯等通道类设施的使用能力通常用断面客流量等指标来衡量和计算，进站厅、候车室、站台等容纳类设施的使用能力通常用车站最高聚集人数或区域统计人数等指标来衡量和计算。

另外，通过计算动态仿真得出的设施使用能力与静态计算得出的设施现有能力的比值可以得出设施能力利用率，从而对设施的使用能力进行评估，或者直接通过仿真输出的可视化区域服务水平界面展示图便可以直观地看出各类设施能力利用情况和识别能力瓶颈点。

2. 客运服务设施现有能力计算

客运服务设施现有能力是指车站现有客运服务设施所能服务(通过或容纳)的最大乘客人数。在仿真中，在不断增加客流规模(改变客流资料文件和列车时刻表)的条件下，当输出的能力评估指标达到相应阈值时，输出的能力衡量指标即为设施的现有能力。例如，若需要得到售票设施的现有能力，可将通过售票设施的断面客流量或车站旅客发送量作为其能力衡量指标，平均排队人数作为其能力评估指标，并根据《铁路旅客车站建筑设计规范》，将单个窗口平均排队人数 20 人作为其评估指标阈值，通过仿真，即可得出在现有售票设施条件下，单个窗口平均排队人数达到 20 人时，售票设施的现有能力。

3. 客运服务设施布局评估优化与流线分析优化

客运服务设施布局包括数量和位置两个方面，设施数量的不合理设置往往会导致设施能力利用率过高或过低，从而造成设施拥堵或设施空闲，设施位置的不合理设置往往会导致设施能力利用不均衡或流线交叉严重，反之，流线的不合理设置所造成的交叉干扰往往也会影响设施能力的利用。在仿真中，可通过输出、统计和计算能力利用率、能力利用不均衡度等各种指标和可视化区域服务水平界面展示图等对设施布局和流线进行评估，对设置不合理的设施或流线设定多种优化方案，输入不同优化方案下的车站底图或流线文件，对不同优化方案下的设施布局或流线进行追踪评估，从而选出最优方案。

4.3.4 SRAIL 仿真系统介绍

1. 仿真系统概述

大型铁路客运站旅客集散微观仿真系统 SRAIL 考虑了乘客的微观行为以及乘客与设施及周围环境关系，主要用于大型铁路客运站客流的集散仿真，能对站内的服务设施能力进行动态评估，包括现有能力计算，使用能力计算与评估以及对设施布局(数量和位置等)、站内流线等进行追踪评估和优化等。

系统仿真界面如图 4-20 所示。

SRAIL 仿真系统是以网格模型的基本思路为基础，提出基于个体行为的乘客集散模型。乘客集散模型由路径选择模型、移动模型、碰撞规避模型、节点选择模型和不确定因素下的行为模型五个核心部分。在模型中对传统的 A * 路径选择模型进行有效的改进，提出了一种适合于复杂环境应用的乘客路径选择模型，并提出了基于效用的移动模型和碰撞规避模型以及枢纽内的节点选择模型。

(a)

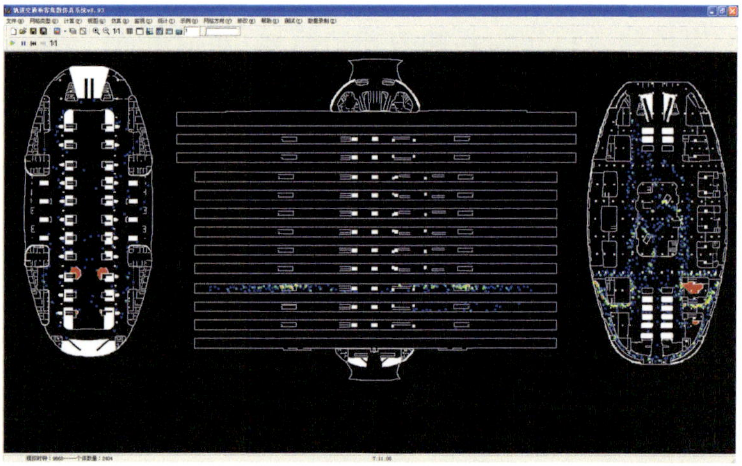

(b)

图 4-20　系统仿真界面

SRAIL 仿真系统基于中国行人交通特点，相比于国外行人仿真软件（如 Legion，STEPS 等），SRAIL 仿真系统更加符合中国行人行为特性和运动特征，主要表现在行人的个体特征大小、占地面积等自然属性，还表现在行人的微观走行、寻找路径、节点决策等微观特性。

2. 仿真系统结构和仿真过程 SRAIL 仿真系统框图如图 4-21 所示。

系统仿真的主要步骤如下：

(1)读取系统基础数据。基础数据主要由 4 类组成：客流产生规律是客流生成的基础数据，规定了客流的生成模式、生成方式、时空规律和客流构成分配；列车时刻表是影响客流集散的基础，是事件驱动型客流的主要生成依据，它规定了列车的车次、到发时刻、编组、定员、股道站台的使用情况；车站逻辑设备是描述车站内各功能区域、设备性质、状态和参数的主要文件；乘客流线规定了乘客在站内的走行路线，涉及乘客所进行的各种走行行为及所使用的设施，是枢纽仿真中运营组织调整的基础文件。

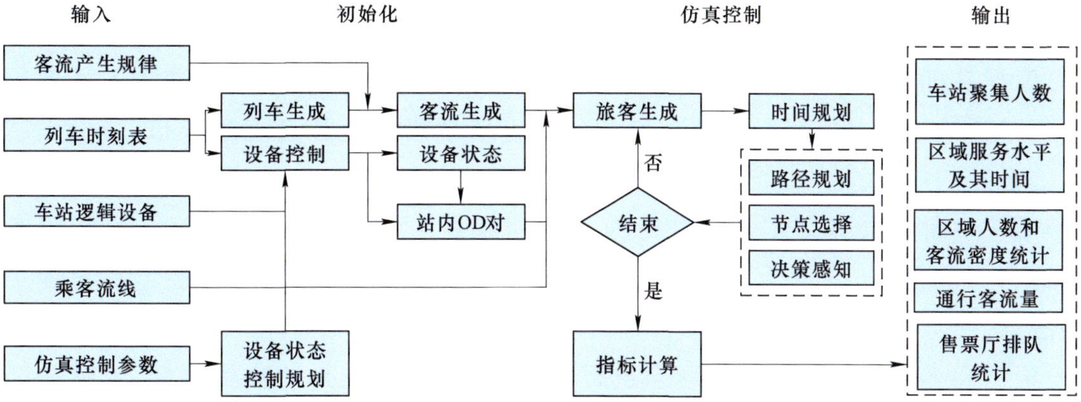

图 4-21　SRAIL 仿真系统框图

SRAIL 仿真系统基础数据必备文件包括：MAP 文件，路径文件、时刻表文件、客流产生规律文件、检票口文件、售票窗口文件和 Sim 文件；补充文件还包括：行为影响区域文件、字典文件、标签文件及 xml 文件等。文件中需要的相应参数可以通过实际调研和相应数据统计处理获得。

MAP 文件为描述车站设施设备布置的底图文件；

路径文件为仿真过程中规定的行人走行路径的文件，路径文件中规定了行人进站、购票、候车、上车、换乘、出站等一系列行为的走行标准，通过路径文件的规定，将行人在站内的流线用一种通用、快速、有效的数据结构表达，行人将按照仿真设定的走行方向、走行地点来实现整个客流的仿真；

时刻表文件保存的是铁路列车的发车时刻信息，能够控制列车到发时刻、列车定员、编组及列车的站台使用情况；

客流产生规律文件反映乘客的到达规律，能够表示距离发车点的时间及该时刻旅客累计到达数量；

检票口文件用于反映乘客的检票点信息，能够表示检票点的数量及位置；

售票窗口文件反映了车站的售票服务信息，包括售票窗口数目、平均服务时间、服务时间方差等，其中平均服务时间和服务时间方差应根据实际的调研或统计获取真实合理的数据，以保证仿真结果的准确性；

Sim 文件反映整个仿真过程中涉及的所有文件使用及匹配信息；

行为影响区域文件包含仿真车站中影响乘客行为的主要区域的相关信息，研究较多的为检票点，站台点及其他区域；

字典文件为仿真过程中需要注明或解释的相关事宜的说明文件，包括流线字典文件和节点字典文件；

标签文件为仿真车站中需要标注区域的信息的说明文件；

xml 文件为仿真车站的绘图信息文件，包含利用各类线段绘制的车站结构图的所有坐标信息和线段信息，以 xml 文档格式创建并保存。

(2)设置仿真控制参数。对仿真时钟步长、仿真起始和结束时间、个体属性参数、交通属性系统设施控制、系统显示以及常规参数等参数值进行设定。

(3)根据基础文件生成车站各种设施、设备及其状态控制规则。通过输入基础数据直接产生列车到达规律、客流到达规律、设备状态更新规律以及客流流线分布,并形成结构化的车站仿真控制规则。

(4)系统中所有乘客个体分别进行独立时间规划。根据当前仿真时钟、乘客状态和环境信息进行时间规划,获得活动最晚开始时间列表,并且能够记录乘客在走行过程中各个环节的信息。

(5)根据乘客自身属性和环境状态进行路径规划、节点选择和决策感知,生成并执行当前行为。随着时间步长的推进,具有时间规划、路径规划和行为活动功能的个体,将自身的状态信息和外界环境信息输入旅客集散微观仿真模型,并根据计算结果进行下一步决策。

(6)仿真数据统计与输出,包括车站聚集人数、区域服务水平时间、区域人数统计、售票厅排队统计及乘客在排队队列中的逗留时间统计等。

车站聚集人数是指车站在当前时间下所有在站旅客的总数,输出文件共包含两项数据,一项是时间,另一项是对应时间下车站的总人数,通过这两项数据可以反映在站人数随时间的变化情况,从而知道车站人数的最高峰及其时间点,如图 4-22 所示。

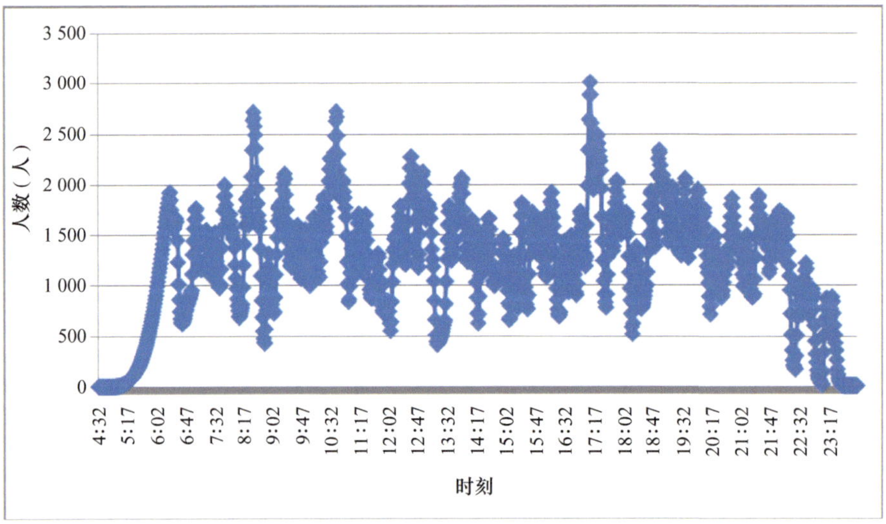

图 4-22　车站聚集人数随时间变化

区域服务水平时间是系统按照枢纽服务水平等级分类,记录仿真过程中各服务水平占用的累计时间,如图 4-23 所示,区域服务水平是针对不同行人设施上行人的疏散效率和步行舒适度的综合评价,通常使用单个行人能够使用的空间面积来表示,分 A,B,C,D,E,F 六个级别,随着密度的增大,服务水平逐渐下降,见表 4-17,可以通过 SRAIL 仿真界面所显示的服务水平所对应的不同级别颜色来直观判断各设施区域的服务水平情况,如图 4-24 所示。

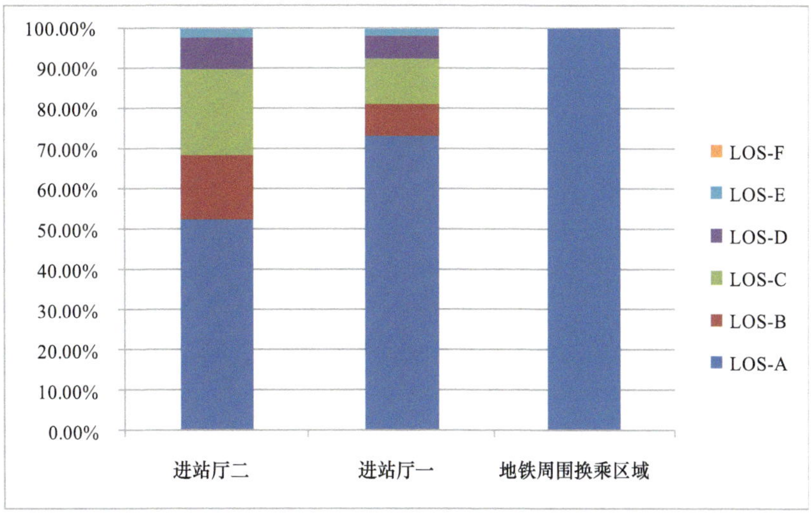

图 4-23 区域服务水平时间

表 4-17 枢纽服务水平分级

服务水平	空 间	含 义	级 别
A	＞3.24	服务水平很好	
B	2.32～3.24	服务水平良好	
C	1.39～2.32	一般	
D	0.93～1.39	较差	
E	0.46～0.93	存在一定危险	
F	＜0.46	不能接受	

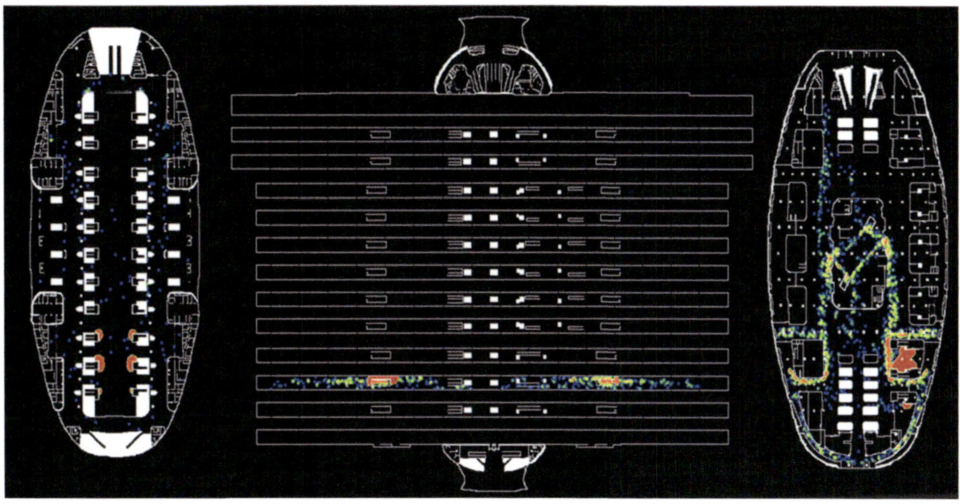

图 4-24 区域服务水平情况界面

区域人数统计是指对仿真开始时设定的区域，每隔一段时间记录一次各区域的人数，输出统计结果如图 4-25 所示。

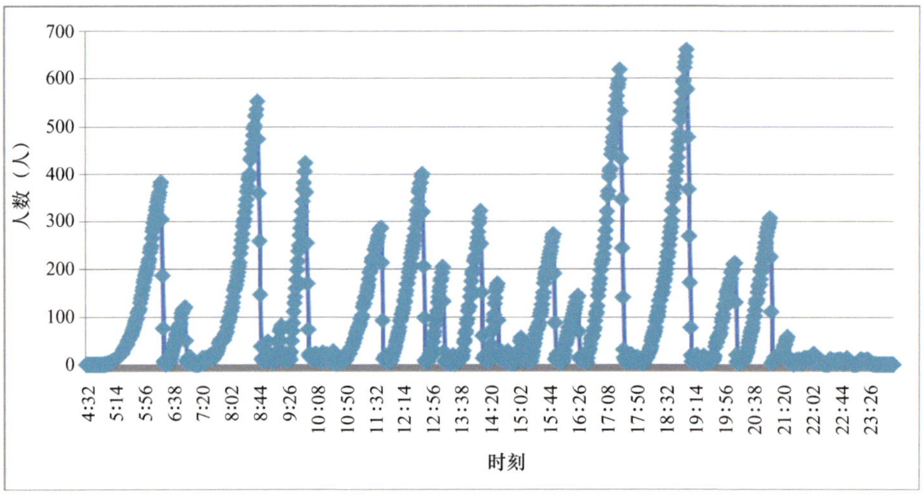

图 4-25　区域统计人数随时间变化

区域客流密度统计是指对仿真开始时设定的区域，每隔一段时间记录一次各区域的客流密度，输出统计结果如图 4-26 所示。

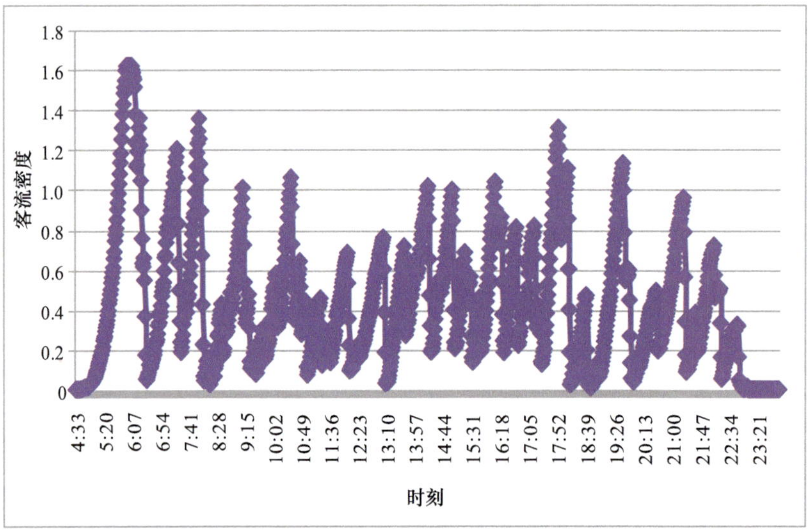

图 4-26　区域客流密度随时间变化

通行客流量是指对仿真开始时设定的某一断面，每隔一段时间记录一次通过该断面的人数；

售票厅排队统计是指对枢纽内各售票点的排队人数进行统计，每隔一段时间统计一次。

4.3.5　实例仿真应用

1. 北京南站售票设备能力仿真计算与评估

北京南站为北京铁路枢纽“四主两辅”客运站之一，主要承担京津、京沪等方向的高速列车服务。车站设计日发送量 15 万人，最高聚集人数为 1 万人，售票设施使用高峰小时为 10:00～11:00，13:30～14:30，按照设计规范应设置人工售票窗口 84 个，自动售票机40 个。实际共设置人工售票窗口 118 处，自动售票机 76 处。主要售票设备分布在高架候车层（如

图 4-27 所示)，仿真实验主要评估高架候车层的售票设备能力。

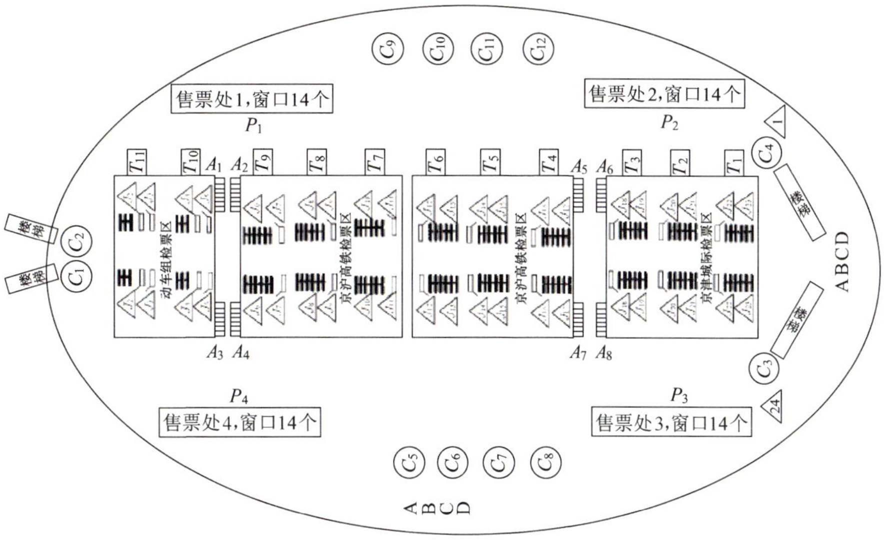

图 4-27　北京南站高架候车层售检票设备分布示意

(1)实验设计

本次仿真实验针对售票设施能力的评估主要分为三个方面：确定现有设备是否满足客流现状的需要；确定设备现有能力；确定设计客流条件下的设备需要数量。

根据《铁路旅客车站建筑设计规范》，将单个窗口平均排队人数 20 人作为判断阈值。通过平均排队人数这一评估指标，可以将以上三个方面转化为以下三个问题：现状客流条件下平均排队人数是否小于 20 人？排队人数超过 20 人需要输入多大规模的客流？设计客流条件下，各窗口排队人数是否小于 20 人？

根据以上评估目的，本次实验中设计了高、低两组仿真方案。其中，低方案按照现行列车开行对数、旅客在站购票比例等实际情况设计(此方案亦作为模型的校验方案)；高方案按照远期设计能力日发送量 15 万人、车站列车开行对数上限等情况设计，此方案又分为人工售票窗口全部开放和部分开放两种情况，高低方案对应的各项参数见表 4-18。为获得设备现有能力，还设置了日发送量为 30 万人、35 万人等对照组。为了评估售票点布局的合理性，在有多个售票窗口可选时，假定旅客按照最短距离选择其中一个窗口。

表 4-18　仿真方案描述

方案类别	列车对数	满员率	售票窗口数量(人/自)	自动售票机数量	旅客在站购票比例	高架层购票比例	在高架层使用自动售票机比例
高方案	273	100%	56/56,38/56	56	90%	60%	40%
低方案	130	参照实际	24/56	56	90%	75%	30%

(2)评估指标

售票设备评估的内容主要包括数量和位置两个方面。设备的数量对旅客服务水平和运营费用起关键作用，在仿真结束后可以通过服务台的忙期所占时间比例 r_T^b、平均排队长度 L_S、旅客在队列中的平均逗留时间 W_s，评估设备数量的合理性。设备的位置对设备利用的均衡性起决定作用，目前通常根据设备在流线中的相对位置定性评估。本次仿真评估采用设备的忙期方差 D_T^b 和设备服务客流量与对应服务入口客流量的协调性 η 进行评估。其中，协调性 η 可表示为

$$\eta = \frac{\sum_{i=1}^{m} \eta_i}{m} \tag{4-37}$$

式中　m——售票设备的数量；

η_i——第 i 组设备的协调，可表示为

$$\eta_i = \frac{\sum_{i=1}^{m} N_{s_i}}{\sum_{j=1}^{n} N_j} \tag{4-38}$$

其中　N_{s_i}——第 i 组设备所服务的客流量，人，

N_j——第 j 个入口的客流量，人，

n——第 i 组设备的合理服务入口数量。

由于旅客偏向于选择最近的设备，相应地，设备应当服务于最近入口的客流，n 可以根据设备的服务范围确定。η 越接近 1，表明各设备之间的分工越明确，服务也越均衡。

(3)评估结果

两种方案下仿真结果对比见表 4-19。

表 4-19　仿真结果指标对比

方案类别	窗口数量(人/自)	r_T^b(%)	L_s(人)	W_s(min)	D_T^b	η
高方案	56/56	95.5	4.0	5.1	10.1	0.50
	38/56	97.3	15.0	14.0	0.5	0.50
低方案	24/56	66.7	10.8	9.2	1.2	0.52

在数量评估方面，通过现状仿真结果可知，在与实际开放情况一致的条件下，在购票高峰期，售票窗口平均排队长度为 10.8 人，能够满足平均排队长度小于 20 人的要求，表明北京南站目前开通的售票设备能够满足近期要求。此外，旅客平均逗留时间约为 9.2 min，大于平均发车间隔 8 min，表明存在旅客因售票延误导致的无法赶上列车的情况。

逐步调整客流大小发现，当日输入发送量达到 10 万人次时，高峰时期内，车站平均排队长度开始超过 20 人，表明现有 24 个售票窗口达到极限能力，平均逗留时间超过 15 min。因此，需要考虑增开其他售票窗口，这与实际情况完全相符：自京沪高速铁路开通后，日发送量首次接近 10 万人次时，北京南站无论高架还是地下一层售票处均出现超过 20 人以上的排队情况。

在高方案中，远期日发送量达到15万人时，若高架层人工售票窗口全部开放，仿真结果显示其售票能力富余，平均排队长度仅为4人，平均逗留时间约1.5 min，远远满足远期(2020年)旅客购票需求，这是因为人工售票窗口开设数量较现状增加了2.3倍，而远期购票客流量仅较现状增加1.6倍。此时考虑优化窗口开设数量，进行多次仿真试验后发现，当高架层售票窗口开设38个时，平均排队长度达到15人，最大队长达到28人，平均逗留时间14 min，可以认为此时窗口数量为15万人时设备需求数量。

为进一步获得设备现有能力，继续提高输入客流量，所有窗口全部开放。发现当客流量达到30万人时，高架层自动售票机开始出现9～10人的较长排队情况，在利用率较高的人工售票处排队长度约15～20人，而利用率较低的人工售票处仅5～10人，因此在通过增加引导人员和广播指引等条件下，车站服务客流还可适当增大。当客流增加至35万人时，车站高架层人工及自动售票处都出现能力紧张等情况，尤其在高峰期内大部分窗口平均排队长度达到25人。此时，应着重协调高架层和地下一层售票窗口开设情况，尤其是分别处理短途城际旅客及长途高速铁路、动车旅客的购票窗口分类设置情况，优化各窗口售票功能。

在位置评估方面，通过仿真发现协调性评估指标η较低，表明布局存在一定不合理性。进一步观察仿真过程可以发现，无论是高方案还是低方案，均存在人工售票、自动售票处平均排队人数差异较大的问题。最大平均队长出现在A1、P4两处，其余售票处较为空闲，不同窗口之间的最大平均排队人数之差接近10人，售票窗口使用极其不均衡，这与实际调研获得数据吻合。

综上，针对评估的三个方面获得如下评估结论：高架层现有设备完全能够满足现状客流的需要；现有设备能服务35万人的客流量(设备现有能力)；设计客流条件下的人工售票窗口设备需求数量为38个。

2. 北京南站设施运用优化及流线仿真分析

北京南站开通后，接驳地铁四号线的到发客流与南站自身的大铁路客流会对高速铁路运营组织带来不可预知的因素，特别是地下一层综合服务层的客流交织问题。利用仿真评估的方法对未来运营组织过程中可能遇到的设备运用和客运组织冲突评估和优化，具有较高的实际作用和意义。

(1)北京南站概况

北京南站共分5层，分高架层、平面层、地下一、二、三层，高架层为高架候车室，平面层为列车到发站台层，地下一层为综合服务层，地下二三层分别接驳地铁4号线和14号线，高架层、平面层和地下一层平面图分别如图4-28～图4-30所示。高架层是旅客候车和购票专区，通往站台层的直梯11部，电扶梯23部，步行梯13部。高架层设有4个售票处。共设有人工售票窗口139个，自动售票机38台。平面层有3个车场，13个站台，24股道。其中普速车场有3个站台5条到发线；京沪车场有6个站台12条到发线；京津车场有4个站台7条到发线。地下一层为交通换乘空间，其中普速2个，高速3个，京津1个，东西两侧各设4个出站口。该层设售票处4个，人工售票窗口共计43个，设置在南北旅客进站流线上。地下一层设有直梯15部，电扶梯37部，步行梯26部。

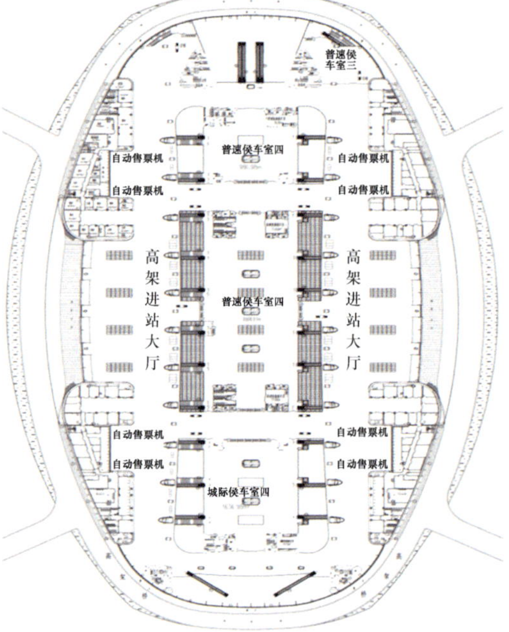

图 4-28　高架层平面图

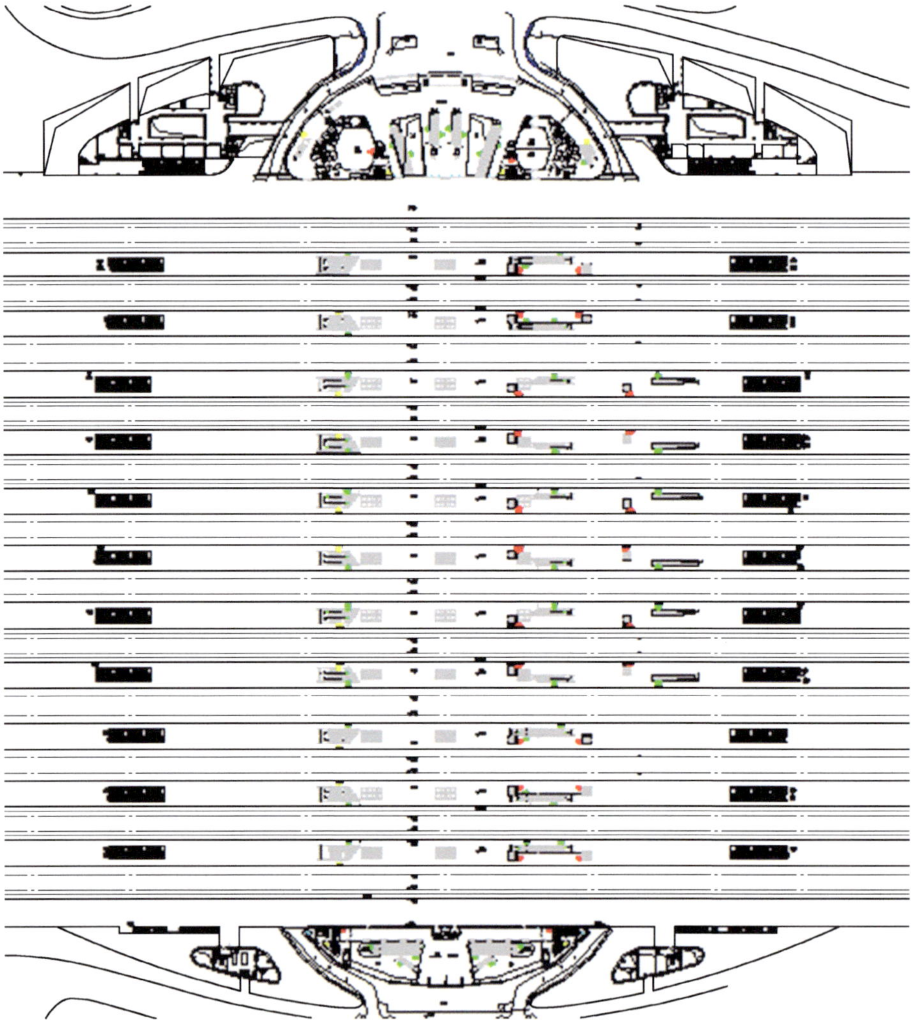

图 4-29　平面层平面图

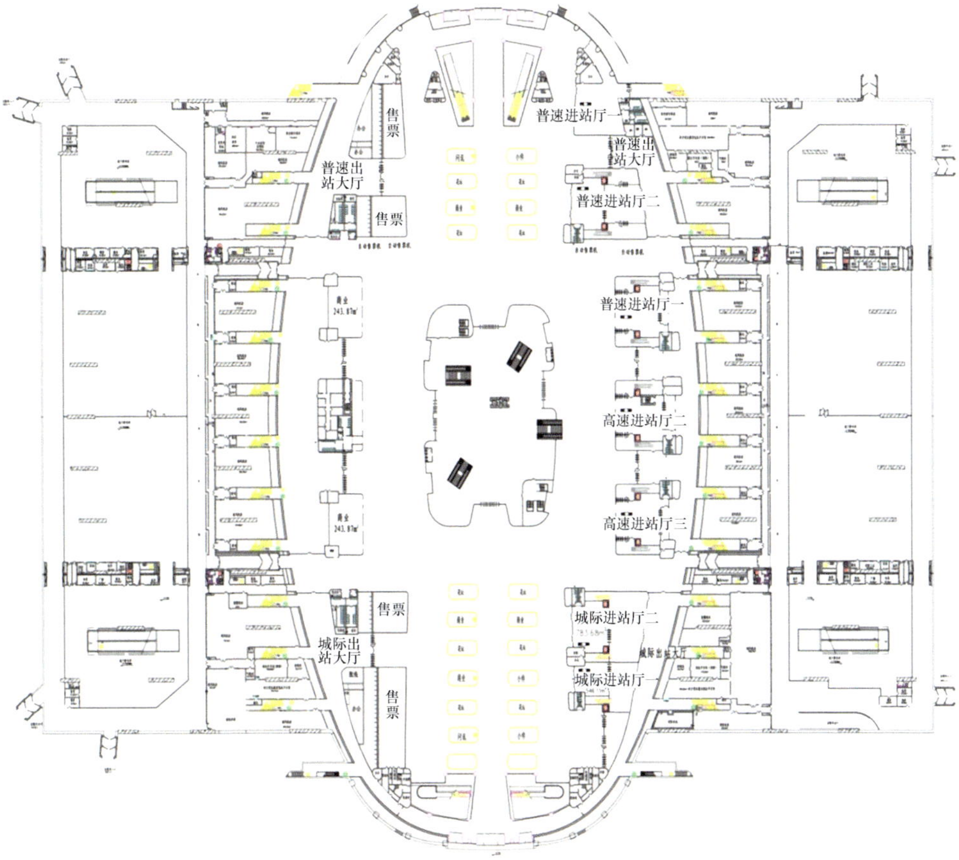

图 4-30　地下一层平面图

(2)仿真方案设置

根据北京南站近远期的客流变化情况，研究中针对地下一层设置三套仿真方案，各方案的列车开行对数、地铁进出站口的设置、各交通方式的客流比例以及流线交织点的个数对比见表 4-20。

表 4-20　仿真方案对比

项目 方案	开行 对数	高峰期开行对数		地铁 进站口	地铁 出站口	客流比例			交织点 个数
		早	晚			地铁	公交	出租	
方案一	70	10	8	南北东	东西	0.50	0.34	0.16	6
方案二	100	20	12	南北东	东西	0.66	0.24	0.10	5
方案三	150	30	22	南北东	西	0.50	0.34	0.16	5

(3)仿真运行条件设置

根据实际调研的结果，仿真的相关运行条件设置如下：

①所有列车都是在 06:00～23:00 内全部到达或者出发，使用城际场 2、3、4 号站台 6 条到发线；

②旅客到达车站规律符合对数分布，旅客期望速度服从 G(1.5，0.25)的高斯分布；

③高架售票厅开通 2 个售票处(28 个窗口)，地下一层售票厅全部开通(52 个窗口)，共 52 个，每位旅客的购票时间约为 30 s，方差 10 s；

④系统仿真初始时间为 04:30，结束时间为 23:59，仿真时钟取 0.5 s。

(4)仿真结果及分析

①车站聚集人数

经过统计，各仿真方案车站聚集人数随时间的变化情况如图 4-31～图 4-33 所示。

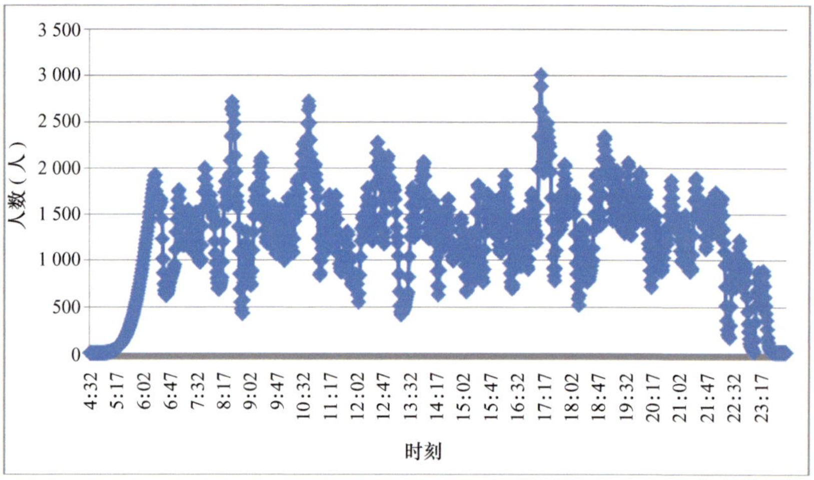

图 4-31　方案一车站聚集人数随时间变化

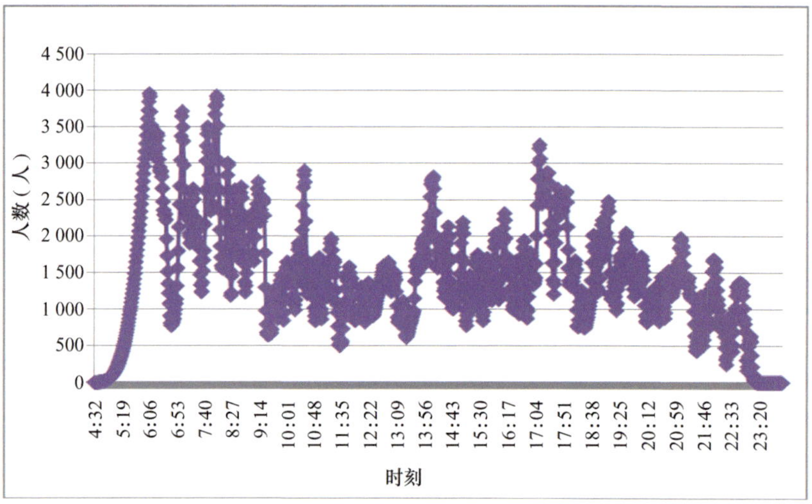

图 4-32　方案二车站聚集人数随时间变化

由图 4-31～图 4-33 可以看出，方案一中，早高峰时段在早上 8:00 左右，晚高峰时段在下午 5:00 左右，早高峰存在两个高峰值，17:11 全站客流达到最高峰 3 011 人；方案二中，早高峰时段在 7:00 左右，晚高峰时段集中在下午 5:00 左右，早高峰的持续时间比晚高峰长且存在三个峰值，6:06 全站客流达到最高峰 3 964 人；方案三中，早高峰时段在 6:00～7:00，晚高峰时段在下午 5:00 左右，早高峰的总体客流大于晚高峰，6:14 全站客流达到最高峰5 134人。

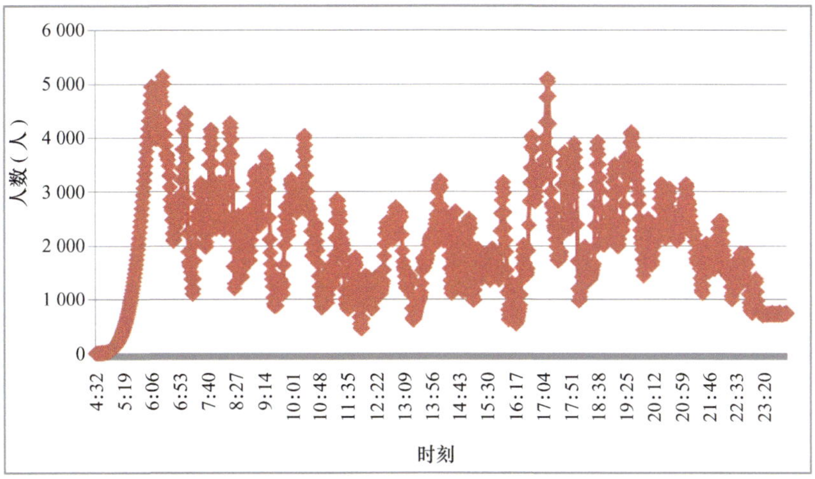

图 4-33　方案三车站聚集人数随时间变化

②区域服务水平及其时间

车站区域服务水平界面展示如图 4-34～图 4-36 所示。

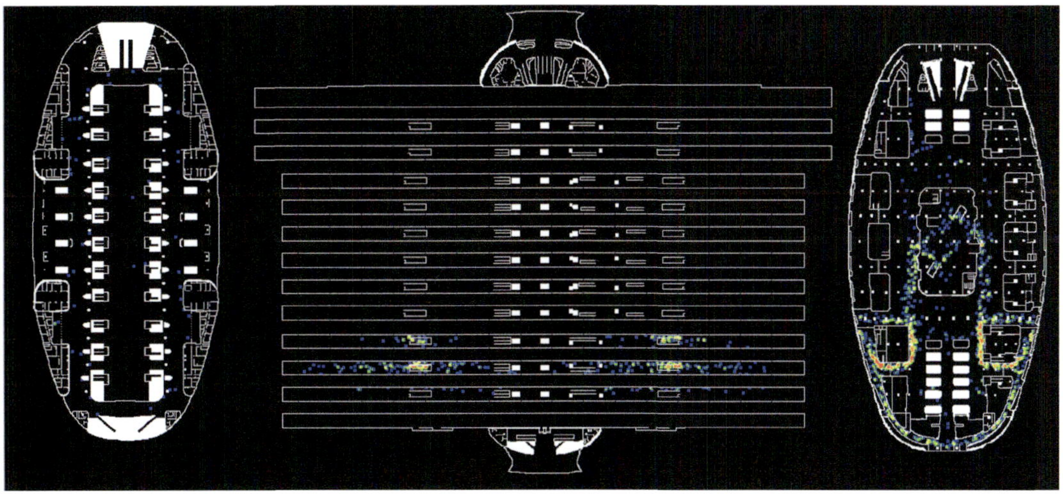

图 4-34　方案一车站区域服务水平界面展示

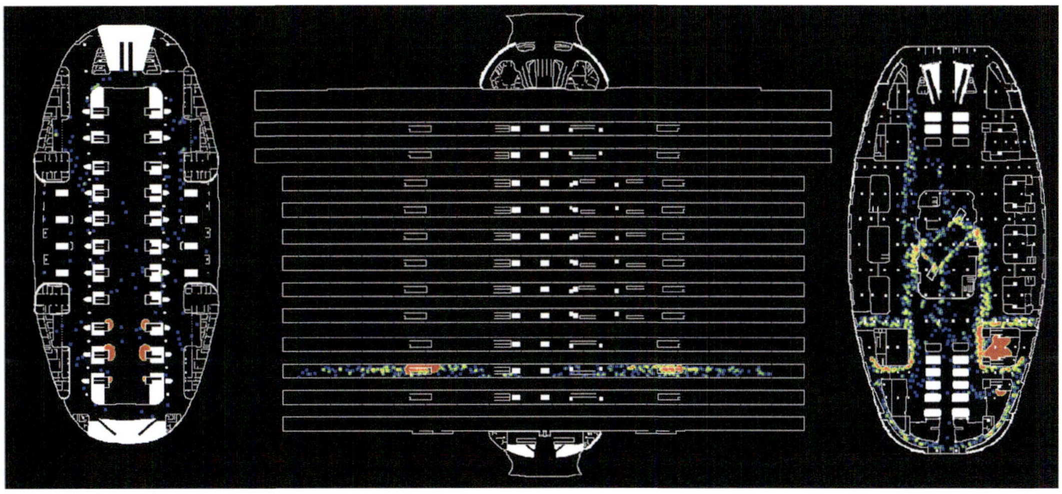

图 4-35　方案二车站区域服务水平界面展示

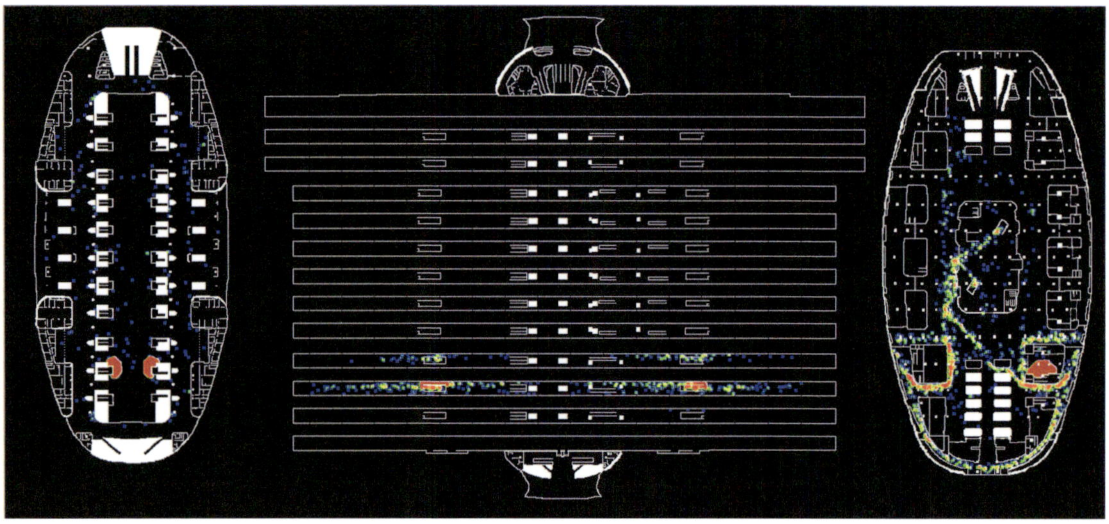

图 4-36　方案三车站区域服务水平界面展示

由图 4-34～图 4-36 可以看出，方案一中全站共有 2 个瓶颈点，方案二中全站共有 4 个瓶颈点，方案三中全站共有 3 个瓶颈点。

统计各方案城际进站厅一、进站厅二及地铁周围换乘区域的服务水平时间，如图 4-37～图 4-39 所示。

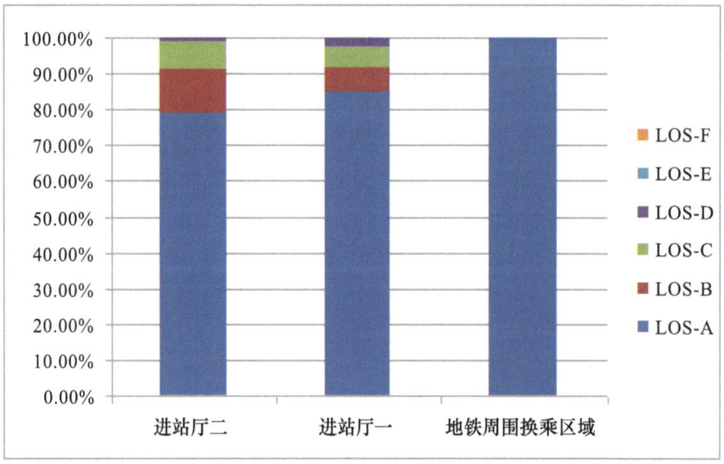

图 4-37　方案一区域服务水平时间

由图 4-37～图 4-39 可以看出：

a. 进站厅二的总体服务水平低于进站厅一；

b. 服务水平占用时间未随等级的下降而下降，除 A 级外，C 级占用的时间比其他服务水平要长；

c. 随着客流量的增加，城际进站厅的服务水平并没有下降，城际进站厅二的 A 级服务水平所占用的时间由原来的 52%上升到 62%。

③区域统计人数

统计方案一中城际进站厅一和进站厅二的区域统计人数随时间变化情况如图 4-40、

图 4-41 所示。

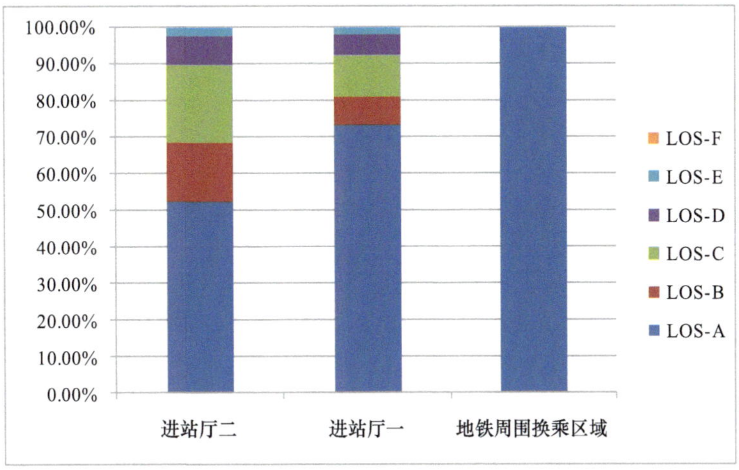

图 4-38 方案二区域服务水平时间

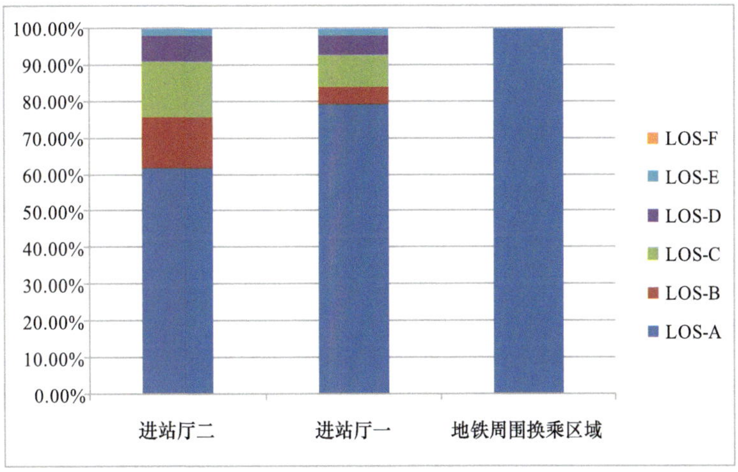

图 4-39 方案三区域服务水平时间

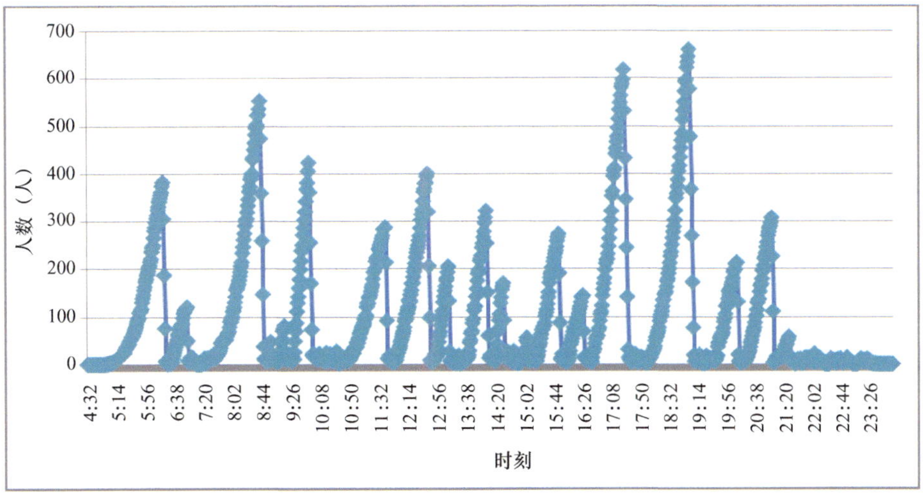

图 4-40 方案一中城际进站厅一的区域统计人数随时间变化

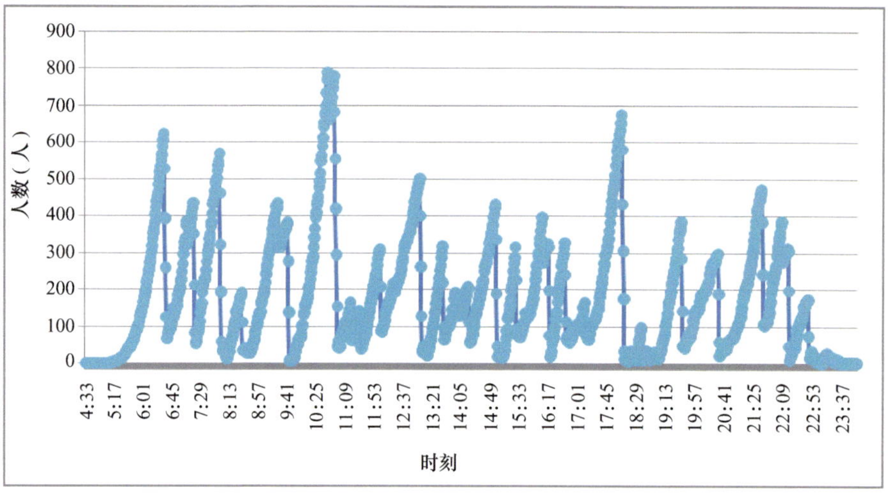

图 4-41 方案一中城际进站厅二的区域统计人数随时间变化

由图 4-40 和图 4-41 可以看出，进站厅一统计人数约在 19:00 左右达到峰值 660 人，进站厅二统计人数约在 10:30 左右达到峰值 788 人；进站厅一的客流高峰往往是进站厅二的客流低谷，两者高峰呈现错时规律；进站厅客流规律相同，都呈现出上升快，到达峰值后客流呈阶段性下降趋势。

④区域客流密度

统计方案三中城际进站厅一、进站厅二和地铁周围换乘区的区域客流密度随时间变化情况如图 4-42～图 4-44 所示。

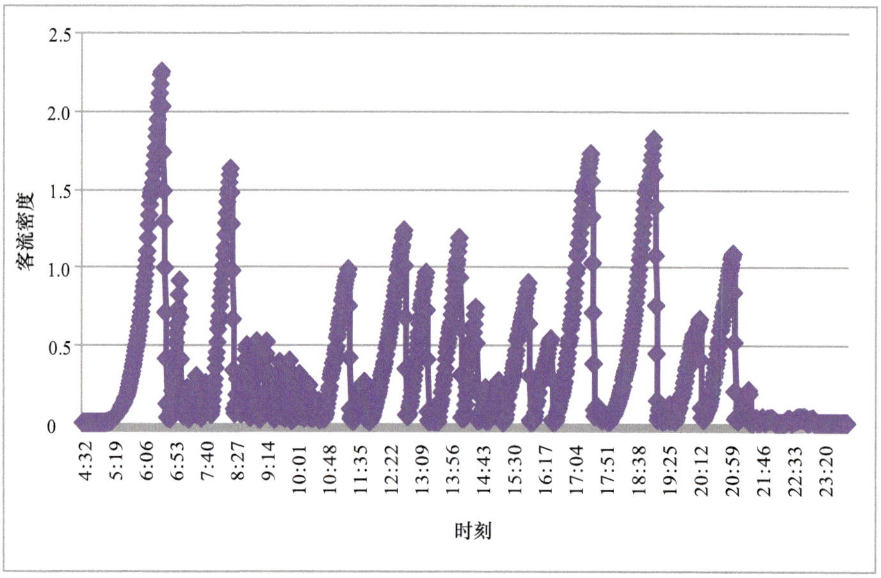

图 4-42 方案三中城际进站厅一的区域客流密度随时间变化

由图 4-42～图 4-44 可以看出，进站厅二最大客流密度为 1.7 人/m^2，而进站厅一最大客流密度为 2.4 人/m^2，进站厅一的客流密度总体上要大于进站厅二的客流密度；地铁周围换乘区最大客流密度峰值是 0.06 人/m^2，进站厅一的客流密度是换乘区的 40 倍，进站厅内

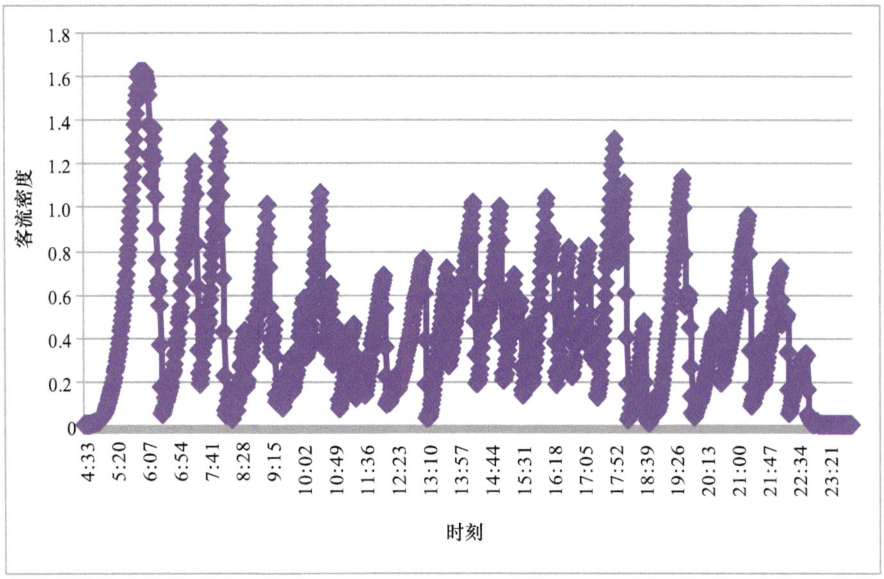

图 4-43　方案三中城际进站厅二的区域客流密度随时间变化

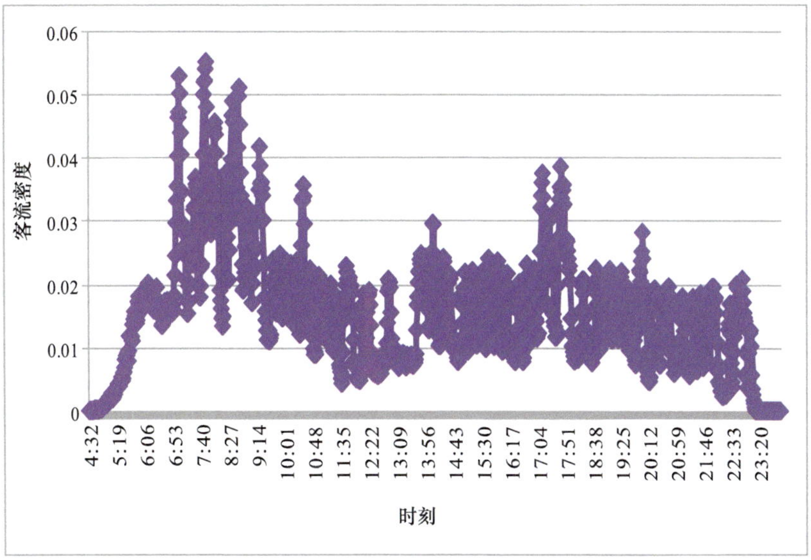

图 4-44　方案三中地铁周围换乘区的区域客流密度随时间变化

外的客流密度存在明显的差异。

⑤各仿真方案对比

各仿真方案的指标对比结果见表 4-21。

表 4-21　各仿真方案的指标对比

仿真方案		方案一	方案二	方案三
全站	全站最高聚集人数(人)	3 011	3 964	5 134
	全站主要拥挤点数	2	4	3

续上表

仿真方案			方案一	方案二	方案三
进站厅	最高统计人数(人)	进站厅二	788	1 248	1 324
		进站厅一	660	1 042	1 064
	最高客流密度(人/m^2)	进站厅二	1	1.6	1.7
		进站厅一	1.4	2	2.4
		地铁周围换乘区	0.025	0.058	0.06
	A级服务水平占用时间	进站厅二	78.99%	52.26%	62.08%
		进站厅一	84.88%	73.44%	79.42%

⑥仿真结果分析

通过仿真结果,可以得出以下结论:

a. 地铁是客流的主要来源和去向,客流比例占50%以上,因此大部分旅客会选择在地下一层直接买票进站,由此造成地下一层城际进站厅过度拥挤;

b. 售票厅分布在左侧,而进站厅分布在右侧,因此在地下一层会形成大量的客流交织;

c. 南北方向售票厅和进站厅之间存在大量商业区,从而影响买票后进站的旅客;

d. 京津到站旅客出站口过度拥挤,且该客流与买票客流和进站客流两股主要的客流存在强烈的冲突;

e. 地铁进出站口有大量的客流,将成为整个地下一层疏散的瓶颈。

⑦仿真优化建议

针对北京南站地下一层存在的问题,本研究提出以下几点优化建议:

a. 增加京津城际候车区的面积:建议将地下一层普速进站厅改为京津城际进站厅,以缓解地下一层候车区拥挤问题;

b. 将地铁进出站口功能单一化:建议将地铁东口由进出混行改为出站口;

c. 增加自动售票机:减少地下一层南北商业区的面积,改为自动售票机,满足京津旅客的买票需求,同时减少买票与出站客流的交织;

d. 改变京津出站旅客的出站口:乘坐出租车、地铁的旅客直接从北口出站乘车,乘公交车的旅客直接从南口出站乘车,减少客流在售票厅前的堆积。

3. 北京南站通过能力与客运设备匹配仿真

根据对北京南站实地调研并对统计数据加以分析,北京南站旅客提前到达时间服从对数正态分布规律,仿真中设置旅客走行速度服从均值为1.35 m/s的泊松分布。

北京南站各入口客流比例:北京南站高架层共有东西南北4个入口,由于各个入口衔接城市的不同方向以及不同的城市交通类型,各入口到达旅客比例有很大差异,各个入口到达旅客比例见表4-22。

表 4-22 北京南站高架层各入口到达旅客比例

入口	到达旅客比例
东入口	10%
南入口	26%
西入口	29%
北入口	35%

其中高架层南北入口到达的旅客包含 3 部分，分别是乘坐地铁 4 号线到达地下 1 层、地下 1 层南北进站口和地面层南北进站口到达的旅客。由于地下 1 层和地面层南北入口到达的旅客数量相对较少，将高架层南北入口到达的旅客全部认为是乘坐地铁到达的旅客。

(1)仿真模型构建

①客运设备物理模型

a. 实名制验票、安检设备及出站验票设备

实名制验票设备是在铁路实名制购票后加入的设备，其主要功能是保证旅客持本人证件及车票进站乘车；安检设备功能是对于任何进入车站内部的带包旅客都进行安全检查，确保没有危险品进入车站内，提高客运站内的安全性；出站验票设备的功能是校验出站旅客车票，防止逃票等行为发生。可将旅客使用这类设备的过程看作旅客匀速通过设备的过程，但是通过的速度要比正常速度小，通过速度与设备服务速率成正比。那么在仿真建模时，每一个通过类的设备可以抽象成为一个有一定宽度、一定长度、一定速度限制的矩形通道，旅客接受服务的过程就可以抽象为旅客在通道内走行的过程。采用的物理模型为有速度限制的仅能通过 1 人的通道，其长度与设备本身长度相同，限速为其长度与旅客占用设备平均时长的比值。

仿真中将安检通道设置为长 3 m，限速 0.625 m/s 的限速区。北京南站安检设备调研统计分析结果见表 4-23。高架层安检设备分布情况统计见表 4-24。

表 4-23 安检设备占用时间统计分析结果

样本量(人)	均值(s)	标准差(s)
1 411	4.8	0.8

表 4-24 高架层安检设备分布统计

安检口	安检设备数量(台)
北安检口	4
东安检口	8
南安检口	4
西安检口	8

b. 检票设备

检票设备的作用是确保旅客乘坐正确的列车，并引导旅客有序进入站台。其物理结构与安检、实名制验票设备类似，但检票设备不是一直开放的，其开放时间与列车发车时刻、提前检票时间及提前停止检票时间有关。因此其物理模型为能够控制开、关状态的有速度限制的仅能通过 1 人的通道。开、关状态会根据列车时刻表、设备提前开放时间和设备提前关闭时间控制。

仿真中将检票口设置为长 1 m，限速 0.16 m/s 的限速区。表 4-25 是单位旅客对检票口占用时间统计分析结果。表 4-26 是高架层检票口分布情况。从统计结果中可以看到，单位旅客对北京南站检票口的占用时间较长，原因主要在于北京南站在进站口没有实名制验票设备，实名制验票工作全在检票口处由工作人员完成，因此自动闸机处也由工作人员验票。

表 4-25　检票口占用时间统计分析结果

样本量(人)	均值(s)	标准差(s)
1 107	6.4	1.8

表 4-26　高架层检票口分布统计

检票口	东侧		西侧		连接车场
	闸机(台)	人工(人)	闸机(台)	人工(人)	
2/3	2	2	2	2	普速场
4/5	2	2	2	2	普速场
6/7	5	1	5	1	京沪场
8/9	5	1	5	1	京沪场
10/11	5	1	5	1	京沪场
12/13	5	1	5	1	京沪场
14/15	5	1	5	1	京沪场
16/17	5	1	5	1	京沪场
18/19	5	1	5	1	京津场
20/21	3	1	3	1	京津场
22/23	3	1	3	1	京津场

实际的运营组织工作中，检票口不是一直开放的，而是根据列车出发的时刻开启和关闭的，仿真中设置列车开车前 25 min 开放检票口，列车开车前 5 min 关闭检票口。

出站验票设备分布于地下 1 层各个出站口，出站验票设备概况见表 4-27。

表 4-27 北京南站出站验票设备概况

出站口编号	自动闸机数(台)	人工验票口数(个)	备　　注
1	3	1	普速场出站
2	3	1	普速场出站
3	11	1	京沪出站
4	11	1	京沪出站
6	8	1	京沪出站
7	6	1	京津出站
8	11	1	京津出站

出站验票设备通过能力见表 4-28。

表 4-28 出站验票设备通过能力 [单位:人/(口·min)]

	均值	标准差
人工验票口	36.89	7.91
自动闸机	11.5	2.5

c. 水平移动设备

水平移动设备主要指站内各处可供旅客行走、停留的水平区域,其仿真模型为不影响旅客走行速度的水平面,在水平面上可能会存在墙和立柱等阻碍旅客的物体,旅客会有绕行的行为。

d. 垂直移动设备

垂直移动设备主要为楼梯、电扶梯和直梯,由于直梯运送旅客能力有限,此处不予讨论。楼梯和电扶梯功能是旅客可以通过它们在不同楼层间移动,但旅客移动速度会受到影响,楼梯会使旅客速度折减,电扶梯则是使旅客速度与之保持一致。楼梯模型为具有一定长度和宽度,并对旅客走行速度有折减作用的通道,其宽度为实际宽度,长度为楼梯两端的斜面长度。电扶梯模型为具有一定长度和宽度,并具有自身运行速度的通道,旅客进入该通道后行进速度与电扶梯运行速度保持一致,其跨度为实际宽度,长度为电扶梯两端的斜面长度。

仿真中设置楼梯速度折减率为 50%,楼梯通过能力采用 55.7 人/(min·m),自动扶梯运行速度为 0.5 m/s,自动扶梯输送能力采用 61.64 人/(min·m),表 4-29 是北京南站自动扶梯和楼梯分布概况。

表 4-29　北京南站垂直移动设备概况

衔接层	类型	方向	长度(m)	宽度(m)	数量(部)
地下 1 层与地面层	自动扶梯	北	30	1	4
地下 1 层与地面层	自动扶梯	南	18	1	2
中间层与地面层	自动扶梯	南	18	1	2
地面层与高架层	自动扶梯	北	24	1	4
地面层与高架层	自动扶梯	南	24	1	4
高架层与站台	自动扶梯	西	30	1	11
高架层与站台	自动扶梯	东	30	1	11
高架层与站台	楼梯	西	33	2.5	11
站台与地下 1 层	楼梯	西	23.5	2.5	11
站台与地下 1 层	自动扶梯	西	22	1	11
站台与地下 1 层	楼梯	东	23.5	2.5	11
站台与地下 1 层	自动扶梯	东	22	1	11

②客运设备仿真逻辑模型

客运设备仿真逻辑模型主要为旅客流线，旅客流线主要由控制点、控制点间的相互连接关系以及不同流线客流比例构成。

控制点包含以下 6 种：

a. 产生点：分为进站客流产生点和出站客流产生点

进站客流的产生点会根据旅客到达规律及列车出发列车发车时刻生成仿真客流，设置与车站各个入口处。各入口产生客流比例可根据实际情况确定；

出站客流产生点会根据到达列车到达时刻、到站下车人数和旅客走行速度生成出站客流，设置于站台对应的各车门处；

b. 中间点：旅客所经过路径中的转折点，通常用来控制旅客的走行路径和不同方向流线的客流比例；

c. 售票点：售票处所在的控制点，无票旅客在进入车站后会选择不同的售票点、不同的售票设备进行排队、购票行为；

d. 检票点：旅客进站的检票点，设置于检票闸机或检票口之后，旅客会根据所乘列车对应的检票点进站候车、乘车等行为；

e. 上车点：旅客上车的点，设置在站台两侧车口处，是进站客流从站台上消失的点；

f. 出站点：旅客离开车站的点，设置于站房的各个出口，是出站客流从站房中消失的点。

(2)仿真结果

①安检设备

图 4-45～图 4-48 是对高架层各入口处进站客流量的统计图。从图中可以看出高峰期以 5 min 为周期的客流量移动平均值东入口最高为 39 人/min,南入口 102 人/min,西入口处最高 104 人/min,北入口处为人/min。

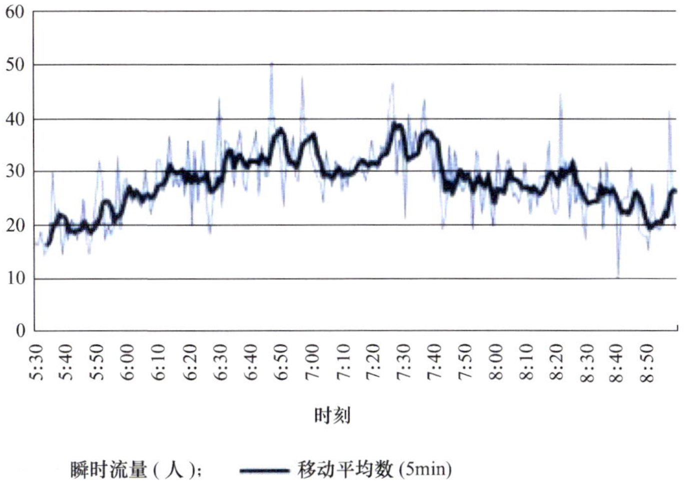

图 4-45　高架层东入口客流量

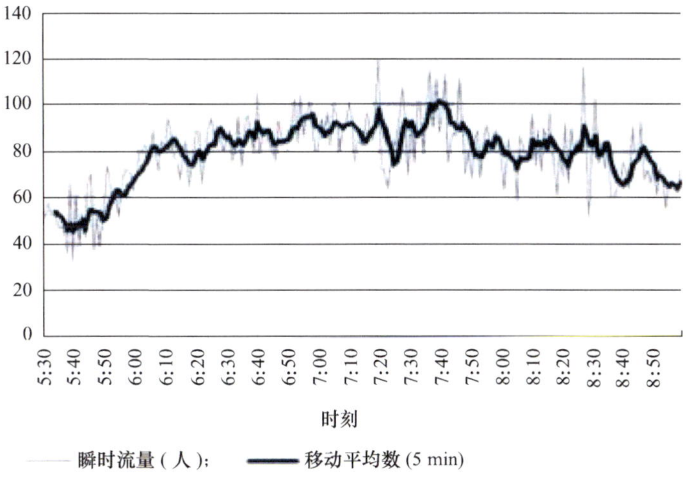

图 4-46　高架层南入口客流量

各个入口安检能力匹配度计算结果见表 4-30,其中北入口和南入口的安检能力匹配度达到了 2.38 和 2.04,高峰期高架层南北入口处安检设备能力严重不足,南北入口处会造成大量旅客较长时间的拥挤。西入口的能力匹配度为 1.04,高峰期也会造成一定的拥挤。

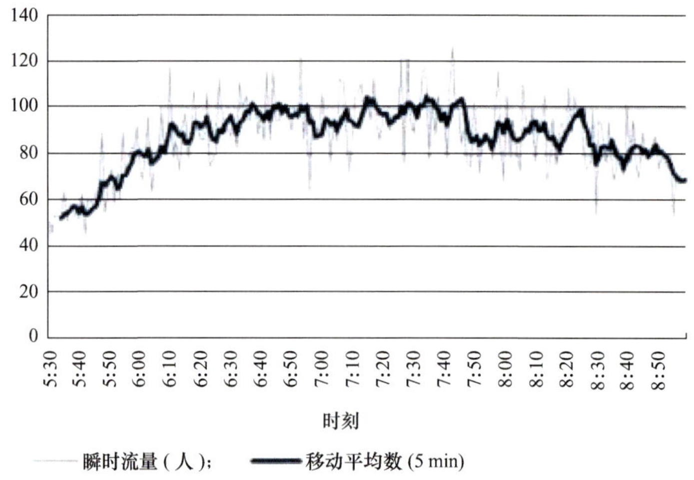

图 4-47　高架层西入口客流量

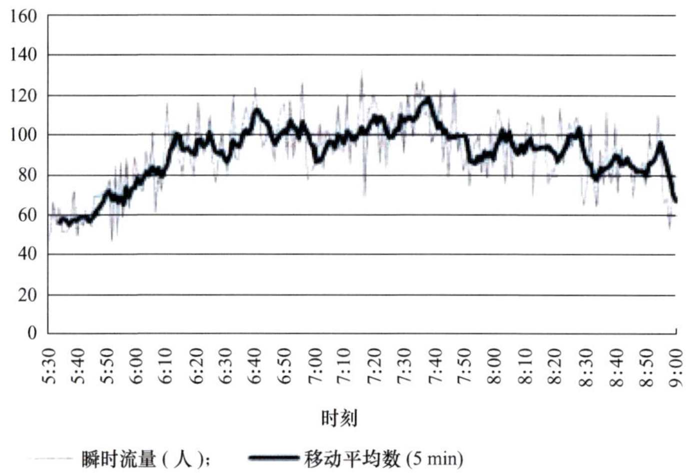

图 4-48　高架层北入口客流量

表 4-30　高架层各入口安检能力匹配度

入　　口	需要能力(人/min)	现有能力(人/min)	能力匹配度
东入口	39	100	0.39
南入口	102	50	2.04
西入口	104	100	1.04
北入口	119	50	2.38

②检票设备

检票设备的使用频率主要取决于停靠同一站台的列车间的发车间隔，根据现有时刻表，停靠同一站台的列车最小发车间隔为 5 min。按照提前 25 min 检票，提前 5 min 停止检票计算，京沪方向和京津方向检票口需要在 15 min 内放行 1 800 人，120 人/min。

现有检票能力匹配度见表4-31,从中可以看出京沪方向检票口能力略思不足,主要原因为实名制验票造成每个旅客检票时间过长,而京津方向检票能力严重不足主要原因为检票设备数量过少。

表4-31 检票能力匹配度

方向	需要能力(人/min)	现有能力(人/min)	检票能力匹配度
京沪方向	120	112.5	1.07
京津方向	120	75	1.6

③候车区

经仿真分析,1/2检票日对应的候车区聚集人数在6:03达到最大,其变化趋势如图4-49所示。最大聚集人数为2 490人。该区域面积为600 m^2,在5:30～8:30期间的不同服务水平所占时间比例如图4-50所示,从图中可以看出有81%的时间区域服务水平都为F级,该区域拥挤程度十分严重。

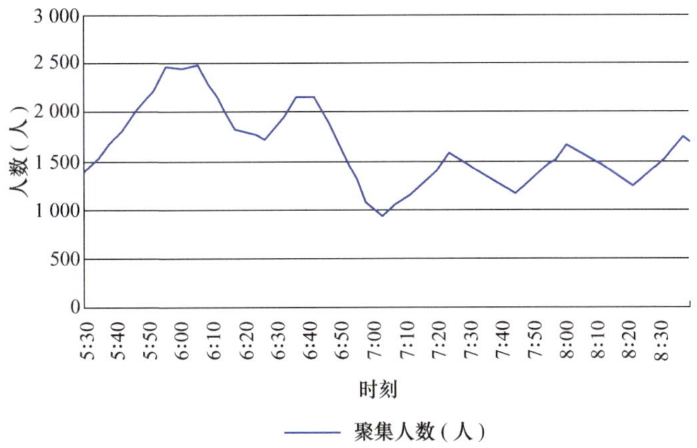

图4-49 1/2检票口对应候车区聚集人数统计

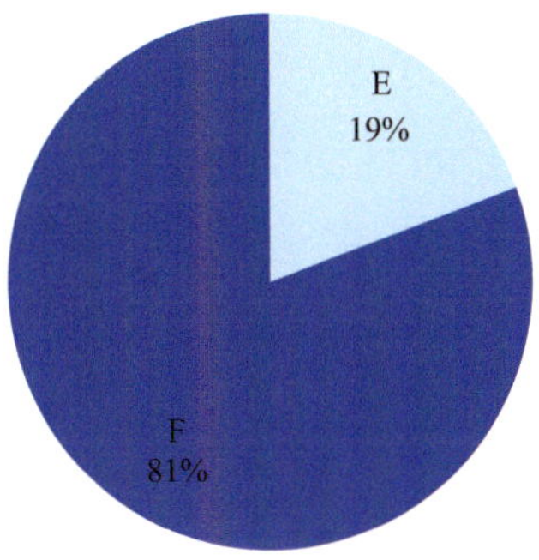

图4-50 1/2检票口对应候车区不同服务水平所占时间比例

④垂直移动设备

进站流线上负荷较大的为衔接地下1层与地面层的自动扶梯,南北两侧衔接地下1层与地面层的自动扶梯客流量如图 4-51、图 4-52 所示。从图中可以看出北侧自动扶梯处的客流量移动平均数最大为 119 人，南侧自动扶梯处的客流量移动平均数最大为 108 人。

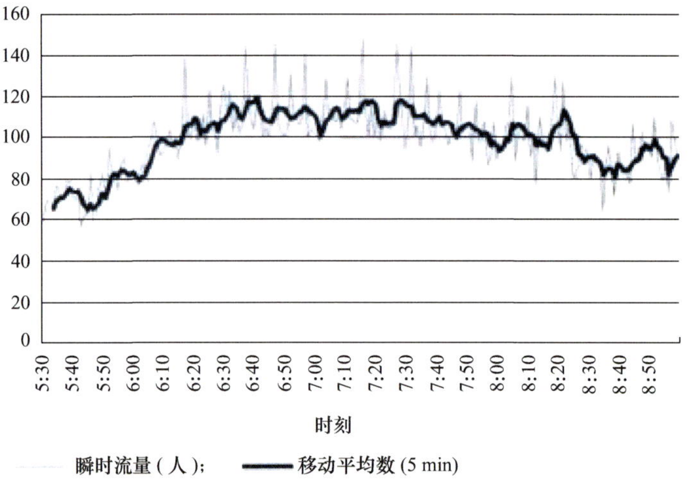

图 4-51　北侧自动扶梯口客流量

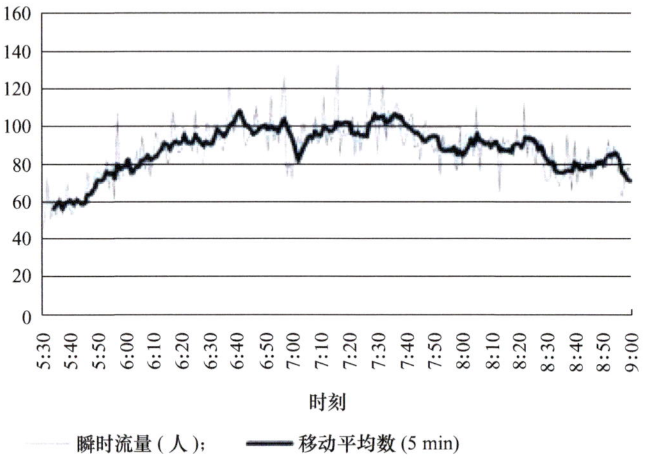

图 4-52　南侧自动扶梯口客流量

南北两侧衔接地下 1 层与地面层的自动扶梯能力匹配度见表 4-32，从中可以看出南侧电梯能力匹配度达到 1.76，南侧电梯口处会造成大量旅客较长时间的拥挤和滞留。北侧自动扶梯能力匹配度达到 0.97，短时间内也会北侧自动扶梯处也会造成一定的拥挤。

表 4-32　衔接地下 1 层与地面层的自动扶梯能力匹配度

方向	需要能力(人/min)	现有能力(人/min)	检票能力匹配度
京沪方向	120	112.5	1.07
京津方向	120	75	1.6

出站流线上负荷较大的主要为站台上旅客出站的楼梯和自动扶梯，根据仿真分析，2 站台

上楼梯和自动扶梯客流量最大，主要原因是前后两列车相继到达，间隔时间为 5 min。2 站台东西两侧出站口客流量如图 4-53 和图 4-54 所示，西出口最大移动平均数为 121 人/min，东出口最大移动平均数为 121 人/min。

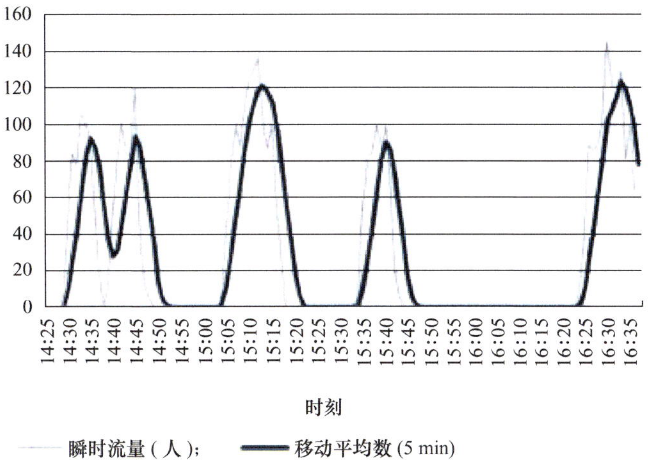

图 4-53　2 站台西出站口客流量

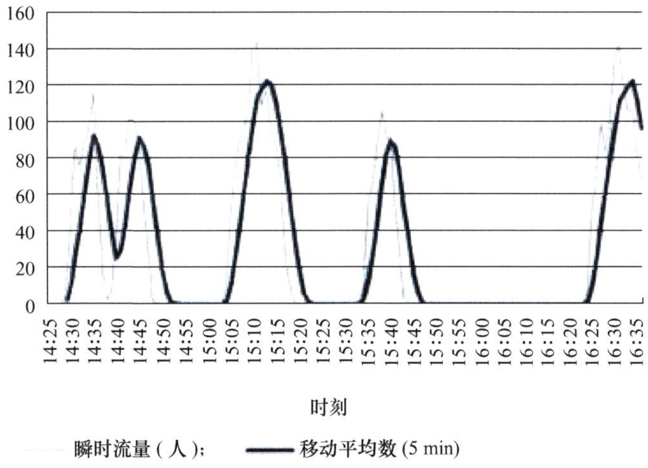

图 4-54　2 站台东出站口客流量

从表 4-33 中可以看出，站台上的出站口能力匹配度均小于 1，能力充足。

表 4-33　2 站台出口能为匹配度

方　　向	需要能力(人/min)	现有能力(人/min)	能力匹配度
西出站口	121	188.5	0.64
东出站口	121	188.5	0.64

⑤出站验票设备

3、4、6、7、8 出站口出站验票设备客流量随时间变化图如图 4-55～图 4-59 所示。

出站验票设备匹配度见表 4-34，从中可以看出京沪场各个出口处的验票设备能力匹配

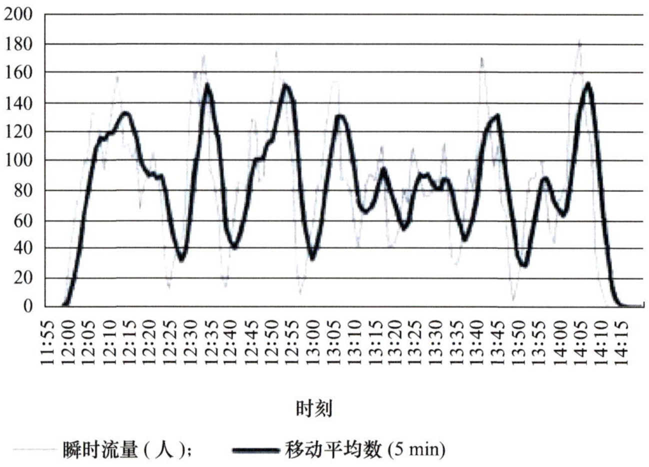

图 4-55　3 出口出站验票设备客流量

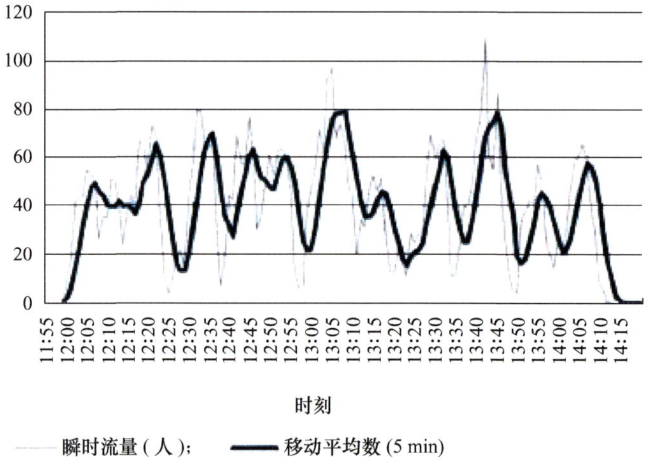

图 4-56　4 出口出站验票设备客流量

度均小于 1，而京津场东侧出口处能力匹配度大于 1 且西侧出曰处能力匹配度接近 1，此时京津方向出站验票设备能力严重不足。

表 4-34　出站验票设备匹配度

出口编号	需要能力(人/min)	现有能力(人/min)	能力匹配度
3	156	163.37	0.95
4	80	163.37	0.49
6	98	128.87	0.76
7	151	105.87	1.43
8	160	163.37	0.98

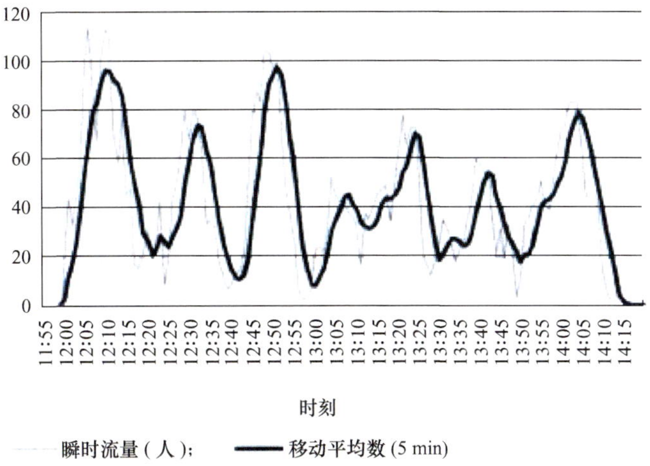

图 4-57 6 出口出站验票设备客流量

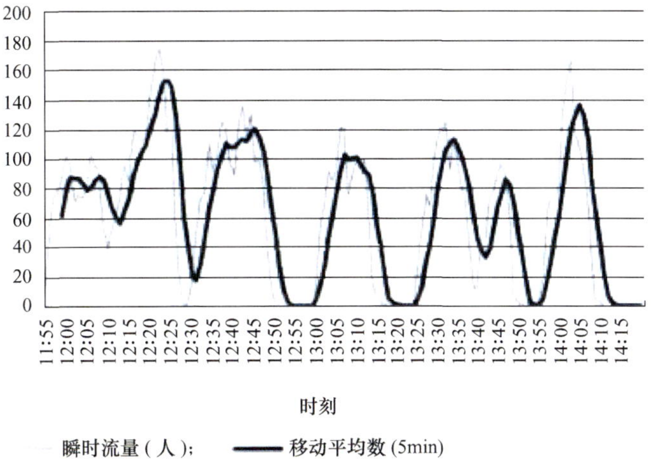

图 4-58 7 出口出站验票设备客流量

(3)结果分析

通过仿真结果并计算各设备能力匹配度得到如下结论:

①高架层南北入口处安检设备能力严重不足,南侧安检设备需要能力超出现有能力 104%,北侧安检设备需要能力超出现有能力 138%,需要在南侧增加至少 5 部安检设备,北侧增加至少 6 部安检设备。

②京津方向检票口 1/2 检票口能力严重不足,需要能力超出现有能力 60%,1/2 检票口处共需要再增加至少 5 台人工检票设备才能适应客流;同时检票口能力不足的原因主要为该检票口对应的站台两侧列车发车间隔为 5 min,改善方法为:编制股道运用计划时,相继发车的两列车应分别安排在不同站台两侧的股道的方式。非 1/2 检票口前候车区拥挤严重,在 5:30~8:30 期间,该区域的人均占用面积 19%的时间小于 0.93 m^2,1%的时间小于 46 m^2。经过分析发现,该区域如此拥挤的原因是由于该候车区对应的站台两侧列车发车间隔为 5 min,改善方法为编制股道运用计划时,相继发车的两列车应分别安排在不同站

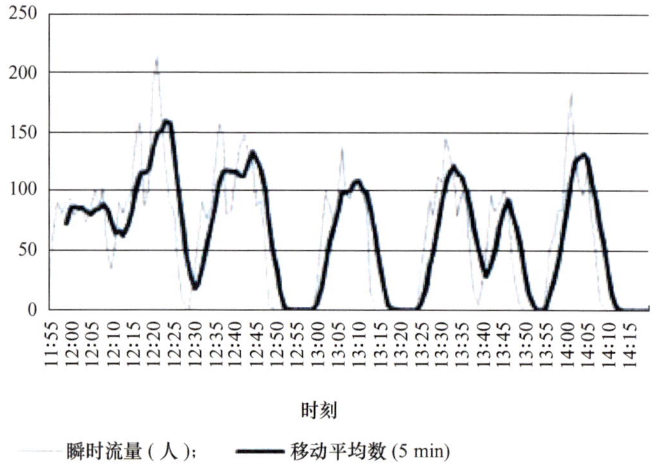

图 4-59　8 出口出站验票设备客流量

台两侧的股道。

③地下 1 层南侧自动扶梯能力严重不足,需要能力超出现有能力 76%,主要原因为上楼方向的自动扶梯只有 1 部,需要再增加至少 1 部同种自动扶梯才能适应高峰期客流;若实际条件不允许增加扶梯,可采用另一侧下行扶梯在高峰期改变运行方向的方式,但这样需要对高架层及平面层通过该扶梯去往地下 1 层的旅客进行引导。

④7 出站口处出站验票能力严重不足,需要能力超出现有能力 43%,在该出站口处需要再增加至少 4 台自动闸机或 2 个人工验票口才能满足列车到达高峰时的客流量。

5 高速铁路路网能力计算及评估

5.1 高速铁路路网能力概述

5.1.1 高速铁路路网能力相关概念

高速铁路网络是由运输线路、车站动车段、枢纽及各种技术设备连接构成的网络系统。按照功能划分，可以将高速铁路网络分为物理网络和服务网络。物理网络是指由点、线等基础设施所构成的基础网络，是各项设备的基础，物理网络一般用图论中的双向图表示。服务网络是在物理网络的基础上，考虑运输需求、移动设备、人员排班等因素所建立起的运行线路服务网络，通常以列车运行图、动车运用计划和乘务员运用计划等为基础。

高速铁路路网能力的内涵非常复杂，至今没有一个公认的概念和计算方法。沿用传统通过能力的概念，高速铁路路网能力可以定义为在现有固定设备、活动设备、人力、一定运输需求及车流路径分配方案和行车组织水平条件下，单位时间内，网络在整体上最大可能的运输产品生产能力。在本书中，高速铁路路网能力是指综合考虑运输需求、运输资源限制、出行者在网络上的行为、网络的拥挤效应等因素，高速铁路网在不同的服务水平条件下所能承载的最大容量。

根据计算对象的不同，高速铁路路网能力可以分为两种类型，物理网络承载能力和服务网络承载能力。物理网络承载能力反映了高速铁路网络在理想情况下所能发挥的最大能力，而服务网络承载能力是考虑了运输组织水平的真实能力。

在实际运输生产过程中，由于各种因素的限制，理想能力往往难以达到，因此，如何发现既有路网的能力瓶颈，并针对性地提出有效的能力瓶颈消除措施，具有更加重要的意义。

高速铁路路网能力和他的构成元素密切相关。高速铁路路网能力是一个系统概念，其能力不能简单地用各种组成设备的能力的最小值表示。这主要有两个原因：一方面，路网上不同设备之间作业的配合与协调会极大地影响高速铁路路网能力。这种协调中最为重要的为点线协调，例如高速铁路车站的通过能力和区间的通过能力如果不协调，将会导致整体通过能力的降低。另一方面，高速铁路具有很强的网络效应，一列车在一个车站的晚点，可能会引起网络上其他位置、其他列车的大规模晚点甚至取消，从而影响路网能力。如图 5-1 所示，由于双线铁路上能力已经达到饱和，尽管单线铁路能力上的能力尚有富裕，但是无法使用。同理，由于列车运行图上列车运行线的铺画具有优先级，因此，先铺画的运行线会对后铺画的运行线产生影响，从而影响后者所涉及路网的通过能力。

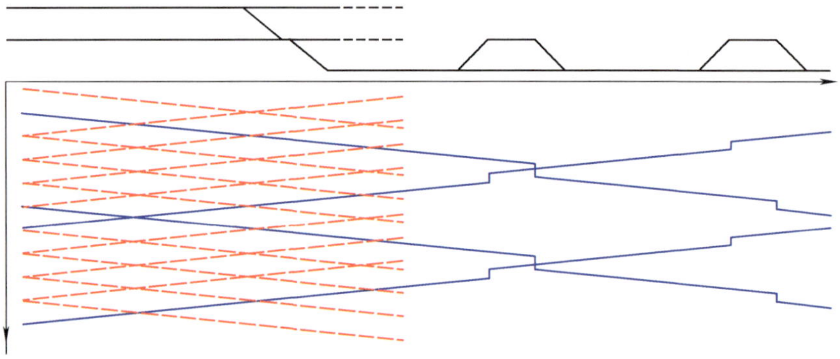

图 5-1 高速铁路路网能力的网络效应

不仅如此，高速铁路路网整体运输能力的发挥不仅仅和行车有关，还需要许多保障措施。例如，动车段(所)能否及时维修车辆，确保足够车辆运用；动车段所存车能力是否足够；供电臂的供电能力是否能够满足增加行车密度的需要；允不允许设置一线行车一线施工的维修天窗等等。

基于以上分析，接下来的三章将分别就高速铁路路网能力计算与评估、高速铁路运输能力瓶颈识别和运输能力保障进行详细阐述。

5.1.2 高速铁路路网能力的特性

高速铁路路网能力的特性主要有：客观存在性、系统整体性、相关性和可变性、子系统运输能力利用中的相互转化性、能力利用的时效性。具体如下：

1. 客观存在性：是指一旦路网系统形成，其路网系统总体运输能力就客观存在了，每条线路、每个车站以及其他固定和活动设备的运输能力都是能够计算的，进而可以得出整个路网系统运输能力，有路网就有运输能力，路网运营线路每延伸 1 km，路网系统总体运输能力都能计算并评价这些变化。

2. 系统整体性：为满足运输需求，高速铁路运输网络应具备一定的整体能力。对于路网系统有效使用运输能力而言，系统的整体能力不仅取决于各子系统能力的大小，而且还取决于各子系统间的相互协调和配合程度。系统中运输能力最薄弱的子系统能力决定了整个系统的运输能力，但运输能力最薄弱的子系统并不一定是能力最小的，而是运输能力利用程度较高、负荷较大、储备能力最少的子系统。

3. 相关性和可变性：通常所讲的铁路路网系统有效使用运输能力不是固定不变的，由于移动设备等硬件设备的变更、车流径路的变化，会造成路网系统有效使用运输能力的改变，特别是运输需求的变化，也会造成路网系统有效使用运输能力的变化，因此，路网系统有效使用运输能力与运输需求具有需求相关性和可变性。

4. 子系统运输能力利用中的相互转化性：子系统能力是由一定的技术设备、组织方式和车流条件决定的，通过增加设备、调整运输组织方式可使得子系统能力获得提高。运量的增加是渐进的，而各子系统技术设备的性质不同，能力增长的方式和幅度不同，有的是渐进式增长，更多的是阶段跳跃式增长，因此，不同时期各子统能力是不均等的，采取一定的技术组织措施，通过子系统运输能力负荷的转移、变换，可减轻系统中薄弱环节的负荷，使得系统的整体有效使用运输能力获得提高。

5. 能力利用的时效性：时效性是指由于铁路运输的特点，运输能力是不能存储的，所以要合理规划，尽可能地合理利用系统的能力，以满足运输需求。运输生产的动态连续性和时间的一去不复返性，使得能力利用表现出动态瞬时性。当某子系统的运输能力发生变化时，其影响就会波及其他子系统，进而使整个系统的运输能力发生变化。因此，系统实际可利用的能力是达不到计算所得到的理想条件下的最大能力的，需要在计划安排和实际作业组织中适当地储备和合理地利用各子系统的能力，这种能力储备属于可使用能力，应该在系统有效使用运输能力中体现。

5.1.3 高速铁路路网能力影响因素

高速铁路路网能力的研究就是将所有节点出发的运输需求作为输入条件，以服务网络为基础，综合考虑能力限制、旅客的择路行为等因素，得出在不同网络服务水平条件下路网的承载能力以及在该承载能力下具体的客流分配结果和路网资源利用状况。因此，影响高速路网能力的因素包括运输需求、基础设施能力限制、网络结构、动车组、旅客行为、服务水平要求和随机因素等。

1. 运输需求

运输需求是决定了高速铁路可运输旅客的结构和上限，是合理规划铁路运输网络、配置客运站点基础设施、配备旅客运输工具和编制其运行作业计划的基本依据，因此运输需求在路网运输能力中具有至关重要的作用。没有运输需求支撑的运输能力可以认为是无效能力。在路网能力的研究中，运输需求是路网能力计算的基本输入条件，基本的运输需求越大路网可用能力就越小。路网 OD 对之间的客流量也会影响路网各个客流区段及车站的需要能力。OD 之间的客流量不仅决定了列车在客流区段的开行对数、停站方案，也能确定各车站的上下车人数，为车站的旅客作业和换乘站旅客换乘提供最基本的数据支持。同时，OD 客流量是对高速铁路网能力需求的主要评判标准，基于客流量与使用能力的比较来评价路网的能力使用是否均衡。

2. 基础设施能力限制

(1)车站能力限制

车站能力限制是路网能力的基本限制条件，车站能力越大越有利于路网能力的提高。然而车站能力的研究比较复杂，车站的能力受到发线数量、车站衔接方向数量、车站布局、站内联络线、道岔类型、车站内走行径路、区间接发列车类型、列车在车站作业类型等多种因素的影响。而在研究路网能力时，由于路网中包含了多个车站，而每个车站都有其独立的特点，逐一研究将消耗大量精力，因此为了简化问题，在计算理想路网通过能力时，可将车站能力设置为理想最大化情况，也就是车站的能力约束不对路网能力的结果造成影响，如果考虑实际的因素，车站的能力将小于理想的能力，同时将会使路网能力的结果变小。

(2)区间的能力限制

区间的能力限制也是路网能力的基本限制条件,区间能力越大越有利于路网能力的提高。区间的通过能力受列车类型、运行图铺画方式、维修天窗、列车停站等多种因素的影响。

3. 网络结构

物理网络的拓扑结构通过影响网络的连通性影响能力利用率的分布。而高速铁路服务网络是客流在网络上分配的基础,直接决定了运输能力的利用率,是研究高速铁路路网能力所必须研究的基础问题,只有确定了服务网络才能谈及在服务网络基础上的能力限制和旅客的择路行为。

4. 动车组

动车组作为移动设备,是路网能力发挥的载体,高效的动车组运用和足够的车底对于路网能力的发挥具有重要的意义。动车组运用是根据给定的列车运行图、动车组检修基地条件及动车组修程的规定,合理安排动车组担当车次并及时进行各级检修。在路网范围内动车组如何使用,对于合理的能力使用及在产生延误后对列车的调整都有一定的影响。

5. 旅客行为

旅客行为包括旅客对出行时间、目的地、交通方式、路径等的选择和决策行为,其中路径选择行为对高速铁路路网能力影响最大。针对物理网络和服务网络,旅客选择行为可以分为路网物理结构上的路径选择和针对开行方案的路径选择行为,然而不论是哪种择路行为,准则都遵循 Wardrop 提出的 UE 原则,即由于网络拥挤效应的存在,出行者总是选择出行阻抗最短的路径,在均衡状态下,每个出行者都无法通过单方面改变出行路径达到减少出行时间的目的。

针对路网物理结构的路径选择,不考虑列车的概念,或者认为任意两个 OD 间都可以开行列车,客流在分配的过程中只考虑路网物理属性,OD 客流的径路阻抗主要是路径的长度和拥挤度,在物理网络中择路行为主要是对于不同路径的选择。针对开行方案的客流分配问题,主要考虑的是在开行方案既定的前提下,根据预测年的客流如何分配到列车上,考虑的约束包括列车容量的约束,到达方式的选择上,OD 客流的阻抗包括了票价、时间、舒适度等,其中舒适度主要考虑是否需要中转换乘的问题,因此在开行方案下的择路行为除了路径的选择外,还有在该路径下所需要乘坐列车的选择。

6. 服务水平要求

服务水平和路网能力是密切关联的两个性能指标。一般情况下,服务水平要求越高,路网能力就越小,服务水平要求越低,路网能力就越大。例如,如果希望通过增强路网的鲁棒性,提高服务水平,确保列车晚点可以得到迅速恢复,那么就需要在列车运行图中增加缓冲时间。缓冲时间的增加,将会占用正常的列车开行时间,从而降低通过能力。度量服务水平的指标主要包含出行时间、排队长度、出行费用、舒适性、便捷性、安全性和可靠性。在道路交通网络中,一般用 OD 出行时间作为网络服务水平的度量指标,在高速铁路网络中除了出行时间还需要考虑旅客的票价支出、舒适性等指标。

7. 随机因素

高速铁路是一个涉及车、机、工、电、辆等多个部门协作的复杂系统，任何一个环节的失误都可能对整个系统带来不利的影响。失误的种类包括人为失误、设备故障和天气原因等因素的影响。这些不利的因素会使路网中的某个运输子系统能力减少，进而会影响整个路网的通过能力。因此各子系统的通过能力不是一个定值，而在研究路网能力过程中需要将子系统通过能力作为固定的限制条件，如果考虑了多种实际的因素，那么子系统的通过能力将会减少，同时会使路网能力变小。

5.1.4 高速铁路路网能力表达

高速铁路路网能力的表达方式有两种：一种是不考虑网络效应的表达方式，即沿用车站通过能力、区间通过能力等表达，采用单位时间通过的列车数来表达；由于高速铁路路网具有网络效应，因此路网能力的另一种表达方式是充分考虑网络效应后的能力表达方式，欧洲一些国家采用额外列车延误时间来表示。所谓额外列车延误时间是指单列车自由运行条件下运行时间和多列车影响下运行时间之差。这种额外的延误时间通常包括由于快车越行慢车而产生的慢车等待时间，慢车影响快车的运行速度而导致的额外运行时间等。

5.2 高速铁路物理网络承载能力计算

高速铁路物理网络是由客运站和区间构成的网络。物理网络是铁路运输部门提供服务的基础，只有合理的物理网络结构才能更好地满足不均衡的运输需求，更好地引导运输需求结构的合理发展，同时使物理网络达到均衡合理的利用；相反如果物理网络结构不合理在运输需求增长的同时就会使网络能力利用不均衡，同时使得部分客流的出行阻抗过大，进而阻碍运输需求的增长。

物理网络简化了许多网络中的细节，这种极端的简化形式可用于求解径路距离，但因为没有列车信息，所以难以用于讨论旅客的乘车、换乘等问题，只能用于求解旅客列车的路径选择问题，因此，在物理网络承载能力计算时，需要进行一定的简化和必要的假设。

5.2.1 高速铁路物理网络承载能力的定义

高速铁路物理网络的承载能力是主要研究在满足交通用户服务水平、运输资源能力的前提下，符合物理网络中通过能力和路径绕行约束下满足交通需求的最大能力。高速铁路物理网络的承载能力广义上是指综合高速铁路物理网络（供给）满足社会经济对客运需求的能力，是社会经济对客运需求在功能上的平衡；狭义上，高速铁路物理网络的承载能力是指在现有固定设备、活动设备、人力、一定运输组织方法和组织水平条件下，单位时间内物理网络系统在整体上所能完成输送的最大客运（数）量，即表征高速铁路物理网络可完成的最大客运量。一般来说，高速铁路物理网络的承载能力指狭义的承载能力。

设起始区域的基本交通产生量为 $\bar{O} = (\overline{Q_r})_{r\in R}$ ，在预定的 OD 出行服务水平要求，路段通行能力和路径绕行的约束下,由物理网络所构成的高速铁路乘车网络所能承载的最大交通产生总量为 $O = \mu\bar{O}$,则此倍数乘子就称为高速铁路物理网络的备用能力系数。

显然,若 $\mu > 1$,说明网络存在可用的承载能力;若 $\mu < 1$,则说明网络承载能力不足。

5.2.2 高速铁路物理网络的描述

为了进行物理网络能力分析,首先对高速铁路基础设施构成的物理网络的基本描述,然后是基于物理网络所购成的旅客乘车网络的描述,通过建立基于物理网络的旅客乘车网络为客流在物理网络中的分配奠定基础。

1. 物理网络

高速铁路物理网络的基础设施包括车站、枢纽和线路,它是铁路部门提供运输服务的基础。高速铁路物理网络的描述方式引入图和网络的概念进行研究,将车站和枢纽描述为图的节点,将线路描述为连接节点的双向弧。节点根据其在路网中的重要程度可以分为一级、二级和三级节点,分别表示枢纽站、省级客运站和地方客运站。用无向线段表示双向弧。简单高速铁路物理网络如图 5-2 所示。

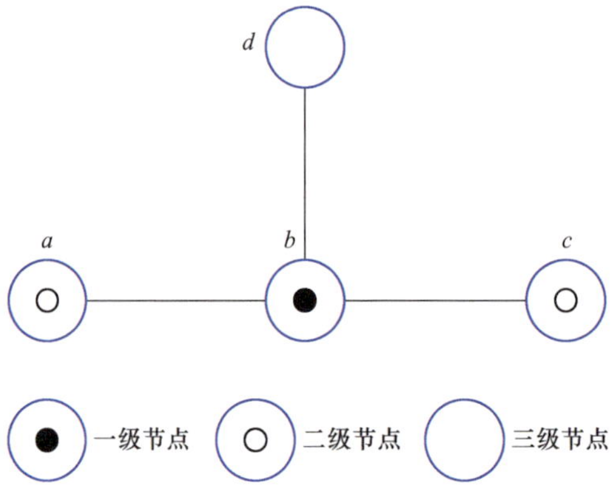

图 5-2 物理网络

2. 基于物理网络的旅客乘车网络

由于物理网络中不存在列车,因此通过简化旅客乘车网络中只有乘车弧,没有换乘弧;这表示任意两点的旅客在乘车网络中选择时只需要考虑具体的路径,高速铁路物理网络承载能力优化研究不需要考虑中转换乘问题。基于物理网络的旅客乘车网络,由于网络中有 4 个点,且任意两个点之间只有一条路径,因此这个旅客乘车网络共有 6 条乘车弧构成,如图 5-3 所示。

5.2.3 高速铁路物理网络承载能力模型

备用能力模型是目前研究网络承载能力问题的一个主要方法。所谓备用能力是指:给定基本 OD 矩阵 $\boldsymbol{qrs}$,在一定的服务水平条件下,若网络所能容纳的最大交通量为 $\mu\boldsymbol{qrs}$,则此倍数乘子 μ 就是网络的备用能力。

借用备用能力模型,高速铁路物理网络能力的计算问题可以转化为双层规划问题,其

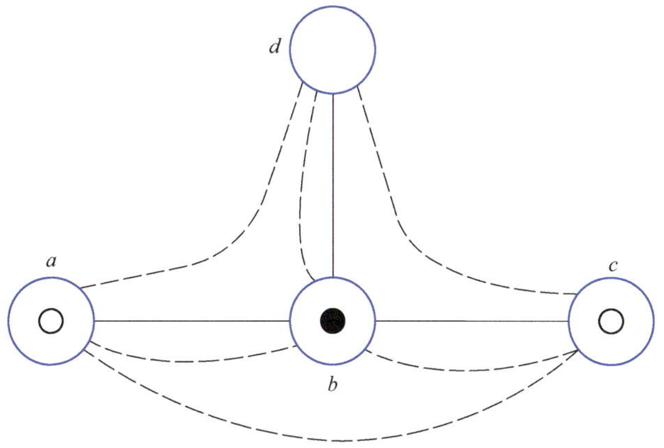

图 5-3 基于物理路网的旅客乘车网络

主要目标有两个，上层为备用系数最大化、下层为网络上的分配的流量最大化。

1. 符号的定义

$G=(N_0,A)$ 表示高速铁路网络，其中 N_0 表示路网中所有的节点即车站集合，A 表示所有的弧段即线路集合，$N_0=N_1\cup N_2\cup N_3$，式中，N_1 为第一级节点集合，N_2 为第二级节点集合，N_3 为第三级节点集合；

N 表示路网中的起始区域；

$\widetilde{N}$ 表示路网中的终到区域；

a 表示任意一个弧段，$a\in A$；

l_a 表示弧段 a 的长度；

r 表示起始区域内的任意一个起点节点，$r\in N$；

s 表示终到区域内的任意一个终到节点，$s\in\widetilde{N}$；

k 表示任意一条路径；

τ 表示旅客的消费类别，取值范围为{1,2}，1 表示高等级旅客，2 表示中等级旅客；

$\beta(\tau)$ 表示旅客类别为 τ 的旅客的时间价值；

P_{rs} 表示路网中起点节点为 r，终到节点为 s 的所有的路径集合；

$\overline{O_r}$ 表示起始节点 r 到终到区域内的基本交通产生量，$r\in N$；

$\theta_{\tau r}$ 表示消费类比为 τ 的旅客在起始节点 r 产生的基本交通量中所占的比例，$\sum_{\tau}\theta_{\tau r}=1$；

x_a 表示弧段 a 上的流量；

c_a 表示弧段 a 的最大通过能力；

H 表示列车的定员；

$f_{\tau k}^{rs}$ 表示 OD 对(r,s)之间类别为 τ 的列车在路径 k 上的路径流量；

$\delta_{a,k}^{rs}$ 表示弧段/路径关联矩阵，若弧段 a 在连接 OD 对(r,s)之间路径 k 上，且与路径的方向相同，$\delta_{a,k}^{rs}=1$，否则为 0(由于研究的路网为双向网络，因此任意一个路段都对应两个方向的弧段，只有弧段的方向与路径的方向一致时弧段属于路径，否则不属于)；

μ 表示备用能力系数。

2. 路网备用能力模型

(1)上层模型

$$\max\mu \tag{5-1}$$

$$x_a \leqslant c_a H, \forall a \in A \tag{5-2}$$

$$\widetilde{c_\tau^{rs}} \leqslant \rho c_\tau^{rs}, \forall r \in N, s \in \widetilde{N}, \tau \in I \tag{5-3}$$

$$\frac{\sum_{a\in A} l_a \delta_{a,k}^{rs}}{\min\left\{\sum_{a\in A} l_a \delta_{a,k}^{rs}\right\}} \leqslant \xi, \forall r \in N, s \in \widetilde{N} \tag{5-4}$$

(2)下层模型

$$\min Z(x,q) = \sum_{r\in N, s\in \bar{N}} \sum_{\tau} \sum_{k\in P_{rs}} c_{\tau k}^{rs} f_{\tau k}^{rs} + \sum_{a\in A} \int_0^{x_a} y_a(\omega) d\omega +$$

$$\frac{1}{r} \sum_{r\in N, s\in \bar{N}} \sum_{\tau} q_\tau^{rs} (\ln q_\tau^{rs} - 1) - \sum_{r\in N, s\in \bar{N}} \sum_{\tau} M_s q_\tau^{rs} \tag{5-5}$$

$$\sum_{k\in P_{rs}} f_{\tau k}^{rs} = q_\tau^{rs}, \forall r \in N, s \in \widetilde{N} \tag{5-6}$$

$$\sum_{s\in \widetilde{N}} q_\tau^{rs} = \mu \theta_{\tau r} \overline{O_r}, \forall r \in N \tag{5-7}$$

$$x_a = \sum_{r\in N, s\in \bar{N}} \sum_{\tau} \sum_{k\in P_{rs}} f_{\tau k}^{rs} \delta_{ak}^{rs}, \forall a \in A \tag{5-8}$$

$$f_{\tau k}^{rs} \geqslant 0, \forall r \in N, s \in \widetilde{N}, k \in P_{rs}, \tau \in I \tag{5-9}$$

上层为一个考虑最大化倍数因子的能力约束模型,下层为一个考虑了路径选择行为的客流均衡配流模型。约束目标最大化乘子如式(5-1);路段能力约束如式(5-2),最大能力按照最大通过能力乘以列车的客座能力而得;服务水平约束如式(5-3);绕行约束如式(5-4);下层模型的目标函数如式(5-5),最小化所有客流的阻抗;路径流量与 OD 流量守恒表示如式(5-6);所有出发节点的 OD 流量守恒表示如式(5-7);路段流量与路径流量关系如式(5-8);路径流量非负表示如式(5-9)。

设等式约束(5-6)和式(5-7)对应的拉格朗日乘子分为 μ_τ^{rs}、λ_r,构造 Lagrange 函数为

$$L(x_a, q_\tau^{rs}, \mu_\tau^{rs}, \lambda_r) = Z(x,q) + \sum_{r\in N, s\in \bar{N}} \mu_\tau^{rs}\left(q_\tau^{rs} - \sum_{k\in P_{rs}} f_{\tau k}^{rs}\right) + \sum_{r\in N} \lambda_r \left(\mu\theta_{\tau r} \overline{O_r} - \sum_{s\in \widetilde{N}} q_\tau^{rs}\right) \tag{5-10}$$

根据库恩—塔克条件,上述拉格朗日函数在极值点必须满足条件为

$$f_{\tau k}^{rs} \frac{\partial L}{\partial f_{\tau k}^{rs}} = 0, \quad \frac{\partial L}{\partial f_{\tau k}^{rs}} \geqslant 0, \quad \frac{\partial L}{\partial \mu_\tau^{rs}} = 0 \tag{5-11}$$

对式(5-10)关于路径流 $f_{\tau k}^{rs}$ 求导结果为

$$\frac{\partial L}{\partial f_{\tau k}^{rs}} = \frac{\partial Z}{\partial f_{\tau k}^{rs}} + \frac{\partial}{\partial f_{\tau k}^{rs}} \sum_{r\in N, s\in \bar{N}} \mu_\tau^{rs}\left(q_\tau^{rs} - \sum_{k\in P_{rs}} f_{\tau k}^{rs}\right) + \frac{\partial}{\partial f_{\tau k}^{rs}} \sum_{r\in N} \lambda_r \left(\overline{O_r} - \sum_{s\in \widetilde{N}} q_\tau^{rs} \mu\theta_{\tau r}\right) \tag{5-12}$$

对于 $\frac{\partial Z}{\partial f_{\tau k}^{rs}}$ 中各项的求导结果为

$$\frac{\partial Z}{\partial f_{\tau k}^{rs}}\left(\sum_{r\in N,s\in \bar{N}}\sum_{k\in P_{rs}}\sum_{\tau}\sum_{a\in A}\theta\delta_{a,k}^{rs}l_a f_{\tau k}^{rs}\right)=\sum_{a\in A}\theta\delta_{a,k}^{rs}l_a \tag{5-13}$$

$$\frac{\partial Z}{\partial f_{\tau k}^{rs}}\left(\sum_{r\in N,s\in \bar{N}}\sum_{k\in P_{rs}}\sum_{\tau}\sum_{a\in A}\beta(\tau)\delta_{a,k}^{rs}\frac{l_a}{\bar{v}}f_{\tau k}^{rs}\right)=\sum_{a\in A}\beta(\tau)\delta_{a,k}^{rs}\frac{l_a}{\bar{v}} \tag{5-14}$$

$$\frac{\partial}{\partial f_{\tau k}^{rs}}\left(\sum_{a\in A}\int_0^{x_a}y_a(\omega)\mathrm{d}\omega\right)=v_{\tau k}^{rs} \tag{5-15}$$

式中 $\bar{v}$——列车的平均速度,km/h。

则有

$$\widetilde{c_{\tau k}^{rs}}=\sum_{a\in A}\theta\delta_{a,k}^{rs}l_a+\sum_{a\in A}\beta(\tau)\delta_{a,k}^{rs}\frac{l_a}{\bar{v}}+v_{\tau k}^{rs} \tag{5-16}$$

对于

$$\frac{\partial}{\partial f_{\tau k}^{rs}}\sum_{r\in N,s\in\bar{N}}\mu_{\tau}^{rs}\left(q_{\tau}^{rs}-\sum_{k\in P_{rs}}f_{\tau k}^{rs}\right) \tag{5-17}$$

的求导结果为

$$\frac{\partial}{\partial f_{\tau k}^{rs}}\sum_{r\in N,s\in\bar{N}}\mu_{\tau}^{rs}\left(q_{\tau}^{rs}-\sum_{k\in P_{rs}}f_{\tau k}^{rs}\right)=-\mu_{\tau}^{rs} \tag{5-18}$$

对 $\frac{\partial}{\partial f_{\tau k}^{rs}}\sum_{r\in N}\lambda_r\left(\overline{O_r}-\sum_{s\in\bar{N}}q_{\tau}^{rs}\mu\theta_{\tau r}\right)$ 求导结果为 0。

根据库恩—塔克条件可以得到结果为

$$f_{\tau k}^{rs}\left(\widetilde{c_{\tau k}^{rs}}-\mu_{\tau}^{rs}\right)=0 \tag{5-19}$$

$$\widetilde{c_{\tau k}^{rs}}-\mu_{\tau}^{rs}\geqslant 0 \tag{5-20}$$

结果表明连接 OD 对(r,s)的路径 k 上有流量经过($f_{\tau k}^{rs}>0$),则其阻抗 $\widetilde{c_{\tau k}^{rs}}$ 必等于 μ_{τ}^{rs} ,若无流量经过,必大于等于 μ_{τ}^{rs} 。这恰好说明了该模型的最优解满足用户均衡条件,并且 Lagrange 乘子 μ_{τ}^{rs} 代表了 OD 对(r,s)的最小出行时间。

对函式(5-10)关于 OD 流 q_{τ}^{rs} 求导结果为

$$\frac{1}{\gamma}\ln q_{\tau}^{rs}-M_s+\mu_{\tau}^{rs}-\lambda_r=0, r\in N, s\in\tilde{N} \tag{5-21}$$

由条件式(5-21)和约束式(5-7)可得到 Logit 选择模型为

$$q_{\tau}^{rs}=(\mu\cdot\overline{O_r}\cdot\theta_{\tau r})\cdot\frac{e^{-\gamma[\mu_{\tau}^{rs(n)}-M_s]}}{\sum_l e^{-\gamma[\mu_{\tau}^{rl(n)}-M_l]}}, r\in N, s\in\tilde{N} \tag{5-22}$$

这说明起始区域 r 的交通量 $\mu\cdot\overline{O_r}\cdot\theta_{\tau r}$ 的分配是由各个终到节点的交通吸引能力 M_s 和 OD 对之间的最短出行时间 μ_{τ}^{rs} 共同决定的。

5.3 高速铁路服务网络承载能力计算

基于开行方案的服务网络,是在已知开行方案的基础上,由开行方案中所包含的列车信息所构成的服务网络。由于开行方案除了列车的具体运行时间信息,包含了列车的 OD、类别、停站方案、频率、编组等信息，因此开行方案所构成的服务网络可以研究旅客的乘车、换乘等问题，因此，在研究高速铁路路网能力时考虑服务网络更加准确。

5.3.1 高速铁路服务网络承载能力的定义

高速铁路服务网络承载能力是指在一定的设备条件下，给定开行方案的条件下，网络可以服务的最大运输需求量。

5.3.2 高速铁路服务网络的描述

高速铁路服务网络不同于高速铁路物理网络，是在物理网络的基础上依据运输需求特征而构建的供旅客出行选择的连通网络，是一种表示列车开行服务的网络形式，根据开行方案中列车的运行径路、服务频率与到发时间等特征确定网络的点、弧和权重。高速铁路服务网络不是旅客实际出行选择的网络，是由旅客列车开行方案形成的供旅客出行选择的有向连通网络。

高速铁路服务网络是由服务节点和服务弧段组成的可以供给旅客出行选择的连接网络。由于高速列车主要在车站提供旅客乘降服务，因此以车站为节点(这种构建方式准确反映列车开行方案中的有效信息，每个节点的指标有直观的指导意义)，以同一列车运行路径上办理停站业务的车站之间的连线构建边(只有列车停站才会形成边，途经的两个车站之间不构成边)，这样由车站和办理停站业务、提供旅客乘降服务的两个车站之间的列车运行径路构成的网络称为高速铁路旅客列车服务网络。该网络可用一个有向图 $G=(V,A)$ 表示，其中 V 表示所有高速铁路站的集合，A 表示所有列车运行径路所形成的边的集合。

基于 L 空间网络的构建方式，网络的边全部为反映列车运行服务的运输边，而随着高速铁路网络化的形成，枢纽内换乘作为重要的客流组织方式，换乘边的合理构建显得尤为重要。

考虑到高速铁路运输服务网络中，同一城市中有 2 个及以上的高速铁路车站，而车站之间可以通过市内交通实现快速的换乘，我国高速铁路运输服务网络的边主要由两部分构成。如图 5-4 所示，车站 3 衔接了多条高速铁路线路，经停该车站的高速铁路列车可以实现站内换乘，因此建立枢纽内本站换乘边；在一个枢纽内，存在多个办理高速铁路列车作业的车站，彼此之间可以通过市内交通运输方式实现快速换乘，车站 1、车站 2 与车站 3 均可以实现快捷的换乘，亦是高速铁路列车客运组织的重要部分，在枢纽内建立车站间换乘边，更加切合乘客的出行需求。

5.3.3 高速铁路服务网络承载能力模型

与物理网络类似，仍然可以用备用能力模型计算高速铁路服务网络承载能力。

1. 符号的定义

(1)开行方案

高速铁路网络表示为：$G=(S_0,E)$，其中 S_0 表示路网中所有的车站节点集合，E 表示所有的区段集合；$S_0=S_1\cup S_2\cup S_3$，式中：S_1 为第一级节点集合，S_2 是为第二级节点集

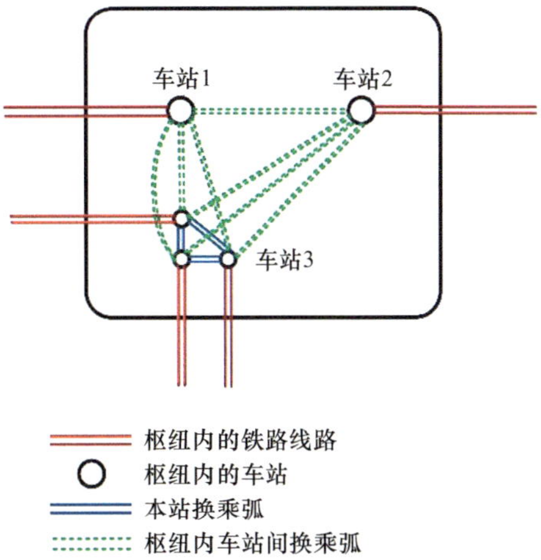

图 5-4　高速铁路服务网络运输边示意

合，S_3 为第三级节点集合；

S 表示路网中的起始区域；

$\widetilde{S}$ 表示路网中的终到区域；

s_i 表示起始区域内的任意一个起点节点，$s_i \in S$；

s_j 表示终到区域内的任意一个终到节点，$s_j \in \widetilde{S}$；

$E=\{e_{uv} \mid u,v \in S_0\}$ 表示路网区间边集合，d_{uv} 表示路段 e_{uv} 的长度；

$R=\{r_k \mid k=1,2,\cdots,m\}$ 表示开行方案中的列车类别集合；

F_k 表示列车 r_k 的开行频率；

qO_i^τ 表示消费群体为 τ 从起始节点 s_i 到所有终到节点的运输需求。

(2)换乘网络

τ 表示旅客所属的消费群体，取值范围为{1,2}，1 表示高等级旅客，2 表示中等级旅客；

S_{r_k} 表示列车 r_k 的所有停站集合；

$W_k=\{W_{ki'j'} \mid S_{i'},S_{j'} \in S_{r_k}\}$ 表示列车 r_k 的乘车弧集合，$W_{ki'j'}$ 表示列车 r_k 中的任意一条乘车弧，乘车弧由列车 r_k 的两两相邻的停车站组合构成(注：这里的乘车弧不是由任意两个停车站构成，因为这样会出现乘车弧之间相互覆盖，不利于能力的研究)；

$W=\{W_{k'i'j'} \in W_k \mid k=1,2,\cdots,m\}$ 表示所有列车所构成乘车弧；

$W'=\{W_{k'i'k''} | r_{k'},r_{k''} \in R, r_{k'} \neq r_{k''} | S_{i'} \in S_{r_{k'}}, S_{i'} \in S_{r_{k''}}$ 表示所有的换乘弧集合；$W_{k'i'k''}$ 表示在车站 $S_{i'}$ 从列车 $r_{k'}$ 换乘到 $r_{k''}$，因此需要保证这两个列车都在车站 $S_{i'}$ 停车才能实现换乘；

$G'=(W,W')$ 表示开行方案所构成的换乘网络集合；旅客从出发车站到目的车站的任意一条出行路径可描述为：从途经本站或本站始发的乘车弧开始，中间经过换乘弧链接若干条列车乘车弧，最后到达目的车站的列车乘车弧换乘链；

$P_{ij}=\{P_{ijx} \mid x=1,2,\cdots,\sigma_1(P_{ij})\}$ 表示从车站 s_i 到车站 s_j 的乘车方案集合，$\sigma_1(P_{ij})$ 表示从车站 s_i 到车站 s_j 的乘车方案数；

W_{ijx} 表示乘车方案 P_{ijx} 所包含的所有乘车弧集合；

W'_{ijx} 表示乘车方案 P_{ijx} 所包含的所有换乘弧集合；

S_{ijx} 表示乘车方案 P_{ijx} 中不包含换乘站的所有停车站集合；

$T_1(W_{ijx})$ 表示乘车方案 P_{ijx} 所有的乘车弧的运行时间；

$T_2(W'_{ijx})$ 表示乘车方案 P_{ijx} 所有的换乘弧的换乘时间，换乘时间根据列车的开行频率估算得出；

$T_3(S_{ijx})$ 表示乘车方案 P_{ijx} 被所有的停站时间消耗，包含了起停附加时分和停站时间等；

f_τ^{ijx} 表示车站 s_i 到车站 s_j 的客流中类别为 τ 的旅客选择乘车方案为 P_{ijx} 的客流；

$\delta_{ijx}^{ki'j'}$ 表示乘车方案 P_{ijx} 中包含的乘车弧集合中是否包含乘车弧 $w_{ki'j'}$，如果是为 1，否则为 0；

$c_{ki'j'}$ 表示换乘网络中任意的乘车弧 $w_{ki'j'}$ 的最大能力；

μ 表示 OD 需求倍数乘子也就是备用能力系数。

(3)乘客的阻抗

乘客在一次旅行中只能选择一条路径，与道路交通不同的是，旅客的出行最终还要根据开行方案中的列车来进行选择。旅客在选择了径路后，然后在所有可能的列车中选择可行的列车，旅客可能只乘坐一个列车就能到达目的地，然而也有可能需要换乘才能到达目的地；旅客从车站 1 到车站 6，那么他可以选择列车 1—2—3—4 到车站 3 然后换乘列车 5—2—3—6 到达目的地；也可选择列车 1—2—3—4 到车站 2 然后换乘列车 5—2—3—6 到达目的地，如图 5-5 所示。

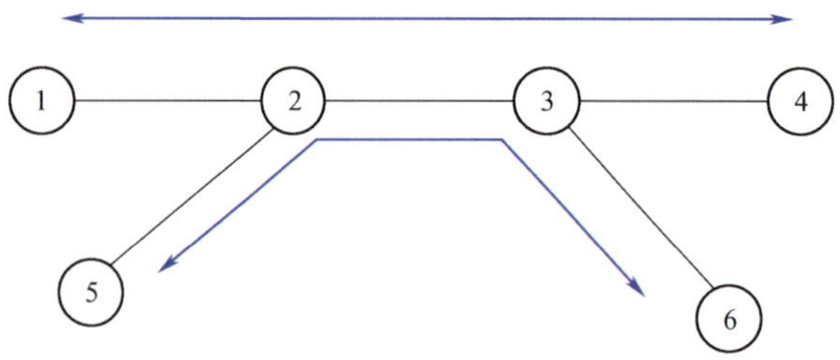

图 5-5　旅客换乘示意

根据前面的定义，在基于开行方案构造的服务网络 $G' = (W, W')$ 中，对于任意两个车站 s_i 和 s_j，Q_{ij} 表示服务网络为旅客提供的所有路径集合，f_τ^{ijx} 表示车站 s_i 到 s_j 的客流中类别为 τ 的旅客选择乘车方案为 p_{ijx} 的客流；令 c_τ^{ijx} 表示换乘方案 p_{ijx} 上乘客类别为为 τ 的旅客对于该换乘方案的广义费用的估计值，其中 c_τ^{ijx} 为路径广义费用中可确定的部分，包括很多因素，如票价、旅行时间等定量因素以及拥挤度、方便舒适性等定性因素。其中时间因素包括列车运行时间、换乘等待时间等。

2. 模型建立

(1)旅客的票价支出费用

旅客出行的票价费用主要和旅客出行选择的列车类别以及列车所经过的路段等数据有关。那么类别 τ 的旅客选择的票价支出为所有乘车弧所包含的区段的里程与列车在该区段的票价率的乘积之和(这里用旅客所选择的乘车弧的集合表示旅客出行的路径),令 θ_{kuv} 表示旅客列车 r_k 在路段 e_{uv} 运行的票价率(本文研究的为高速铁路,因此所有的路段的级别都相同),得到类别 τ 的旅客的票价支出为

$$U_{\tau}^{ijx} = \sum_{e_{uv} \in w_{ki'j'} \in W_{ijx}} \theta_{kuv} d_{uv} \quad (元) \tag{5-23}$$

式中 d_{uv} ——区间 e_{uv} 的长度,km。

所有的旅客的票价支出为

$$U = \sum_{i \in S, j \in \tilde{S}} \sum_{\tau} \sum_{p_{ijx} \in P_{ij}} \sum_{e_{uv} \in w_{ki'j'} \in W_{ijx}} \theta_{kuv} d_{uv} f_{\tau}^{ijx} \quad (元) \tag{5-24}$$

式中 f_{τ}^{ijx} ——车站 s_i 到 s_j 的客流中类别为 τ 的旅客选择乘车方案为 p_{ijx} 的客流,人。

(2)旅客的时间价值

出行的时间价值包含乘车时间价值和中转时间价值。乘车时间包括列车的纯运行时间、启停附加时间和停站时间等,这和列车的运行路径、停站方案有关。中转时间表示在旅客在换乘过程中所需要的时间,这和需要换乘的旅客列车的发车频率相关。

乘车方案为 p_{ijx} 的旅客的乘车弧消耗时间为

$$T_1(W_{ijx}) = \sum_{e_{uv} \in w_{ki'j'} \in W_{ijx}} \frac{60 d_{uv}}{v_k} \quad (\text{min}) \tag{5-25}$$

式中 v_k ——旅客列车 r_k 在路网中运行的平均速度,km/h。

乘车方案为 p_{ijx} 的旅客的换乘消耗时间为

$$T_2(W''_{ijx}) = \sum_{w_{k'i'k''} \in W''_{ijx}} \frac{t_d}{2F_{k''}} \quad (\text{min}) \tag{5-26}$$

式中 t_d ——一天内的行车时段长度,min;

$F_{k''}$ ——旅客列车 $r_{k''}$ 一天内的开行频率,列。

乘车方案为 p_{ijx} 的旅客的停车消耗时间为

$$T_3(S_{ijx}) = \sum_{s_{i'} \in S_{ijx}} (t_{i'} + t_{qi'} + t_{ti'}) \quad (\text{min}) \tag{5-27}$$

式中 $t_{i'}$ ——在停车站 $s_{i'}$ 的停站时间,min;

$t_{qi'}$ ——起车附加时分,min;

$t_{ti'}$ ——停车附加时分,min。

乘车方案为 p_{ijx} 的旅客总的消耗时间为

$$T_{ijx} = T_1(W_{ijx}) + T_2(W''_{ijx}) + T_3(S_{ijx}) = \sum_{e_{uv} \in w_{ki'j'} \in W_{ijx}} \frac{60 d_{uv}}{v_k} + \sum_{w_{k'i'k''} \in W''_{ijx}} \frac{t_d}{2F_{k''}} + \sum_{s_{i'} \in S_{ijx}} (t_{i'} + t_{qi'} + t_{ti'}) \quad (\text{min}) \tag{5-28}$$

由于需要将旅客的时间与票价统一单位,这里需要引入时间价值的概念,设乘客类别为 τ 的旅客时间价值为 $\beta(\tau)$,中转费用主要反映旅客中转时所花费的全部费用,包括中转费用、中转时间价值和旅客因可能发生的中转不畅而所承担的精力负担等。方便起见,精力负担可以按照其他部分的 k 来计算。因此类别为 τ 的旅客的时间价值为

$$V_{\tau}^{ijx} = \beta(\tau)[T_1(W_{ijx}) + (1+k)T_2(W''_{ijx}) + T_3(S_{ijx})] \quad (元) \tag{5-29}$$

那么所有旅客的时间价值为

$$V=\sum_{i\in S,j\in\tilde{S}}\sum_{\tau}\sum_{p_{ijx}\in P_{ij}}\beta(\tau)f_{\tau}^{ijx}T_{ijx}\quad(元)\tag{5-30}$$

那么旅客总的出行费用为

$$C=U+V=$$

$$\sum_{i\in S,j\in\tilde{S}}\sum_{\tau}\sum_{p_{ijx}\in P_{ij}}\sum_{e_{uv}\in w_{ki'j'}\in W_{ijx}}\theta_{kuv}d_{uv}f_{\tau}^{ijx}+\sum_{i\in S,j\in\tilde{S}}\sum_{\tau}\sum_{p_{ijx}\in P_{ij}}\beta(\tau)f_{\tau}^{ijx}T_{ijx}\quad(元)\tag{5-31}$$

令 c_{τ}^{ijx} 表示类别为 τ 的旅客选择乘车方案为 p_{ijx} 时的阻抗，则有为

$$c_{\tau}^{ijx}=\sum_{e_{uv}\in w_{ki'j'}\in W_{ijx}}\theta_{kuv}d_{uv}+[\beta(\tau)T_{ijx}]\tag{5-32}$$

(3)旅客出行拥挤费用

出行的拥挤费用主要是因为列车的拥挤降低了旅客出行的舒适度而引起的。

当旅客的数量大于列车的客座容量时产生拥挤费用来表示旅客的不舒适性。那么乘车弧 $w_{ki'j'}$ 的拥挤费用函数为

$$y_{ki'j'}(x)=\begin{cases}0 & x\leqslant c_{ki'j'}\\ A\left(\dfrac{x}{c_{ki'j'}}\right)^{B} & x>c_{ki'j'}\end{cases}\quad(元)\tag{5-33}$$

式中　$y_{ki'j'}(x)$——出行拥挤费用，元；

　　A 和 B——待定系数。

乘车弧的旅客数量为

$$x_{ki'j'}=\sum_{s_i,s_j\in S}\sum_{\tau}\sum_{P_{ijx}\in P_{ij}}f_{\tau}^{ijx}\delta_{ijx}^{ki'j'}\quad(人)\tag{5-34}$$

式中　f_{τ}^{ijx}——车站 s_i 到车站 s_j 的客流中类别为 τ 的旅客选择乘车方案为 P_{ijx} 的客流，人；

　　$\delta_{ijx}^{ki'j'}$——乘车方案 P_{ijx} 中包含的乘车弧集合中是否包含乘车弧 $w_{ki'j'}$，如果是为 1，否则为 0。

那么，所有乘车弧的拥挤费用为

$$Y=\sum_{s_i,s_j\in S}\sum_{\tau}\sum_{P_{ijx}\in P_{ij}}\sum_{w_{ki'j'}\in W_{ijx}}\int_0^{x_{ki'j'}}y_{ki'j'}(w)dw\quad(元)\tag{5-35}$$

那么旅客总的出行费用为

$$C=U+V+Y=$$

$$\sum_{i\in S,j\in\tilde{S}}\sum_{\tau}\sum_{P_{ijx}\in P_{ij}}\sum_{e_{uv}\in w_{ki'j'}\in W_{ijx}}\theta_{kuv}d_{uv}f_{\tau}^{ijx}+\sum_{i\in S,j\in\tilde{S}}\sum_{\tau}\sum_{P_{ijx}\in P_{ij}}\beta(\tau)f_{\tau}^{ijx}T_{ijx}+$$

$$\sum_{i\in S,j\in\tilde{S}}\sum_{\tau}\sum_{P_{ijx}\in P_{ij}}\sum_{w_{ki'j'}\in W_{ijx}}\int_0^{x_{ki'j'}}y_{ki'j'}(w)dw\quad(元)\tag{5-36}$$

令 c_{τ}^{ijx} 表示类别为 τ 的旅客选择乘车方案为 P_{ijx} 时没有拥挤状态下的阻抗，则有

$$c_{\tau}^{ijx}=\sum_{e_{uv}\in w_{ki'j'}\in W_{ijx}}\theta_{kuv}d_{uv}+\{\beta(\tau)[T_1(W_{ijx})+(1+k)T_2(W'_{ijx})+T_3(S_{ijx})]\}\tag{5-37}$$

(4)服务水平

度量路网的服务水平常用指标包括出行时间、出行费用、舒适度、便捷性、安全性、可靠性等。在道路交通网络的研究中，一般将OD出行时间作为路网服务水平的性能指标。本文根据客运专线路网的复杂性，将出行阻抗作为路网服务水平的指标。c_{τ}^{ijx} 和 $\widetilde{c_{\tau}^{ij\cdot x}}$ 分别定义为在无拥挤状态下的最小阻抗和实际的出行阻抗，ρ 定义为服务水平系数，则有式(5-38)

$$\widetilde{c_{\tau}^{ij\cdot x}} \leqslant \rho c_{\tau}^{ijx} \quad \rho \geqslant 1 \tag{5-38}$$

ρ 值越大表示高速铁路路网的服务水平越低，路网的承载能力就越大；ρ 值越小表示高速铁路路网服务水平越高，路网的承载能力就越小。

(5)路网备用能力模型

上层模型为

$$\max \mu \tag{5-39}$$

$$x_{ki'j'} \leqslant c_{ki'j'}\ ,\ w_{ki'j'} \in W \tag{5-40}$$

$$\tilde{c}_{\tau}^{ijx} \leqslant \rho c_{\tau}^{ijx}\ ,\ s_i \in S, s_j \in \tilde{S}, \tau \in I \tag{5-41}$$

下层模型为

$$\begin{aligned}\min Z(x,q) & \sum_{s_i \in S, s_j \in \tilde{S}} \sum_{\tau} \sum_{P_{ijx} \in p_{ij}} f_{\tau}^{ijx} c_{\tau}^{ijx} + \sum_{s_i, s_j \in S} \sum_{\tau} \sum_{p_{ijx} \in p_{ij}} \sum_{w_{ki'j'} \in W_{ijx}} \int_0^{x_{ki'j'}} y_{ki'j'}(w) dw + \\ & \frac{1}{\gamma} \sum_{s_i \in S, s_j \in \tilde{S}} \sum_{\tau} q_{\tau}^{ij} (\ln q_{\tau}^{ij} - 1) - \sum_{s_i \in S, s_j \in \tilde{S}} \sum_{\tau} M_j q_{\tau}^{ij}\end{aligned} \tag{5-42}$$

$$\sum_{P_{ijx} \in p_{ij}} f_{\tau}^{ijx} = q_{\tau}^{ij}\ , s_i \in S, s_j \in \tilde{S} \tag{5-43}$$

$$\sum_{s_j \in \tilde{S}} q_{\tau}^{ij} = \mu \theta_{\tau i} \overline{O_i}\ , s_i \in S \tag{5-44}$$

$$x_{ki'j'} = \sum_{s_i \in S, s_j \in \tilde{S}} \sum_{\tau} \sum_{P_{ijx} \in p_{ij}} f_{\tau}^{ijx} \delta_{ijx}^{ki'j'}\ , w_{ki'j'} \in W \tag{5-45}$$

$$f_{\tau}^{ijx} \geqslant 0,\ s_i \in S, s_j \in \tilde{S}, P_{ijx} \in p_{ij}, \tau \in I \tag{5-46}$$

下层为一个考虑了径路选择行为的客流均衡配流模型，上层为一个考虑最大化倍数因子的能力约束模型。约束目标最大化乘子如式(5-39)；乘车弧能力约束如式(5-40)；服务水平约束如式(5-41)；下层模型的目标函数如式(5-42)，最小化所有客流的阻抗；乘车方案流量与OD流量守恒表示如式(5-43)；所有的OD流量守恒表示如式(5-44)；所有的乘车方案流量与乘车弧流量之间的关系表示如式(5-45)；所有的乘车方案流量非负表示如式(5-46)。

设约束式(5-43)和式(5-44)对应的拉格朗日乘子分为 μ_{τ}^{ij}、λ_i，构造Lagrange函数为

$$L(x_{ki'j'},\ q_{\tau}^{ij}, q_{\tau}^{ij},\ \lambda_i) = Z(x,q) + \sum_{s_i \in S, s_j \in \tilde{S}} \mu_{\tau}^{ij} \Big(q_{\tau}^{ij} - \sum_{P_{ijx} \in p_{ij}} f_{\tau}^{ijx}\Big) + \sum_{s_i \in S} \lambda_i \Big(\mu \theta_{\tau i} \overline{O_i} - \sum_{s_j \in \tilde{S}} q_{\tau}^{ij}\Big) \tag{5-47}$$

根据库恩—塔克条件，上述拉格朗日函数在极值点必须满足条件为

$$f_{\tau}^{ijx} \frac{\partial L}{\partial f_{\tau}^{ijx}} = 0, \frac{\partial L}{\partial f_{\tau}^{ijx}} = 0,\ \frac{\partial L}{\partial \mu_{\tau}^{ij}} = 0 \tag{5-48}$$

函数式(5-48)关于路径流 f_τ^{ijx} 求导结果为

$$\frac{\partial L}{\partial f_\tau^{ijx}} = \frac{\partial Z}{\partial f_\tau^{ijx}} + \frac{\partial}{\partial f_\tau^{ijx}} \sum_{s_i \in S, s_j \in \tilde{S}} \mu_\tau^{ij}\left(q_\tau^{ij} - \sum_{P_{ijx} \in p_{ij}} f_\tau^{ijx}\right) + \frac{\partial}{\partial f_\tau^{ijx}} \sum_{s_i \in S} \lambda_i \left(\mu\theta_{\tau i}\overline{O_i} - \sum_{s_j \in \tilde{S}} q_\tau^{ij}\right) \quad (5\text{-}49)$$

对于 $\frac{\partial Z}{\partial f_\tau^{ijx}}$ 各项的求导结果为

$$\frac{\partial}{\partial f_\tau^{ijx}}\left(\sum_{i \in S, j \in \tilde{S}} \sum_\tau \sum_{P_{ijx} \in P_{ij}} \sum_{e_{uv} \in w_{ki'j'} \in W_{ijx}} \theta_{kuv} d_{uv} f_\tau^{ijx}\right) = \sum_{e_{uv} \in w_{ki'j'} \in W_{ijx}} \theta_{kuv} d_{uv} \quad (5\text{-}50)$$

$$\frac{\partial}{\partial f_\tau^{ijx}}\left\{\sum_{i \in S, j \in \tilde{S}} \sum_\tau \sum_{P_{ijx} \in P_{ij}} \beta(\tau) f_\tau^{ijx}\left[T_1(W_{ijx}) + (1+k)T_2(W'_{ijx}) + T_3(S_{ijx})\right]\right\}$$
$$= \beta(\tau)\left[T_1(W_{ijx}) + (1+k)T_2(W'_{ijx}) + T_3(S_{ijx})\right] \quad (5\text{-}51)$$

$$\frac{\partial}{\partial f_{\tau k}^{rs}}\left[\sum_{i \in S, j \in \tilde{S}} \sum_\tau \sum_{P_{ijx} \in P_{ij}} \sum_{w_{ki'j'} \in W_{ijx}} \int_0^{x_{ki'j'}} y_{ki'j'}(w)\,\mathrm{d}w\right] = \sum_{w_{ki'j'} \in W_{ijx}} y_{ki'j'}(x_{ki'j'}) \quad (5\text{-}52)$$

对于

$$\frac{\partial}{\partial f_\tau^{ijx}} \sum_{s_i \in S, s_j \in \tilde{S}} \mu_\tau^{ij}\left(q_\tau^{ij} - \sum_{P_{ijx} \in p_{ij}} f_\tau^{ijx}\right)$$

求导结果为

$$\frac{\partial}{\partial f_\tau^{ijx}} \sum_{s_i \in S, s_j \in \tilde{S}} \mu_\tau^{ij}\left(q_\tau^{ij} - \sum_{P_{ijx} \in p_{ij}} f_\tau^{ijx}\right) = -\mu_\tau^{ij} \quad (5\text{-}53)$$

对于

$$\frac{\partial}{\partial f_\tau^{ijx}} \sum_{s_i \in S} \lambda_i \left(\mu\theta_{\tau i}\overline{O_i} - \sum_{s_j \in \tilde{S}} q_\tau^{ij}\right)$$

求导结果为 0。

令

$$\tilde{c}_\tau^{ijx} = \sum_{e_{uv} \in w_{ki'j'} \in W_{ijx}} \theta_{kuv} d_{uv} + \beta(\tau)\left[T_1(W_{ijx}) + (1+k)T_2(W'_{ijx}) + \right.$$
$$\left. T_3(S_{ijx})\right] + \sum_{w_{ki'j'} \in W_{ijx}} y_{ki'j'}(x_{ki'j'}) \quad (5\text{-}54)$$

根据库恩—塔克条件可以得到

$$f_\tau^{ijx}(\tilde{c}_\tau^{ijx} - \mu_\tau^{ij}) = 0 \quad (5\text{-}55)$$

$$\tilde{c}_\tau^{ijx} - \mu_\tau^{ij} \geqslant 0 \quad (5\text{-}56)$$

结果表明连接 OD 对 (i,j) 的换乘方案 P_{ijx} 上有流量经过($f_\tau^{ijx} > 0$),则其阻抗 $\tilde{c}_\tau^{ijx}$ 必等于 μ_τ^{ij} ,若无流量经过,必大于等于 μ_τ^{ij} 。这恰好说明了模型的最优解满足用户均衡条件,并且 Lagrange 乘子 μ_τ^{ij} 代表了 OD 对 (i,j) 的最小出行时间。

对式(5-47)关于 OD 流 q_τ^{ij} 求导得到

$$\frac{1}{\gamma}\ln q_\tau^{ij} - M_j + \mu_\tau^{ij} - \lambda_i = 0, s_i \in S, s_j \in \tilde{S} \quad (5\text{-}57)$$

由条件式(5-57)和约束式(5-44)可得到 Logit 选择模型为

$$q_\tau^{ij} = (\mu \cdot \overline{O_r} \cdot \theta_{\tau r}) \cdot \frac{e^{-\gamma(\mu_\tau^{ij(n)} - M_j)}}{\sum_l e^{-\gamma(\mu_\tau^{il(n)} - M_l)}}, s_i \in S, s_j \in \tilde{S} \quad (5\text{-}58)$$

这说明起始区域 i 的交通量 $\mu \cdot \overline{O_r} \cdot \theta_{\tau r}$ 的分配是由各个终到节点的交通吸引能力 M_j 和 OD 对之间的最短出行时间 μ_τ^{ij} 共同决定的。

从上述分析可以看出，无论是物理网络承载能力还是服务网络承载能力，均是建立在已知运输需求的基础上。服务网络承载能力还需要已知开行方案。这个条件下，得出的能力只是实际能力，并不是最大能力。为了更清晰地区分需求和能力，求出最大能力，可以将运输需求进行适当放大，并保证需求的结构不发生变化，再应用上述模型。进一步可以分析发现，如果需要求得路网的最终能力，必须要能够得到给定需求下的运输计划可行解，对应运输计划中的开行的列车数、车公里、人公里等就可以用来描述该需求下的运输能力。

5.4 高速铁路路网能力评估

高速铁路路网能力评估必须通盘考虑整个路网的运输方案考虑。我国尚没有成熟的方法。欧洲采用的方法包括四步：

第一步，在路网基础设施一定、所采用动车组性能参数的条件下，设计若干个网络运行图。

第二步，针对每一个运行图，进行路网仿真，并计算各自的额外列车延误时间。

第三步，通过对这些时刻表的额外列车延误时间进行排序，就可以得到整个路网的额外列车延误时间分布。

第四步，在满足运行图其他软硬件约束的条件下，采用最小列车额外延误时间分布的运行图。一般额外列车延误时间在25％～50％分位数时的对应时刻表中的列车数量可以作为高速铁路路网能力。

5.5 高速铁路点线能力协调分析

5.5.1 点线能力协调概述

5.5.1.1 点线能力协调的内涵

高速铁路路网的运输能力是由多个环节共同作业来实现的，作业流程中出现的能力薄弱环节不仅会限制系统最终的综合能力，还会造成其他各个组成环节在资源和投资上的浪费；在实际的作业过程中，各项设备间存在一定的关联性，某一环节出现问题会影响到相邻的环节，甚至扩大到整条线路或整个路网，点线能力失调势必导致车流通道不畅，影响运输企业效益。

研究高速铁路“点”“线”的协调性，规划阶段，可以判断运输系统内各项设施是否配置恰当，帮助运输管理部门有针对性地对高速铁路能力薄弱环节进行调整；有利于确定合理的高速铁路技术设备和路网发展的规模和布局，进而从整体上保持路网运输系统的可持续发展，帮助运输规划部门做出正确的决策方案。运营阶段，“点”“线”协调性的研究能够保证在合理的管理组织下实现运输畅通，通过运输组织的加强来使能力不协调的环节得到缓解，充分发挥各项设备能力。可见，点线能力的协调性问题直接关系到铁路运输效率和经济利益，对其进行探讨和研究具有重大的现实意义。

高速铁路是一个多级递阶控制的大系统，其运输能力是以多种生产设备为基础，根据高速铁路的运营特点，可按三个层次来划分，第一层为固定设备和移动设备的能力；第二层为系统的点线能力；第三层为点、线系统各自的能力。高速铁路系统能力层次图如图 5-6 所示。

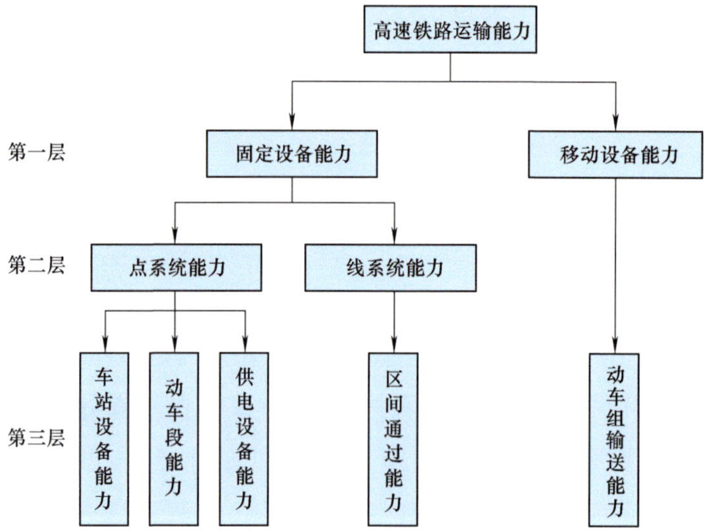

图 5-6　高速铁路系统能力层次

点线能力协调包括了两层涵义：一层是服务设备的最优设计，称为静态协调；一层是对已有服务设备的最优运营控制，称为动态协调。

静态协调是规划阶段的一种协调，在以往的研究中一般都把这类协调问题归于设备数量和能力的匹配上，主要包括设备技术改造和新站、新线建设。以对未来情形预测为基础，要求建立或改造的系统在技术、经济等方面都处于最优状态，生产环节中各项技术设备所能提供的最大能力要大于实际能力，同时相邻两个环节之间的衔接作业能够顺畅进行，不会出现延误与等待，静态协调旨在设备能力合理配置。动态协调是运营阶段的一种协调，是在系统的设备已经固定的前提下，结合运输生产的动态过程，通过运输组织的实时控制，及时调整铁路系统在运营中出现的无序状态，加强作业效率，使能力富裕环节尽量协助能力紧张环节，旨在寻求设备的最优运营策略，以保证作业流程中各个作业环节均衡有节奏地运作。高速铁路点线能力协调的内涵如图 5-7 所示。

按照系统运作过程中涉及的各个环节的相互关系，系统可以划分为：串联、并联和串并联三种结构类型，每种类型的系统都有着各自的特点。

1. 串联结构。前一环节的作业是后面作业环节的基础和前提，各设备呈流水线作业，用户依次接受设备 1 到 n 服务。运输系统的上述关系可严格地描述为：对于任何一个由 n 个部件组成的运输系统 $S=\{A_1, A_2, A_3, \cdots, A_n\}$，其需求集为 D，任一需求集中的用户或顾

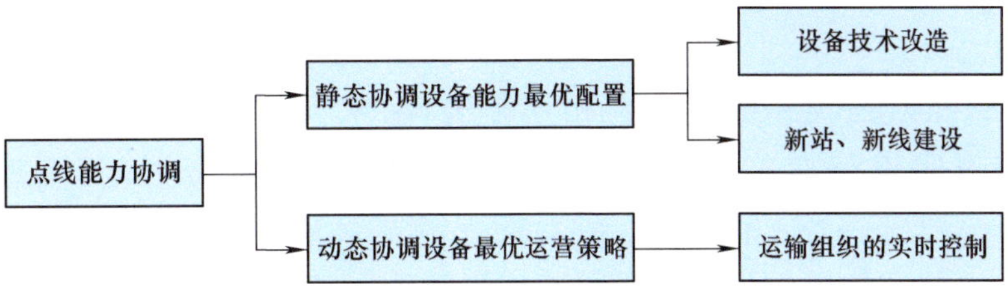

图 5-7 高速铁路点线能力协调

客都必须接受部件集 S 中的某些或全部部件的服务，当顾客 D_i 接受部件 A_i 的服务时，定义关系为 D_iRA_i，若 $\forall D_x \in D$，使得由 D_xRA_j 定能推出 D_xRA_k，则部件 k 和部件 j 之间存在串联关系，可以记为 $A_j \cap A_k$，如图 5-8(a)所示。高速铁路上区间与车站接发车能力的协调，区间与动车段动车出入能力的协调，这些都是串联式的能力协调。

2. 并联结构。各设备在功能上呈现出替代或互补的状态，设备间的直接作用较小，但是存在一定的相互制约关系。类似地，若 $\forall D_x \in D$，使得对于每一 $D_i \in D_x$，D_iRA_1，D_iRA_2，…，D_iRA_n 有且仅有一项能够成立，则称部件 $A_1, A_2, A_3, \cdots, A_n$ 间存在并联关系，记为 $A_1 \cup A_2 \cup A_3 \cup \cdots A_n$，如图 5-8(b)所示。车站内到发线和咽喉区进路的使用，动车段内部动车检修设备、整备设备的使用都是能力的一种并联式协调。

3. 串并联结构。串并联结构是串联结构和并联结构的各种组合，这也是铁路系统中的一般情形，对于此类系统的分析一般先整体后局部，先并联后串联，如图 5-8(c)所示。路网上车站和线路间的关系既有串联又有并联，路网整体能力的协调就是一种串并联式的协调。

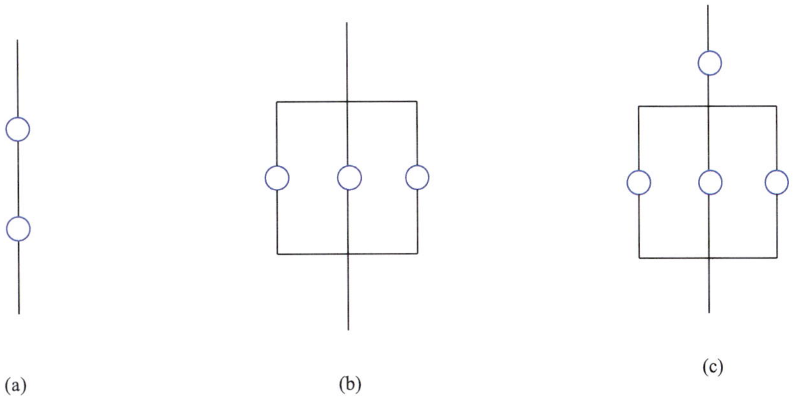

图 5-8 不同类型的系统结构

5.5.1.2 点线能力协调的特点

点线能力的协调除了通过能力数值上的计算，更应结合高速铁路系统中的作业过程，研究点线能力的协调性应把握以下几个特点：

1. 运输生产过程中，高速铁路区间、动车段和车站的作业内容、作业的繁简程度和作业所采用的设备是不同的；移动设备间的相互干扰或突发事件造成的能力损失也不一样，点的能力损失要远远大于线的能力损失。因此，完成相同行车量需要固定设备提供的能力是不一样的。

2. 固定设备的能力在实际应用中会相互影响，出现“转移”的情况。如出发进路未被腾空时，动车组只能继续停留在车站站线上，造成车站能力的多余占用；同理，当动车组到达站外，车站无空闲线路进行接车时，动车组只能在站外等候，这样又会造成线能力的损失。

3. 各项设备能力的计算一般是以均衡运输为前提，以能力后备系数来适应列车到发的波动。在客流虚糜时段，点线能力都比较富裕，能够完全满足移动设备的需求，但在早晚客流高峰时段，能力后备系数的调节能力就可能显得不足，以致出现车站技术作业（车站通过能力）、列车到发（区间通过能力）和动车供应（输送能力）失调，运输组织工作比较被动。高峰时段持续时间越长，情况越严重。

点线能力不协调的情况主要表现在以下几个方面：

(1)高速铁路区间通过能力以及沿线车站能力相互协调不够，影响其各自能力的发挥。

(2)为了满足运输市场需求，列车运行图不断调整，黄金时段列车密集到达，加重了点线能力的不协调。

(3)动车段能力不足，整备计划有待进一步优化。

从经济意义上来说，点线能力失调势必会造成车流的通道不畅甚至阻塞，人员的聚集，甚至影响国家经济建设与发展，也影响铁路运输企业的经济效益。做到点线能力的匹配，使路网设备在合理的运输组织下，充分发挥其能力、保证客运输通道的畅通，直接关系铁路运输的效率和社会利益。从理论意义上来说，高速铁路运输网络是由车站与区间线路组成的，研究点线能力协调不仅有利于提高运输设备的利用效率，减少车辆在车站与区间的各种延误，还可为运输设备规划与设计提供优化参数，使铁路建设的有限资源得到最优配置。因此，在高速铁路线路设备和车站设备的新建或者改扩建中，必须考虑车站内部各个作业子系统之间的能力协调和车站与线路整体的能力协调，将衔接区间与车站作为一个综合系统进行研究，车站的通过能力必须满足铁路运输和社会发展对客运输的需求，使路网整体的能力得到充分的发挥。

5.5.1.3 点线能力协调性的影响因素

根据高速铁路点线能力协调的内涵，影响协调性的因素主要包括两个方面：一是固定设备的配置，车站设备的配置较区间复杂得多，所以应把研究的重点放在车站设备的配置上；二是高速铁路行车组织方法，它是充分发挥铁路固定设备能力的保证，保证了列车运行的效率和质量，在一些情况下通过调整行车组织方法在一定程度上能够改善点线能力不协调的状况。

1. 固定设备的配置

(1)区间能力的配置

高速铁路区间通过能力受诸多因素影响，区间最终的通过能力主要与区间正线数目、区间长度、线路平纵断面、机车牵引类型和信号、连锁、闭塞设备配置有关。

(2)车站咽喉和到发线的配置

咽喉区道岔的布置、到发线数目都会影响点线能力协调,到发线和咽喉能力的配置不合理将造成车站的空费时间,很可能造成车流阻塞。如发车过程中,列车在到发线上作业完毕,但由于出发端的咽喉未腾空导致不能发车,只能在到发线上等待出发,同时还会影响后续列车的接入;接车过程中,到发线处于空闲状态而咽喉区的作业进路出现交叉,此时不能开放与该到发线相关的接车进路,到发线处于空闲状态。这些情况都是由于咽喉区能力不足造成到发线能力的浪费和区间能力的多余占用,反之亦然。

2. 行车组织方法

(1)列车到发的均衡程度

为满足旅客的出行需求,高速铁路上旅客列车的到发大多集中在早晨和傍晚时分,形成早高峰和晚高峰,加之动车组一般采用"小编组、高密度"的发车方式,客流高峰时段列车密集到达,车站固定设备处于高负荷状态,相互间的作业矛盾突出,能力运用紧张,而在非高峰时段车站设备处于空闲状态,车站能力虚糜。列车到达越不均衡,出现能力不协调的可能性越大。

(2)办理列车的种类和数目

高速铁路上的旅客列车根据其作业性质的不同主要划分为以下几种类型:始发终到列车、通过(包括停站通过)型列车和折返列车,此外,同种作业性质的列车按运行速度又可以进一步分类。不同类型的列车在车站的作业时间差异较大,如停站通过列车相对于直接通过列车在进站占用咽喉区时要减速,在到发线上还要进行一系列的技术作业,而直接通过列车会以与区间相同的速度通过车站。各类列车的比例和各类列车占用到发线的时间是计算车站通过能力的重要依据,进一步也会对点线能力间的协调产生影响。

①各项作业设备的占用时间。除折返列车外,其余列车占用到发线的时间波动较小,但是设备的占用时间在一定程度上也会影响车站办理作业的能力,进而影响点线能力的协调性。

②各项列车运行计划。列车运行计划指导着铁路运输各项活动的展开,如其中的车站作业计划对接发车的股道和占用时间,动车出入段、站内的转线作业,接发车进路和调车进路间的协调都做了相关规定。同样,固定设备对应不同列车运行计划的点线能力协调性也是不同的。

5.5.2 点线能力协调的路网能力仿真计算方法

5.5.2.1 点线能力协调的路网能力仿真计算方法及其优点

点线能力协调的路网能力仿真计算方法是通过建立车站作业仿真模型,更准确、动态地模拟列车运行过程和车站作业过程,得到点线协调的路网能力、列车延误率和路网延误总时间。用以判断各作业环节的协调性,找出限制系统整体能力的瓶颈点和其重要影响因素,有针对性的进行调整,以达到系统的进一步协调。

影响点线能力协调的因素具有动态性和复杂性,加之固定设备的协调性还应通过移动设备的运行来表现，特别是高速铁路客运站是旅客列车到发的集中地，需要办理与列车有关的各项作业；与旅客有关的候车、乘降、换乘作业；与动车组整备有关的出入段、维修、卸污等作业，是运输矛盾的集中点和敏感点。用一般的函数对“点”能力进行计算，准确性得不到保证，而且过程显得过于繁杂。采用计算机模拟法可依据不同的能力配比，进行多次、动态的模拟，通过大量数据分析为点线能力的配置提供指导依据，使点线能力协调性的研究能达到较好的效果。

5.5.2.2　点线能力协调的路网能力仿真模型

1. 仿真模型的假设条件

(1)高速铁路的运营有车流稀疏到达时段和早晚客流高峰时段，车流稀疏到达时设备基本上能满足运输需求，对点线能力的协调性要求较低，因此选取车流密集到达的客流高峰时段进行研究。

(2)仿真的研究对象为大型高速铁路客运站及与其相连的前后两个区间所组成的系统，列车从区间接入视作进入系统，列车发往区间视作离开系统。

(3)假定列车在咽喉区不同进路的作业时间是相同的，作业时间标准在相关资料中查定。

(4)实际运营中经常会出现突发状况(如压缩列车技术作业时间、变更列车作业进路)，突发事故发生后需要借助相邻线路反向开行列车。为了保证列车作业秩序，需要采用非常规的作业方法来应对突发事件的发生，但是仿真中不考虑突发状况下的运输组织方法。

(5)折返列车利用动车组出入段线办理的调车作业，始发、终到列车动车组出段、入段的原理与接发车的原理相同。因此，将动车组的出入段作业分别当作列车的接发车作业来看待。

(6)假定动车段或动车运用有足够的能力完成动车组的检修和整备，能够满足动车接续的要求。

2. 仿真模型随机数生成函数

实际运营过程中，动车组按照一定的规律到达车站。编组站输入流间隔和各种服务时间通常符合负指数分布、爱尔兰分布、二阶混合爱尔兰分布、伽马分布、组合爱尔兰分布、超指数分布或正态分布，特殊情况下也可能符合其他分布规律。与编组站类似，高速铁路客运站也是一个由多个子系统串联而成的系统，在客运站技术作业过程仿真中也要考虑输入流的随机性，在运行图规定的时刻表基础上进行离散化。借鉴已有的研究结论，规定列车到达时间间隔服从二阶混合爱尔兰分布，以下公式中 k 都取 2，列车到达的密度为

$$f(t) = \frac{k\mu (k\mu t)^{k-1}}{(k-1)!} e^{-k\mu t} \tag{5-59}$$

式中　μ——单位时间到达或作业的列车数(列)，一定程度上反映了输入流的强度；

t——随机变量，即到达间隔或服务时间。

随机变量 t 的均值为

$$\bar{t}=\frac{1}{\mu} \tag{5-60}$$

均方差为

$$\delta=\frac{1}{\mu\sqrt{k}} \tag{5-61}$$

变异系数为

$$\upsilon=\frac{\delta}{\bar{t}}=\frac{1}{\sqrt{k}} \tag{5-62}$$

可利用组合法对爱尔兰分布的随机数进行求解，k 个单独的负指数分布的随机数为

$$y_i=-(1/k\mu)\ln R_i \tag{5-63}$$

R_i 是(0,1)中的均匀随机数，则 k 阶爱尔兰分布的随机数为

$$T_k=\sum_{i=0}^{k}y_i \tag{5-64}$$

伪随机数利用计算机随机产生，并随机产生 μ，通过式(5-63)和式(5-64)很容易得出服从爱尔兰分布的随机数。

3. 仿真模型的仿真策略

由于列车速度主要影响列车作业时间，因此仅按列车运行方向和列车类型将列车作业进程分为八类，见表 5-1。

表 5-1 列车作业进程分类

	列车类型	列车作业流程
下行	通过列车	左咽喉接车作业⟶到发线作业⟶右咽喉发车作业
	停站通过列车	左咽喉接车作业⟶到发线作业⟶右咽喉发车作业
	始发列车	出段作业⟶到发线作业⟶右咽喉发车作业
	终到列车	左咽喉接车作业⟶到发线作业⟶入段作业
上行	通过列车	右咽喉接车作业⟶到发线作业⟶左咽喉发车作业
	停站通过列车	右咽喉接车作业⟶到发线作业⟶左咽喉发车作业
	始发列车	出段作业⟶到发线作业⟶左咽喉发车作业
	终到列车	右咽喉接车作业⟶到发线作业⟶入段作业

整个仿真系统需要按照一定规则进行驱动，本文采用事件调度的方法，将事件作为分析系统的基本单元。仿真模型中主要有接车作业事件、到发线作业事件、发车作业事件、列车出段事件和列车入段事件五类基本事件，五类事件相互组合就构成了八类列车作业进程。主程序在判定了列车作业类型后，进入到相关的进程中，依次处理进程所涉及的事件。

4. 仿真模型的设计

(1)仿真主程序流程图

主程序流程图从整体上描述了随仿真时钟推进系统状态的变化过程，如图 5-9 所示。首先输入仿真参数并对参数进行初始化，如车站到发线数目、咽喉进路的集和模拟时间长度等；然后调用时间控制程序以驱动程序；接着对作业事件类型进行判定，若是到达事件，则执行到达事件处理例程，处理后置事件为已执行，同样的道理对到发线作业事件和出发事件进行判定和执行；最后对仿真结果进行处理和保存。主程序的核心问题是到达事件、到发线事件和出发事件，也是需要进行细化的三个重要子程序。

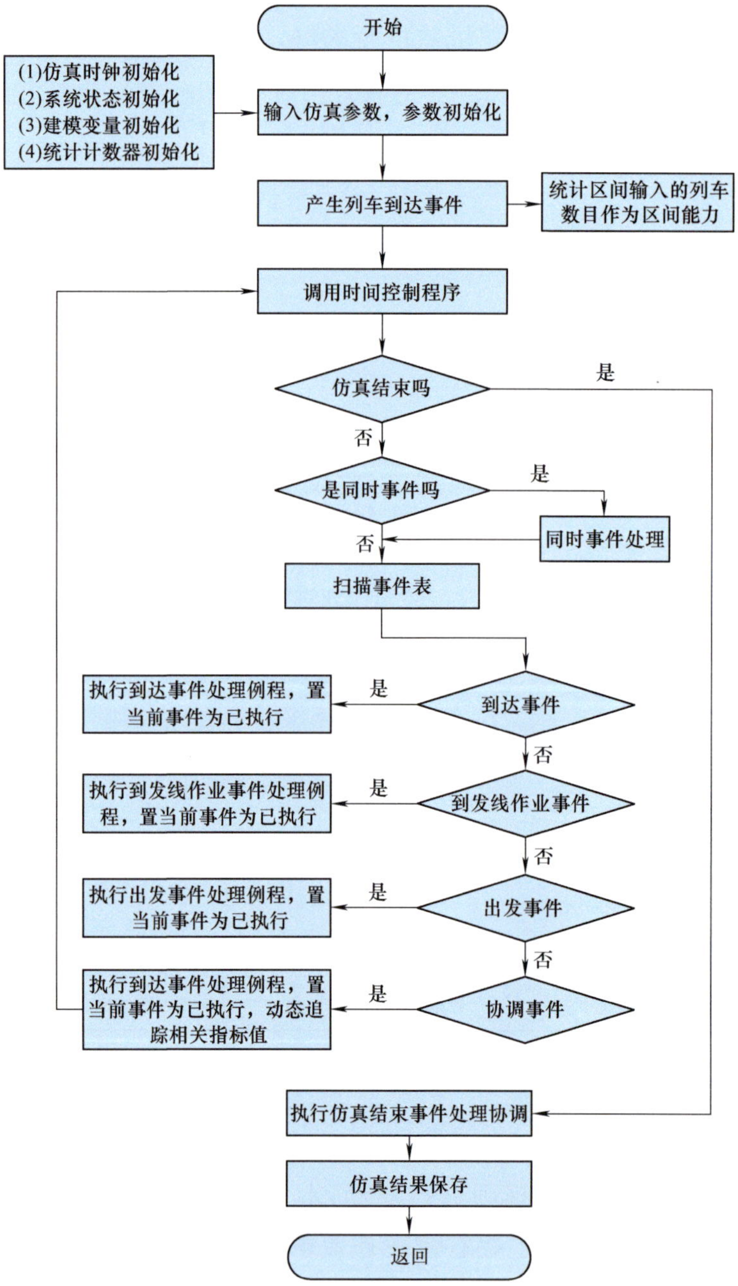

图 5-9　主程序流程

(2)仿真子程序流程图

动车组运行过程中需要办理到达作业、到发线作业、出发作业、动车组出入段等作业，与相邻区间组成串联的排队论模型。为了提高仿真效率，将咽喉区两端利用动车组出入段线进行的调车作业和动车组出入段作业直接当作接发车作业来处理。每项作业都有与其对应的子程序，用来详细描述作业的内容、进程和逻辑关系，以及与其他作业间的相互关系。

接车作业子程序：接车作业分上、下行列车分别处理，列车到达后，要对车站的咽喉区进路和到发线占用情况分别进行判断，只有当咽喉区进路和到发线都能接车时，才可以由车站调度员发出指令，进行接车。两个条件中只要有一个不满足，列车就需要在站外等待，从而造成列车运行延误。在五种不同作业类型列车中，始发列车作业较为特殊，它是由动车段牵出，而不是由区间接入，但作业原理基本相同。接车作业是区间能力和车站接车系统能力协调性的重要体现，高速铁路接车事件主要包括以下几个步骤：

①结合前一列列车的作业类型和作业进程，根据本列列车的作业类型和列车到达时间，判定是否满足接车时间间隔，若满足则进行下一步判定，若列车到达时间过早则需要在区间等待，视为列车作业延误。

②根据列车实体的作业类型和速度等属性，结合咽喉区进路和到发线的占用情况，采用到发线运用优化模型确定列车应接入的到发线。

③运用进路搜索算法选择与确定到发线对应的可被占用的接车进路。

④只有当同时存在可供接车的到发线和进路时，才能办理接车作业。然后调度系统发出指令锁定确定的进路和到发线，若两个条件有一个不满足，列车都需要在站外等待，视作列车运行延误。

⑤更新列车信息表中与接车作业相关的列车属性，接车过程占用的咽喉区进路和到发线的状态时间变量也要进行更新，还要统计与接车作业相关的数据。

接车作业子程序流程图如图 5-10 所示。

到发线作业子程序：到发线作业连接着接车作业和发车作业，是列车车站作业的中间环节。列车完成接车事件进入到指定的到发线上，开始到发线事件。列车在到发线上进行各项旅客列车作业和其他客运业务，到发线作业完成后列车准备申请发车，到发线事件结束，到发线作业子程序流程图如图 5-11 所示。

发车作业子程序(图 5-12)：发车作业是列车车站作业的最后环节，作业的流畅性是车站发车系统与区间能力协调的重要体现。发车作业与接车作业类似，同样也要对发车进路和区间是否空闲进行判断，是否能够向区间发车还要由列车追踪间隔时间决定。在五种不同作业类型列车中，终到列车较为特殊，列车要牵入综合检修基地，但作业原理相同。发车作业主要包括以下几个步骤：

①根据车站前一辆作业列车的作业类型和作业进程，结合本列列车的发车时间，判断

其是否满足列车追踪间隔时间标准。若满足，进行发车进路的判定；若不满足，列车需要等待，视列车作业出现延误。

②根据咽喉区进路和发车区间的占用状态，为出发列车安排发车进路，必须保证咽喉区进路和发车区间同时空闲，若条件不满足，列车需要在到发线上等待，视列车作业延误；若满足，确定列车的出发车次与发车时间。

③更新列车信息表中与发车作业相关的列车属性，发车过程占用的咽喉区进路的状态时间变量也要进行更新，还要统计与发车作业相关的数据。

④对于发车作业时间交叉较多的列车，应尽量安排平行进路，当进路间出现冲突时，应根据列车出发方向的繁忙程度和列车等级来协调列车占用咽喉区进路的先后顺序。

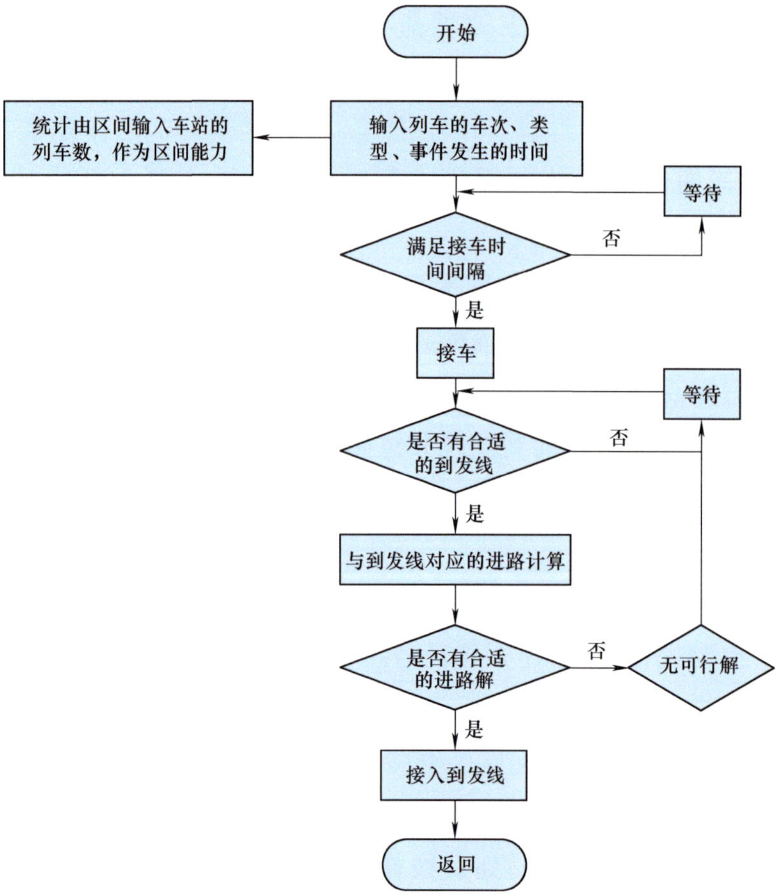

图 5-10　接车作业子程序流程

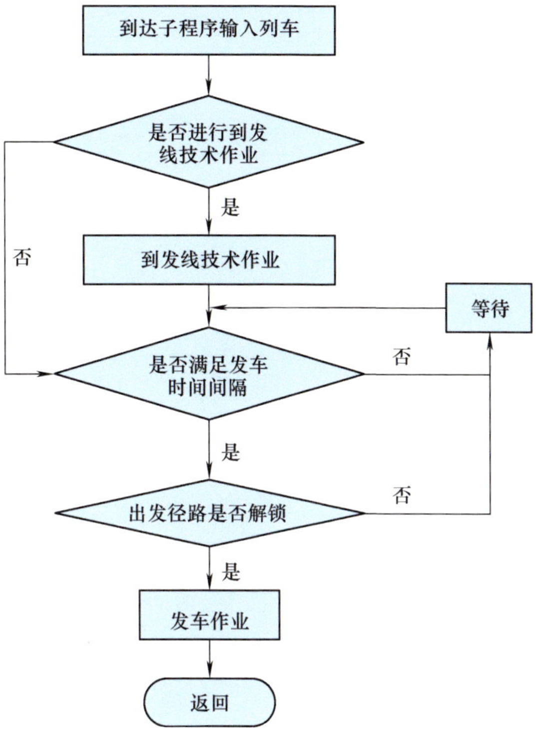

图 5-11 到发线作业子程序流程

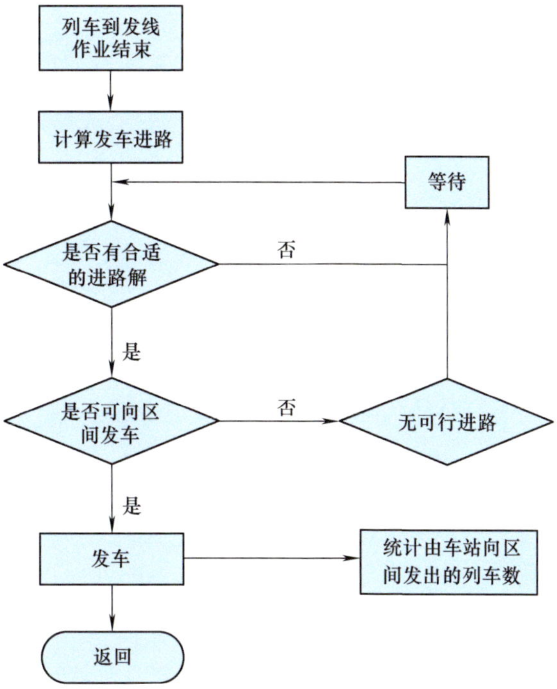

图 5-12 发车作业子程序流程

6 高速铁路运输能力瓶颈识别与消除

在高速铁路中，有的区间或车站有多条径路经过，造成该位置的通过能力利用率过高，形成了高速铁路能力瓶颈。通过科学的方法找出运输能力的瓶颈点，合理地调整影响瓶颈点的能力利用率，有效地消除瓶颈点，并给出具体的消除方案，不仅能够保证线路上列车的正常运行，而且能够为高速铁路运输能力的管理提供关键技术支持，对高速铁路的运输组织和未来的新线规划等都有着非常重要的意义。

6.1 概　　述

高速铁路能力瓶颈识别和消除是指通过一定的方法对高速铁路路网上的能力瓶颈进行定位，并针对性地提出消除措施，从而提高整体路网能力的方法。从本质上讲，由于一个瓶颈点消除，会产生另外一个新的瓶颈点。因此，本部分所介绍的能力瓶颈的消除并不是绝对的。

识别和消除高速铁路运输能力瓶颈的方法将所研究线路上的各车站和区间分别作为一个研究对象，从线路角度出发，考虑点、线能力的协调与匹配，综合车站和区间的通过能力，寻找影响路网运输能力的关键点。由于路网瓶颈最终仍然会体现在线路上，因此，瓶颈的识别过程应当以线路为基础。但在消除上可以通过调整网络上的流量分布改变瓶颈位置。

高速铁路能力瓶颈识别和消除的总体思路如下：首先，根据能力利用率的计算方法计算研究对象能力利用率。其次，对比各对象的平均能力利用率，利用率最大的研究对象即为该线运输能力的相对瓶颈点。再次，对瓶颈点进行消除判断，选择性对其进行消除。重新计算线路的运输能力，识别新的瓶颈点，直到所找出的相对瓶颈点利用率小于评估阈值，此时便完全消除了该线路的瓶颈点并给出瓶颈点消除方案。

6.2 高速铁路各研究对象能力利用率的计算

分别根据理论计算法、运行图压缩计算法及仿真实验法的方法计算各研究对象的能力利用率值，并做相应的存储记录。

1. 理论计算方法

车站通过能力的理论计算方法主要内容有：首先，根据车站各条股道和道岔组所接发的各种列车的数量，以及各种列车占用设备的时间标准，计算出各条股道和道岔组的利用率。计算股道接发车能力时，将占用该股道的始发列车数、通过列车数、停站列车数和立折列车数相加作为该股道的发车数，将终到列车数、通过列车数、停站列车数和立折列车数作为该股道的接车数。用该股道的接车数除以股道利用率，算出该股道的接车能力，同理算出股道发车能力。将属于某一车场的所有股道的接车能力相加得到该车场的股道接车能力，同理得到车场股道发车能力。将道岔组作业中的停站列车进站次数和通过列车进站次数相加作为该道岔组的接车数，将停站列车出站次数和通过列车出站次数作为该道岔组的发车数。若接车数大于发车数则将该道岔组作为接车道岔组，反之，作为发车道岔组。找出一个咽喉利用率最大的接车道岔组和发车道岔组，计算出其能力，作为该咽喉的能力。然后比较一个车场的股道接车能力及两端咽喉的接车能力，将最小值作为车场的接车能力，同理算出车场发车能力。将车站各车场的接车能力相加得到该车站的接车能力，同理得到车站的发车能力。通过所研究的运行图数据，将各车站实际的接车数量与发车数量分别与计算所得的能力值相除，得到接车能力利用率和发车能力利用率，将其中值较大者作为该车站的能力利用率。其计算方法流程如图 6-1 所示。

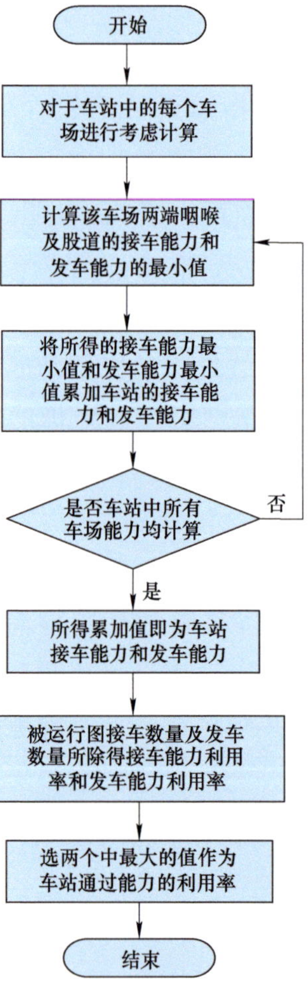

图 6-1　车站通过能力利用率理论方法计算流程

区间通过能力利用率的理论计算方法主要是扣除系数法有：由于高速铁路的特性，可能线路上只运行一种速度等级的高速列车，所以需先将线路分成不同的客运区段来计算区间的通过能力。对于各个区段，采用扣除系数的方法计算其各自的区段通过能力。首先，通过列车在一昼夜内的运行时间段、运行间隔时间和各区段的长度计算出平行运行图的能力。其次，判断该线路各速度等级列车的比例，通过各比例系数，调整扣除系数。如果只有高速列车一种速度等级的列车运行时，则只考虑不同停站次数和停站方式对能力的影响，即计算时只使用高速列车停站扣除系数；如果有其他速度等级的列车或跨线列车共线运行，计算时还需使用其他速度等级列车的额外扣除系数。通过各区段的平行运行图能力和扣除系数计算得各区段的区段通过能力。最后，将各区段的能力值分配给它所包含的区间的通过能力，即所包含区间的通过能力与其所在区段通过能力相同。通过所研究的运行图数据，将各区间实际的通过列车数量计算所得与所得的对应通过能力值相除，得到该区间能力利用率。其计算方法流程如图 6-2 所示。

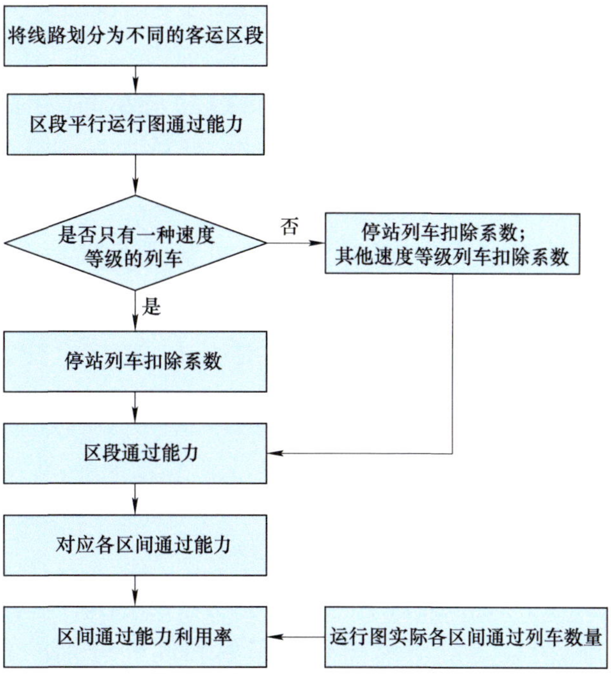

图 6-2　区间通过能力利用率理论计算法流程

2. 运行图压缩计算法

运行图压缩计算法源于《UIC 406 手册》中关于铁路运输能力评估。压缩方式可以分为全图压缩和区间选择性压缩。全图压缩即将整张运行图压缩，区间选择性压缩即针对某段区间某段时间内车次进行压缩。其压缩原理是不改变图定停站方式、停站时间及运行线先后顺序，按从左至右顺序，依次向左平移每一条运行线，最终使相邻两条运行线最小间距为最小列车间隔时间（若相邻两条运行线的原图定间距小于用户输入的最小列车间隔时间，则仍保持原图定间距）。对发生越行的车次，将交叉的运行线及内部包含的其他运行线作为一个整体，首先内部压缩，原理同前面所述，然后将这个整体向左平移。

对于对应线路所需研究的运行图，首先除了运行图中各列车的运行参数，还要输入其他压缩时需要使用的参数，包括天窗截止时间(以该时间作为时间界限进行压缩)和最小列车间隔时间。

根据分全图压缩和区间选择性压缩的压缩方式和压缩原理对所输入的运行图进行压缩。

列车运行图压缩计算法步骤如下：

(1)如果当前上下行方式选择为上下行，则分为下行方向所有车次压缩和上行方向所有车次压缩两步进行。下行方向车次压缩完后再进行上行方向所有车次压缩；否则，直接进入第(2)步。

(2)将运行图所有车次排序，按下述方法排序：

①将该线路车站按运行方向顺序进行排列；

②分别将每个车站经过的列车，按离站时间先后顺序排序；

③找出所有运行线交叉的车次集合，将相互关联的车次按组分开；

④对运行图中的运行线进行逐条向前移动；

⑤对于某条运行线，设运行线与前面所有运行线的最小间隔时间 T，最小列车间隔时间 I，判断 $T-I$ 是否大于 0，若大于 0 则说明可压缩，并将该运行线向左移动时间 $T-I$，若等于 0 则说明不能压缩，则移动到下一条要压缩的运行线。

⑥如果该运行线在交叉车次集合内，并且是该组交叉车次集合中最后一趟车次，则将该组交叉车次集合看作一个整体，求该整体可以向左移动的最大时间距离，即使该整体与前面所有运行线的最小时间间隔为最小列车间隔时间 I。将该组交叉集合内所有运行线向左移动时间 I。移动到下一条运行线，并返回步骤⑤。如果运行线为最后一趟车次，则转步骤⑦；

⑦运行图压缩完成。单击保存运行图，更新数据库，将压缩后运行图保存，可进行评价分析。

根据运行图的压缩原理和压缩的操作步骤，可以对全图进行压缩，也可以对某个区间进行压缩。对于全图压缩，可以得到压缩前后各车站和区间分别的总占用时间。待运行图压缩后，各研究对象的所通过的所有列车的总占用时间会被压缩到一个时段，则对于运行图来说就会出现一个空余的时间空间。所以对既定的运行图，各研究对象的能力利用率即设定为压缩后总占用时间与总可以运行时间的比例。其计算方法流程如图 6-3 所示。

3. 仿真实验法

车站通过能力利用率的仿真计算：基于车站通过能力仿真系统，首先通过对仿真数据进行读取，设定车站站场拓扑结构、列车车站运行进路计划和仿真扰动方案和其他仿真参数。然后在仿真环境中，设定仿真时长、仿真时钟推进步长，对仿真时钟进行初始化并开始仿真。在仿真过程中需要实时的仿真控制，通过进路占用状态的可视化界面和列车运行状态可视化界面，对进路占用和列车运行进行实时的观测及调整保证列车的正常、安全运行。通过仿真时钟的推进判断仿真是否结束，如果结束则记录仿真结果数据；如果没有结束，则判断是否有仿真扰动，若没有则返回仿真运行控制，继续运行。若有仿真扰动，将产生列车

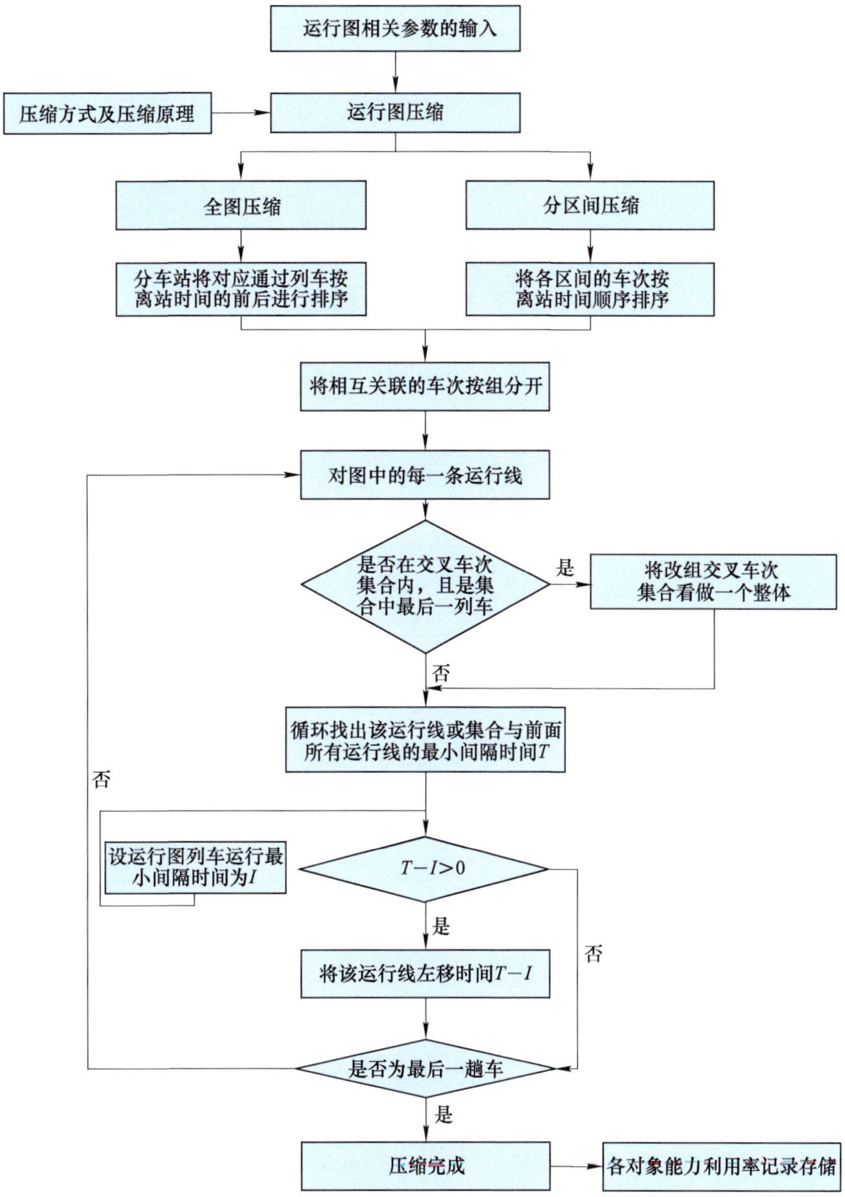

图 6-3　运行图压缩计算法流程

运行的延误，则此时需要调整列车在该车站运行进路计划，返回仿真运行控制，继续运行。当循环仿真结束后，记录仿真结果数据，提取并计算该车站的能力利用率值。

区间通过能力利用率的仿真计算：基于区间通过能力仿真系统，首先通过对仿真数据及运行图参数进行读取，设定线路拓扑结构、线路的闭塞分区及信号机制。基于列车运行图对列车的运行进行仿真。然后在仿真环境中，设定仿真时长、仿真时钟推进步长，对仿真时钟进行初始化并开始仿真。在仿真过程中需要实时的仿真控制，通过区间占用状态的可视化界面和列车运行状态可视化界面，对进路占用和列车运行进行实时的观测及调整保证列车的正常、安全运行。通过仿真时钟的推进判断仿真是否结束，如果结束则记录仿真结果数据；如果没有结束，则判断是否有运行延误，通过调整列车运行计划，返回仿真运行控制，继续运行。当循环仿真结束后，记录仿真结果数据，提取并计算各区间的能力利用率值。其计算方法流程如图 6-4 所示。

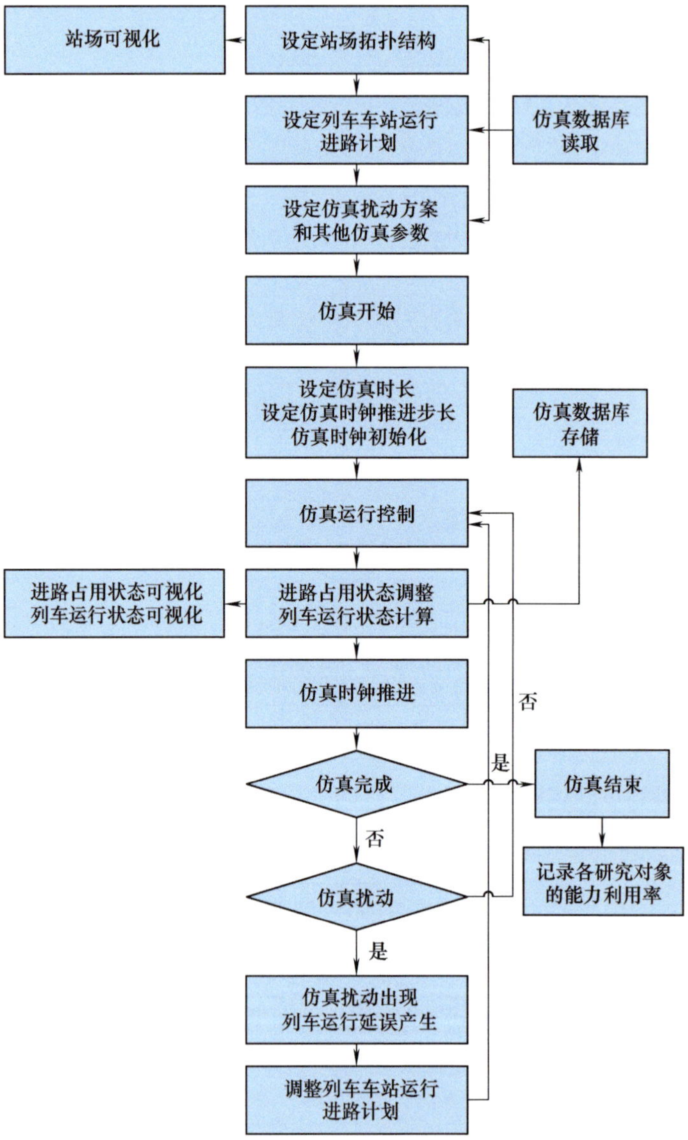

图 6-4　计算机仿真实验法流程

6.3　高速铁路瓶颈识别

在计算得到每个研究对象的三个利用率值后,可以进行瓶颈识别。首先对于每个研究对象,结合其对应的三种能力利用率的值并对此三个值进行加权平均从而得出该研究对象的平均能力利用率。此处的权重值,可由不同情况下选取不同的参数,根据利用率计算的重要程度等因素来确定不同条件下的权重值,得到各研究对象的最终能力利用率,并记录存储。

基于上述三种方法计算出的各个对象对应的利用率值,分别给予相应的集合对其定义,具体定义方式见表 6-1。

表 6-1 不同方法能力利用率计算结果存储表

能力利用率	集合标识	意　　义
理论计算	$L\{l_1,l_2,\cdots,l_i,\cdots,l_n\}$	l_i 表示第 i 个研究对象的理论能力利用率
运行图压缩	$Y\{y_1,y_2,\cdots,y_i,\cdots,y_n\}$	y_i 表示第 i 个研究对象的压缩能力利用率
仿真实验	$F\{f_1,f_2,\cdots,f_i,\cdots,f_n\}$	f_i 表示第 i 个研究对象的仿真能力利用率

若研究线路有 n 个研究对象，即该线路的车站数和区间数共为 n。首先对于每个研究对象 i，结合其对应的三种能力利用率的值即 l_i、y_i 和 f_i，对此三个值进行加权平均从而得出该研究对象的平均能力利用率 a_i 为

$$a_i=\frac{\omega_l l_i+\omega_y y_i+\omega_f f_i}{\omega_l+\omega_y+\omega_f} \tag{6-1}$$

式中 ω_l ——理论能力利用率的权重值；

ω_y ——压缩能力利用率的权重值；

ω_f ——仿真能力利用率的权重值。

此处的权重值，可由不同情况下选取不同的参数，根据利用率计算的重要程度等因素来确定不同条件下的权重值。由上公式可得各研究对象的最终能力利用率，并存入能力利用率集合 A 中，即 $A\{a_1,a_2,\cdots,a_i,\cdots,a_n\}$。

在集合 A 中，根据线路各研究对象的最终能力利用率的值，选取最大能力利用率 a 的研究对象即为此时的相对运输能力瓶颈。

在能力利用率集合中，根据线路各研究对象的最终能力利用率的值，选取最大能力利用率的研究对象即为此时的相对运输能力瓶颈。相对瓶颈点的识别流程如图 6-5 所示。

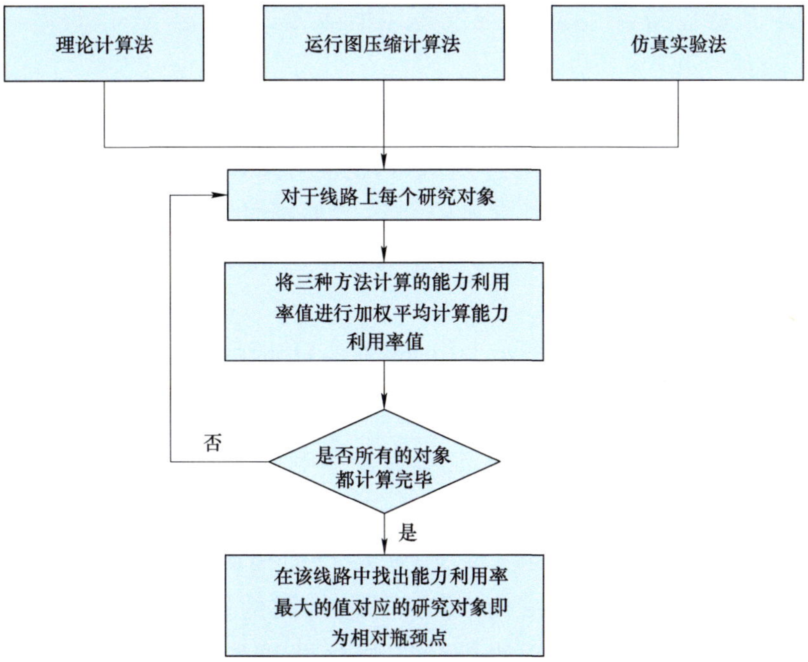

图 6-5 高速铁路运输能力瓶颈识别方法流程

6.4 高速铁路路网能力瓶颈消除

为了保证运输的可靠性，高速铁路上的能力利用率一般存在可接受的最大利用率值。将此时瓶颈点能力利用率与其进行比较，可以判断是否需要消除瓶颈。若瓶颈点能力利用率超过了所设定的值，则此时的相对瓶颈点转化为绝对瓶颈点，需要消除。消除高速铁路能力瓶颈，加强高速铁路路网能力的措施多种多样，归纳起来可划分为技术组织措施和改建措施两大类。凡是用改进行车组织方法，或只需用少量投资，就能使通过能力达到需要水平的加强措施，均属于技术组织措施。凡是需要国家大量投资，通过改建或新建铁路技术设备来加强铁路通过能力的措施，均属于改建措施。加强能力的时机，主要根据需要能力和现有能力的水平来确定。在加强高速铁路通过能力时，应首先着眼于对现有运输潜力的挖掘，以便更好地适应国民经济日益发展的需要。改善高速铁路技术设备是能力加强的主要措施。一般情况下，当高速铁路运输能力接近饱和时，就应该研究加强和改善技术设备。加强现有的技术设备和采用新的技术设备，可以加速完成运输过程，降低运输成本，提高劳动生产率，减轻劳动强度，保证行车安全，因而也是必要和合理的。

6.4.1 技术组织措施

6.4.1.1 网络层

1. 合理设计列车运行径路

高速铁路网络较为发达的地区，两个节点城市之间一般存在多条径路，所有列车均采用最短径路，虽然从单个列车的角度看比较经济，但会导致局部能力瓶颈。因此，应该系统优化网络上的列车开行径路，最大限度地发挥运输能力。

2. 合理开行跨线列车

综合开行服务运达范围更广泛、更便利、满足跨线列车开行条件的跨线列车，以及对区间通过能力占用较小的本线短程列车可以较好地利用路网能力。选择比较合理的高速铁路跨线列车和本线列车开行模式可以满足跨线客流便捷性的需求；尽可能组织跨线列车在合理时间域跨线，分时段占用主干线能力，减小对干线能力利用的影响，缓解能力利用瓶颈；减少跨线列车运能虚糜情况。

虽然目前主干线能力比较够用，但是出现时段性区段性能力紧张，尤其是在共享区段体现最为明显。在部分时段，列车平均客座率处于较低水平，能力利用效率较低。从运输效率角度来看，跨线列车的客座率的大小会影响输送能力的利用，实际目前部分跨线列车在跨线区段客座率不高，运输效率较低；从运输组织角度来看，跨线列车运行径路跨越几条不同的线路，将增加运输组织难度；从运行图铺画角度来看，跨线列车对于到发时间有一定的要求、影响运行图的结构，增加了运行图的刚性，此外，运行调整比较困难以及晚点影响传播概率较大，其运行线铺画布局将严重影响运行图结构，进而影响能力利用。

在全面分析高速铁路跨线列车开行对本线及全网通过能力利用的影响，考虑跨线列车特点的基础上，采用取消开行部分客座率达不到要求的跨线列车，将这一部分跨线客流与本线客流合并，优化干线铁路运输组织，缓解共享区段通过能力紧张瓶颈，理由总结为以下几点：

(1)本线共享区段能力出现时段运用紧张情况，限制上行或下行区段列车接入，从而导致全网能力利用极其不均衡，并且增大列车延误的可能，影响服务质量的提升，从而大大削弱铁路竞争优势。取消一部分上座率不满足要求的跨线列车，采用本线短线列车去运输，可以在高峰时段提升共享区段列车发车频率，方便乘客换乘；此外，跨线列车取消之后，减小对高速铁路路网通过能力的切割作用，降低对本线能力的占用的同时，本线区段还可以开行更多列车来满足高峰小时更多客流的需求。

(2)短线列车还可以缓解维修天窗设置的限制，减小空费能力。

(3)选择保留开行一部分跨线列车，减小换乘站的换乘运输组织压力，扩大高速铁路服务覆盖范围，尽量满足部分跨线客流直达需求，沿途可以吸引更多客流，此外，还可以节约车底。

因此，采用跨线客流直达和中转换乘组合的客流输送模式，减少部分开行不经济的跨线列车，提高列车平均客座率，满足跨线客流以及本线运输需求，从而充分利用线路通过能力和输送能力，不仅可以有效减少跨线列车对本线通过能力的占用、切割，还可实现提高全网能力利用效率的目的。

6.4.1.2 线路层

通常情况下，通过改善措施来提高通过能力的方法成本较高，实施难度较大。当高速铁路铁路能力未达到饱和时，应着重对现有运输潜力的挖掘，即采用改善行车组织的方法使通过能力达到需要水平。

1. 改善运输组织模式

(1)减少天窗时长、优化开设模式(周期化开行)增加三角区列车开行能力(高铁快运)和高速铁路夜行列车开行能力。

(2)减少中速列车被越行次数，能力紧张区段尽量采取单一速度等级列车，减少由于速差带来的扣除系数，运行单一速度等级的列车，列车之间的相互影响最小，其通过能力最大；不同速度等级列车速差过大，会大幅度降低线路通过能力或者造成越行、待避次数增多，降低旅行速度，增加运输组织的复杂度。

(3)提高列车平均运行速度，提升有效时间域内区间通过能力。

(4)优化列车停站方案，减少列车停站数量、种类和停站时间，降低相应的扣除系数。

(5)提升运行图编制的精细程度，使跨线列车的上、下线所带来的运行图后续空间得到有效利用。

2. 调整低速度等级列车比例

当高速度等级列车和低速度等级列车比例大致相同时，二者的干扰程度最大，线路通过能力最小。所以，应当尽量增加高速度等级列车比例，减少低速度等级列车比例，来提高线路通过能力。

3. 采用相对集中铺画方式的精细化运行图

当列车运行间隔时间缩短时，只有采用精细化的运行图，才能保证列车运行秩序的稳定。列车运行图采用集中铺画方式时，线路的通过能力最大。但是，集中铺画方式与实际运输需求情况的差别很大，与运输需求不相符。因此在编制运行图时，在满足运输需求的前提下，尽量采用同种速度等级列车相对集中的铺画方式。

4. 提高运行图和客流的匹配度

在既有客流一定的情况下，如果客座率提升，会减少列车开行数量，达到少开车、多载客的目的，进而减少列车对干线能力的占用而缓解目前共享区段能力利用紧张的情况。而空余出来的能力，也可以更好适应客流的增长，如果有运输需求，则可以继续加开列车，提升整个路网的输送能力；而如果运输需求较低，则可以减少列车开行，从运行图角度来看，释放出来的能力，可以看作是列车开行之间的冗余时间的增加，列车运行图刚性减小，进而减小列车延误概率以及晚点传播影响，提升整个路网能力的利用效率。

5. 减少低速度等级列车停站次数及时间

当低速度等级列车的非待避停站比例过高时，对高速铁路线路通过能力的影响很大。在当前采用高中速列车混跑运输组织模式的情况下，适当减少低速度等级列车的停站次数和停站时间，可以提高高速铁路线路的通过能力。

6.4.1.3 车站层

1. 缩短列车出发追踪间隔时间

具体措施如下：

(1)优化列控系统作业流程，将现行前行列车越过一离去作为后行列车出发进路办理的出发条件，改为以前行列车尾部越过反向进站信号机作为触发条件。

(2)缩短 CTC、联锁系统进路轮询时间。

(3)提升动车组牵引性能，提高动车组牵引效率。

(4)缩短车站咽喉长度、取消咽喉限制速度，减少咽喉占用时间。

(5)有条件情况下，可在第一离去区间设置下度。

(6)第一离去区间不设置电分相。

(7)优化到发线运用方案，前行出发列车尽量安排在邻近正线的股道发车(减少列车始出一离去时间)、后行出发列车尽量与前行列车相邻(减少道岔转换时间)。

(8)精简司机出发操作项目，减少出发时间。

2. 缩短列车到达追踪间隔时间

具体措施如下：

(1)提升动车组制动性能，提高动车组制动效率，减少制动距离。

(2)提升 AT P 列控软件的制动效率，减少动车组制动距离。

(3)有条件情况下，在到达进站减速区段设置平坡或上坡。

(4)缩短车站咽喉长度,取消咽喉限制速度,减少咽喉占用时间。

(5)减少 CTC、联锁系统进路轮询时间,采用分段解锁的进路开放模式。

(6)有条件情况下,进站前设置限速区段。

(7)启用咽喉区内的进路信号机,将咽喉区段分段,提升咽喉占用利用率。

(8)优化到发线运用方案,前行到达列车尽最安排在远离正线的股道接车(分段解锁后继续运行时间较长)、后行到达列车尽量与正线邻近(减少进站时间)。

(9)提升司机操作水平,运行中尽量贴线运行。

6.4.2 改建措施

1. 改善信联闭塞设备

改善信联闭塞设备可以缩短追踪列车间隔时间,增加在单位时间内开行的列车数。以列车控制系统为例,目前我国高速铁路采用的基于轨道传输信息的 CTCS-2 级列控系统,列车最高允许运行速度为 250 km/h,列车最小追踪间隔 5 min。而 CTCS-3 级列车控制系统,它是基于准移动闭塞方式和无线通信的列车控制系统,列车最高允许速度为 350 km/h,最小追踪间隔可以达到 3 min。CTCS-4 级列车控制系统是一种基于移动闭塞方式和无线通信的列车控制系统,该系统可以进一步缩短列车的追踪间隔时间,提高列车在区间追踪运行的密度,从而大大提高速铁路路运输效率,提高通过能力。

2. 改善移动设备

改善移动设备主要是提高列车的最高运行速度、加速性能和制动性能。列车运行速度越快,则占用线路区间的时间越短,线路利用率越高,能够增加单位时间开行的列车数量。提高列车的加速性能和制动性能可以缩短列车的起停车附加时分,从而缩短列车的区间运行时分,达到提高高速铁路通过能力的目的。

3. 增加联络通道

枢纽内多个客站之间、同一个车站不同车场之间增加必要的联络通道,可以提高线路的灵活运用,从而使一个站(车场)能力利用率较高时可以较好地分流到另一个站(车场)上。

7 高速铁路运输能力保障

高速铁路运输系统为了实现运输生产过程,各项设备设施要具备一定的能力,这些固定设备的设置数量和相互配置结构、活动设备的时空配置和固定设备与活动设备的相互配置都对运输能力的保障具有重要作用,限制着动车组能否正常使用、完成运输任务,因此对高速铁路运输能力保障的分析研究很有必要。

7.1 动车段(所)检修能力

动车段(所)是高速铁路系统中一个重要组成部分,是动车组的存放、检修中心,对动车组的安全、正常使用起着保障作用,确保动车组运用计划的正常执行,完成运输生产任务。动车组每天返回动车段(所)都要进行日常检查检修、技术整备与运行整备作业,包括集便装置的排污、列车外部清洗、加水给砂,甚至包括客车车厢内部的清扫卫生、旅客餐饮补给等。动车段内的作业集中,如果在有限时间内无法完成足够的动车检修任务,就会影响动车组的运用和列车的开行,从而影响高速铁路的运输能力。

动车段(所)检修能力,是指在现有设备条件下(一定的列车运行图、检修作业方式、检修线数量以及动车组性质固定条件下),采用合理的技术作业过程,检修场一定时间内能够完成的各级维修的动车组的列数。

7.1.1 动车段(所)检修能力影响因素

1. 运行图规定的始发、终到旅客列车出发、到达时刻:动车组有一定的配属点,动车组必须在出发前检修完毕驶入车站的出发场,到达修程的动车组必须到检修库进行检修,故动车组的要在运行图规定的时间内完成检修作业。

2. 检修等级:我国的动车组的检修分为一、二、三、四、五共五个等级,各个级别的检修工作内容不同,所以检修工作的时间标准取决于检修等级。

3. 检修方式:检修工作有人工检修和自动检修、分散检修和综合检修,各种检修的速度是不同的,所以占用检修线的时间标准也不同。

4. 空费时间:检修线上不能用来检修工作的空闲时间。

5. 其他因素:检修线的数量、牵出线的位置及数量、各项作业时间标准、检修线容量等。

7.1.2 动车段(所)检修能力的计算方法

动车段(所)在进行实际检修工作时,会发生某段时间内有检修线空闲,而某段时间有超过检修线的动车组同时来检修,从而出现资源分配不合理的现象,也成为制约动车段(所)实际检修能力的一个重要因素。这里提出的检修能力计算模型中,假定一种均衡检修的维修情况,考虑每条检修线在固定工作时间内始终不空闲,来计算动车段(所)内最大的检修能力。

动车段(所)所承担的检修工作包括临时故障维修和不同级别的达到修程的检修。因此,一个动车段(所)存在临修线和两种检修线,一种是进行一、二级检修的检修线,另一种是进行三、四、五级检修的检修线,运用所只有第一种检修线,也就是只能进行一、二级检修,而动车段能进行一至五级所有的检修。对于临时故障维修主要在临修线上进行;一级修和二级修在一、二级检修线上进行;对于三至五级维修,根据不同的动车段布局,分属不同的维修库或在同一维修库进行作业。同时考虑不同维修级别维修停时的不同,我们在进行动车段(所)检修能力计算时将分别考虑临时维修能力、运用检修(一、二级修)能力和定期检修(三至五级修)能力。

7.1.2.1 临时维修能力计算

对单位时间 T 内,动车段临修库线维修能力 $N_{临修}$ 的计算时,我们采用直接计算的方法,其计算公式为

$$N_{临修}=\frac{(T-T_{天窗})\cdot M-\sum t_{固}}{t_{走行}+t_{临修}}\quad (列) \tag{7-1}$$

式中 $T_{天窗}$——单位时间 T 内天窗时间,min;

M——动车段临修库线数目,条;

$\sum t_{固}$——时间 T 内动车段临修作业的固定作业时间,主要包括临修库内设备的恢复时分和动车组到、发及出入段等作业运行时分,min;

$t_{走行}$——需临修动车组在临修线上的平均走行时分,min;

$t_{临修}$——动车组在临修库占用临修线用时,即临修时分,min。

对于单位时间 T 的取值,我们取一昼夜作为一个时间段,考虑在天窗时间段内不行车,因此无临修工作,因此减去天窗时间。

7.1.2.2 运用检修能力计算

由于一、二级维修同在动车段的检查整备库中进行,检查库线可进行两种不同级别的检修,因此在计算运用检修能力时考虑平均维修作业停时 $\bar{t}$,则在单位时间 T 内,动车段基本维修能力(一、二级修能力) $N_{基本}$ 可表示为

$$N_{基本}=\frac{T\cdot M-\sum t_{固}}{t_{走行}+\bar{t}}\quad (列) \tag{7-2}$$

式中 M——动车段检查整备库线数目，条；

$\sum t_{固}$——时间 T 内动车段一、二级修作业的固定作业时间，主要包括检查整备库内设备的恢复时分和动车组到、发及出入段等作业运行时分，min；

$t_{走行}$——一、二级修动车组在检查整备线上的平均走行时分，min。

式(7-2)中的 T 取一昼夜作为能力计算的时间段，动车组的一、二级维修主要在夜间停车时分进行，白天运行时也可以进行维修，因此不考虑天窗的约束。其中 $\bar{t}$ 可表示为

$$\bar{t}=\frac{\omega_1 t_1+\omega_2 t_2}{\omega_1+\omega_2}\quad(\text{min})\tag{7-3}$$

式中 ω_1,ω_2——T 时间内要进行一级修和二级修的动车组数量，列；

t_1,t_2——进行一级修和二级修时占用维修线的维修停时，经过对国内外动车组生产厂家的调查、分析、比较后，各型动车组一、二级修对应的检修停时可定为 1 h、4 h。

7.1.2.3 定期检修能力计算

我们将三到五级维修统称为定期检修，是因为考虑三至五级修的维修周期较为长，无法像临修及一、二级修那样进行短时段(一昼夜)的能力计算，在进行大修能力计算时，取单位时间 T 的值为一年，并采用利用率法求出三至五级修设备维修能力的概率平均值。

设动车段管理的线路上保有动车组总数为 N。

设一个时段 T（一年）内一共进行的第 i 级别的检修次数为 $\sum_{j=1}^{N} f_i[P_j(T)]$，其中 $P_j(T)$ 表示第 $j(j=1,\cdots,N)$ 个动车组在 T 时间内进行第 $i(i=3,4,5)$ 级检修的总次数。

对于 T 时段内各级检修总次数的计算如下：

确定某个修程的检修里程通常以某个固定的走行公里的里程进行衡量，但在动车组运用实际中，不能保证动车组恰好走行到那个检修里程时，该动车组就能够进入动车段或运用所进行检修，如果正好在春运或旅游黄金周等期间，现有的动车组运用、调度非常紧张时，没有过多可以替代的备用动车组。因此每个级别维修的走行公里数都应有一个走行里程的上下浮动范围，凡是进入到该走行公里的范围内的动车组都应该在其运用计划上尽量地安排进行相应级别的检修和维护，即规定为：三级检修里程范围 $(L_3-\partial_3, L_3+\partial'_3)$；同理，四、五级检修里程范围分别为：$(L_4-\partial_4, L_4+\partial'_4)$，$(L_5-\partial_5, L_5+\partial'_5)$。

其中 $L_i(i=3,\cdots,5)$ 表示第 i 级检修里程值，而 ∂_i、$\partial'_i(i=3,\cdots,5)$ 分别是各级检修里程的上下限，就是说，如果到各级的下限时就可以入段所进行检修，如果在繁忙期(如春运、学生假期和黄金周)动车组往往需要超负荷运转，但是进行检修不要超过上限要求。

T 时段内五级检修总次数为

$$\sum_{j=1}^{N} f_5[P_j(T)]=\sum_{j=1}^{N}\frac{P_j(T)}{L_5}\quad(次)\tag{7-4}$$

四级检修次数为

$$\sum_{j=1}^{N} f_4[P_j(T)] = \sum_{j=1}^{N}\left\{\frac{P_j(T)}{L_4} - f_5[P_j(T)]\right\} \quad (\text{次}) \tag{7-5}$$

三级检修次数为

$$\sum_{j=1}^{N} f_3[P_j(T)] = \sum_{j=1}^{N}\left\{\frac{P_j(T)}{L_3} - f_4[P_j(T)] - f_5[P_j(T)]\right\}$$

$$= \sum_{j=1}^{N}\left\{\frac{P_j(T)}{L_3} - \sum_{i=4}^{5} f_i[P_j(T)]\right\} \quad (\text{次}) \tag{7-6}$$

则运用检修能力利用率为

$$K = \frac{\sum_{i=3}^{5}\left\{(t_i + t^i_{\text{走行}}) \cdot \sum_{j=1}^{N} f_i[P_j(T)]\right\}}{T - \sum t_{\text{固}}} \tag{7-7}$$

式中 t_i ——进行 $i(i=3,4,5)$ 级修的维修线停时，根据不同的动车组类型及维修级别的不同，其取值不同；

$t^i_{\text{走行}}$ ——进行 $i(i=3,4,5)$ 级修时动车组在维修线上的走行时间，min。

由能力利用率 K 及列入计算的动车组数量，可以得到动车段三到五级修能力为

$$N_{\text{大修}} = \frac{\sum_{i=3}^{5}\sum_{j=1}^{N} f_i[P_j(T)]}{K} \quad (\text{列}) \tag{7-8}$$

7.2 动车段所存车能力

7.2.1 动车段(所)存车能力定义

动车组的配属一般有用备用车配属，在动车组等待检修时或者检修完成后再次使用前需要在存车场进行存放；高速铁路线路晚间设置检修天窗，进行综合维修。动车组在天窗期间在动车段(所)的存车场进行存放。动车段(所)存车能力，是指在一定的条件下(一定的列车运行图以及动车组性质固定条件下)，动车段(所)一昼夜能够存放的动车组列数能力。

7.2.2 动车段(所)存车能力影响因素

高速运行的动车组对线路的要求更高，所以高速铁路采用夜间综合维修天窗，对线路进行综合维修天窗期间动车组回段存放。

1. 存车线的数量：天窗期间或者非运用时间，动车组在动车段的存车场内的存车线进行存放。

2. 检修线的数量：在夜晚天窗期间，检修库在完成最后到达的动车组的检修后，动车组可以在检修线上临时存放，计算存车能力时，可予以考虑。

3. 备用动车组的数量：备用的动车组要在存车场中进行存放，由于这部分的动车组没

用应用于运输生产，在计算动车段存车能力时可予以扣除。

7.2.3 存车能力计算方法

存车能力的计算考察动车段的静态最大存车能力，主要考察段内存车线的数量、检修线数量。通过对动车段的存车作业进行考察，存车能力 $N_{存}$ 可表示为

$$N_{存} = n_{存} + n_{检修} - n_{备用} \quad （列） \tag{7-9}$$

式中 $N_{存}$——动车段的存车能力，列；

$n_{存}$——存车场的存车线的数量，条；

$n_{检修}$——检修库检修线的数量，条；

$n_{备用}$——动车段内备用动车组的列数，列。

考虑目前动车段各种线路类型每条线上只允许存放一列动车组，因此直接将各类线路数量进行加和，若存车线上可存放两列动车组，则乘以相应的系数即可。

7.3 供电能力

7.3.1 供电能力概述

供电能力对于高速铁路运输能力是很强的制约作用。当供电能力达不到要求时，整个高速铁路的运输能力就会受制于供电能力的大小，反言之，供电能力对运输能力起到了保障的作用。

列车运行电力主要由牵引供电系统提供。牵引供电系统是保证高速列车安全稳定运行的动力来源，是高速铁路运输能力的保障，因此提供安全稳定的电能是保证列车安全运行的基础。牵引供电系统的供电能力是指在保证其他供电设施安全可靠运行的基础上，牵引供电系统所能够满足列车运行所提供的最大电能。

7.3.2 供电能力评估

牵引供电系统是保证高速列车安全稳定运行的动力来源，因此提供安全稳定的电能是保证列车安全运行的基础。无论是高速铁路设计阶段还是运营阶段，都需要对牵引供电系统的供电能力进行评估，牵引变压器容量、牵引变压器绕组电流、牵引网网压、牵引网载流量、牵引网温升寿命损失、变压器功率因数等指标是评估牵引供电系统供电能力的重要因素，在牵引供电系统设计阶段或选择排车方案前，需要评估这些指标是否合乎供电要求，从而确保机车安全稳定运行。

随着高速铁路的快速发展，经常出现以下情况需要评估牵引供电系统的供电能力：

1. 随着现在高速铁路客运量的上升，列车对数的加开，牵引负荷越来越大，对牵引供电系统的供电能力要求越来越高。列车轻载运行或行车密度较低时，牵引变压器的容量利用率较低，不利于变压器的经济运行。而列车重载或行车密度较高时，牵引变压器会出现过负荷现象。虽然牵引变压器具有承受短时间过负荷的能力，但如果变压器长时间处于过负

荷状态，会造成变压器寿命损失增加。因此研究牵引供电系统的最佳带负荷能力，对于牵引供电系统的合理、经济运行具有重要作用。同时，有助于行车组织规划，保证牵引供电系统安全稳定运行和供电能力达到相对较优状态。

2. 由于一些条件的限制，有些线路每日发车对数已基本达到饱和，要想进一步提高运输能力，满足日益增长的客运量需求，只有采取长编组和重连动车组的方案。采取长编组和重连动车组方案给旅客带来方便的同时，对牵引供电系统的供电能力提出了更高的要求。因此，在调整列车运行图前，必须进行供电能力校核。只有满足供电要求时，该种方案才可以被执行。

3. 牵引变电所内变压器等设备发生故障时，会引起变电所短时的停电，该变电所负责的供电臂不能正常获得电能。为了避免延误整个铁路系统的安全运行，需要由相邻的变电所对该供电臂进行越区供电。越区供电延长了牵引变电所的供电距离，承担了其他供电臂的输送任务，因此，供电臂上列车的运行密度增大，牵引负荷增加，牵引网压损失增多，造成牵引供电系统的供电可靠性降低。为了保障越区供电时铁路的正常运行，需要分析越区供电时由于牵引负荷的变化而导致的牵引供电系统供电能力的变化。

其中，基于机车实际功率模型的牵引供电能力分析方法的具体步骤为：

(1)通过基于机车实际功率模型潮流计算方法对不同工况下的牵引网网压进行计算；

(2)在潮流计算的基础上，对牵引变压器和自耦变压器的绕组电流、电压、容量和变压器的功率因数进行计算；

(3)将各电气量的理论计算结果与国标规定的允许值进行对比分析，从而评估牵引供电系统的供电能力。

采用该方法可以对不同工况下的牵引供电能力进行分析，从而确定牵引供电系统的最大带负荷能力。

7.3.3 供电计算方法

牵引供电系统根据与经调、行车、通信、信号等专业相互结合，一般采用的牵引供电计算方法有概率统计法、运行图法等。高速铁路的列车对数反映的通过能力意义明显，而指导牵引供电系统进行设备配置的意义较弱。在这种情况下，概率统计法中列车带电概率更不具有指导意义。同时，高速铁路由于具有高峰时段明显、运行图中无效时间带长等特点，故普速铁路的概率统计法应用在高速铁路基本不适应。

高速铁路的行车组织比普速铁路更具有科学性和规律性，更加严格地遵守铺画的运行图。对馈电臂上的列车运行情况，如果能根据其运行的行车组织，模拟出每时刻的列车位置即可 以较为准确的得到相关参数，为牵引供电系统的配置提供依据，借助于计算机的“运行图法”可以完成该任务。

国内外相关部门均开发了基于“运行图”的仿真软件。运用程序以一定的时间间隔切割列车运行图，如图 7-1 所示。

在 t_1 时刻，在上行供电臂内切割到有列车 B_1 和 B_2 在运行，在下行供电臂内切割到有

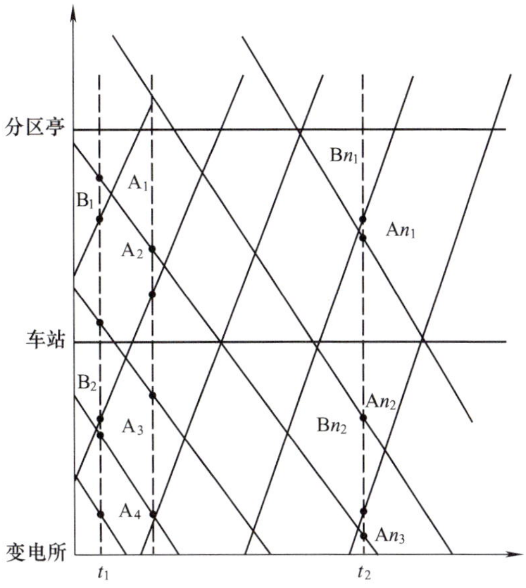

图 7-1 切割列车运行图

列车 A_1，A_2，A_3，A_4 在运行，这六列列车在供电臂中所在位置的取流值由牵引仿真计算结果提供，称 t_1 时刻该供电臂的瞬时负荷图；同时切割变电所两侧的供电臂，就得两侧供电的瞬时负荷图。

每一时刻瞬时负荷得到后，就可以对其参数进行处理，馈线平均电流 I_{av} 可表示为

$$I_{av}=\frac{1}{T\int_0^T I_i(t)\,\mathrm{d}t}\quad (\mathrm{A}) \tag{7-10}$$

式中 $I_i(t)$——在 t 时刻的瞬时电流。

馈线有效电流 Ie^2 可表示为

$$Ie^2=\frac{1}{T\int_0^T I_i^2(t)\,\mathrm{d}t}\quad (\mathrm{A}) \tag{7-11}$$

牵引变电所持续电流为

$$I_{\mathrm{Valid}}=\sqrt{(\int_0^T ULI_i{}^2(t)\,\mathrm{d}t+\int_0^T DLI_i{}^2(t)\,\mathrm{d}t+\int_0^T URI_i{}^2(t)\,\mathrm{d}t+\int_0^T DRI_i{}^2(t)\,\mathrm{d}t)}\quad (\mathrm{A}) \tag{7-12}$$

式中 ULI——左臂上行瞬时电流，A；

DLI——左臂下行瞬时电流，A；

URI——右臂上行瞬时电流，A；

DRI——右臂下行瞬时电流，A。

运用同一原理还可以得到牵引变压器容量，导线温升变化曲线，判断导线截面大小，无功补偿量和负序电流的变化曲线等。

7.4 天窗设置

现阶段，我国高速铁路基本成网，高速铁路速度高、行车密度大，也逐渐形成了客货分离的状态，但是由于高速铁路的速度高，其对于轨道和接触网的破坏随之加大，因此，对于铁路的综合维修作业量变大，周期变短，且维修要求提高。利用列车间隔时间进行天窗维修已经不实际，采用机械化程度高的大型设备，在运行图中预留整段时间已经成为趋势。因此，需要设置综合维修天窗，以保证高速铁路安全平稳的运行。

高速铁路通常采用设置在夜间的矩形天窗，导致一部分时间内列车无法运行，从而降低了高速铁路运输能力。

综合维修天窗设置方案包括了综合维修天窗设置模式、设置时长、设置时段，综合维修天窗也受到了很多因素影响。

7.4.1 矩形天窗对能力的影响

在运行图中留出整段时间，安排两条线路同时维修，禁止行车，确保上下线停电进行综合维修，维修天窗在运行图中为矩形形状，故称其为矩形天窗。高速铁路一般在 0:00～6:00 设置矩形天窗，因上下行同时停电，且天窗时间重合，又可以称为重合矩形天窗。矩形天窗的优点是能确保维修作业的安全性，保障施工人员人身安全；提供相对较长的综合维修时间，提高维修作业效率，可以真正做到“行车不施工，施工不行车”。但是矩形天窗对于行车组织影响大，尤其是在路网条件下，通过能力影响很大。图 7-2 为矩形天窗影响区域示意。

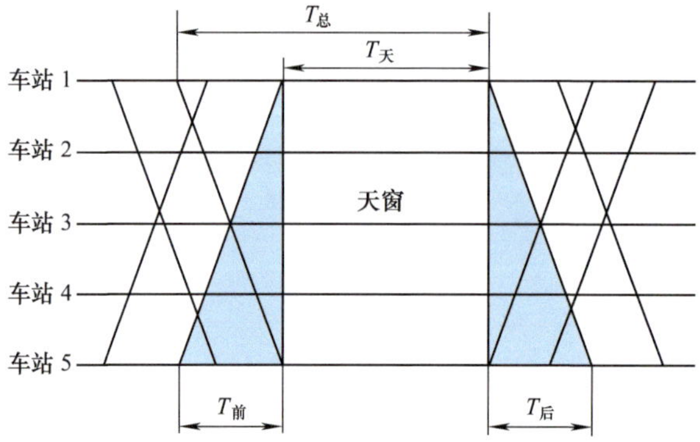

图 7-2　矩形天窗影响区域示意

由图 7-2 可以得出，上行影响区域天窗影响总长度 $T_{总}$ 可表示为

$$T_{总} = T_{前} + T_{天} \quad (\text{min}) \tag{7-13}$$

式中　$T_{前}$——天窗开始前影响时段，min；

$T_{天}$——天窗影响时段，min。

下行影响区域天窗影响总长度 $T_{总}$ 可表示为

$$T_{总} = T_{后} + T_{天} \quad (\text{min}) \tag{7-14}$$

式中 $T_{后}$——天窗结束后影响时段，min。

根据式(7-13)和式(7-14)可以得出

$$T_{前}=T_{后}=\sum t \quad (\text{min}) \tag{7-15}$$

式中 $\sum t$——各区段列车运行时分之和，min。

设置矩形综合维修天窗时，对于列车运行会有很大的能力损失，上行和下行损失能力相同。高速铁路列车不采取等候天窗形式，在图 7-2 中产生上行和下行两个空费三角区域，此部分区域可以用来铺画短途列车或者延长综合维修天窗时间，获取更加充裕的维修作业时间。

以京沪高速铁路为例，采取矩形天窗，时间段是 0:30～4:30，为期 240 min，京沪高速铁路全长 1 318 km，列车采用 300 km/h 运行速度，计算得出，综合维修天窗的影响区域长度达到约 11 h，则区段终到站[0:00，11:00]时间段内列车无法到达，区段始发站[19:00，24:00]时间段内跨线列车无法出发，矩形天窗严重影响了跨线列车的运行，对运输组织造成很大影响。

由以上分析可知，矩形天窗有以下特点：

1. 矩形天窗内，上下线均停电维修，区段内无法通行列车，形成了较长的空闲区域，线路能力损失严重，尤其是对于运行距离较长的跨线列车和夕发朝至列车影响显著。

2. 矩形天窗影响区段的始发终到站发到时间范围，随着线路运行距离的增大，对始发终到站发到时间影响增大，造成发车到达时间范围缩小。

3. 矩形维修天窗最大的优点在于能够长时间、连续提供维修作业时间，满足各个部分维修需求，提高维修作业效率，保证维修效果，确保列车安全平稳运行。

4. 由于上下线同时封锁，造成天窗影响区域前后产生两个空费三角区域，可利用区域延长综合维修天窗，争取更多维修时间，也可铺画短途列车运行线，组织运行。

5. 矩形维修天窗最大程度上确保施工作业安全和施工人员安全，由于我国铁路能力紧张，大部分线路天窗设置在夜间，夜间视线差，容易造成不安全事故，矩形天窗内无列车运行，保证维修安全。

7.4.2 分段矩形天窗

分段矩形天窗是指在一定的时间范围内，将一条线路按照不同标准划分为若干个区段，在每个区段内设置矩形天窗，天窗按照一定的方式排列，如图 7-3 所示。分段矩形天窗的优点是具备矩形天窗的优点，天窗期内上下行均停电，提供连续作业时间，提高维修效率，确保维修作业安全。分段矩形天窗相对矩形天窗更加灵活，可以在不同区段以不同方式组合、倾斜，路网上采取此天窗可最大程度上满足行车需求，尤其是跨线列车的运行需要。缺点是有利于某一个方向的运行需求，对另外一个方向行车造成困难，天窗设置时段不同，起始结束时间不同，运输组织和维修作业难度加大。

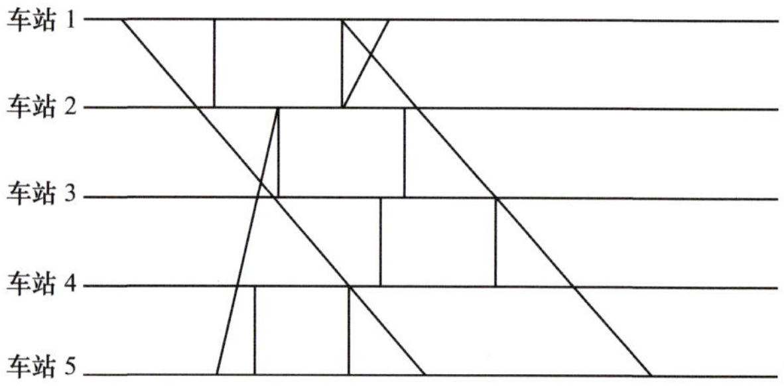

图 7-3　分段矩形天窗示意

7.4.3　隔日矩形天窗

隔日矩形天窗是指在一个区段内，上下行线路按维修需求分单、双日或分不同日期设置矩形天窗。这种天窗的产生为长距离开行夜间卧铺动车组提供了有益的条件。同时提高了通过能力。其对能力的影响与矩形天窗相同，在此不再赘述。

参考文献

[1] 段俊娥．高速铁路通过能力计算方法改进研究[D]．成都:西南交通大学,2012.

[2] 董霄．不同速度等级列车混跑对高速铁路运输能力的影响研究[D]．北京:北京交通大学,2012.

[3] 李学伟,韩宝明．高速铁路概论[M]．北京:中国铁道出版社,2010.

[4] 彭其渊,王慈光．铁路行车组织[M]．北京:中国铁道出版社,2007.

[5] 彭其渊,闫海峰．高速铁路运输组织基础[M]．成都:西南交通大学出版社,2009.

[6] 李海鹰，张超．铁路站场及枢纽[M]．北京：中国铁道出版社，2011.

[7] 杨浩．铁路运输组织学[M]．北京：中国铁道出版社，2013.

[8] 钟俊．高速铁路客运站通过能力计算方法[D]．成都:西南交通大学,2012.

[9] 杨介平．铁路运输能力的计算与利用[M]．北京:中国铁道出版社，2001.

[10] 陈韬．高速铁路车站通过能力计算理论与方法研究[D]．成都:西南交通大学，2016.

[11] 李晓娟．高速铁路通过能力计算及可靠性评估方法研究[D]．北京:北京交通大学，2016.

[12] 文东．客运专线客运站通过能力研究[D]．成都:西南交通大学，2006.

[13] 韩宝明．高速列车运行组织方案优化设计关键技术与系统运力资源配置方案优化设计能力计算理论报告[R]．北京:北京交通大学,2010.

[14] 张伦．京沪高速铁路北京南至济南西段区间通过能力探讨[J]．高速铁路技术,2013(6):27-29.

[15] 胡思继,赵东．京沪高速铁路客流区段通过能力问题的研究[J]．北方交通大学学报,1998,22(6):33-37.

[16] 梁栋,肖睿,赵颖．铁路运输能力计算理论方法改进研究[J]．铁道经济研究,2012(6):1-4.

[17] 赵鹏．铁路枢纽点线能力协调性研究[D]．长沙:中南大学,2010.

[18] 陈晓竹．高速铁路点线能力协调仿真分析[D]．成都:西南交通大学,2013.

[19] 荣朝和．如何科学统计高速铁路的载客水平与运营效率[J]．综合运输，2010(9)：66-68.

[20] 张守帅．高速铁路通过能力计算方法[D]．成都：西南交通大学，2014.

[21] 单秀全．高速铁路通过能力计算及仿真系统研究[D]．北京：北京交通大学，2011.

[22] 韩瑛．不同速度等级列车混行对高速铁路通过能力的影响研究[D]．兰州：兰州交通大学，2013.

[23] 刘敏，韩宝明，李得伟等．高速铁路车站通过能力计算和评估[J]．铁道学报，2012，34(4)：9-15.

[24] 胡思继．列车运行图编制理论与方法[M]．北京：中国铁道出版社，2013.

[25] ABRIL M，BARBER F，INGOLOTTIL，et al. An Assessment of Railway Capacity [J]. Transportation Research Part E 44(2008)774-806.

[26] DICEMBRE A，RICCI S. Railway Traffic on High Density Urban Corridors：Capacity，Signalling and Timetable[J]. Journal of Rail Transport Planning & Management 1，(2011)59-68.

[27] 张红斌.基于能力计算的运行图加密问题研究[J].交通运输工程与信息，2010(4)：129-134.

[28] 高默．高速铁路通过能力计算理论与方法应用研究[D]．北京：北京交通大学，2017.

[29] 贾俊芳．铁路旅客运营管理[M]．北京：北京交通大学出版社，2012.

[30] 鲁工圆．客运专线车站作业仿真系统的研究及应用[D]．成都：西南交通大学，2007.

[31] 杜文，文东．客运专线客运站通过能力仿真研究[J]．西南交通大学学报，2006，41(5)：549-553.

[32] 李建斌．客运专线旅客最高聚集人数计算方法初探[J]．交通运输工程与信息学报，2007，1：9-13，33.

[33] 刘敏．高速铁路列车运行图优化和评估研究[D]．北京：北京交通大学，2014.

[34] 李得伟，韩宝明，李海鹰，等．大型铁路客运站旅客集散微观仿真[J]．中国铁道科学，2009，30(3)：119-124.

[35] 李得伟，禹丹丹，张彦，等．基于旅客行为微观仿真的大型铁路客运站售票设备配置方案评估研究[J]．铁道学报，2013，35(2)：1-7.

[36] 丁丹丹．城市轨道交通换乘枢纽疏散能力评估研究[D]．北京：北京交通大学，2011.

[37] 胡秀秀．轨道交通枢纽客流生成模型及系统[D]．北京：北京交通大学，2010.

[38] 吴文娴，邹晓磊．高速铁路车站客运组织仿真优化研究[J]．中国铁路，2011(3)：6-10.

[39] 王芳玲．不同行车间隔匹配对城市轨道交通换乘站站台服务水平的影响研究[D]．北京:北京交通大学,2013.

[40] 张超,杨洋,孙兴斌,等．铁路大型客运站检票口、阶梯和自动扶梯通过能力研究[J]．中国铁道科学,2017,38(5):130-137.

[41] 陈震．高速铁路客运站通过能力与客运设备匹配仿真研究[D]．北京:北京交通大学,2016.

[42] 张超,孙兴斌,孟令君,等．铁路大型客运站客运通道通过能力研究[J]．铁道学报,2014,36(4):1-6.

[43] KAAS A H. Development and Practical Use of a Capacity Model for Railway Network, Structural Integrity and Passenger Safety, ed. C. A. Brebbia [J]. WITpress, 1998.

[44] KAAS A H. Methods to Calculate Capacity of Railways[D]. Kongens Lyngby: Technical University of Denmark, 1998.

[45] KASITIWIWA P. Capacity Reliability and Capacity Flexibility of a Transportation Network[D]. Logan:Utah State University,2004.

[46] 崔艳萍,肖睿．铁路运输能力研究综述[J]．铁道运输与经济,2015,37(6):20-26.

[47] 张红斌．客运专线网络承载能力及其可靠性研究[D]．北京:北京交通大学,2013.

[48] 王莹,韩宝明,张琦,等．基于复杂网络的高速铁路运输服务网络重构模型[J]．交通运输系统工程与信息, 2017,17(1).

[49] 包云,刘军,李婷．中国铁路旅客列车服务网络性质研究[J]．铁道学报,2012,34(12):8-15.

[50] 张琦,马艳．基于复杂网络的高速铁路列车服务网络特征[J]．铁道科学与工程学报,2018,15(3):559-566.

[51] 佟璐．高速铁路客运产品设计中的客流分配理论与方法研究[D]．北京:北京交通大学,2013.

[52] 许旺土．综合快捷货运服务网络运输能力计算方法研究[D]．北京:北京交通大学, 2010.

[53] 吴敌,钟雁．我国铁路客运动车组检修制度的研究[J]．铁道运输与经济,2006,28(1):50-51.

[54] 刘丽影,刘继刚,刘继．我国高速动车组检修制度[J]．同济大学学报(自然科学版),2001,29(8).

[55] 黄文勋．牵引供电系统计算方法与客运专线行车组织特点适应分析[J]．科技交流，2005(3)：13-16.

[56] 刘玉辉．基于夜行车开行的京广高速铁路供电维修天窗优化研究[D]．北京：北京交通大学，2015.

[57] 王辰宇．京沪高铁综合维修天窗设置方案优化研究[D]．成都：西南交通大学，2016.